HANS-OTTO MÜHLEISEN
ST. PETER AUF DEM SCHWARZWALD

Hans-Otto Mühleisen

St. Peter auf dem Schwarzwald

Aus der Geschichte der Abtei

KUNSTVERLAG JOSEF FINK   BEURONER KUNSTVERLAG

ABBILDUNGSNACHWEIS
Bild- und Filmstelle der Erzdiözese Freiburg (Christoph Hoppe): U 1, U 4, S. 10, 18, 19, 31, 41, 42, 51, 52, 54, 55, 56, 60, 78, 84, 87, 91, 103, 106, 120, 125, 146, 147, 148, 149, 150 u, 151, 152, 153, 154 o, 156, 157 u, 163, 164, 170, 175, 187, 197 r, 202, 227, 228; Rüdiger Buhl, Kirchzarten: S. 49; Generallandesarchiv, Karlsruhe: S. 9, 25, 32, 47, 70, 79, 82, 94, 99, 100, 118 u, 119, 121, 130, 157 o, 183, 184, 197 l; Wolfgang Mecklenburg, St. Peter: S. 50, 118 o, 145, 155 u, 159, 160, 172, 173, 214, 215, 225; Autor (Foto und Archiv): S. 13, 17, 53, 67, 68, 115, 116, 123, 139, 150 o, 154 u, 155 o, 158, 217, 221, 222, 223, 224; Kirchenarchiv Seeberg/Schweiz: S. 37

Umschlag Vorderseite: Die Klosterbibliothek nach der Rekonstruktion der Barockfenster mit zurückgekehrten Globen und Kartentisch

Umschlag Rückseite: Kreuz auf dem Friedhof St. Peter, gestiftet von Abt Ignaz Speckle zum Gedenken an die Vertreibung des Konvents durch die Säkularisation

Gedruckt mit Unterstützung der Erzdiözese Freiburg

BIBLIOGRAFISCHE INFORMATION DER DEUTSCHEN BIBLIOTHEK
Die Deutsche Bibliothek verzeichnet diese Publikation in der Deutschen Nationalbibliografie; detaillierte bibliografische Daten sind im Internet über <http:dnb.de> abrufbar.

Kunstverlag Josef Fink, 88161 Lindenberg/Allgäu
ISBN 3-89870-108-5
Beuroner Kunstverlag
ISBN 3-87071-103-5
Alle Rechte vorbehalten
1. Auflage 2003
Layout: Georg Mader, Weiler im Allgäu
Gesamtherstellung: Holzer Druck und Medien, Weiler im Allgäu

Inhalt

Vorwort..6

St. Peter – St. Märgen
Zum spannungsvollen Verhältnis zweier Schwarzwaldklöster.................................8

Die Beziehung der Abtei St. Peter zu ihren Besitzungen auf dem Territorium
der heutigen Schweiz von der Gründung bis ins 16. Jahrhundert..........................24

Michael Sattler (ca. 1490 – 1527)
Benediktiner – Humanist – Täufer..45

Geistlich-Politische Karrieren im 18. Jahrhundert:
Abtswahlen in St. Peter...72

Die Zähringerbildnisse des 18. Jahrhunderts in St. Peter
Zeugnisse der Tradition und Zeugen ihrer Zeit..96

Über Beziehungen zwischen der Baugeschichte
und der allgemeinen Geschichte eines Klosters
Das Beispiel der Bibliothek St. Peter auf dem Schwarzwald...............................115

St. Peter und Schloß Ebnet
Von den Chancen eines ikonographischen Vergleichs..132

Zwischen Kunst, Geschichte und Politik
Die Bildnisse gelehrter Benediktiner als äbtliches Regierungsprogramm............168

Im Vorfeld der Säkularisation
Der politisch-ideologische Streit um die Klöster...181

„Man will Geld und keine Klöster"
Die Säkularisation der Benediktinerabtei St. Peter auf dem Schwarzwald..........200

Geschichte als Aufgabe
Rückerwerb und Rekonstruktion..221

Sponsorentafel..231

Vorwort

Historische Räume leben vom aktuellen Wissen um ihre frühere Bedeutung. Wenn das Wissen im Lauf der Zeit und mit ideologischer Distanz weniger wird, bleibt ein Interesse vor allem an solchen Gebäuden, die Landschaften und Ortsbilder prägen. Warum besichtigen Jahr für Jahr viele Tausend Menschen alte Klöster? Sie finden dort kaum etwas, was momentanen Kriterien der Unterhaltung entspricht. Vielmehr müssen sie sich Informationen stellen, die aktuell weder verwertbar noch unterhaltend sind. Die Erfahrung zeigt, dass viele Besucher dennoch fasziniert sind, wenn die Sprache der Bilder ihnen von Ereignissen erzählt, die – obwohl längst vergangen und aus einer untergegangenen Welt stammend – an vieles rührt, was sie auch jetzt bewegt: Liebe und Freundschaft, Glaube und Zweifel, Krankheit und Vertrauen, Selbstdarstellung und Begegnung, Spiel und Ekstase, Aufbruch und einverstandenes Sterben.

Die vormalige Benediktinerabtei St. Peter auf dem Schwarzwald ist ein solcher Ort. Ihr eignet dazu eine Besonderheit. Trotz der Säkularisation sind das Klostergebäude und ein guter Teil der für die Abtei geschaffenen Kunst erhalten oder konnten zurück erworben werden. Zugleich ist die Anlage, da sie nicht mehr von Benediktinern genutzt wird und somit auch nicht der Klausur unterliegt, in aussagekräftigen Teilen für Besucher zugänglich. Schließlich ist sie aber auch nicht zum Museum geworden, sondern dient als Priesterseminar der Erzdiözese Freiburg kirchlichen Aufgaben, was Wertschätzung und Atmosphäre des Hauses auch im Kontext von Besichtigungen bestimmt.

In dieser ehemaligen Abtei wird Historie in mehrfachen Schichten anschaulich. Entstanden sind die Gebäude und die meisten Kunstwerke im Laufe des 18. Jahrhunderts, also in dem letzten Jahrhundert, in dem hier Mönche gelebt haben. In der Zusammenschau klösterlicher Bauten im Süden Deutschlands werden sie zum Ausdruck einer fast aufbegehrenden letzten Blüte einer Lebensform, gegen die sich zeitgenössisches Denken und Politik mehr und mehr verschworen. Wie konnte man sich besser zur Wehr setzen als mit der Darstellung der eigenen Geschichte, aus der man Grundlagen und Rechtfertigung seiner Existenz für die Gegenwart herleitete? Es wundert daher nicht, dass ein großer Teil der in St. Peter erhaltenen Kunstwerke von der Kirche über das Inventar der Gänge bis zur Bibliothek aus der eigenen Geschichte erzählt: Wie und von wem das Kloster gegründet und begütert wurde, wie es in Gefahr geriet und wie es sein Überleben sicherte, wer es geleitet hat, wo seine Feinde und wo seine Verbündeten zu finden waren. Dieser Corpus an Kunstwerken steht daher nicht nur für die Entstehungszeit, sondern öffnet in vielfältiger Weise Wissensbrücken zu wichtigen Ereignissen aus vergangenen Jahrhunderten, vor allem in die Gründungszeit der Abtei. Angemessen nutzen wird man sie freilich nur, wenn man im Bewusstsein hält, dass sie im erwähnten Sinn, also zur Unterstützung in aktuellen Problemlagen, geschaffen wurden. Das heißt, dass Ereignisse gezielt ausgewählt und interpretiert, andere nur versteckt dargestellt oder ganz ignoriert wurden.

Für diese Sammlung „aus der Geschichte der Abtei", deren Einzelbeiträge über einen Zeitraum von etwa 20 Jahren entstanden sind, wurden daher neben schriftlichem Material auch die in St. Peter erhaltenen Kunstwerke als Quellen genutzt und interpretiert. Als methodischer Zugang wurde in (fast) allen Beiträgen der Vergleich gewählt. Dies verdeutlicht und relativiert die Einseitigkeit der klösterlichen Selbstdarstellung und objektiviert die Ergebnisse. Je nach Gegenstand wurden unterschiedliche Formen des Vergleichs verwendet. Im Einleitungsaufsatz stehen die Historien der beiden Nachbarklöster St. Peter und St. Märgen nebeneinander und ermöglichen so neue Einblicke in die Bedeutung bestimmter Ereignisse auch des einzelnen Klosters. Warum muss St. Märgen im 15. Jahrhundert schließen, während St. Peter aus einer vergleichbaren Krisensituation gestärkt hervorgeht? In der Studie zu den Beziehungen St. Peters zu seinen Schweizer Besitzungen wird, so weit dies möglich war, die klösterliche mit der Berner Geschichtsschreibung konfrontiert. Plötzlich wird klar, dass die klösterliche Bautätigkeit etwa zur Zeit des Beginns der Reformation weniger aus klosterinternen Gründen erfolgte, sondern weil in der ganzen Region gebaut wurde und man da als ausländische und schon angefeindete Herrschaft wohl nicht zurückstehen wollte. Für die Biographie des st. petrischen Priors und späteren Mitbegründers der Täufer, Michael Sattler, konnten neben der mennonitischen Geschichtsschreibung für das Kloster selbst nur Spuren ausgemacht werden. Aber auch dieser Vergleich führte zu einem für die Geschichte St. Peters wesentlichen Mosaikstein.

Mit der vergleichenden Untersuchung der Abtswahlen entstand ein politisch-historisches Lehrstück des 18. Jahrhunderts, das mehr zum Verständnis der politischen Prozesse in der aufziehenden Krise des Alten Reiches und seiner Institutionen beiträgt, als es eine Einzelfallstudie vermöchte. Die ikonographische Gegenüberstellung der beiden nahe beieinander liegenden Gebäudeensembles St. Peter und Ebnet lässt ikonographische Deutungen zu, die wiederum mit der Betrachtung nur eines Objektes nicht möglich wären. Schließlich verwenden auch die beiden Untersuchungen im Vorfeld der Säkularisation und zur Säkularisation selbst konsequent jeweils Varianten eines komparatistischen Zugangs. Im ersten Fall werden die Argumente der die Klöster angreifenden Aufklärer mit denjenigen des sich und seine Lebensform verteidigenden st. petrischen Abtes Steyrer konfrontiert. Im zweiten Fall wird die Sichtweise auf die badische Geschichte zur Zeit der Säkularisation, die diese für einen positiven Akt der Staatsraison hielt, der Sichtweise des letzten Abtes von St. Peter gegenüber gestellt. Sein Tagebuch eröffnet für diese Phase der Geschichte, in der die modernen Staaten entstanden, einen eindringlichen und persönlichen Blick auf das Schicksal einer der Institutionen, die den Preis der Moderne bezahlten.

In der Zusammenschau der Beiträge ergibt sich ein Mosaik, in dem „aus der Geschichte der Abtei" kein neues Gesamtbild entsteht, das jedoch durch einige neu eröffnete Einblicke auch zum Verständnis der heute in St. Peter zu findenden Kunstwerke beitragen mag. Die Erfahrung zeigt, dass sich Verständnis und Interesse gerade für ein solches Gesamtkunstwerk gegenseitig bedingen und fördern. Ein eindrucksvoller Ausweis des Interesses an der ehemaligen Abtei sind der sorgfältige denkmalpflegerische Erhalt der Gebäude, an dem das Erzbischöfliche Ordinariat und die st. petrischen Regenten der letzten Jahrzehnte großen Verdienst haben, aber auch die Rückerwerbungen und Rekonstruktionen der letzten zehn Jahre, die teilweise nur durch bürgerschaftliches Engagement möglich wurden. Sie werden im abschließenden Artikel dokumentiert.

Augsburg/Freiburg/St. Peter, Frühjahr 2003

Hans-Otto Mühleisen

Autor und Verlag in Dankbarkeit dem Generalvikar der Erzdiözese Freiburg, Herrn Prälat Dr. Otto Bechthold, zum 75. Geburtstag am Ostersonntag 2003.

St. Peter – St. Märgen
Zum spannungsvollen Verhältnis zweier Schwarzwaldklöster[1]

Klostergeschichte erfasst üblicherweise die Geschehnisse um eine einzelne Institution. Bisweilen werden Ordensgemeinschaften oder andere, durch gemeinsame Zugehörigkeiten begründete klösterliche Vereinigungen, z. B. Kongregationen untersucht.[2] Für die vergleichende Analyse der beiden Abteien St. Peter und St. Märgen ist der Ausgangspunkt ein anderer. Am Beginn steht das Faktum ihrer räumlichen Nähe. Eng damit verbunden sind die dicht beieinander liegenden Gründungsdaten und schließlich auch das nur wenige Monate voneinander entfernte Ende des klösterlichen Lebens im Zuge der Säkularisation. Die zunächst eher äußerlichen Zugangswege des Vergleichs führen bald zu Fragen ähnlicher oder unterschiedlicher innerer Strukturen und äußerer Funktionen der beiden Klöster. Der Blick auf die jeweils zeitgleichen und doch so verschiedenen Schicksale erleichtert das Verstehen der Geschehnisse um die einzelne Abtei.

Vom Hohen Mittelalter bis zum Ende des Alten Reiches, rund 700 Jahre lang, war die Kulturlandschaft des Schwarzwaldes durch seine Klöster geprägt. Unter ihnen nehmen die Abteien St. Peter und St. Märgen insofern eine Sonderstellung ein, als sie von den Anfängen bis zur Aufhebung wie kaum ein zweites Klosterpaar in enger, freilich wechselvoller Beziehung standen. Die Geschicke der beiden Abteien waren schon mehrfach Gegenstand historischen Interesses[3]. Vergleich und Beziehung der Klöster waren bislang jedoch nicht thematisiert.[4] Nur 1866, sechzig Jahre nach der Säkularisation, hatte Joseph Bader auf ihre so unterschiedlichen Schicksale hingewiesen: „Wie bei den Menschen manche zeitlebens vom Unglück heimgesucht werden, anderen dagegen ein beinahe ungetrübtes Dasein gegönnt ist, so ist es auch bei diesen beiden Klöstern." Das Bild St. Peters gleicht „einem in geordnetem Bette ruhig anwachsenden und dahinziehenden Flusse", während St. Märgen „einem Bergbache zu vergleichen ist, welcher in ungeregeltem Laufe trübe Wellen wirft, bald reißend dahinstürzt, bald gewaltsam gehemmt stille steht und bis zum Vertrocknen abnimmt."[5]

Vergleicht man die Historie der beiden Stifte, so erscheint zumindest das von Bader für St. Peter gewählte Bild als zu idyllisch. Dennoch, am Beginn solcher Überlegungen steht als wichtiges Faktum, dass St. Peter eine über 700-jährige kontinuierliche Geschichte aufweist. Die Klosterzeit St. Märgens dagegen war von der Mitte des 15. bis zum Beginn des 18. Jahrhunderts, also über etwa 250 Jahre, unterbrochen.[6] Aber auch die knapp 500 Jahre gemeinsamer Geschichte zeigt in den beiden Stiften sehr verschiedene Bedingungen und Möglichkeiten. Die unterschiedlichen Schicksale der Klöster spiegeln sich zudem in ihrer wechselseitigen Beziehung, so dass deren Untersuchung wiederum zum Verständnis der einzelnen Klosterhistorie beitragen kann.

Sicher hatte bei beiden Gründungen die geographische Lage der nur wenige Kilometer voneinander entfernt liegenden Plätze eine Rolle gespielt. Symbolisch für die Nähe und damit das Aufeinanderangewiesensein der Klöster ist eine Quelle auf dem Hochwald, die, obgleich auf St. petrischem Territorium gelegen, seit 1302 St. Märgen über Jahrhunderte einen wichtigen Teil seines Wassers lieferte. Auch dass man über den Wald kaum nach St. Peter gelangte, ohne über St. Märgen zu kommen, ist Indiz für die Enge einer Nachbarschaft, die in guten Zeiten Schutz, in kontroversen Kontrolle bedeutete. Wenn beide Klöster, teilweise zeitnah, jeweils vier Brandkatastrophen erlitten, mag dies Zufall sein, ist jedoch ein Hinweis, dass vergleichbare Schicksalsschläge nicht zu ähnlichen Entwicklungen führen mussten.

Für eine Studie zu Vergleich und Beziehung bietet sich von der Sache und der Quellenlage her eine Zweiteilung an. Die erste Epoche umfasst den Zeitraum von den Gründungen um 1100 bis zur Aufgabe des Stiftes St. Märgen Ende des 15. Jahrhunderts. Für diese Periode ist man als Quellen auf einige mittelalterliche Dokumente sowie die klösterliche Historiographie vor allem des 18. Jahrhunderts angewiesen. Die zweite Epoche beginnt mit der Wiedereinrichtung klösterlichen Lebens in St. Märgen um 1700 und führt bis zur Aufhebung beider Abteien Anfang des 19. Jahrhunderts. Für diese Zeit ist vor allem durch die Abtstagebücher beider Klöster umfangreiches und anschauliches, je nachdem freilich einseitiges Quellenmaterial vorhanden.

I. Von der Gründung der beiden Klöster bis zur Aufgabe St. Märgens

Als am 1. Juli 1093 eine Gruppe Hirsauer Benediktiner, von Weilheim a. d. Teck kommend, in das neuerrichtete Kloster St. Peter einzog, war dies Teil eines längeren politisch-sozialen Prozesses. Die Zähringer hatten unter politischem Druck ihr Machtzentrum vom Schwäbischen an den Oberrhein verlegt und übersetzten dabei auch das von ihnen gestiftete Benediktinerpriorat von ihrem alten in den neuen Machtbereich.[7] Unter Erhebung zur Abtei wurde es auf dem Schwarzwald zu dem für die Traditionsbildung eines Fürstengeschlechts bedeutsamen Grabkloster. Ob die Mönche um ihre Zustimmung zu dem Umzug gefragt wurden, ist unbekannt – in einer alten Quelle heißt es, sie seien dazu „bewegt" worden. Vermutlich blieb ihnen keine andere Wahl, wollten sie nicht die fürstliche Gunst verlieren, als der politischen Entschei-

Der mittelalterliche Rotulus St. Petrinus, die wichtigste Quelle für die Frühgeschichte St. Peters

dung zu folgen. Sie hatten insofern noch Glück, als der Ort des neuen Klosters nicht nur durch landschaftliche Schönheit und klimatische Vorzüge ausgezeichnet war (und ist), sondern auch der benediktinischen Lebensweise in Abgeschiedenheit und ökonomischer Autonomie entsprach: „gesunden Lufft / genugsamme Weyd / Wälder / Wasser / und deren Ablauf". Dennoch werden bei der zweijährigen Suche nach einem geeigneten Platz durch Dienstleute der Zähringer die Interessen der fürstlichen Stifter im Vordergrund gestanden haben. Das Kloster wurde an einer strategisch wichtigen Stelle errichtet, an der mehrere Täler zusammenkommen, so dass es neben dem Gebet für das Seelenheil der Zähringer auch militärische Sicherungs-

Der Einzug der Mönche in St. Peter 1093, Deckenbild über der südlichen Chororgel der ehemaligen Klosterkirche

aufgaben für sie wahrnehmen konnte. Die Gründung des Hausklosters samt seiner Ausstattung mit Grundbesitz war Teil einer strategischen Territorialpolitik.

Etwa 25 Jahre später stiftete Bruno, Straßburger Dompropst und „Kanzler des Kaisers" (Heinrich V.), „ein Mann von ausgezeichnetem Adel" in unmittelbarer Nachbarschaft zu St. Peter „auf eigene Kosten auf seinem Eigengut" ein Kloster, das mit Augustinerchorherren besiedelt wurde.[8] Neben deutschsprachigen Mönchen, vielleicht aus Beuron oder Marbach im Elsaß, kam ein Teil von ihnen auf Bitte Brunos an Bischof Richwin von Toul aus dem dortigen Kloster St. Leo. Sie bringen die Skulptur einer zeitgenössischen Sitzmadonna mit, die der Neugründung den Namen gibt: Cella Mariae, woraus später St. Märijen, St. Meryen, St. Mergen wird.

Auch diese Gründung ist also eine politische Entscheidung, freilich mit anderen Intentionen als in St. Peter. Ging es dort um die Etablierung von Herrschaft, so ist St. Märgen eben gegen diese gerichtet. Hier ist sicher, dass die Mönche selbst nicht auf den Schwarzwald wollten und dass es primär nicht um einen religiösen Stiftungszweck ging. Sicher nahm Bruno die Stiftung auf eigenem Grund auch um seines Seelenheiles willen vor, doch hatte sie nicht wie in St. Peter die Funktion einer dynastischen Grablege. Die eigentlichen Motive könnten mehr regionaler Art gewesen sein, z. B. eine geistliche Stätte für eine im Aufbau befindliche Adelsherrschaft oder aber neuen Lebensraum und Ersatz für die von den Zähringern zerstörte Burg Wiesneck zu schaffen, zu deren Geschlecht Bruno gehörte. Es könnten auch Interessen des Reiches stärker gewesen sein, für die sowohl der Reichskanzler Bruno wie der Bischof von Toul standen. Vermutlich verbanden sich mehrere Absichten. Das konkrete Ziel, durch eine Klostergründung der Herrschaft der Zähringer unmittelbar neben deren Hauskloster Grenzen aufzuweisen, läßt sich mit beiden Motiven verbinden.

Zum Verständnis der folgenden Ereignisse ist die Differenzierung der Klöster als geistliche und politische Institutionen notwendig. Die Verquickung der beiden Dimensionen schadete den Klöstern und förderte ihren Mißbrauch. Mit der Festigung der politischen Stellung St. Peters – seit 1111 war es Zähringische Grablege – kamen die politischen Absichten der Antizähringischen Partei unter Zeitdruck und ließen bei der Vorbereitung der Klostergründung weniger Sorgfalt bei der Auswahl eines Ordens und wenig Rücksicht auf die Bedürfnisse eines Konvents zu. Während St. Peter mit einem für ein Leben auf dem Land geeigneten Orden und einem bereits zusammengewachsenen Konvent besiedelt und reichlich ausgestattet wurde, schickte man nach St. Märgen um 1118 eine sprachlich und kulturell gemischte, zudem schlecht begüterte Gruppe, die für ein Leben auf dem rauhen Schwarzwald offenkundig nicht vorbereitet war. Das früheste bekannte Dokument St. Märgens von 1120/1121, drei Jahre nach der Gründung, ist die flehentliche Bitte seines Vorstehers D. an Bischof Ulrich von Konstanz, das Kloster dem Abt von St. Peter zu unterstellen: „Wegen der verschiedenen Sprachen und der bereits erfolgten Flucht einiger Brüder sind unsere Landsleute erschreckt und wollen nicht mehr zu uns kommen. Aus dem gleichen Grund fürchten sich die Fremden und Einheimischen gegenseitig voreinander." Etwa gleichzeitig kündigt D. in Metz an, dass er die Kanoniker nach Toul zurückschicken werde, „da die Mittel des Klosters zu gering und nach dem Tode einiger Brüder andere wegen Verschiedenheit der Sprache und Sitte fortgelaufen sind." Bischof Ulrich, selbst Augustinerchorherr, kam der Bitte nur insoweit nach, als er die Franzosen zurückschickte, dafür aber das Kloster durch Hinzuziehung deutscher Chorherren festigte. Ähnlich wie sein Vorgänger, Bischof Gebhard, von Hause aus Benediktiner, mit Klöstern Politik gemacht hatte, wollte auch Bischof Ulrich keine der Bastionen seines Ordens aufgeben.

Etwa gleichzeitig mit dem Wunsch St. Märgens, die väterliche Hilfe des benachbarten st. petrischen Abtes in eine förmliche Unterstellung umzuwandeln, entstand zwischen den Klöstern massiver Streit um Grenzziehungen – sicher eine Folge der mit der Gründung St. Märgens verfolgten Eindämmung st. petrischer, sprich Zähringer Expansion. Unter Anwesenheit des st. petrischen Schutzherren Berthold III. und des Stifters von St. Märgen, Bruno, vor allem aber unter Beteiligung von dessen Förderer, des Konstanzer Bischofs Ulrich wurde 1121 ein Vertrag geschlossen, der eine Ausdehnung der Augustiner auf der Strecke zwischen der zerstörten Burg Wiesneck und Waldkirch bis auf die Bergeshöhen festlegte. St. Peter wurde mit zwei Benefizien entschädigt. Obwohl die Urkunde das Verbot einer neuerlichen Veränderung der Grenze qua bischöflicher Autorität aussprach, versuchte St. Peter in den folgenden Jahren die Abmachung zu korrigieren. In ihre Rechtssammlung, den Rotulus St. Petrinus, war der Vergleich nicht aufgenommen worden. 1136 bestätigte eine Urkunde, nun mit der Autorität des Hlg. Stuhles, unter dessen Schutz beide Stiftungen standen, dass der Streit zwischen ihnen im Sinne der Vereinbarung von 1121 beigelegt sei, sprach jedoch St. Peter als Kompensation zwei weitere Lehen in Gottenheim zu.

Hatte somit nur mehrfache bischöfliche und päpstliche Unterstützung die Existenz und die Rechte von St. Märgen gegenüber St. Peter gerettet, hatte dieses selbst eine Ausstattung mitbekommen, die ihm im ersten Jahrhundert eine recht ungestörte Entwicklung ermöglichte. Die bemerkenswerte Gleichzeitigkeit von schweren Konflikten zwischen den Klöstern und dem Wunsch St. Märgens nach Schutz durch St. Peter wird aus den verschiedenen Dimensionen der Klöster verständlich. Als politische Institutionen waren sie Konkurrenten, als geistliche Einrichtungen waren sie wesensverwandt und entwickelten Solidarität. Die Vermischung wird sichtbar, wenn der Konstanzer Bischof die Fortdauer des seinem Orden zugehörigen Klosters als geistliche Einrichtung gegen dessen Willen aus politischen Gründen erzwingt. Die unterschiedliche Verquickung der beiden Dimensionen in St. Peter und St. Märgen macht eine schon in den jeweiligen Gründungsumständen angelegte Stärke bzw. Schwäche der beiden Klöster verständlich.

Mit dem Tod Berthold V. 1218 war die Herrschaft der Zähringer und somit die Aufgabe St. Peters als deren Hauskloster zu Ende. Damit entfiel auch der Kern der von außen auferlegten politischen Konkurrenz der beiden Klöster. Die Erben der Zähringer wandten ihre Gunst anderen Institutionen, z. B. der Zisterzienserabtei Tennenbach, zu, so dass sich zwar auch St. Peter nicht mehr auf einen quasi natürlichen politischen Schutz verlassen konnte, dennoch aber von der besseren materiellen Fundierung profitierte. In den folgenden Jahrhunderten bereiteten beiden Klöstern außer den großen Seuchen und den Brandkatastrophen im 13. und im 15. Jahrhundert vor allem die Vögte immer wieder Probleme. Es war wiederum die durch die unterschiedliche Ausstattung begründete Stärke, die St. Peter diese Gefährdungen besser bestehen ließ. Zwar findet man auch hier die Klagen über die finanzielle Bedrückung durch „das Joch der Advocatie", die Existenz wurde jedoch nicht bedroht. Anders in St. Märgen, wo nach den Wiesneckern mehrere Familien des Freiburger Stadtadels (Turner, Schnewelin, Blumeneck) die Vogtei mit anderen als Schutzzwecken übernommen hatten. Sie beuteten das Kloster aus und unterdrückten es bis hin zur Gefangennahme und Ermordung widerständiger Äbte. Dass einer der Äbte auch von Mitgliedern des Konvents umgebracht wurde, ist ein Indiz für die Fortdauer auch der inneren Schwierigkeiten. Nach vergeblichen Versuchen, sich vor einem Gericht, das mit Verwandten des Vogtes besetzt war, Recht zu verschaffen, verließ der Konvent um 1320 das Kloster und zog bettelnd durchs Land. In dieser äußersten Not versuchte der Abt von St. Peter erneut, den Nachbarn zu helfen. In einem dramatischen Brief wandte er sich an Papst Johannes XXII. und beschrieb das Elend des verlassenen Klosters, das „in Gottes Auge eine Schande" sei. (Der Brief mit Siegel des st. petrischen Abtes ist von W. Müller 1969 noch für „das St. Märger Archiv" nachgewiesen, derzeit jedoch nicht auffindbar.) Welchen Anteil das Schreiben an der Restitution St. Märgens hatte, ist nicht belegbar. Jedenfalls konnten die Chorherren 1324 zunächst wieder ein Gut erwerben und nach St. Märgen zurückkehren (Abb. S. 13). Die Unterdrückungen gingen jedoch weiter und selbst die dafür ausgesprochene Exkommunikation eines Schnewelins 1345 brachten keine Entlastung.

Ähnlich wie St. Peter suchte St. Märgen seine politische Situation durch Unterstellung unter das Haus Habsburg und den Erwerb des Freiburger Bürgerrechts zu verbessern. Dennoch gelangte das Kloster um 1370 in solche Existenznöte, dass es die Selbständigkeit aufgab und eine Union mit dem Freiburger Chorherrenstift Allerheiligen einging. Trotz der günstigeren rechtlichen Situation – die Blumenecker Mörder wurden geächtet, weil der Abt Freiburger Bürger war – wurde die ökonomische Lage so trostlos, dass man im 15. Jahrhundert mehrfach niemand fand, der bereit war, als Abt die Verantwortung für das Kloster zu übernehmen. Zahlreiche Prozesse zur Durchsetzung alten Rechts brachten zusätzliche Unsicherheiten und Belastungen. 1461 schließlich verkaufte der gerade vier Monate im Amt befindliche Abt Johannes Fähr mit Genehmigung des Konstanzer Bischofs das gesamte Gründungsgut (1000 ha Wald, 80 Bauernhöfe und ca. 90 Erblehen) mit Ausnahme der Kirche und des dortigen Zehnt an die Stadt Freiburg. Diese nutzte die Schwäche St. Märgens, besiegelte dessen Ende als Abtei und erwarb dadurch für „sich so etwas wie ein Territorium". Dem Verkauf folgten jahrelange Auseinandersetzungen zwischen Kloster und Stadt, die die vereinbarte Kaufsumme von 4800 fl. nur zu einem geringen Teil ausbezahlten, den großen Rest vorgeblich zur Begleichung St. Märgener Schulden verwenden wollte – ohne dem Kloster einen Nachweis der Schuldablösung zu geben. Neben einem Rechtsprofessor der neugegründeten Freiburger Universität vertrat Abt Johannes VI. von St. Peter die Sache St. Märgens gegenüber der Stadt.

Dieser war 1453 Vorsteher eines Klosters geworden, dessen ökonomische Umstände bei seinem Amtsantritt denen in St. Märgen sehr ähnlich waren. Die Annalen erzählen von „kläglichem Zustand" und „von Schulden fast erdrückt". Auch hier drängten Gläubiger auf Rückzahlung der Schulden; mehrere schwäbische Güter mussten verkauft werden und wie in St. Märgen suchte Schnewelin neben weiteren Kleinadligen, die Schwäche des Klosters zu seinen Gunsten zu nutzen. Anders jedoch als dort führte die Krise hier nicht ins Debakel, sondern konnte mit Unterstützung der Häuser Habsburg und Württemberg in einer Weise abgewendet werden, dass die Freiburger Gerichtsherren die Güter nicht wegnehmen konnten und das Kloster so gerettet wurde. Im Gegenteil, die Krise wurde als Chance genutzt und führte zu einer bis dahin unbekannten Sicherung der Klosterrechte. 1456 wurden die Hof- und Dorfordnungen im großen Dingrodel zusammengefasst, ein Grundgesetz der politischen Herrschaft St. Peter, das bis zur Aufhebung des Klosters Gültigkeit behielt.

Die Rückkehr der Mönche nach St. Märgen im 14. Jahrhundert, Sockelbild aus der Äbtegalerie mit Abbildung beider Klöster

In der Zusammenschau der ersten, etwa 350 Jahre dauernden, parallelen Geschichte der beiden Klöster ist der auffallendste Befund die mehrfache Existenzgefährdung St. Märgens, während St. Peter trotz aller Widrigkeiten eine gesicherte Entwicklung vollzog. Ja, zweimal, kurz nach der Gründung und bei der Flucht aus St. Märgen 200 Jahre später, trugen die Benediktiner tatkräftig zur Bewältigung der St. Märgener Krise bei. In der letzten, beim Verkauf St. Märgens und der Verlegung nach Freiburg, unterstützten sie die ehemaligen Nachbarn gegenüber dem gewalttätigen und rechtlosen Verhalten der Stadt. Die Aufgabe der Selbständigkeit St. Märgens, d. h. die Vereinigung mit den Freiburger Augustinern in Allerheiligen als vierte Krise, war kein Vorgang, in dem das Eingreifen eines anderen Ordens angezeigt gewesen wäre. Neben der Tatsache, dass St. Peter seinem, als Konkurrenz gegründeten Nachbarkloster in fast jeder Schwierigkeit zu Hilfe eilte, zeigt sich der deutlichste Unterschied zwischen ihnen im Ausgang der die Existenz beider Klöster bedrohenden ökonomisch-politischen Probleme des 15. Jahrhunderts: Während sie für St. Märgen zur Aufgabe seines Klosters auf dem Schwarzwald führten, ging St. Peter mit einer neuen Verfassung seiner politischen Herrschaft gestärkt daraus hervor (Abb. S. 18).

Die Gründe für zwei so verschiedene Entwicklungen sind außer in den erwähnten Unterschieden der Begüterung, der Geeignetheit der Orden für ein Leben auf dem Land und der Zusammensetzung der Mönchsgemeinschaften vor allem in den je eigenen Beziehungen zwischen Stiftern und Stiftung zu suchen. Die Zähringer hatten den Ort für ihr Hauskloster sorgfältig auswählen lassen. Sie gründeten ein Kloster, zu dessen Bestimmung als dynastischer Grablege wesentlich die Perspektiven von Stabilität und Kontinuität gehörte. Deswegen wurde es nicht nur zu Beginn reich ausgestattet, sondern Schutz und Förderung blieben selbstverständliche Aufgaben der fürstlichen Familie. Als diese 125 Jahre nach der Gründung ausstarb, war die Abtei eine ökonomisch gesicherte und in der Region gefestigte politische Größe. Auch dass sich in der ersten wirklich bedrohlichen Krise im 15. Jahrhundert zwei Fürstenhäuser für den Erhalt St. Peters einsetzten, mag ein Nachwirken der Gründungssituation gewesen sein. Zwischen den Zähringern und dem Haus Habsburg wurden immer wieder genealogische Verbindungen hergestellt und in Württemberg war nicht nur der Ursprung der Abtei, sondern St. Peter war dort bis zu seiner Aufhebung begütert. Die Säkularisationslisten weisen nach, dass im st. petrischen Fürstensaal auch die Porträts der Württemberger hingen.

Ganz anders war die Situation für St. Märgen. Die Stifter und Wohltäter, der Reichskanzler Bruno und Bischof Ulrich von Konstanz, waren nicht nur räumlich weiter weg, sondern hatten auch nicht die durch eine Familiengrablege bedingte besondere Verbindung zu ihrer Gründung. Die möglichst lange Dauer war kein primäres Motiv ihrer Stiftung. Vielmehr war dies eine eher reaktive, zeitbedingte Entscheidung, was sich sowohl in der Wahl des Ortes wie des Ordens widerspiegelt. Wenngleich die Stiftung auch dieses Kloster dem Seelenheil seines Stifters zugute kommen sollte, so konnte für den Kleriker dahinter doch nicht die Idee der Schaffung einer kontinuierlichen Stätte liturgischen Gedenkens für seine Nachkommenschaft stehen. St. Märgen war Ausdruck temporärer politischer Machtverhältnisse, jedoch nicht unverzichtbarer Teil einer auf Dauer angelegten politischen Herrschaft. Der Straßburger Propst und der Konstanzer Bischof waren zwar nahe genug, um sich bei spektakulären Kontroversen wie dem Grenzstreit mit St. Peter als Anwälte ihres Klosters zu präsentieren. Dies bedeutete jedoch nur ein punktuelles und vor allem ein auf kaum 10 Jahre begrenztes Patronat. Nach deren Tod wurden die Rechte des Klosters zwar durch den Hlg. Stuhl, durch Bischöfe und andere Instanzen wahrgenommen. Es fehlte jedoch der Schutz einer mächtigen Fürstenfamilie, so dass regionaler und städtischer Kleinadel, letztlich die Stadt Freiburg selbst die durch die Gründungsumstände bedingten politischen und ökonomischen Schwächen des Klosters ausnutzten und so dessen – vorläufiges – Ende als Kloster herbeiführten.

II. Von der Wiedergründung St. Märgens zur Säkularisation der Schwarzwaldklöster

Obwohl man im 16. Jahrhundert in den Kanzleien nur noch den Titel eines „Abtes von Allerheiligen" führte, blieb bei den Freiburger Augustinern der Gedanke an eine Rückkehr an den Ursprungsort wach. Nicht zufällig hatte man versucht, von der Stadt wenigstens für den dortigen Meierhof eine Art Rückkaufsrecht eingeräumt zu bekommen. In den 1520er Jahren war dieser auch für kurze Zeit wieder im Besitz des Klosters. Das Freiburger Exil brachte die Augustiner immer näher an die vollständige Aufgabe auch der Idee eines Klosters in St. Märgen – die Abtswürde galt seit 1546 als erloschen. Bisweilen lebten in Allerheiligen nur noch ein oder zwei Chorherren, einmal brauchte man einen Murbacher Benediktiner als Verwalter und Ende des 17. Jahrhunderts versuchte man, die kleine Gemeinschaft endgültig aufzuheben. Trotz allem, 1699 gelang der Rückkauf des St. Märgener Meierhofes, dessen Bewirtschaftung die ökonomische Grundlage für ein späteres Kloster am ursprünglichen Ort werden sollte. Als dort dann 1704 die Kirche abbrannte, wurde der Probst auf bischöfliches Drängen von den Bauern vor die Alternative gestellt, entweder die Kirche für die Pfarrseelsorge wieder aufzubauen oder auf den dortigen Zehnt zu verzichten – und damit wohl St. Märgen endgültig aufzugeben. Mit der Entscheidung zum Neubau 1715 unter dem 1713 gewählten Probst Andreas Dilger, den man deswegen auch den zweiten Gründer nennt, beginnt eine nochmals knapp hundertjährige Geschichte des Klosters St. Märgen, die wiederum vielfältig mit derjenigen von St. Peter verknüpft ist.

Beide Klöster hatten zwischen 1699 und der Säkularisation 1806 jeweils fünf Vorsteher, deren Beziehungen sowohl aufgrund der Charaktere wie besonders durch die Zeitumstände bedingt freilich ganz unterschiedlich waren.[9] Als man 1716 in St. Märgen mit dem Bau einer neuen Kirche begann, war dies für St. Peter in gewisser Weise eine Provokation. Dort hatte man nach dem Brand von 1678 in der Brandruine, d. h. innerhalb der alten Außenmauern eine Barockkirche entstehen lassen. Diese hier durch Feuer erzwungene, vergleichsweise sparsame Maßnahme, die mit der Weihe von drei Altären 1699 abgeschlossen war, entsprach in seiner Art den zeitgleichen Barockisierungen älterer Kirchenräume in St. Blasien und St. Trudpert. Wenn nun das noch nicht einmal als Kloster restituierte, vergleichsweise unbedeutende St. Märgen statt einer Reparatur der Brandruine einen richtigen barocken Neubau erstellte, sah St. Peter daneben – im Wortsinn – alt aus. Es ist sicher kein Zufall, dass St. Peter 1717 begann, seine Kirche wenigstens mit einer barocken Fassade und einem größeren Kirchturm mit fünf Glocken auszustatten. Als der 1719 gewählte Abt Ulrich Bürgi diese ein Jahr später einweihte, wird ihm solches angesichts der Baufortschritte im Nachbarkloster ein zu geringer Ersatz, ja eher ein Ärgernis gewesen sein. Der ihm attestierte „Bauwurmb" mag ihn bereits geplagt haben.

Zwei Jahre danach schlägt er dem Konvent den Abbruch dieses „ruinösen, engen und feuchten" Baus und dafür den Neubau einer Kirche vor. Wegen der Widerstände von Seiten des Konvents und der für den Bau fronpflichtigen Untertanen verzögert sich das Vorhaben jedoch bis 1724, davon abbringen ließ er sich nicht mehr. Als Bürgi im August 1724 das erste feierliche Amt in St. Märgen hielt, hatte er selbst zwei Monate zuvor den Grundstein zu seiner Kirche gelegt. Als Geschenk übergab er St. Märgen die nicht mehr benötigte Turmuhr von 1720. Wie eine heute noch im Pfarramt St. Märgen befindliche Ofenplatte mit den Wappen Bürgis belegt, wurden auch andere nicht mehr benötigte Bauteile zur Weiterverwendung dorthin abgegeben. Als er dann im April 1725 mit dem Konstanzer Weihbischof zur Kirchweihe nach St. Märgen kam, war der st. petrische Bau schon soweit fortgeschritten, dass die unterschiedlichen Größenordnungen sichtbar wurden und somit die unterschiedliche Bedeutung der beiden Klöster auch wieder augenfällig war. Beide Klostervorsteher verewigten sich als Bauherren mit ihren Wappen und den Abtsinsignien über den Kirchenportalen. Dass der St. Märgener diese gar nicht benutzen durfte, hinderte nicht, sie als Ausweis wiedererstandenen Selbstbewußtseins zu verwenden. Für St. Peter war die Konkurrenz des zurückgekehrten Chorherrenstiftes zumindest ein zusätzliches Motiv für die Errichtung einer Klosterkirche, deren Dimensionen weder durch die Größe der Konvents noch durch die der Gemeinde erklärt werden können. Die Festschrift zur Kirchweihe hebt eigens hervor, dass St. Peter nun keinen Vergleich mehr mit „anderwärthigen Kirchen" zu scheuen brauche (Abb. S. 17 und 49).

Die erste Phase der parallelen Geschichte der beiden Klöster im 18. Jahrhundert, die man mit dem Tod der beiden Bauäbte Dilger und Bürgi in der zweiten Hälfte der 30er Jahre enden lassen kann, ist eine der sich neu entwickelnden nachbarlichen Beziehungen. Anstehende Fragen suchte man im Kompromiß zu lösen. So notiert

Probst Dilger nach den Verhandlungen über einen Grenzstreit, ob die Lösung dem „H. Praelaten zu St. Peter gefallen werde, wird sich zaigen". Eine einzige schwerere, eigenartige Verstimmung ergab sich kurz vor der st. petrischen Kirchweihe, als zwei St. Märgener Mönche, die in St. Peter den Abt zum Festgottesdienst einladen wollten, dort „schlecht tractirt worden" und eine unfreundlich formulierte Absage heimbrachten. Ansonsten entnimmt man dem Tagebuch von Probst Dilger, dass er mit seiner Bitte um Bauholz (zu einem Viertel des Preises, der bei den Bauern zu zahlen wäre) beim st. petrischen Abt ebenso Unterstützung findet, wie wenn er diesen um Auskünfte bezüglich der für ein Kloster existenziellen Rechtsfragen bei Abtswahlen bittet. Wenn solche Hilfeleistungen auch im weiteren Verlauf des Jahrhunderts in der Regel einseitig blieben, ist dies ein Indiz für die Fortdauer unterschiedlicher Stärken und Schwächen. Baron von Sickingen kommt zur Wallfahrt nach St. Märgen, „speist aber nicht dort, sondern zieht weiter nach St. Peter". Die Einrichtung einer Gebetsbruderschaft in den 20er Jahren dokumentiert auch die geistliche Verbindung der beiden Konvente, innerhalb deren es freilich der St. Märgener Vorsteher mit schwierigeren Mitgliedern zu tun hatte. Wie schon in der ersten Periode lässt sich für die Abteien als geistliche Einrichtungen auch für die zweite Phase paralleler Existenz Gemeinschaftliches in Tun und Denken feststellen, während in Bezug auf die Temporalia, St. Peter die dominierende blieb.

Eine zweite, etwa 30jährige Periode wird man mit der Amtszeit des St. Märgener Probstes Glunck gleichsetzen, die für St. Peter diejenige von Abt Wülberz und die ersten eineinhalb Jahrzehnte derjenigen von Abt Steyrer umfasst. Das gutnachbarliche Verhältnis dieser Zeit zeigt sich in der Regelmäßigkeit wechselseitiger Besuche, die zu kirchlichen Festen, zu Kreuzgängen, vor allem aber zur Fastnacht „mit beyderseits vollkomenem Vergnügen" stattfanden. Neben der Aufführung von Comödien wurde dabei auch zu „Fastnachtsküchlein" und „Bacchanalia invitiert". Dabei achtete man auf gleiche Zahlen von Besuch und Gegenbesuch, was bei der Näherung der Konventsmitglieder (St. Märgen 1736 14, St. Peter 1739 17) auch angezeigt war.

Für St. Märgen war eines der wichtigsten Anliegen der Zeit, endlich die fehlende Abtswürde zu erhalten. Glunck läßt sich unterschiedliche Petschaften stechen, die mehr oder weniger Abtsinsignien ausweisen. Erst zweieinhalb Jahre nach der Wahl erhält er – zur Kostenersparnis in Beuron – die Abtsweihe. Freilich gehört er damit noch nicht zum Prälatenstand. In den unter Maria Theresia für die Klöster schwieriger werdenden Zeiten beklagt er Ende der 40er Jahre die mangelnde politische Solidarität u. a. auch des Prälaten von St. Peter, der die „Electionsaffairen" „privatime" mit Wien regeln wolle. Wie ein Menetekel zeichnet sich hier ab, was dann in der zweiten Hälfte des Jahrhunderts in der Folge der Französischen Revolution und mit den Vorboten zur Säkularisation zur großen Schwäche der Klöster im Breisgau werden sollte. In Stunden der Not suchte jedes, bisweilen auf Kosten der anderen, nach Überlebensstrategien in eigener Sache. Da die finanziellen Belastungen in Kriegszeiten oder auch zum Freikauf von Pflichten gegenüber Wien entsprechend der ökonomischen Stärke der vorderösterreichischen Klöster aufgeteilt wurden (St. Peter wurde etwa mit dem Vierfachen von St. Märgen herangezogen), suchte jedes, sich diesbezüglich als eher schwach darzustellen. Umso ärgerlicher musste es sein, wenn das Nachbarkloster, das die Verhältnisse einigermaßen kannte, diese Strategie durchkreuzte. 1759 berichtet Gluncks Tagebuch, dass er vom Prälaten von St. Peter ein Schreiben bekommen habe, in dem dieser sich „starch beklagt, dass man alhier so vill von Ihren Einkünften rede,.. Solche Discursen seyen bey diesen Zeiten sehr bedenklich und schädlich,... Wann noch fürderhin mit solchen Reden continuiert wer-

Abtswappen des Bauherren der Kirche von St. Märgen: Andreas Dilger

Abtswappen des Bauherren der Kirche von St. Peter: Ulrich Bürgi

de, kunnte die gute Nachbarschaft dardurch gestört werden." Glunck versichert, so etwas „mir nit bekannt seye" – offensichtlich ein ewiges Argument der Politik – und verspricht, dass man sich besser „in acht nehmen" wolle, um die gute Nachbarschaft fürderhin zu erhalten. Der anschließende Fastnachtsbesuch bekräftigt: „Mithin ware wieder alles guth". Freilich, Seitenhiebe schloss das nicht aus: Als sich 1763 ein St. Märgener Untertan ertränkte, ließ sich Glunck von zwei Chirurgen bestätigen, dass der Mann „verruckt ware", um „ihne auf das Geweihte begraben" zu können. Kurz danach erhängt sich in St. Peter ein Salpeterer, „welcher aber ... dem Henker überlassen worden".

Obwohl sich in den nächsten Jahrzehnten die Vorboten der Säkularisation verstärkt zeigten, war der dritte Abschnitt der gemeinsamen Existenz im 18. Jahrhundert, beginnend mit der Wahl von Abt Fritz 1766 und der nun noch 30 jährigen parallelen Amtszeit mit Steyrer, die Zeit der vertrauensvollsten Kooperation. Nie zuvor hatten sich zwei Äbte als „gute Freunde" bezeichnet. Bereits bei der Wahl von Abt Fritz war Steyrer einer der Wahlleiter gewesen. Als die Regierung diese nicht anerkennen wollte, blieb er wohl sein engster Berater. Wie sein Vorgänger läßt sich Fritz zur Kostenersparnis nicht im eigenen Haus weihen, sondern reist hierzu nach Meersburg, wo Eminenz allerdings gerade auf der Jagd ist und dabei nicht gestört werden will. Endlich, nach sieben Tagen erfolgt die Weihe im Reichsstift Creuzlingen. Für Konvent und Ort St. Märgen blieb nur eine Nachfeier, bei der der Abt, wenn er es gewußt hätte, gerne das Schießen mit den aus St. Peter entliehenen Böller verboten hätte. Erst ein dreiviertel Jahr später erfolgte die Anerkennung durch Wien. Drei Tage danach hält er sein erstes Pontifikalamt in St. Peter. Als er ein Jahr später sein erstes Amt „pontificaliter" im Freiburger Münster halten darf, reitet er zwei Tage zuvor trotz hohen

Schnees nach St. Peter, um sich dort Instruktionen darüber zu holen. Vergleicht man diese Vorgänge mit der Weihe Steyrers – schon drei Tage nach der Wahl in der eigenen Klosterkirche -, bei der die Religiosen nochmals Gehorsam gelobten, und dessen selbstverständlichen quasibischöflichen Auftritten in Freiburg, wird nicht nur die unterschiedliche Stellung der beiden Klöster im kirchenpolitischen Kontext, sondern auch die der Äbte im eigenen Konvent deutlich.

Ein auch die Ökonomie tangierender Berührungspunkt der beiden Klöster waren ihre Wallfahrten. Kurz nach dem Weggang der Augustiner unter Mitnahme des mittelalterlichen Gnadenbildes Ende des 15. Jahrhunderts hatte St. Peter auf dem Lindenberg eine Marienwallfahrt eingerichtet. Mit der Rückkehr des Gnadenbildes nach St. Märgen 1723 bestand nun eine Konkurrenzsituation, die sich durch die ersten Wallfahrtsbeschränkungen 1769 noch verschärfte. Im selben Jahr besuchte Abt Fritz zum ersten Mal den Lindenberg und notiert in seinem Tagebuch: „Es ist allda keine gnadenreiche Bildnuß, sondern der Orth an sich selbsten ist gnadenreich". Für Steyrer, der kurz zuvor die dortige Marienstatue hatte festlich bekleiden und krönen lassen, war der Eintrag sicher nicht gedacht. Später sollte Abt Speckle die Dinge klarer benennen: Eine Wallfahrt von St. Märgen auf den Lindenberg sei „gegen die Grundsätze der Herrn von St. Märgen, denen aus anderen Gründen (als der josephinischen Wallfahrtsfeindlichkeit) nicht angenehm war, eine Wallfahrt in der Nähe der ihrigen zu haben." Die Konkurrenz verhinderte jedoch nicht, dass Fritz über seinen anschließenden Aufenthalt in St. Peter schreibt: „Wir seynd miteinander aufrichtige Freynd und deßwegen gern beieinander."

Die politische Herrschaft St. Peter schloss auch die Gerichtsbarkeit ein: Hinrichtung eines aufständigen Untertanen, Sockelbild aus der Äbtegalerie (1753/1754) unter Johannes IX., 1612-1614

Gnadenbild der Wallfahrt auf dem Lindenberg

Gnadenbild der Wallfahrt in St. Märgen

Im Gegenbesuch 14 Tage später kommt der Prälat von St. Peter zu Fuß zur Gottesmutter von St. Märgen. In der Sprache des Tagebuchs findet man in dieser Zeit immer wieder die Formulierung „wir 2 Prälaten".

Die von Wien ausgehende Verwaltungs- und Steuerreform trifft die Klöster hart. Vier Wochen arbeitet Fritz an der „Stiftungsfassion", einer Aufstellung aller Immobilien und Kapitalquellen. Als er sich darüber mit Steyrer beraten will, stellt sich heraus, dass dieser solches nicht einmal anschaut. Gemeinsam klagen sie jedoch über die „erbärmlichen Zeiten, wo der gaistliche Stand in der größten Verachtung" ist. Auch als die Regierung im Zuge der Universitätsreform 1770 Steyrer zum ersten Direktor der theologischen Fakultät machen will, verweigert sich dieser, so dass das Amt an Fritz hängen bleibt. Er notiert, dass Steyrer unter „Vorwendung" schwacher Gesundheit den beschwerlichen Titel abgeschlagen habe, während er selbst es nicht könne, um seinem Gotteshaus keine Feindschaft zuzuziehen. Dafür verwendet sich der st. petrische Abt energisch dafür, dass Fritz endlich in den Prälatenstand aufgenommen wird. Für die höfische Gesellschaft augenfällig wird die Differenz der „2 Prälaten" beim Freiburger Empfang von Madame Dauphiné auf ihrem Weg nach Paris. Der Fürstabt von St. Blasien hatte angeordnet, dass jeder Prälat in einer Kutsche zweispännig vorfahren sollte. Da, wie Fritz schreibt, sein „Guttschen Geschirr nur auf das Land gerichtet war", bittet er Steyrer, in dessen „kostbarer Guttschen" mitfahren zu dürfen. Seine eigene Landkutsche ließ er hinterher fahren. Die Kritik an der höfischen Welt, der der st. petrische Abt durch Tradition und durch seine Herrschaft mehr zugehörte als der St. Märgener, zeigt sich nur verdeckt, etwa wenn Fritz bemerkt, dass beim Festessen für eine badische Prinzessin in St. Peter zuvor nicht gebetet würde. Dass St. Peter diesbezüglich eine andere Welt war, in der Steyrer zwar an den Traditionen seines Klosters festhält, dessen Existenz jedoch auch durch eine demonstrative Öffnung für modernes Wissen sichern will, lässt sich an der Reaktion des St. Märgener Klostervorstehers auf den Besuch des badischen Hofhistoriographen Daniel Schöpflin ablesen. Während dieser in St. Peter über acht Tage gerngesehener Gast war, merkte Fritz bei dessen Kurzvisite in St. Märgen zwar seine europäische Berühmtheit an: „Allein, er ist lutherisch" und manche meinen, er glaube gar nichts. Und schließlich: Als Steyrer zwei seiner Konventualen zum Studium der Mathematik nach Salzburg schickt, notiert Fritz, es wäre besser, wenn sie zum Studium der Theologie geschickt würden.

Seit 1770 verstärkte sich der politische Druck auf die Klöster noch mehr. Dazu gehörten Aufnahmestop und Heraufsetzung des Professalters. Als besonders bedrohlich erschienen Überlegungen, St. Märgen per Dekret aufzuheben, um den Abt als Geistlichen mit Bischofsinsignien für das Freiburger Münster zur Verfügung zu haben. Einmal hatte man St. Peter sogar den Kauf St. Märgens angeboten. Die beiden Prälaten sind sich einig: „Dan die großen Verfolgungen der Clösteren, welche beraiths uns auf dem Halß liegen und noch mehrere auf uns warthen, haben sowohl dem Herrn Prälathen von St. Peter als mir den Muth niedergeschlagen." 1771 sahen die beiden sehr klar die völlige Unterdrückung der Klöster und die Wegnahme der Güter voraus, vermuteten unter damaligen Verhältnissen freilich noch, dass das auf Geheiß des Wiener Hofes geschehen würde. Nach dem Verbot des Jesuitenordens nehmen „Furcht und Bangigkeit" nochmals zu, dass willkürlich auch andere Orden oder Konvente aufgehoben werden könnten. Neben solchen existentiellen Sorgen wogen Fragen wie 1772 die nach dem Wasser aus dem Hochwald, das St. Märgen seit 1302 zugestanden worden war und das sich nach dessen Aufhebung st. petrische Häuslebauern „auf ihre Mättle gezogen" hatten, gering und vermochten die Beziehung zwischen den Klöstern, bzw. deren Vorsteher wohl nur kurzfristig zu belasten. Die letzten Lebensjahre der beiden Äbte waren durch Krankheiten, vor allem aber durch die Kriege und Folgen der Französischen Revolution für sie und ihre Klöster eine böse Zeit. Die Quellen zeigen ihre Resignation.

Demgegenüber war der Nachfolger Steyrers, St. Peters letzter Abt Ignaz Speckle, zumindest zunächst ein Kämpfer für den Erhalt seines Stiftes. Als Abt Fritz 1796 aus seinem Kloster flieht, obwohl Speckle ihm auf sein Ersuchen hin eine Sauvegarde besorgt hatte, meint er, dies sei nicht redlich. Speckles Klage über mangelnde Solidarität gerade in den schwersten Zeiten ist ein eindrucksvolles Dokument auch für das sich immer mehr verändernde Verhältnis zu St. Märgen: „Der Gemeingeist verschwindet nun ganz. ... Egoismus ist eine Haupttriebfeder aller Dinge. Dazu kommt Mangel an Religion. Jeder denkt auf sich allein, schaut nicht auf die Zukunft, niemand nimmt Rücksicht auf die Vorsehung, und so muß am Ende alles zugrunde gehen. ... Heute hatten die Deputierten des Prälatenstandes des ganzen Tages wieder nur mit Geldzählen und – abliefern zu tun." St. Peter wurde dabei nunmehr mehr als sechsmal so hoch wie St. Märgen zur Kasse gebeten. Schon 1796 spricht Speckle vom unnachbarlichen bösen Willen des Vogtes von St. Märgen, der durch Verleumdungen und Falschaussagen St. Peter schade und sich von den Franzosen in St. Peter requiriertes Gut angeeignet habe. Man könne kein Vertrauen mehr haben. Das völlig veränderte Verhältnis auch zwischen den Äbten zeigt der Eintrag zur „zeremoniellen Neujahrsvisite" von Abt Fritz: „Ich hielt mich noch einige Augenblicke auf und fuhr ab." In der st. petrischen Aufzählung der Fastnachtsgäste findet man keine Konventualen von St. Märgen mehr. Beim Ableben von Abt Fritz fragt man wg. des Wahlrechts beim st. petrischen Oberamtmann und nicht bei Speckle an, was dieser unschicklich findet und den OAM entschuldigen lässt. Vor diesem Hintergrund erstaunt nicht mehr, dass Speckle 1799 vermutet, dass die schlimmen Requirierungen durch die Kommissare und Generäle „auf Veranlassung aus der Nachbarschaft von St. Märgen" erfolgt seien. Und fast verächtlich schreibt er, dass dort „das Kloster von allen Geistlichen (also auch von Abt Joseph Kurz) wäre verlassen worden. Nur Domestiken seien noch geblieben." Erneut verschwindet dieser Abt vom Mai 1800 an für ein Jahr und erst bei seiner Rückkehr stellt sich heraus, dass er durch Bayern und in die Steiermark gereist war.

Seit 1803 richteten sich verschiedene Aktionen Speckles gegen die nun drohende Säkularisation. Man spürt geradezu die Bitterkeit, mit der er beschreibt, wie sich der St. Märgener Prälat den dafür notwendigen Kosten zu entziehen sucht: St. Märgen bringt die „noch viel kühlere Entschuldigung" vor, kein Geld zu haben. Man weiß jedoch, dass sie es schon aufgeteilt und auswärts deponiert haben. Und etwas später: „Der Prälat schützt wie gewöhnlich seine Unvermögenheit vor." Erst die Drohung mit der vollständigen Isolierung läßt Abt Kurz einlenken. Nachdem er jedoch im Abt von Schuttern offensichtlich einen Verbündeten gefunden hatte, wird sein Verhalten gegenüber den Rettungsversuchen Speckles und anderer noch abweisender. Als aus Wien eine neue Nachricht über die Aufhebung kommt, erklärt Speckle, jedes Opfer für die Existenz oder wenigstens Halbexistenz seines Klosters bringen zu wollen. St. Märgen, so Speckle, wollte mit der Sprache nicht heraus: „Es ist bald unerträglich, mit den zween Herrn Prälaten von Schuttern und St. Märgen umzugehen." Anfang 1806 spürt man auch bei Speckle die Resignation: Es gibt niemand, der das Wort für die Klöster führen wollte und einige wollen selbst die Auflösung. Noch deutlicher wird er, als die Äbte von Schuttern und St. Märgen anläßlich der Landesübergabe an Baden den Festgottesdienst in Freiburg zelebrieren: „Gerade 2 Prälaten, von denen man weiß, dass sie die Auflösung der Stifte wünschen."

Eher beiläufig erfährt man im August 1806, dass Speckle bei einem Besuch in St. Märgen – „Herr Prälat war wie gewöhnlich abwesend" – seit mehr als zwei Jahren nicht mehr dort gewesen war. Ausgerechnet, aber dessen „ungeachtet", wurde die Säkularisation in St. Märgen am 29. August, dem Fest des Ordensgründers Augustinus durchgeführt. Speckle, dazu angereist, kommentiert: „Ich fand in St. Märgen niemand bestürzt, alles war munter und zufrieden." Am 12. Oktober, dem Festtag zur Erinnerung an die Rückführung des Gnadenbildes nach St. Märgen hielt Speckle zum letztenmal

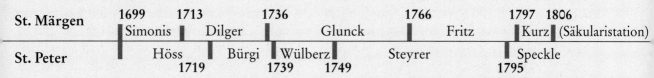

Die Äbte des 18. Jahrhunderts

St. Märgen	1699 Simonis	1713 Dilger	1736 Glunck	1766 Fritz	1797 Kurz	1806 (Säkularistation)
St. Peter		Höss 1719	Bürgi 1739	Wülberz 1749	Steyrer	Speckle 1795

ein Pontifikalamt in St. Märgen, für wenige Wochen gleichsam der Patron beider Klöster. Prälat Kurz hatte sich unmittelbar nach der Aufhebung nach Freiburg begeben „mit dem Abschied an die Seinigen: St. Märgen gehet mich nun nichts mehr an... Und so ward Konvent und Prälat ganz getrennt." Am 20. November erschien Kommissar Maler in St. Peter, um auch hier die Säkularisation durchzuführen. Auch wenn Speckle dazu schreibt, dass dies ohne Aussicht auf eine künftige Wiederherstellung sei, so ganz hat er die Hoffnung doch wohl nie aufgegeben. Dies war am Ende der tiefste Unterschied der beiden Klöster.

Auch der zweite Teil der parallelen Geschichte der beiden Schwarzwaldklöster, der im wesentlichen das 18. Jahrhundert umfasst und mit der Säkularisation endet, ist wiederum gekennzeichnet durch eine äußerst wechselvolle Beziehung. Das gut nachbarliche Verhältnis, das nach der Restitution St. Märgens mit Elementen der Konkurrenz durchaus für beide Ansporn bedeutete, entwickelt sich zu einem immer engeren, in der Zeit der Äbte Fritz und Steyrer freundschaftlichen. Dass sich in beiden Kirchen ein „Abtsputto" von Matthias Faller, dem zwischen den Abteien pendelnden Rokokokünstler findet und später Simon Göser, einer der bedeutendsten Maler seiner Zeit in beiden Klöstern tätig war, sind Indizien, dass die Bindungen weit über Religion und Politik hinausreichten. Umso beklemmender wirkt in der Zusammenschau die Verschlechterung, ja beinahe Aufgabe der Verbindung, als die die Existenz bedrohenden Krisen immer spürbarer wurden, wenn man sich am Ende über zwei Jahre lang nicht mehr besucht und die Äußerungen über den anderen, von denen freilich nur die st. petrische Seite bekannt ist, fast verächtlich werden.

Erklären läßt sich der wechselhafte Verlauf dieser Beziehung damit, dass in den relativ guten Jahren nach dem Spanischen Erbfolgekrieg die Konkurrenz eher Ansporn war. Als sich mit den theresianischen und erst recht den josephinischen Reformen die Lage für die Klöster verschlechterte, bewirkte das unter ihnen keine Solidarität, sondern jedes versuchte zuerst seine eigene Haut zu retten. Die dadurch entstehenden Spannungen wurden in unserem Klosterpaar durch die persönliche Freundschaft der Äbte Fritz und Steyrer jedoch nicht gleich virulent. Mit dem Tod Steyrers änderte sich jedoch die Konstellation. Schon in den folgenden zwei Jahren bis zum Tod von Abt Fritz traten massive Konflikte auf, die Speckle zwar auf den St. Märgener Vogt schob, jedoch ein Mitwissen des Abtes annahm. Als dort dann ein Vorsteher gewählt wurde, der sich aus Speckles Sicht den politischen Ansinnen mehr als nur anpasste, war das Verhältnis zumindest zwischen den beiden Äbten zerrüttet. Noch 1813 findet sich ein Nachklang in Speckles Tagebuch: „Und so ist nun in St. Märgen gar alles zerrissen, zerstört, zerstückelt."

Waren die Schicksale der beiden Klöster im Laufe des 18. Jahrhunderts durchaus ähnlich, St. Peter war freilich immer die große Schwester und nie so gefährlich attackiert worden wie St. Märgen, so reagierten sie in den existenziellen Bedrohungen am Ende des Jahrhunderts und am Beginn des 19. Jahrhunderts völlig verschieden. Wo liegt der Grund dafür? An der Größe des Konvents kann es nicht gelegen haben. St. Peter hatte zum Zeitpunkt der Säkularisation 25, St. Märgen immerhin 18 Konventualen, eine der größten Zahlen in der zweiten Zeit auf dem Schwarzwald. Vieles deutet als Ursache auf das unterschiedliche Verhalten der Äbte hin. Aber weshalb wählte man in St. Peter einen Typ, der den Kampf für seine Abtei nie aufgab, während der zwei Jahre nach ihm in St. Märgen gewählte Vorsteher nicht nur wenig für den Erhalt seiner Abtei tat, sondern sich mit der Säkularisation auch sofort von ihr trennte? Weshalb gibt es, wenn man sich schon bei der Wahl getäuscht hatte, keinen Widerstand gegen sein Verhalten? Waren es trotz der großen Zahl vielleicht doch auch andere Typen, die in St. Märgen als Mönche eintraten? Die Klagen über das Betragen mancher Konventualen sind im Laufe des Jahrhunderts in St. Märgen jedenfalls zahlreicher und ernsthafter als in St. Peter. Holte am Ende St. Märgen doch das Schicksal des Anfangs ein? Gegründet ohne eigene Herrschaft und ausgestattet mit gerade so viel Gütern, dass es überleben konnte, mangelte es zu Beginn an kontinuierlicher fürstlicher Protektion, die Stabilisierung und Ausbreitung ermöglicht hätte. Am Ende fehlte es eben deswegen an einem territorialen Fundus, auf dem man sich in Wissenschaft und Politik neue Positionen hätte erwerben können. Während in St. Peter insbesondere die Äbte Bürgi und Steyrer mit eigenen juristischen und historischen Arbeiten zur Sicherung ihres Klosters beitragen wollten, ist Vergleichbares für St. Märgen nicht überliefert. Die Bemerkung von Abt Fritz, die st. petrischen Studenten würden besser Theologie als Mathematik studieren, und der eher dezente Hinweis Speckles, der neue Abt Kurz „möchte zu viel auf Betschwestern inklinieren" mögen Hinweise auf Einstellungen und Stimmungen, auch auf die Lebensweise eines Konvents sein, der damit den Stürmen der Französischen Revolution und der Säkularisation wenig entgegen zu setzen hatte und daher die Aufhebung „munter und zufrieden" annehmen konnte (Abb. S. 53).

In der Synopse beider gemeinsamer Zeitabschnitte wird klar, dass die Augustinerchorherren in St. Märgen nie so heimisch wurden wie die Benediktiner in St. Peter. Von den vier im 18. Jahrhundert in St. Märgen gewählten Vorstehern war nur einer ein Schwarzwälder, von den vier st. petrischen Äbten dieser Zeit war nur einer kein Schwarzwälder. Die häufigeren existenziellen Bedrohungen von St. Märgen, die ihre erste Ursache in der im Vergleich mit St. Peter schlechteren ökonomischen und politischen Ausstattung hatten, mögen der wichtigste Grund gewesen sein, hier nicht so verwurzelt zu sein wie die benachbarten Benediktiner. Der Weggang der Mönche in kritischen Zeiten – das einjährige Verschwinden eines Abtes war ein spektakuläres Zeichen – und vor allem die Leichtigkeit des Abschieds waren davon eine Folge. In der Hoffnung der st. petrischen Mönche, irgendwann in ihr Kloster zurückkehren zu können, schwang dagegen noch etwas von dem Wunsch der Stifter mit, hier ein Kloster auf lange Zeit zu gründen. Dass sie trotz aller Schwierigkeiten in über 700 Jahren ihr Kloster nie ganz verlassen hatten, erzählt etwas von der Treue zu einem Ort, den ihnen die Zähringer mit der Verpflichtung gegeben hatten, hier auf Dauer für das Seelenheil der Familie zu beten, und den diese deshalb so ausgestattet hatten, dass er die Voraussetzungen für ein gutes Leben einer Ordensgemeinschaft bot.

ANMERKUNGEN

1 Erstfassung: Edition Volksbank Freiburg, 2000, mit weiteren Literaturangaben.
2 Vgl. etwa die Arbeiten von Franz Quarthal zur Schwäbischen Benediktinerkongregation.
3 Für St. Märgen stehen die Arbeiten von Wolfgang Müller, Ernst Hug, Manfred Hermann, Franz Kern und Elisabeth Irtenkauf. Für St. Peter verweise ich auf die Forschungen von Julius Mayer, wiederum Franz Kern und Wolfgang Müller sowie Klaus Weber, dem ich für wichtige Anregungen und Auskünfte danke.
4 Zur Idee des Vergleichens gerade an diesem Beipiel siehe den Essay von Walter Berschin, Topoi Paralleloi, in FDA 100, 1980, 323–333.
5 Josef Bader, Schicksale der ehem. Abtei St. Märgen, in: FDA, 2,1866, 213.
6 Den besten Überblick zu St. Märgen: Wolfgang Müller, Kurze Geschichte des Klosters St. Märgen, FS St. Märgen, 1968, 1–53. Neueste Literaturangaben bei Manfred Hermann, St. Märgen, Kl. Kirchenführer, Lindenberg 2003. Zur Literatur zu St. Peter vgl. Albert Raffelt, Literatur zum Kloster und Ort St. Peter im Schwarzwald, in: Hans-Otto Mühleisen (Hg.), Das Vermächtnis der Abtei, Karlsruhe 2/1994, 471–481.
7 Zu den Gründungsumständen vgl. Hans-Otto Mühleisen, Hugo Ott, Thomas Zotz (Hg.), Das Kloster St. Peter auf dem Schwarzwald, Studien zu seiner Geschichte von der Gründung im 11. Jahrhundert bis zur frühen Neuzeit, Waldkirch 2001.
8 Johann Adam Kraus, Bruno, der Gründer des Klosters St. Märgen, in: Schauinsland 1964, 116–121.
9 Für St. Märgen liegen, von Elisabeth Irtenkauf ediert, die Tagebücher der Äbte Dilger (FDA 1999) und Glunck (FDA 1995), sowie, von Franz Kern ediert, dasjenige von Abt Fritz (FDA 1969) vor. Für St. Peter ist das von Ursmar Engelmann edierte Tagebuch von Ignaz Speckle eine der wichtigsten Quellen für die Zeit der Klosteraufhebungen.

Die Beziehung der Abtei St. Peter zu ihren Besitzungen auf dem Territorium der heutigen Schweiz von der Gründung bis ins 16. Jahrhundert[1]

Die 14 Bilder der Stifter und Wohltäter der vormaligen Benediktinerabtei St. Peter, die nach 160jährigem Exil in Baden-Baden vor wenigen Jahren auf den Schwarzwald zurückkehrten, geben bis heute manches Rätsel auf.[2] Zwei der dargestellten Personen legen eine Spur zu einem Stück st. petrischer Geschichte, das in der Literatur bislang nur knapp angesprochen wurde: die über 400 Jahre dauernde Beziehung der Abtei zu ihren Besitzungen im heutigen Kanton Bern.[3] Die eine Gestalt stellt Agnes von Rheinfelden dar, die Gattin des Zähringer Bertold II., der gemeinhin als Gründer von St. Peter benannt wird, die andere deren Vater, Rudolf, Graf von Rheinfelden, Herzog von Schwaben und Gegenkönig Heinrichs IV. (Abb. S. 156 und 158). Der Gesamtzyklus ist zunächst eines der Zeichen für die noch im 18. Jahrhundert fortbestehende Zähringertradition St. Peters, aus der die beiden erwähnten Personen jedoch heraus fallen.[4] Die Darstellungen insgesamt erzählen des weiteren etwas vom politischen Interesse des Klosters an dem in den Bildern vorgetragenen historischen Wissen über seine Entstehungszeit.[5] Schließlich interpretieren sie die Gründungsgeschichte der Abtei aus der Sicht des 18. Jahrhunderts. Ihre wichtigsten Quellen waren wohl der Rotulus St. Petrinus sowie die Schriften von Abt Petrus Gremmelspach[6], Dokumente, die zugleich für Beginn und Endphase der st. petrischen Besitzungen im Oberaargau stehen.

Für das im folgenden behandelte Thema, die Schweizer Besitzungen St. Peters, ist bemerkenswert, dass sich unter den bei der Ablieferung der Gemälde als „Stiffter und Gueththäter" bezeichneten Personen auch jener in Merseburg begrabene Rudolf von Rheinfelden findet, dessen Bedeutung für die Abtei man im Schrifttum bislang im wesentlichen auf die des Vaters der Frau des Stifters Bertold II. beschränkte. Aber reicht der Nachlass für seine Tochter, die diesen später zusammen mit ihrem Mann dem Kloster übergab, aus, um ihn in diese Stifterreihe aufzunehmen? Warum nimmt man ihn in den Zyklus auf, wenn man sich doch gleichzeitig bemühte, mit der im Sockelbild dargestellten, historisch so nicht stattgefundenen Aussöhnung mit Heinrich IV. jede Anstößigkeit gegenüber dem Hause Habsburg als Landesherren und Reichsoberhaupt zu vermeiden?[7]

Als vorläufige These formuliert: Der Nachlass Rudolfs für seine Tochter Agnes, das Besitztum in Buchsee und die Kirchengüter in Seeberg und Huttwil, wurde zu einem für die Abtei so wichtigen Teil der Ausstattung, dass ohne ihn die Gründung, genauer gesagt die Verlegung des Klosters von Weilheim auf den Schwarzwald vielleicht gar nicht möglich gewesen wäre. Oder waren es sogar eben diese mit der Heirat Agnes' und Bertold II. 1079, dem Tod Rudolfs 1080 und dem Tod von dessen Sohn Bertold 1090 an die Zähringer gekommenen Güter, die den Impuls zur Verlegung des Klosters in die Nähe der neuen Stammburg bei Freiburg gaben?[8] Schon Eduard Heyck hatte darauf verwiesen, dass Bertold den zähringischen Grund und Boden in der nächsten Umgebung des Klosters diesem zunächst vorenthalten hatte, aus seiner Sicht also die Schweizer und die württembergischen Besitzungen die eigentliche wirtschaftliche Basis des verlegten Klosters bilden sollten.[9] Wenn die Bildunterschrift diesen Rudolf direkt nach der Benennung als Vater der Gründerin als Dotator von Buchsee bezeichnet, so kann das nicht beinhalten, dass er dieses Besitztum seiner Tochter bereits 1079 als Mitgift im Hinblick auf einen späteren Stiftungszweck übertragen hätte. Selbst zum Zeitpunkt seines Todes 1080, wenn

Buchsee jetzt als Erbschaft an seine Tochter gefallen sein sollte, gab es noch keine Überlegungen für eine Klostergründung auf dem Schwarzwald.

Eben solche freilich gab es im Jahr 1090, als der Sohn Rudolfs starb und der Rheinfelder Besitz, der zum damaligen Burgund gehörte, nun über die Alleinerbin Agnes an das Haus Zähringen kam und somit als Ausstattungsgut für ein neu zu gründendes Kloster zur Verfügung stand. Es spricht für den Wert, den St. Peter über Jahrhunderte den Schweizer Besitzungen zugemessen hatte, dass man einen Adligen als Dotator bezeichnet, dessen Güter erst 13 Jahre nach seinem Tod und möglicherweise über zwei Erbschaftsvorgänge, also sicher ohne eigene Willenserklärung des Erblassers, dem Kloster zugeeignet wurden. Pointiert gesagt: Zu Lebzeiten Rudolfs gab es in der Zähringer Familie noch nicht einmal Überlegungen, auf dem Schwarzwald ein Kloster zu gründen – und dennoch bezeichnete man ihn in der st. petrischen Tradition über Jahrhunderte als Dotator. Offen bleibt damit zunächst die Frage, weshalb Agnes ihr ererbtes Gut sofort als Grundausstattung des Klosters weitergab. Sieht man einmal von der Hausklosterfunktion, die dem Seelenheil der Stifterfamilie, damit auch dem ihrer Eltern, dienen sollte, ab, so gab man Teile des Hausgutes wohl auch wegen der unsicheren Zeiten und der besseren Verwaltung in geistliche Hand.[10]

Es gibt ein weiteres Indiz dafür, dass die Würdigung, die Rudolf als Stifter St. Peters während der gesamten Klosterzeit erfuhr, im Schrifttum bislang unterschätzt wurde. Im liber vitae des Abtes Gremmelspach findet man unter den 32 Nomina Fundatorum, denen in besonderer Weise das dankbare Gebetsgedenken der Abtei galt, an erster Stelle „mit großer dicker Schrift hervorgehoben"[11] den Namen Rudolphus Rex de Arle. Zwar wird Bertold II. nochmals eigens attestiert, der erste Gründer dieses Ortes (primus huius loci fundator) gewesen zu sein, aber Rudolf und seine Frau Adelheid stehen neben dem Gründer des Stammklosters in Weilheim, Bertold I. und dessen Frau Richwara gleichberechtigt vor den übrigen Zähringern. In der Reihenfolge sind sie, obwohl „nur" Eltern der Frau des Gründers und später verstorben als der Vater des Gründers, diesen sogar vorangestellt. Typographisch werden sie klar hervor gehoben. Und nicht Bertold I., sondern nur Rudolf erhielt wie Bertold II. und dessen Brüder und Nachfolger als Vögte ein spezielles jährliches Totengedenken, obwohl er weder eine Funktion für das Kloster hatte, noch hier beigesetzt war:

Liber Vitae von Abt Gremmelspach: Rudolphus, Rex de Arle erscheint als erster unter den Namen der Gründer ein eindeutiger Hinweis auf die herausgehobene Stellung, die man ihm zusammen mit dem „primus fundator" für die Gründung der Abtei beimaß.

Dies alles mögen auch Indizien sein, dass die Schweizer Besitzungen aus der Erbschaft Rudolfs für die weltliche Herrschaft St. Peter von besonderer Bedeutung waren. Im folgenden sollen neben den Umständen der Stiftung einige Aspekte der Verwaltung der etwa 150 km von der Abtei entfernt liegenden Besitzungen dargestellt und schließlich Ereignisse im Umfeld der Reformation, die zum Ende der st. petrischen Güter in der Schweiz geführt haben, erörtert werden. Dabei sollen immer wieder zwei unterschiedliche Perspektiven zusammengeführt werden: diejenige der klösterlichen Historiographie, aus deren Sicht das Schweizer Besitztum ein rechtmäßiges und kostbares Vermächtnis, dessen Wegnahme ein Raub und ein herber Verlust war, und die eidgenössische Geschichtsschreibung, in der der politische Einfluß St. Peters als eine Art Fremdherrschaft und deren Auflösung als Befreiung interpretiert wurde. Wäre noch die Sichtweise der Schweizer Untertanen St. Peters hinzuzufügen: Sie wehrten sich – wie die Schwarzwälder Untertanen – gegen als ungerecht empfundene Lasten, nutzten den Berner Machtanspruch für eigene Interessen und wurden damit jedoch auch zu dessen Spielball. Letztlich waren sie eher unsicher, ob sie mehr von der alten Kloster- oder der neuen Stadtherrschaft profitierten. Die realen Machtverhältnisse enthob sie einer Entscheidung.

I. Die Schweizer Güter in der Gründungsphase des Klosters

Die erste historisch faßbare Gestalt der Zähringerdynastie ist Bertold I., der nahe seines Machtzentrums, der Limburg oberhalb Weilheim, (spätestens) 1073 eine Propstei gestiftet hatte. Dabei folgte er zunächst sicher einem religiösen Impuls innerhalb seiner Familie, da in dieser Zeit zwei seiner Söhne selbst Benediktiner geworden waren, der eine, Herrmann I., der Stammvater der Badener, unter Zurücklassung seiner Familie, in Cluny, der andere, Gebhard, der spätere Bischof von Konstanz, in Hirsau. 1078 fiel König Heinrich IV. in Alemannien ein und zerstörte die Besitzungen der Königsgegner, darunter auch Weilheim. Bertold I. soll über die Kriegsgreuel in geistige Umnachtung gefallen und nach achttägigem Todeskampf auf der Limburg gestorben sein. Nach dem Tod Bertolds I. wurde die Propstei, bis dahin fürstliches Eigenkloster, jedoch zu diesem Zeitpunkt wohl ohne festes Klosterleben, von Gebhard, zu dessen Erbgut Weilheim gehörte, mit Zustimmung seines Bruders Bertold als Priorat an Hirsau übereignet.[12]

1079 begann Bertold II. mit der gewaltsamen Eroberung des Breisgaus und schuf damit Bedingungen, die auch die Interessen am Weilheimer Kloster verändern sollten. 1084 wird der Mönch Gebhard mit deutlicher Unterstützung der antikaiserlichen Partei und derjenigen Abt Wilhelms von Hirsau Bischof von Konstanz. Damit erfolgt ein grundsätzlicher Sinneswandel: In Absprache der beiden Brüder soll dieses Kloster von dem an Hirsau gebundenen Priorat zur Abtei, d.h. wieder eigenständiger und dadurch für den Herzog und den Bischof (kirchen-)politisch verfügbarer werden. Noch 1089 hatte man eine neue Kirche, den Vorgängerbau der heutigen Weilheimer Stadtpfarrei errichtet. Doch schon 1090 traf Bertold II. die Entscheidung, das zur Abtei erhobene Priorat auf den Schwarzwald zu übertragen. Ob der Bau der Kirche eine kompensatorische Vorbereitung der Verlegung oder aber ein Hinweis auf die Kurzfristigkeit der Entscheidung war, muss noch offen bleiben. Auf jeden Fall wird man für diesen Entscheidungsprozeß neben der Verlegung des territorialen Schwerpunktes in den Breisgau sicher auch die verschiedenen Rollen Gebhardts, Mönch, Bischof und päpstlicher Legat, für wichtiger halten müssen, als dies bislang geschehen ist. Den st.petrischen Mönchen war dies, wie eine Wappentafel um 1700 zeigt, wohl noch bewußt gewesen. Dort ist neben Bertold II. Bischof Gebhard von Konstanz als zweite tragende Gestalt zu sehen. Den entscheidenden Anstoß zur Verlegung der Abtei in die Nähe des neuen Herrschaftszentrums bei Freiburg gab möglicherweise jedoch die 1090 endgültig an Agnes gefallene Erbschaft ihres Vaters. In diesem Jahr starb „in noch jungen Jahren" ihr Bruder Herzog Bertold von Schwaben, so dass das Hausgut Rudolfs nun „in der Hauptsache" an sie und ihren Gemahl Bertold II. fiel.[13]

Erst die Möglichkeit, das neue Hauskloster in St. Peter mit den Besitzungen im damals noch so genannten Burgund auszustatten, eröffnete die Perspektive auf eine sicherere materielle Basis, als dies die relativ bescheidenen Güter in dessen näherer Umgebung und die Besitzungen um Weilheim geboten hätten. Der endgültige Anfall der Erbschaft Rudolfs und die Aussendung der Dienstleute zur Suche nach einem geeigneten Platz für die „fromme Stiftung" der Zähringer, die auch Teil einer strategischen Territorialpolitik war[14], fallen in dasselbe Jahr. War die Stiftung des Klosters Weilheim um 1073 Zeichen einer religiösen Bewegung, so muß die Übertragung auf den Schwarzwald mit dem Wandel vom „schwäbischen Reformkloster zum zähringischen Hauskloster" (Karl Schmid) differenzierter als Ausdruck eines überlegten Machtkalküls gesehen werden. Rudolfs Nachlass als möglicher essentieller Bestandteil eines neuen Klosters war sicher ein Faktor für den Sinneswandel („mutata mente"), das Hauskloster statt am alten Ort nun als Neugründung zu planen und dabei auch nicht Rückgriff auf Vorhandenes z. B. in Zell (später St. Ulrich) zu nehmen. Wenn man später Rudolf unter die Stifter einreihte, so ist dies eine Würdigung seines Beitrages für die materiellen Belange des „verlegten" Klosters, von dem man nicht einmal weiß, ob diese Stiftung in seinem Sinne war.

Zwar war durch die Heirat seiner Tochter Agnes mit Bertold II. die Verstimmung, die es nach 1057 durch die Konkurrenz zu Bertold I. um den schwäbischen Herzogtitel gegeben hatte, in tradtioneller Form durch Familienbande endgültig beigelegt, aber eine Förderung des Zähringischen Hausklosters musste dies nicht unbedingt zur Folge haben. Vielmehr war St. Blasien der religiöse Mittelpunkt der Rheinfeldener Familie und Rudolf hatte dieses Kloster, in dem viele Mitglieder seiner Familie begraben lagen, tatkräftig unterstützt. Er selbst hatte dieses zum Hauskloster seiner Familie entwickelt und nach der Einführung der Reform von Fruttuaria 1072 hatte ihn St. Blasien unter seine „Gründer" eingereiht.[15] Erst der Umstand, dass seine männlichen Nachkommen früh verstorben und die übrigen Töchter anderweitig versorgt waren, ließ sein Hausgut zum Geschenk seiner Tochter an das neue Zähringische Hauskloster werden. Auf diese Weise konnte auch St. Peter am Beginn seiner Reihe einen königlichen Stifter präsentieren. Vielleicht war dies bei der Konzeption des Stifterzyklus im 18. Jahrhundert sogar das wichtigere Motiv, ihn ganz vorne zu platzieren, als sein ja längst verlorenes Erbgut um Herzogenbuchsee.

Wenn in der Literatur vom „gemeinsam gegründeten Kloster St. Peter"[16] die Rede ist, wird man den Anteil Agnes' auf Bitte ihres Schwagers, des Bischofs Gebhard von Konstanz, in der Einbringung des väterlichen Erbes sehen müssen. Die Geschichtsschreibung der Abtei um 1200 sagt es noch deutlicher: „Die Grundausstattung des Klosters mit dem burgundischen Herzogenbuchsee wird allein seiner (Bertold II.) Gattin Agnes ... zugeschrieben".[17] Der Anteil Bertolds war die Entscheidung für die Verlegung, die Wahl des Platzes, die Ausstattung mit Gütern aus den alten Weilheimer Besitzungen und mit Privilegien, die den Grundbesitz des Klosters mehren sollten. Als umso gravierender muss es Agnes empfunden haben, dass Bertold wenige Jahre später das zu Buchsee gehörende Dorf Huttwil den Mönchen wegnahm und es wegen einer nicht näher bekannten Eidgeschichte einem Grafen Diepold zu Lehen gab. Die Auseinandersetzungen darüber zwischen Bertold und dem Kloster, sicher aber auch in der Familie der Zähringer, hat sich nach der Darstellung im Rotulus jahrelang hingezogen[18] (Abb. S. 52). Wendet man die mittelalterliche Vorstellung, dass der Entzug der Güter der Aufhebung eines Vertrages gleichkam und die Mönche von der Verpflichtung zur Fürbitte entband, was die Gefährdung des Seelenheils der Stifter zur Folge hatte[19], auf diesen Vorgang an, so kann man sich das Drängen von Agnes auf Rückgabe des von ihr zum Seelenheil ihrer Familie eingebrachten Klostergutes als ernsthaft und energisch vorstellen. Abt Gerbert datiert die Schenkung von Buchsee, Seeberg und Huttwil durch Agnes fälschlicherweise in das Jahr 1108.[20] Vielleicht handelt es sich bei diesem Vorgang jedoch um eine Form der Bestätigung der Schenkung zur Klostergründung 1093, die die Unrechtmäßigkeit der Wegnahme von Huttwil unterstreichen sollte. Auf jeden Fall kommt Bertold nach dem Tod des Grafen Diepold am Vorabend des Himmelfahrtstages 1109 mit seinem Sohn Rudolf nach St. Peter, gibt – auch auf Bitten seines Bruders, des Konstanzer Bischofs – das Gut dem Kloster zurück und verspricht, „den Besitz des Klosters in Zukunft nicht zu beeinträchtigen". Die Anwesenheit mehrerer adliger Zeugen unterstreicht die Wichtigkeit dieses Vorganges.[21]

Für die Abtei war es der erste harte Test, was die Schenkungen, die zugesagten Privilegien und die Wahrnehmung der Vogtei durch die Zähringer in Krisenzeiten wert waren.[22] Wenn die Quellen eigens festhalten, dass der Herzog „friedlich" nach St. Peter gekommen sei, läßt dies den Zündstoff ahnen, der in der Wegnahme des Huttwiler Gutes gelegen hatte.[23] Die Darstellung im Sockel des Stifterbilds Agnes' von Rheinfelden und die in der Unterschrift für sie dokumentierte Bestätigung der Rechte des Klosters „Confirmatio privilegiorum monrij." könnte an ihren positiven Einfluss auf die für das Kloster in seinen Anfangsjahren bedrohlichen Ereignisse erinnern. Hinter diesem frühesten Kampf der Abtei – und wohl auch der Stifterin – um ihre Schweizer Gebiete steht als herausgehobene Legitimation der väterliche Dotator von Buchsee, Rudolf von Rheinfelden, der in der st. petrischen Tradition nicht zufällig als König bezeichnet wurde. Bei Agnes' Tod 1111 bestätigten deren Söhne die burgundische Schenkung ihrer Eltern und Großeltern in einem Zug mit dem Weilheimer Besitztum, was nochmals deren Bedeutung unterstreicht.[24] Sie entsagen für sich und ihre Nachfolger jedem Erbrechtsanspruch auf die dem Kloster unterstehenden Eigengüter auch in Burgund.[25]

Kernstück der Besitzungen im Oberaargau war der Hof in Buchsee, der einen größeren Güterkomplex an Äckern, Wäldern und anderem umfasste. Hier richtete das Kloster nach der Bestätigung 1109 eine Probstei mit ständiger Anwesenheit eines oder mehrerer Mönche ein und bildete so auch das Verwaltungszentrum der Besitzungen. Die frühen Urkunden dokumentieren, dass Buchsee „samt allem Zubehör, vor allem den Kirchen von Buchsee, Seeberg und Huttwil, Huttwil selbst und weitere Dörfer" dem Kloster übertragen wurde.[26] Mit Buchsee allein werden 17, mit Seeberg drei weitere Ortsnamen verbunden. Zinsgüter müssen es in verschiedenen Orten weit über 100 gewesen sein.[27] Später kamen vom regionalen Adel einzelne Zustiftungen hinzu. Von den Eigenleuten war um 1100 ein Hofzins zu entrichten, der nach heutigem Wert über 50 000 € gelegen hat. Davon ging jedoch 1/10 als Bezahlung an den Kastvogt ab, der dafür zweimal im Jahr Gericht halten musste und dabei zusätzlich die Bussen mindestens teilweise selbst einziehen konnte. Die Rechtsprechung erfolgte nach mündlich überliefertem Gewohnheitsrecht, das erst im Laufe der Jahrhunderte in Rodeln und Weistümern verschriftlicht wurde.

Es versteht sich fast von selbst, dass ein so reiches Besitztum bei gleichzeitig so ungesicherter Rechtslage in der Folgezeit immer wieder zu Begehrlichkeiten und Konflikten führen musste, dies umso mehr, als das Kloster als Sitz der Herrschaft St. Peter ja 150 km entfernt lag und dieses nach dem Aussterben der Zähringer 1218 auch keinen eindeutigen politischen Patron mehr hatte. Im Gegenteil kam es mit den Kyburgern als den Zähringer Erben in der Schweiz zu Streitigkeiten, da auch diese Teile des Zähringer Besitzes in Buchsee geerbt hatten. Dennoch ist es für das späte Mittelalter eine bemerkenswerte Regierungs- und Verwaltungsleistung, einen so weit entfernten Besitz in einem insgesamt für die Abtei funktionstüchtigen Zustand zu halten. Voraussetzungen hierfür waren die Kontinuität der Institution selbst, aber auch das damit schon früh schriftlich überlieferte Rechtswissen, das die Grundlage der Herrschaft bildete und in Streitfällen die Argumente lieferte.

II. Zur Geschichte des Erhalts und der Sicherung des st. petrischen Besitzes im Oberaargau zwischen 1100 und 1500

Der st. petrische Zyklus der Stifter und Wohltäter legt, wie oben dargestellt, über die Sichtweise seiner Entstehungszeit im 18. Jahrhundert eine Spur zu der Bedeutung, die die burgundischen Besitzungen für die Abtei in ihrer Gründungsphase besaßen. Die 1752 bis 1754 entstandene Äbtereihe im Kreuzgang des Klosters[28] gibt – ebenfalls vor dem Hintergrund der Kenntnisse und Absichten ihrer Entstehungszeit – zahlreiche Hinweise auf das Schicksal der zu diesem Zeitpunkt seit 300 Jahren verlorenen Besitzungen.

Die bereits erwähnte Unsicherheit über das Datum der Schenkung von Buchsee schlägt sich auch in den Abtsbildern nieder. Während der Rotulus, der den st. petrischen Historikern vorlag, die ihrerseits dem Künstler die Daten für die Beschriftungen lieferten, die Übergabe Herzogenbuchsees als dem Gründungsakt zugehörig beschreibt, legt der Bilderzyklus dieses Ereignis in die Amtszeit des zweiten Abtes, Hugo, 1100-1108. Das Sockelbild zeigt Agnes, die dem Abt ergebenen Sinnes („devota mente") eine Urkunde (vielleicht auch eine geographische Karte) überreicht. Offensichtlich wurde hier dieselbe Quelle zugrunde gelegt, die auch Abt Gerbert für seine Datierung verwendete – oder man wollte, unter Hintansetzung historischer Korrektheit, durch die Verbindung der Stiftung mit einem eigenen Abbatiat die herausragende Funktion der Königstochter Agnes für die Grundlegung und Privilegierung des Kloster unterstreichen.[29] Es fällt diesbezüglich auf, dass Bertold selbst in diesem Zyklus nicht in seiner eigentlichen Gründerrolle, sondern erst unter dem dritten Abt Eppo (1108–1132) als derjenige erwähnt wird, der den Ort Huttwil, den er einem Bekannten, durch dessen List hintergangen, zugestanden hatte, durch göttliche Fügung veranlasst, dem früher rechtszuständigen Kloster zurückerstattet.[30] Die Rückgabe durch göttliche Fügung, also nicht durch freien Entscheid, wird durch das Sockelbild unterstrichen, in dem ein Mönch vor dem Kirchenportal eine Urkunde stehend erhält – die Urkunde aus der Hand Agnes' wurde kniend entgegen genommen.

Für das folgende Jahrhundert, in dem die Zähringer Herzöge die Rechte und Stiftungen ihrer Vorfahren immer wieder bestätigten, für Bertold IV. ist dies auf dem Bild von Abt Gozmann (1137–1154) ausdrücklich vermerkt, gab es von dieser Seite keine weitere Beeinträchtigung des burgundischen Besitzes. Im Gegenteil, die politisch starke Stellung der Zähringer in diesem Teil der Schweiz während des 12. Jahrhunderts bedingte wohl, dass dort keine Beschränkungen der st. petrischen Rechte versucht wurden. Es wird vermutet, dass die letzten Zähringer Ende des 12. Jahrhunderts den gesamten Ort Buchsee, in dem sie selbst auch Güter besaßen, stadtähnlich befestigen ließen und gleichzeitig zur Unterscheidung gegenüber Münchbuchsee die Namensänderung in Herzogenbuchsee vornahmen.[31]

Die institutionelle Konstruktion der st. petrischen Verwaltung beinhaltete eine geistliche Twingherrschaft mit dem Gerichtssitz in Herzogenbuchsee und einem weiteren Meierhof in Huttwil. Die Rechte und die Streitigkeiten, die es um den Meierhof in Huttwil gab, sind wohl am besten belegt. Dabei kann man für die frühe Zeit gleichsam von einem innerherrschaftlichen Rechtsweg ausgehen. Entscheidungen des Schultheissen von Huttwil konnten vor dem Probsteigericht angefochten werden, dessen Entscheidungen zur Überprüfung wiederum vor den Abt von St. Peter gebracht werden konnten.[32] Da die Unterinstanzen im Treueverhältnis zum Abt standen und in dessen Namen Recht sprachen, kann von einer unabhängigen Justiz nicht die Rede sein. Die Kastvogtei, bei der die hohe Gerichtsbarkeit lag, übten die Zähringer und nach 1218 bis 1406 die Kyburger aus. Letztere legten ihre niedergerichtlichen Rechte im Amt Herzogenbuchsee mit dem seit 1353 bezeugten Dinghofgericht der Probstei zusammen, so dass hier durchaus im Sinne der ganzen Dorfgemeinde, die sich dem Probst unterstellte, eine einheitliche Rechtsprechung entstand. Von der ausgedehnten Urpfarrei Herzogenbuchsee gehörte weniger als die Hälfte zu St. Peter.[33] Galt in dieser Zeit die klösterliche Herrschaft als gerechter gegenüber der adligen, so sollten die Untertanen später, unter veränderten Machtverhältnissen ihr Recht eher bei der Stadt Bern als beim Dinggericht der Probstei suchen.

Schweizer und st. petrische Quellen indizieren übereinstimmend, dass die Schwierigkeiten für die Sicherung des Besitzes Anfang des 14. Jahrhundert begannen. Hintergrund waren die Geldprobleme der Kyburger, die einerseits die Kastvogtei zur eigenen Sanierung nutzten, so etwa durch die mehrmalige Verpfändung des Dinghofes Herzogenbuchsee (z. B. 1331 und 1376) oder sogar durch die Übergabe aller Rechte und deren Zurückerhalt als Lehen von Österreich, was auch den Dinghof zum österreichischen Lehen werden ließ. Andererseits überschnitten sich in der Region Herzogenbuchsee Rechte und Besitzungen von Kyburgern und Abtei, so dass ursprüngliches Recht und faktische Macht auseinander fielen.[34] Zum erstenmal erscheint auch in der Reihe der Pröbste für den Zeitraum 1321/1323 ein Streitfall mit einem der Leutpriester, hier um den Neubruchzehnt beim Kirchengut Seeberg.[35] Der Pfarrer von Seeberg rief die bischöfliche Kurie von Konstanz um Hilfe an, die dem Probst daraufhin mit Exkommunikation und Suspendierung drohte. Der Prozeß ging zu ungunsten des Klosters aus und setzte ihm gegenüber eine Bußandrohung von 20 Mark Silber bei Nichtrespektierung der Entscheidung an. Angesichts solcher Streitigkeiten entstand nicht zufällig im 14. Jahrhundert eine Rechtssammlung zu Herzogenbuchsee.[36]

Eine andere, den historischen Umständen angemessene Reaktion auf die Bedrohungen der burgundischen Besitzes findet man in der st. petrischen Äbtegalerie bei Walther II. (1350–1353), der bereits im ersten Jahr seines Abbatiats das Bürgerrecht in der seinem Dinghof nächst gelegenen Stadt Solothurn erwirbt. Da er gleichzeitig Probst von Herzogenbuchsee genannt wird, heißt dies, dass der Titel in dieser Zeit beim Abt verblieb und am Ort ein Verwalter eingesetzt war. Das Bürgerrecht von Personen außerhalb der Stadt war für diese ein Mittel der Territorialpolitik, das ihr zusätzliche Einflußmöglichkeiten und Einnahmen verschaffte.[37] Für die Institutionen, die das Bürgerrecht erwarben, war es ein politischer Schutz, da jede Bedrohung, z. B. der Probstei, gleichzeitig einem Stadtbürger galt. Die Richtung des notwendigen Schutzes war klar: Zwar sollte die Vogtei der Kyburger nicht in Frage gestellt werden. Für den Fall jedoch, dass diese des Klosters Rechte zu schmälern versuchten, trat die Beistandspflicht Solothurns in Kraft.

Einen letzten größeren politischen Erfolg verbuchte das Kloster St. Peter in Seeberg. Dort hatte es schon 1264 einen Rechtsstreit mit der Ritterfamilie von Stein um den Burgäschisee und um 1320 den oben erwähnten zwischen dem Pfarrer von Seeberg und der Probstei um den Zehnten aus Neurodungen gegeben. Beide waren zu ungunsten des Klosters entschieden worden.[38] 1382 erreichte die Abtei jedoch (beim zweiten Versuch) in schwieriger wirtschaftlicher

Lage, dass ihr durch den päpstlichen Legaten Kard. Guillermo die Pfarrei Seeberg mit all ihren Einkünften inkorporiert wurde. Ob dies ein zu der Kirche Seeberg, die ja seit der Schenkung durch Agnes 1093 zu St. Peter gehörte, hinzukommendes Gut war oder eine Restitution des alten Rechts an der Kirche ist nicht klar. Auf jeden Fall erzählt die Bildunterschrift in der Galerie der Äbte unter Heinrich II. (1382–1390), dass die Einverleibung der Pfarrei den durch ungünstiges Geschick und die Habgier von Eindringlingen verursachten Schaden bis zu einem gewissen Grad wieder gutgemacht habe. Vielleicht hatte das Bürgerrecht von Solothurn die Situation der Abtei im Oberaargau so verstärkt, dass dieser Streit nun zu ihren Gunsten ausging.

Anfang des 15. Jahrhunderts ging mit dem Burgdorfer Krieg die Macht der Kyburger zu Ende. Die Vogtei über Herzogenbuchsee ging von 1406 an in mehreren Schritten an Bern über.[39] So war es nur folgerichtig, dass, als auch die letzten Pfandrechte 1416 an Bern fielen, der st. petrische Abt Heinrich V. von Hornberg (1414–1427) zeitgleich für eine halbe Mark Silber im Jahr auch das Berner Bürgerrecht erwarb und dafür mit Herzogenbuchsee haftete. Heinrich V. wird in der Historiographie des Klosters als energischer Verteidiger und eifriger Wieder-

Die Sicherung klösterlicher Rechte durch Erwerb städtischer Bürgerrechte von Freiburg und Solothurn, aus der Äbtegalerie (1753/1754)

Herzogenbuchsee, vermutlich mit den Kirchen von Seeberg und Huttwil, Zeichnung aus den st. petrischen Annalen des 18. Jahrhunderts

hersteller der Rechte und Güter des Klosters bezeichnet. Sein Bemühen um die Sicherung von Herzogenbuchsee findet für das Kerngebiet der Abtei eine Entsprechung in der Erstellung des ersten st. petrischen Weistums ebenfalls im Jahr 1416. Seine Bestellung während des Konstanzer Konzils zusätzlich als Abt der Reichenau durch Papst Martin V. war wohl eine Anerkennung seiner politischen Durchsetzungsfähigkeit von höchster Stelle.

Aus der Rückschau läßt sich feststellen, dass mit dem Übergang der Vogtei an Bern das Ende der st. petrischen Besitzungen in der Schweiz eingeläutet wurde, jedenfalls gab es für sie danach nie mehr eine so ruhige Phase wie es die ersten 100 Jahre gewesen waren. Waren die Güter in der Periode der Zähringer selbst ein Teil von deren Territorialpolitik und dienten als

Schenkung zudem dem Seelenheil der Familie, so gab es in den folgenden zwei Jahrhunderten immerhin noch eine machtpolitische Konstellation, in der die Abtei mehrere Elemente gegeneinander ausspielen konnte, Stadt gegen Vogt, Vogt gegen Untertanen. Jetzt aber gab es nur noch einen Machtfaktor, die zunehmend stärker werdende Stadt Bern, für deren Territorialpolitik die aus der Fremde verwalteten Güter und von dort beanspruchten Rechte ein Störfaktor waren. Zunächst ließ man diese zwar formal unangetastet, die Zeit arbeitete jedoch für die Stadt. Auf dem Land wohnten nun städtische Untertanen und Dinghofleute nebeneinander. Letztere sahen ihre alten Sonderrechte schwinden, während die Stadtbürger unter sicherem Rechtsschutz standen. Bern hatte sich 1415 von König Sigismund wichtige Privilegien zur Stabilisierung seiner Landesherrschaft genehmigen lassen. Die so genannten Ausburger, die Bern schon seit der Kyburger Zeit als fünfte Kolonne zur „Infiltration in die feindlich feudale Umwelt" genutzt hatte, blieben nach der Übernahme der Vogtei erst recht ein Stachel mitten unter den dadurch widerspenstiger werdenden st. petrischen Hofleuten. Die stärksten Stützpunkte der Berner Ausburger waren u. a. in Herzogenbuchsee (37–47) und Huttwil (21–22). Die Gerichtsakten erzählen von den zunehmend notwendig werdenden Prozessen gegen diese.

Was in den ersten drei Jahrhunderten undenkbar war, wird nun im 15. Jahrhundert als Zeichen von Resignation erstmals Realität: Das Kloster gibt altes Besitztum auf. 1426 ist unter Probst Konrad von Hofen, danach Leutpriester in Huttwil (Abt 1443–1449), der erste Verkauf einer halben Mühle und Bläue in Oberönz belegt. Im Streit mit Huttwil um das ewige Licht ruft er im gleichen Jahr den Entscheid des Rates von Bern an.[40] 1433 hatte die gleiche Behörde in einem Streit zwischen dem Kloster und einem Huttwiler Bürger zu urteilen; letztlich tat sie es trotz unsicherer Aktenlage aufgrund eines Eides, den Konrad von Hofen als Priester und Ordensmann ablegte, zugunsten der Abtei.⁴¹ Der „Abstieg" Hofens vom Probst zum Leutpriester in Huttwil hing wohl mit den hier besonders gefährdeten Gütern zusammen, für deren Verteidigung man einen starken Verwalter benötigte. Als Abt war Konrad von Hofen der erste, der die Bischofsinsignien trug. 1436 wird unter Probst Hans Tüffer der Verkauf von drei Vierteln der Mühle und des Kornzehnts von Wanzwil dokumentiert. Unsicher ist, ob er identisch ist mit dem gleichzeitigen Abt Johannes V. Tüffer (1427–1439). Auf jeden Fall war eine Familie Tüffer in Herzogenbuchsee ansässig, was heißt, dass man ähnlich wie in Schwaben auch hier aus den zum Kloster gehörenden Gebieten Nachwuchs für den Konvent rekrutierte. Eine gerichtliche Regelung aus der Zeit von Probst Tüffer, dass Kranke und Schwangere ungestraft in probsteigenem Gewässer fischen durften, wirft ein Schlaglicht auf die soziale Dimension der klösterlichen Herrschaft. Umgekehrt konnte die Abtei erst durch zwei Beschlüsse des Berner Rates 1442 und 1453 ihr altes Recht auf den „Kostwein" von jedem auf klösterlichem Territorium verkauftem oder ausgeschenktem Wein durchsetzen.⁴²

Wenn in der Folgezeit die Verkäufe aus dem alten Gut nicht mehr abreißen⁴³, ist dies vor allem auch ein Ausfluss der schwierigen wirtschaftlichen Lage der Abtei im Schwarzwald. Die Annalen erzählen von ihrem „kläglichem Zustand" und dass sie „von Schulden fast erdrückt" worden sei. Gläubiger drängten auf Rückzahlung der Schulden und wie in St. Märgen, das über diesen Vorgängen das Kloster schließen und den Restbesitz verkaufen musste⁴⁴, suchte der Freiburger Kleinadel (Schnewelin, Blumeneck u. a.) die Schwäche des Klosters zu seinen Gunsten zu nutzen. Anders jedoch als in St. Märgen führte die Krise hier nicht ins Debakel, sondern konnte in einer Weise abgewendet werden, dass die Freiburger Gerichtsherren die Güter nicht wegnehmen konnten und das Kloster gerettet wurde.⁴⁴ Die Reorganisation der Klosterfinanzen galt in dieser Zeit auch „als wichtige Voraussetzung für die Neubelebung der monastischen Disziplin".⁴⁵ Politische Unterstützung gaben die Häuser Habsburg und Württemberg, die ökonomische Rettung kam aus dem Verkauf von Gütern in Schwaben und in der Schweiz. Leicht gefallen wird dem Kloster die Weggabe seines mittelalterlichen Stiftungsgutes nicht sein, aber so, wie es am Anfang die Existenz überhaupt erst möglich gemacht hatte, sicherte es nun das Überleben. Um nur einige der Verkäufe zu nennen: Unter Probst Konrad von Lupfen 1437 Brüggelmatt und Brühl, 1443 das Meiertum in Huttwil an die Stadt, die nun den Verwalter selbst wählen konnte, während die Einnahmen wenigstens vorläufig noch an die Probstei Herzogenbuchsee gingen⁴⁶, 1451 ein Zehntanteil von Wanzwil.

Für die Herzogenbuchseer Beziehungen eine besondere Gestalt ist Hans von Küssenberg, der, aus einem Schweizer Adelsgeschlecht stammend, vielleicht wegen der schwierigen Wirtschaftslage zum Abt gewählt, zu den politisch starken Gestalten der Klostergeschichte gehört. Zwar konnte auch er in seinem Abbatiat (1453–1469) weitere Verkäufe zumindest im Schwäbischen nicht vermeiden, sein Bemühen galt jedoch vor allem der Sicherung der alten Rechte, von denen er sich als Probst von Herzogenbuchsee von Bern mehrere bestätigen ließ und in St. Peter für die Abfassung des großen Dingrodels (1456) sorgte, der gleichsam die mittelalterliche Rechtsentwicklung durch eine Kodifizierung abschloss. Als Grundrecht der Abtei blieb er bis zur Säkularisation in Kraft. 1467 muss es zu einem massiven Streit zwischen dem Abt und dem Herzogenbuchseer Probst Johannes Keller gekommen sein, von dessen Abberufung sich der Abt auch durch vier Berner Räte als Schiedsrichter und die Äbte von Wiblingen und Blaubeuren als Vermittler nicht abbringen ließ. Im Oktober 1467 beklagt sich Bern beim Abt über den ständigen Wechsel der Kirchherren, von denen manche unerwünscht seien. Vor diesem Hintergrund geht Abt Küssenberg mit der Resignation 1469 selbst nach Herzogenbuchsee, wo er bis zu seinem Tod 1484 als Probst für Kontinuität sorgt und die Situation Bern gegenüber so stabilisiert, dass aus dieser Zeit keine verlorenen Rechtshändel mehr bekannt sind. Die aus der Geschichte St. Peters bekannten Schritte der Rechtskodifizierung erhalten vor dem Hintergrund der Herrschaftsausübung in den Schweizer Besitzungen nochmals eine neue Bedeutung.

Noch zwei der Pröbste bis zur Reformation werden nach ihrer Funktion in Herzogenbuchsee Abt von St. Peter, Simon Budner (1492-1496) und Petrus III. Gremmelspach (1496-1512). Während von Budner nur knapp überliefert ist, dass er ein tüchtiger Ökonom gewesen sei, gehört Gremmelspach zu den bedeutendsten Äbten der gesamten Klostergeschichte.[47] Während seiner vier Jahre in Herzogenbuchsee läßt er durch Rats- und Gerichtsentscheidungen die Rechtsverhältnisse z. B. im Hinblick auf den Frondienst festschreiben und gibt so, ähnlich wie später in seinem Abbatiat, sowohl dem Kloster wie den Untertanen eine Sicherheit, die die festgelegten Pflichten zumindest nicht als willkürlich erscheinen ließen. Wenn Johann Stock, einer seiner Nachfolger als Probst, 1510, d. h. noch in seiner Amtszeit, einen Rodel über die Einkünfte von St. Peters Meierhof Huttwil anlegen ließ, war dies sicher im Auftrag des humanistisch geprägten Abtes, der zwar die Rechte des Klosters sichern, dabei aber diejenigen der Untertanen nicht außer acht lassen wollte.

In der Synopse der Ereignisse des 15. Jahrhunderts zeigen sich fast wie ein Menetekel die Vorboten vom Ende des st. petrischen Eigentumrechts an seinem Territorium, das für die Politik Berns immer wichtiger wurde. Die Übernahme der Vogtei durch die Stadt und das Bemühen der Äbte, deren negative Konsequenzen durch Erwerb des Bürgerrechts abzumildern, bestimmten den Beginn des Jahrhunderts. Dem folgten, bedingt durch die wirtschaftliche Situation der Abtei, eine Reihe von Verkäufen alter Lehen, was die politische Position in der Schweiz weiter schwächte – aber zum Überleben der Abtei im Schwarzwald beitrug. Bisweilen versuchte man, so etwa beim Verkauf des Meiertums in Huttwil, wenigstens den ökonomischen Nutzen zu retten, wenn schon die politischen Rechte nicht zu halten waren.[48] Schließlich war es das Ziel mehrerer politisch begabter Äbte, wie am Stammsitz, so auch in der Schweiz durch Rechtskodifizierung und auf dieser Basis erfolgreich durchgeführten Gerichtsverfahren die alten Besitzungen des Klosters zu sichern. Dennoch, zumindest in der Rückschau liegt über dieser Melange von abgenommenen Rechten, von aus Not abgegebenen Gütern, der von Bern gerne gesehenen zunehmenden Widerständigkeit der Untertanen und dem endgültigen Wegfall einer fürstlichen Verteidigung, die ihren Antrieb noch aus einer auf die Stifterfamilie und den Stiftungszweck zurückgehenden Erinnerung und Verpflichtung erhielt, die Ahnung vom Ende der st. petrischen Verbindung mit der Schweiz. Das letzte Zeichen der St. petrischen Herrschaft, ein Glasfenster in der Kirche von Seeberg mit der herrschaftlichen Wappenscheibe und einem knieenden Abt stammt von 1517[49], dem Jahr von Luthers Thesenanschlag (Abb. S. 50).

III. Der Verlust des st. petrischen Territoriums in der Schweiz im Zuge der Reformation

Das Schicksal der Abtei St. Peter in der Zeit der Reformation hat durch die Einbeziehung von Michael Sattler eine neue Farbe bekommen. Hatte die ältere Literatur aus dem zweiten und dritten Jahrzehnt des 16. Jahrhunderts allenfalls die Pest, die Besetzung des Klosters oder den Übergang der Kastvogtei an Österreich erwähnt, so wird man mit dem st. petrischen Prior Sattler, der im Laufe der Reformation zum Mitbegründer der Täufer und 1527, drei Jahre nach Verlassen des Klosters, hingerichtet wurde, ein anderes Gesicht der Abtei wahrnehmen. Dies muss für die Abtei eine tief verunsichernde, möglicherweise dramatische Zeit gewesen sein.[50] Eine Ähnlichkeit in der Behandlung der Zeitumstände für die Abtei und ihre Probstei Herzogenbuchsee fällt unmittelbar auf. In der klösterlichen Geschichtsschreibung hatte man die Erinnerung an die Person Sattlers offenkundig zu verhindern gesucht, nicht einmal sein Studienort ließ sich eruieren[51], wofür freilich Freiburger Umstände verantwortlich waren. Für Herzogenbuchsee findet man in den Archivalien zwei letzte Pröbste.[52]

In den st. petrischen Akten ist dies Johann Stock, der 1524 letztmalig das Solothurner Bürgerrecht erneuert. Im Januar 1525 steht sein Name nochmals in den Akten der Stadt Bern, die ihm mitteilt, dass er jagen möge, doch wegen des Jagdrechts einen Vogt um Erlaubnis bitten müsse. Für 1527 ergeben die st. petrischen Unterlagen ein merkwürdiges Bild: Im Compendium Actorum von Gregor Baumeister wird Johann Stock nochmals als derjenige Probst erwähnt, dem die Berner Deputierten die Bücher abnehmen. In einem Schriftstück, das Baumeister als Vorlage diente, taucht sein Name in diesem Zusammenhang jedoch nicht auf.[53] Letztmalig wird Stock in st. petrischen Archivalien bei seinem Tod 1529 als der letzte Probst verzeichnet.

In der Literatur zur Reformationsgeschichte und in Berner Akten findet sich jedoch ein weiterer Probst, Rudolf Schneulin. Bereits 1515 findet man in st. petrischen Akten einen Probst Rudolf, der zuvor Cellerar und Pfarrer von Neukirch war. Ob es sich dabei um den Rudolf Schneulin handelt, der dann 1525 in Berner Unterlagen als Probst belegt ist und 1528 Pfarrer der reformierten Nydeggkirche in Bern wird[rd54], ist nicht sicher. Auf jeden Fall taucht in der Liste derjenigen, die bei der Berner Disputation die Artikel unterschrieben haben, der Probst von Herzogenbuchsee auf. In der Zeile danach steht „H. Rudolf Schnewli, caplan uf der Nideck, den predicanten underschrieben".[55] Demnach dürfte der auch in der bernischen Urkunde zur Liquidation der Probstei 1556 genannte letzte Amtsträger Rudolf zur Reformation übergetreten sein. In der st. petrischen Historiographie ließ man ihm daraufhin, ebenso wie Michael Sattler, die Damnatio Memoriae, die Vernichtung der Erinnerung angedeihen. Weil man jedoch für die Darstellung der Vorgänge von 1527 noch einen Probst in Herzogenbuchsee brauchte, setzte man später nochmals den Namen desjenigen ein, der, folgt man den Berner Akten, seit 1525 durch Probst Rudolf ersetzt worden war.

Zusammenhänge zwischen den Schicksalen Sattlers und Schneulins drängen sich auf: Im Herbst 1525, in dem Jahr, für das die Klosterannalen später von Unglückszeichen zu berichten wissen, „dass man hätte glauben können, der letzte Tag sei gekommen", war Sattler unterwegs zu Zwingli nach Zürich. Sein Weg könnte ihn leicht über Herzogenbuchsee geführt haben: Hatte er selbst noch als Prior, ehe der geflohene Abt Jodocus Kaiser nach St. Peter zurückkehrte, dafür gesorgt, dass die Schweizer Außenstelle mit einem Gesinnungsgenossen besetzt wurde? Jedenfalls, dass der Amtswechsel in Herzogenbuchsee eben in dem Jahr, in dem Sattler den Weg zur Reformation ging, ohne Zusammenhang mit den st. petrischen Ereignissen war, ist nicht anzunehmen. Nur ging Schneulin danach nicht den radikalen Weg zum Täufer weiter, sondern blieb als reformierter Pfarrer in Bern, wo er aufgrund des mit der Probstei Herzogenbuchsee verbundenen Bürgerrechts wohl auch Bleiberecht hatte.

Wenn schon sehr früh gerade das Emmental, nicht weit von Herzogenbuchsee entfernt, zu einem Zentrum der Täufer wurde, könnte man sich auch hierfür einen Grund in der Situation in Herzogenbuchsee denken. Über den Aufenthalt von Sattler zwischen 1525 und der Abfassung des Schleitheimer Bekenntnisses kurz vor seiner Hinrichtung im Mai 1527 ist fast nichts bekannt. Wenn St. Peter als letzten Probst von Buchsee jenen 1525 weggegangenen Johann Stock nennt, bedeutet dies, dass sich die Abtei

35

von ihrer Probstei für die Zeit danach distanzierte. Es ist vorstellbar, dass Sattler ab 1525 einen guten Teil der Zeit hier bei seinem ebenfalls der Reformation zuneigenden Mitbruder Schneulin lebte und eben in und mit diesem sozialen Umfeld die Grundideen des Täufertums entwickelte, wie sie dann 1527 in der „Brüderlich Vereingung" niedergeschrieben wurden. Der gegenreformatorische Arm des nach St. Peter nach dem Weggang Sattlers zurückgekehrten Abtes reichte, wie unten zu zeigen sein wird, nicht bis in die in der Reformation befindlichen Schweizer Stadtterritorien. Als Schneulin dann vom Prozeß und der Hinrichtung Sattlers in Rottenburg hörte, mag ihn dies bewogen haben, den staatlich abgesicherteren Weg der Berner Reformation zu wählen.

Die Literatur hat sich bislang mit dem Thema Reformation und St. Peter nicht befasst, wohl auch deshalb, weil nach der Flucht des Abtes 1522 die Gegenreformation im Breisgau und der Übergang der Vogtei an Habsburg das Bild einer kontinuierlichen, von den Ereignissen der 1520er Jahren kaum tangierten Klostergeschichte zuließ. Nimmt man freilich die Beziehung der Abtei zu ihren Schweizer Besitzungen in den Blick, so eröffnen auch die st. petrischen Quellen eine neue Perspektive auf die Geschicke der Abtei in der Reformationszeit. In einer m. W. in der Literatur bislang nicht bearbeiteten Dokumentensammlung, die, um 1750/1760 gebunden und tlw. kommentiert, von deutschen Exzerpten des Rotulus Sanpetrinus über die Bestätigung der Rechte durch die Genealogie der Zähringer hindurch bis zu einem Gutachten von Coelestin Herrmann[56] über das Recht von Altarweihen reicht, findet sich ein Auszug aus der Lutherbiographie „Commentaria de actis et scriptis Martini Lutheri" des großen Luthergegners Johannes Cochläus genau zur Berner Disputation von 1528 – dem Jahr, in dem Probst Rudolf ebenda reformierter Pfarrer wurde.[57] Nimmt man nun hinzu, dass in die Sammlung wenige Seiten zuvor „Ein kurzer Begriff über den Verlust der St. Petrischen Probstey Hertzogenbuchsee" eingebunden ist[58], liegt es nahe, dass man hier gegen den Verlust der alten Güter, den man politisch nicht hatte abwenden können, wenigstens die – deftigen – Argumente der eigenen Konfession gegen die Reformatoren, denen man die Schuld am Verlust gab, setzen wollte. In den Schriften Baumeisters findet sich unmittelbar im Anschluss an den Bericht über den Verlust von Herzogenbuchsee umfangreicher als im Breisacher Faszikel der Auszug aus Cochläus.[59] Wenn in diesem Exzerpt ausdrücklich die Apostaten Zwingli und Wolfgang Capito erwähnt werden, mag dies in der Erinnerung der Abtei auch eine Form der Auseinandersetzung mit den Mitgliedern des eigenen Konvents, die den Weg der Reformation gegangen waren, gewesen sein. Am Schluss das Cochläuszitats wird erwähnt, dass in der Berner Disputation allen Messen, Exequien und liturgischem Gedenken abgeschworen worden sei, dass die Mönche ihr Habit abgelegt hätten und den Priestern sakrilegisches Heiraten erlaubt worden sei. Und dann stellen die Annalen ausdrücklich den Zusammenhang zwischen der aus Cochläus zitierten Interpretation der Berner Disputation und den Vorgängen um Herzogenbuchsee her: Hätte man nach diesen Zitaten den Verlust der Probstei mit tiefem Schweigen beschließen („alto silentio sepeliendam") wollen, so müsse man doch wegen des Schadens, den so viele Seelen genommen hätten, mit blutigen Tränen darüber klagen. Bedenkt man, dass der bei Cochläus genannten Capito im Zusammenhang mit der Verurteilung Sattlers einen eindrucksvollen Brief zu dessen aus der Klosterhistoriographie verdrängten Person geschrieben hatte, ist diese Passage über das Schweigen vielleicht auch ein Hinweis auf eine spezifische Art der Auseinandersetzung mit der eigenen Geschichte.

Zwei Faktoren hatten neben den bereits erwähnten widrigen Entwicklungen im Laufe des 15. Jahrhunderts die Wegnahme der Güter im Oberaargau im 16. Jahrhundert mitvorbereitet. Obwohl die Zehnt- und Zinseinkünfte, die über Jahrhunderte in feststehenden Beträgen bezahlt werden mussten, aufgrund der Geldentwertung nur noch einen Bruchteil ihres ursprünglichen Wertes ausmachten, war es für die am Ort Lebenden ein Ärgernis, dass diese Mittel zu den Einkünften einer weit entfernten Herrschaft gehörten und damit, anders als in St. Peter selbst, nicht wieder z. B. durch Baumaßnahmen in den regionalen Wirtschaftskreislauf zurück flossen. Das ins Ausland abgezogene Geld war eines der Momente, mit dem die Berner Herrschaft gegen die abteilichen Rechte Stimmung machen konnte. Zum anderen blieben die Hofleute von Herzogenbuchsee in den alten Untertanenverhältnissen, während „ringsum, von den Städten gefördert, der Loskauf von der Leibeigenschaft immer breitere Schichten erfasste".[60]

So wird man als Beginn des politischen Prozesses, der schließlich zum Verlust der Probstei führte, wiederum das Jahr 1525 nennen können, in dem es zur offenen Auflehnung der Eigenleute des Dinghofes kam.[61] Aufgrund ihrer Klage musste St. Peter 1526 den Hofleuten für nur 220 Gulden die Hofzinse, Todfälle, Ehrschätze und vor allem die Pflicht zum Besuch der Hofgerichte verkaufen, was gleichsam das Ende der alten Herrschaft bedeutete.[62] Nur die Einkünfte aus den Kirchensätzen in Herzogenbuchsee, Seeberg und Huttwil, sowie Reste von Personalrechten (zumindest in Huttwil auch das Recht der Pfarrerwahl) waren dem Kloster zunächst noch geblieben. Hatte Bern 1510 das Probsteigericht nochmals bestätigt, als Appellationsinstanz jedoch statt der Abtei bereits die eigenen Institutionen bestimmt, so verlor St. Peter nun die niedere und die hohe Gerichtsbarkeit an den Landvogt von Wangen, dem 1579 auch die Schaffnerei von Herzogenbuchsee einverleibt werden sollte. Dass Bern, dem die Abtei 1416 mit der Annahme des Bürgerrechts – damals zum Schutz – die Güter dem Gerichtsstand des Berner Rates unterstellt hatte, den billigen Loskauf der Untertanen unterstützte, steht außer Frage.

Aber könnte nicht auch Michael Sattler, kurz zuvor noch Prior der Abtei und jetzt vielleicht

Kanzel in der von St. Peter errichteten Kirche von Seeberg mit einer auch für die Abteikirche nachgewiesenen Kanzeluhr

in Herzogenbuchsee untergeschlupft, eine Rolle bei der Festsetzung des geringen Preises gespielt haben? Seine wechselseitigen Sympathien mit den Bauern ließen sich für seine Zeit in St. Peter erschließen. In den Umbrüchen der Reformation 1527/1528 gehörte Huttwil zu den Gemeinden, die zunächst am stärksten gegen den neuen Glauben opponierten, ohne sich freilich mit der Regierung in Bern anlegen zu wollen. So bleibt auch die Huttwiler Äußerung zur Aufhebung der Klosterherrschaft eine Stellungnahme, die von Bern im Rahmen seines Rechtsverständnisses leicht zu ignorieren war: „...ist unser Meinung, dass Ir mögen die Klöster bevogten und regieren, ..; doch wer besser Brief und Siegel hab, dem sol mans nit abschlachten wider Recht,..".[63] Welche Rolle dabei die Pfarrer in Huttwil spielten, ist nicht eindeutig festzumachen. Einerseits bestärkte der Kirchherr Melchior Brunner die Huttwiler in ihrer gegenüber der Reformation ablehnenden Haltung. Andererseits gab es hier auch Priester, die den Antrag stellten, sich verehelichen zu dürfen, ohne dadurch ihre Pfründe zu verlieren. Schließlich unterschrieb auch Melchior Brunner die Beschlüsse der Berner Disputation, obwohl zuvor von ihm „kein veränderter Geist nach Huttwil gedrungen" war.[64] In den Jahren danach finden sich jedoch auffallend viele Anhänger der Täufer in der Umgebung von Herzogenbuchsee – auf dem Markt von Huttwil (und Sumiswil) verkündeten die Täufer am 9. Juli 1532 ihren Sieg in einem Gespräch mit den reformierten Pfarrern von Bern.[65] Ob hier die Enttäuschung über die opportunistische Wende ihres früher verehrten Dekans Brunner und die Erinnerung an die Konsequenz eines Michael Sattlers, der kurzzeitig der Vorsteher ihrer Klosterherrschaft war, nachwirkten?

In der st. petrischen Äbtegalerie findet man bei Jodocus Kaiser (1512–1531) zum letzten Mal einen Hinweis auf die Schweizer Besitzungen: Neben der Pest und den Bauernkriegen war das dritte große Unglück seines Abbatiats, dass „Herzogenbuchsee von den Bernern mit allen Zehnten und Gütern entrissen wurde".[66] Bereits 1487 hatte Bern beschlossen, dass die Vogtei grundsätzlich von Mitgliedern des Großen Rates ausgeübt werden sollte und damit eine Staatsaufsicht über die Klöster eingeführt. Im Sommer 1527 sind wiederum Auseinandersetzungen zwischen der Probstei und ihren Untertanen über den Unterhalt des Kirchenchores belegt, in denen Bern nur von letzteren unparteiische Zeugen zur Widerlegung der äbtlichen Forderung verlangt[67] – früher hatte die Aussage des Abtes gegolten. Am 4. August dieses Jahres setzt Bern für die Klöster Vögte ein, für Herzogenbuchsee Hanns Strähler.[68] Zu den Gründen, die man den in Bern versammelten Äbten für diesen Schritt vortrug, gehörte auch, dass „von ettlichen der übernutz in frömbde land geschickt" werde, was besonders auf St. Peter zutraf, das jährlich etwa 400 bis 600 Gulden aus der Probstei zog.[69] Damit wird der Besitz von Herzogenbuchsee sowie alles Kirchengut zum Staatsgut, die Kirchen werden mit reformierten Prädikanten besetzt. Die Säkularisation war quasi der letzte Schritt der Bevogtung der Klöster durch die Stadt Bern. Die Vogtei war über 100 Jahre zuvor für die Klöster einer der damaligen Zeit angemessener Schutz, für Bern selbst aber schon damals ein Machtinstrument gewesen, das die Stadt zwischenzeitlich konsequent weiter entwickelt hatte[70] und nun im Zuge der Reformation zur Übernahme der geistlichen Territorien nutzte.

Die Abtei wehrte sich auf zweierlei Weise. Zum einen verkaufte sie, ehe der Übergang der Herrschaftsrechte vollzogen war, die acht auf dem Territorium von Solothurn liegenden Zehnten an diese Stadt und machte die Säkularisation somit zu einem zwischenstädtischen Konflikt. In einem Brief vom 7. April 1528 wollte Bern Solothurn dazu bewegen, dem Abt das Geld nicht auszuzahlen, damit nicht „unsres lands nutzungen in frömbde land" gezogen würden. Bern fühlte sich hintergangen und benutzte später genau diesen Verkauf als Argument dafür, dass St. Peter das Treueverhältnis zwischen Vogt und Kloster zerstört habe. Das Landgericht Wangen schloss sich dieser Argumentation an und sprach, nachdem Abt Johannes Erb nach dreimaligem Rufen nicht erschienen sei und sich auch nicht vertreten lasse, der Abtei am 2. März 1556 alle Ansprüche auf Herzogenbuchsee und die dazu gehörenden Kirchen und Zehnten ab. Rechte und Güter wurden zu bernischem Eigentum erklärt.[71]

Zum andern mobilisierte die Abtei gegen den Beschluss von 1527 den Bischof von Konstanz, die vorderösterreichische Regierung in Ensisheim, die Stadt Freiburg[72], in der der Abt ebenfalls Bürgerrecht hatte und schließlich König

Ferdinand selbst. In den Reaktionen darauf, die man in der Aktensammlung zur Berner Reformation findet, verteidigt sich Bern z. B. gegenüber den „Regenten im Oberelsass" damit, dass man mit der Entscheidung nicht an die Gerechtigkeiten des Abtes und schon gar nicht an sein Bürgerrecht rühren wolle, sondern der jetzt bestellt Vogt solle (z. B.) dafür sorgen, dass mit dem Überschuss das Haus, das baufällig (buwvellig) sei, ersetzt werde.[73] Im Oktober bestätigt Bern dem Abt in einem harten Schreiben nochmals, dass die Stadt das Recht und die Macht habe, einen Vogt in dieser Weise einzusetzen. Und in einem Brief vom selben Tag an die Stadt Freiburg, die sich für die Abtei eingesetzt hatte, unterstreicht Bern als Grund für die Bevogtung, dass die Geistlichen die Einkommen nur zum eigenen Nutzen verwendet hätten, „aber die gotzhüser schier zu abfall haben lassen kommen".[74] Am 7. November ging die Weisung an Sträler, Zins und Zehnten einzuziehen.[75] Konkret hieß dies, dass nun der Vogt die Güter verwaltete, den Zehnten einzog, dafür aber auch für die Anschaffung von Zuchttieren und die Reparatur des Kirchenchores zuständig war. Aus dem Verteidigungsschreiben Berns an König Ferdinand vom 26. März 1528 spricht das Selbstbewusstsein der Stadt – und die Macht, es sich leisten zu können: Wenn Abt oder Probst das Gotteshaus versehen würden, „wie sich christlicher Ordnung nach gebürt", wolle man dem nicht vor sein. Da dies jedoch nicht der Fall sei, nähme man nur seine alten Vogteirechte wahr.[76]

Als Bern im Mai 1528 auch der Abtei gegenüber nochmals betont, dass es sein Verhalten in der Wahrnehmung der Vogtei für rechtmäßig halte, antwortete es auf einen Brief, der per Boten von St. Peter gekomen war. Einen rechtmäßigen Probst, der die Sache der Abtei in Herzogenbuchsee vertrat, gab es nicht mehr, nachdem der letzte im Januar die Thesen der Berner Disputation unterschrieben und keiner widerfochten hatte. Es ist kein Zufall, dass sich in dem erwähnten, jüngst entdeckten Faszikel als Auszug eben die harte Darstellung des Cochläus gegen diese „scandalosa" Disputation gefunden hat. Im März bestätigte Bern in einem Brief, „der propst von Buchsy (ist) abgevertiggett". Ob dies, wie Flatt meint[77], bedeutet, er sei samt Archiv ohne Wiederkehr nach St. Peter gereist, muss angesichts von dessen Nichtwidersetzens gegen die Beschlüsse der Berner Disputation bezweifelt werden. Was hätte angesichts des harten gegenreformatorischen Kurses von Abt Kaiser ein Abtrünniger in St. Peter noch zu suchen gehabt? Für diesen Zeitpunkt sagen die Berner Akten eindeutig, dass der letzte Probst reformierter Pfarrer in Bern wurde. Die Widersprüche erscheinen erst beim Prozeß in Wangen fast 30 Jahre später. Das „abgefertigt" meint eher, dass sich die Sache der Probstei erledigt habe. Wie die finanziellen Transaktionen von da an bis zum endgültigen Verlust des Eigentums 1557 vorgenommen wurde, dafür wurde bislang kein Hinweis gefunden.

Im April 1528 konnte die Abtei den Besitz auf Solothurner Gebiet trotz Berner Widerstands verkaufen. 1539 erwarb Bern dann auch diese vormals st. petrischen Zehnten in einem Tauschvertrag. Seit 1528 glaubte man in St. Peter nicht mehr an eine gute Zukunft seiner Besitzungen im Oberaargau und bot sie Bern zum Kauf an. Da der Abt jedoch, was Bern verlangte, nicht zu den Kaufverhandlungen anreiste, zogen sich die Streitigkeiten über Jahre hin und kamen mehrmals vor die eidgenössische Tagsatzung. 1539 beschwerte sich Abt Adam Guldin (1531–1544) bei der vorderösterreichischen Regierung im Oberelsass. Auch Interventionen der Konstanzer Kurie und des kaiserlichen Gesandten in Baden konnten Bern nicht zum Nachgeben bewegen. Erst als Abt Magnus Thüringer (1544–1553) 1549 eine Gesandtschaft nach Bern schickte, machte die Stadt einen Vorschlag zur Übernahme des Eigentums gegen eine jährlich Pension von 100 Gulden. St. Peter wird darauf nicht eingegangen sein, weil es sich ausrechnen konnte, dass diese nicht all zu lange bezahlt würde. 1555 brachte Bern dann die Angelegenheit trotz des Protestes aus Ensisheim vor das Landgericht in Wangen.

Das Gericht erklärte, wie oben erwähnt, 1556 die Abtei aus drei Gründen aller Güter verlustig: Probst Rudolf habe nicht an der Disputation 1528 teilgenommen, er sei „hinderrucks" mit Briefen und „Gewahrsamen" verschwunden und der Abt habe ohne Wissen des Vogts acht Zehnten verkauft.[78] Da der erste Grund durch die Berner Reformationsakten widerlegt scheint, der zweite mit diesem aber in enger Verbindung steht, wird man auch diesen nicht für wahr halten müssen, zumal ja die Berner Deputierten die Akten Herzogenbuchsees beschlagnahmt hatten. Nur der dritte Grund, der von Bern nicht genehmigte Verkauf der Güter an Solothurn, trifft zu. Woher aber rührt der eigenartige Widerspruch bei den zwei ersten Gründen? Für Bern war jeder Grund gut genug, um die leidige Sache zum Abschluss zu bringen. Und für St. Peter? Hatte man diesen letzten, der Berner Reformation zustimmenden Probst, der ja in den eigenen Akten nicht auftaucht, so weit aus der Erinnerung der Abtei getilgt, dass er selbst nicht mehr sein durfte, um die Argumente Berns zu widerlegen? Handelte man sich lieber vor Gericht eine Niederlage ein und verzichtete auf sein Gut, als dass man sich zu einem Mitglied der Klosterfamilie bekannte, der seinen eigenen Weg gegangen war?

Im st. petrischen Compendium Actorum für das Jahr 1527 und in dem Schriftstück „Kurtzer Begriff über den Verlust der St. Petrischen Probstey Hertzog' Buchsee" findet sich eine andere Variante der Geschichte[79]: Mit dem Wandel des Glaubens war der Anfang zum Raub des Kirchengutes getan. Auf den Laurentiustag 1527 schickte der Berner Rat und Schultheis Friedrich Willendinger zwei Bürger und den Vogt zur Probstei. Die drei Deputierten nahmen Probst Johannes Stock (dieser Name nur bei Baumeister) die Rodel, Register und Zinsbücher weg. Mit ihrer Erklärung, der Vogt werde fürderhin „die Gefell" der Probstei einnehmen, übernahmen sie die Verfügungsgewalt über deren Eigentum. Dieses selbst blieb noch bei der Abtei. Als Abt Kaiser in Bern nach den Gründen für das Vorgehen fragte, erhielt er eine kurze Antwort, dass solches überall mit gutem Fug und Recht geschehe. Trotz der Intervention der Regierung im Oberelsaß blieb Bern bis 1556 Nutznießer aller st. petrischen Einnahmen. Schon aller weltlicher Macht beraubt, sei der Probst zur Disputation 1528 mit Zwingli eingeladen worden, hätte es aber, in Machtfragen bereits erfahren, vorgezogen, zu fliehen, anstatt dort teilzunehmen, wo die Verkehrtheit („perversitas") den ersten Platz eingenommen habe. Nach den Angaben im „Kurtzen Begriff" wurde schon 1549 von Bern als Ursache für die Machtübernahme in Herzogbuchsee das Nichterscheinen des Probstes bei der Disputation 1528 sowie der heimliche Verkauf der Güter durch Abt Kaiser genannt – beide Ereignisse liegen jedoch erst nach der Machtübernahme, dem Laurentiustag 1527. Der reale Schaden – oder, bei Perspektivenwechsel, der Gewinn für Bern –, der mit einer nicht tragfähigen Geschichte begründet wurde, läßt sich für das Jahr 1549 auf einen Betrag zwischen 200 und 300 Gulden beziffern, die Differenz zwischen den alten, rechtlich zustehenden Einnahmen von 400 bis 500 Gulden und dem Berner Angebot von 180 Gulden.

Auch wenn die Widersprüche nicht auszuräumen sind, auf jeden Fall hatte man trotz allem noch Glück, da sich der kaiserliche Gesandte bei der Eidgenossenschaft, Johann Melchior Heggetzer von Wasserstelz, für das Kloster einsetzte. 1555 machte die Abtei einen letzten Versuch, die Probstei wieder zu errichten und für den erlittenen Schaden Ersatz zu erhalten. Als sie mit dem „ordentlichen Weg Rechtens" drohte und einen Prozeß in Ensisheim anstrebte, drehte Bern offensichtlich den Spieß um und brachte die Angelegenheit vor das Landgericht Wangen. Erst nach dessen Spruch sah der Abt endgültig ein, dass „in der Sach nichts außzurichten" sei und willigte in einen Vertrag ein, nach dem die Abtei für eine Ablösesumme von 5000 Gulden auf ihre gesamten Schweizer Güter und Rechte verzichtete. Die Eigenleute werden ihrer Eide gegenüber der Abtei entbunden.[80] Über Heggetzer, der später unter die „Stifter und Wohltäter" eingereiht wurde, berichten die Archivalien, dass er sich mit großer Mühe um die Angelegenheiten in Herzogenbuchsee bekümmert habe. Als Druckmittel entzog Österreich Bern den Zehnten und den Kirchensatz in Waldshut. Bern freilich revanchierte sich und sperrte dem Spital in Rheinfelden die Einkünfte im Oberaargau.[81] Abschließend stellen die St. petrischen Archivalen fest: Wenn schon eine Restitution der Probstei nicht möglich gewesen sei, so habe Heggetzer doch eine Kompensation in Geld von 12000 Gulden erreicht.[82] Die Handschrift hat eine Notiz des 18. Jahrhunderts, dass man dies im alten Liber Vitae (von Gremmelspach?) nicht gelesen habe. Die Berner Dokumente belegen 5000 Gulden, was wohl die richtige Summe ist.

Die Auseinandersetzung, die Bern mit St. Peter führte, war für die Stadt nur eine unter mehreren. Schon ein knapper Vergleich zeigt, dass die Händel situationsbedingt sehr verschieden ausgingen. Dem Deutschen Orden etwa, dem man für den Verkauf seiner Häuser vergeblich 24000 Pfund geboten hatte, gab man sie 1552 zurück, während das Priorat Münchenwiler für 1500 Pfund an Bern überging. Angesichts der Recht- und Machtverhältnisse zahlte Bern St. Peter eine hohe Abfindung, wenngleich sie kaum dem Marktwert des mit dem Verzicht St. Peters erlangten Gutes entsprach.[83] Wenn schon das Kloster jährlich 500 Gulden Einnahmen hatte, wird sich die Abfindung, die Bern jeden weiteren Streit ersparte, in sehr kurzer Zeit amortisiert haben.

Die Zusammenschau der über 400jährigen Beziehungen der Schwarzwälder Benediktinerabtei zu ihrem Schweizer Territorium ergibt ein facettenreiches Bild, das je nach Standpunkt die Fakten auch emotional unterschiedlich werten läßt. Manche Fakten sind nicht einmal abschließend zu klären. Die Entscheidung der Zähringer, die ererbte burgundische Besitzung der neu gegründeten Abtei zu übertragen hatte sowohl politische – der Brückenschlag zwischen dem süddeutschen und dem Schweizer Besitz im Vorfeld der Städtegründungen – wie religiöse Gründe

Spätgotischer Kelch (1522) aus der Zeit von Abt Jodocus Kaiser

– die Sicherung des für das Seelenheil wichtigen liturgischen Gedenkens für die Stifterfamilie. Welche überwogen, wird man nie genau sagen können. Ebenso wird sich abschließend nicht klären lassen, welchen Anteil an der Entscheidung, das Kloster von Weilheim auf den Schwarzwald zu verlegen, die Möglichkeit hatte, dieses mit dem ererbten Gut in der Schweiz auszustatten. Schließlich werden für die Gründungsphase auch die Umstände der Wegnahme und Rückgabe von Huttwil[84] 1109 nicht aufzuklären sein.

Für das Verständnis der weiteren Geschichte ist sicher das Aussterben der Zähringer Herzogsfamilie und damit der Verlust des fürstlichen Patrons ein schwerwiegender Einschnitt. Ab da steht die Abtei in ständigen Auseinandersetzungen um den Erhalt ihrer Rechte. Verschärft wird die Situation nochmals mit dem Machtverlust der Kyburger als den Zähringer Erben und dem Übergang der Vogtei an die Stadt Bern. Konnte

Abt Jodocus Kaiser aus der Äbtegalerie St. Peter (Franz Ludwig Herrmann, 1753/1754)

man sich im Kerngebiet im 15. Jahrhundert auf eine gewisse Unterstützung von seiten Habsburgs (und Württembergs) verlassen, so blieb diese in der Schweiz wirkungslos. Nur kurzfristig bringen die Bürgerrechte von Solthurn und Bern eine Entlastung. Damit ist jedoch bereits der Rechtsgrund für den späteren Prozess der Säkularisation des Territorium gelegt, in dem sich Bern immer wieder auf die aus der Kastvogtei herrührenden Rechte berief. Selbst wenn man dies gewusst hätte, vermeiden hätte sie sich kaum lassen.

Schließlich zeigt der Blick auf das Ende der Schweizer Besitzungen, dass man ähnlich wie später im 18. Jahrhundert die Vorboten der Säkularisation schon Jahrzehnte vorher ahnen konnte. Ab etwa 1480 stand man nur noch in Abwehr gegen die Ausbreitung der Berner Machtansprüche, die sich mit dem gewachsenen politischen Selbstbewußtsein der Untertanen zu einem sich wechselseitig verstärkenden, für die Abtei explosiven Gemisch verbanden. Hinzu kamen mit der Reformation die Verunsicherungen im eigenen Konvent. Wenn man in den Akten von 1522 in Herzogenbuchsee das erste Fastenbrechen findet, war dies eben das Jahr, in dem Abt Kaiser aus der Abtei geflohen war. Dies waren keine guten Voraussetzungen, um auch nur in Rückzugsgefechten starke Linien zu halten, auf Verbündete konnte man schon lange nicht mehr zählen. Inwieweit die Probstei selbst sich der Reformation geöffnet hatte, wird wohl ebenfalls unsicher bleiben. Die Schweizer Quellen hierzu widersprechen sich, die st. petrischen schweigen – vielleicht außer dem Auszug aus der Schrift von Cochläus, in dessen Sicht der Vorgänge in Bern 1528 sich das Kloster verstanden fühlen mochte. Ganz am Schluss taucht fast wie aus dem Mittelalter gegen all die reformatorischen und revolutionären Umtriebe nochmals ein Adliger, Heggetzer von Wasserstelz, auf und rettet der Abtei, wenn schon nicht den Besitz, so doch wenigstens einen ordentlichen Batzen Geld. Wie er es geschafft hat, nachdem das Wangener Gericht bereits den Verlust des Territoriums verfügt hatte, doch noch eine Entschädigung zu erreichen, wird wohl ebenfalls ein Rätsel bleiben. Schon damals muss das, wie die Dokumente belegen, dem Kloster so ungewöhnlich vorgekommen sein, dass man ihn den Stiftern und Wohltätern zuordnete, die „nie vergessen werden im Gebet der Brüder". Die Erinnerung an sein Verdienst ist in den wiederum 200 Jahre später geschriebenen st. petrischen Annalen ebenso wach gehalten worden wie diejenige an die Zähringer und – man wird sagen müssen – Rheinfelder Stifter, die durch ihr burgundisches Territorium, das zu großen Teilen an die neue Abtei übertragen wurde, überhaupt erst die Verlegung des Klosters St. Peter auf den Schwarzwald möglich gemacht hatten.

ANMERKUNGEN

1 Erstfassung in zwei Teilen in Edith-Stein-Jahrbuch 2002 und 2003.

2 Vgl. Volkhard Huth, Appellatives Stiftergedenken, oder: Selbstverteidigung mit künstlerischen Mitteln; I. Befunde und Gedanken zu einem barocken Gemäldezyklus aus dem Kloster St. Peter, in: Hans-Otto Mühleisen (Hg.), Das Vermächtnis der Abtei, 900 Jahre St. Peter auf dem Schwarzwald, Karlsruhe 2/1994, 223-253.

3 Vgl. Klaus Weber, St. Peter im Wandel der Zeit, Freiburg 1992, 91 – 93.

4 Heinrich Büttner, Staufer und Zähringer im politischen Kräftespiel zwischen Bodensee und Genfersee während des 12. Jahrhunderts, in: Mitteilungen der Antiquarischen Gesellschaft in Zürich, 40. Band, 1958-1961, 3. Heft.

5 vgl. Hans-Otto Mühleisen, St. Peter auf dem Schwarzwald, Kl. Kunstführer, Lindenberg 1997, 28-32.

6 Neue Forschungsergebnisse liegen zu beiden vor in: Hans-Otto Mühleisen, Hugo Ott, Thomas Zotz, (Hg.), Das Kloster St. Peter auf dem Schwarzwald, Waldkirch 2001: Jutta Krimm-Beumann, Der Rotulus Sanpetrinus und das Selbstverständnis des Klosters St. Peter im 12. Jahrhundert, 135-166 und Dieter Mertens, Peter Gremmelspach, Abt von St. Peter im Schwarzwald 1496 – 1512, 215-248.

7 Huth, Appelatives Stiftergedenken, (wie Anm. 2), 258/259.

8 Hartmut Heinemann (Die Zähringer und Burgund, in: Karl Schmid (Hg.), Die Zähringer – Eine Tradition und ihre Erforschung, Sigmaringen 1986, 61) sprach wohl als erster von einem „ursächlichen Zusammenhang" zwischen der Rheinfelder Erbschaft und der Gründung St. Peters. Heinemann (Untersuchungen zur Geschichte der Zähringer in Burgund, in: Archiv f. Diplomatik, Schriftgeschichte, Siegel- und Wappenkunde, Bd. 29, 1983, 74) spricht sogar davon, dass die Erbschaft von 1090 „der Anlaß" für die Verlegung des Klosters gewesen sei.

9 Eduard Heyck, Geschichte der Herzöge von Zähringen, Freiburg 1891, ND 1980, 173

10 Karl Flatt, Die Errichtung der Bernischen Landeshoheit über den Oberaargau, Bern 1969, 17

11 Mertens, Peter Gremmelspach (wie Anm. 6), 222, zum Folgenden 222/223.

12 Zu diesem Vorgang Sönke Lorenz, Zur Geschichte des „verlegten" Klosters Weilheim, in: Mühleisen, Ott, Zotz, Das Kloster St. Peter (wie Anm. 6), 24 und Karl Schmid, Die Gründung von St. Peter, in: ebenda, 38.

13 Heinemann, Die Zähringer und Burgund, (wie Anm. 8), 60; Heinemann (Untersuchungen zur Geschichte der Zähringer in Burgund <wie Anm. 8>, 105) formuliert noch weitergehender: „Ausgelöst wurde der plötzliche Entschluss Bertholds II. um das Jahr 1090 durch den Anfall der Rheinfelder Besitzungen, die ihm eine Verschiebung des Herrschaftssitzes ratsam erscheinen lassen mußten."

14 Hierzu auch Berent Schwineköper, Das Zisterzienserkloster Tennenbach und die Herzöge von Zähringen, Waldkirch 1984. Schwineköper kann hier deutlich machen, weshalb sich die Benediktiner zum Einsatz als territorialpolitische Faktoren letztlich besser eigneten als die eine weltliche Vogtei ablehnenden Zisterzienser.

15 Heinemann, Untersuchungen zur Geschichte der Zähringer in Burgund (wie Anm. 8), 69; eine präzise Beschreibung des Verhältnisses zwischen Rudolf und St. Blasien bei Hermann Jakobs, Die rechtliche Stellung St. Blasiens bis zur Berufung der Zähringer in die Vogtei (1125), in.: Alemannisches Jahrbuch 1995/1996, 33 und 35.

16 ebenda, 82

17 Jutta Krimm-Beumann, Der Rotulus Sanpetrinus und das Selbstverständnis des Klosters St. Peter im 12. Jahrhundert, in: Mühleisen, Ott, Zotz, Das Kloster St. Peter (wie Anm. 6), 165.

18 Genauer beschrieben bei Heyck, Geschichte der Herzöge (wie Anm. 9), 217/218.

19 Christine Sauer, Fundatio und Memoria, Göttingen 1993, 25.

20 Auch in dem unten (Anm. 58) beschriebenen Faszikel ist die Dotation in das Jahr 1108 gelegt. Möglicherweise hatte Gerbert diesen benutzt.

21 Ulrich Parlow, Die Zähringer, Kommentierte Quellendokumentation zu einem südwestdeutschen Herzogsgeschlecht des hohen Mittelalters, Stuttgart 1999, 116/117.

22 Thomas Zotz, St. Peter unter den Zähringern und unter den Grafen von Freiburg. Hausklosterfunktion und Vogteifrage, in: Mühleisen, Ott, Zotz, Das Kloster St. Peter auf dem Schwarzwald (wie Anm. 6), 51-78; vgl. auch das „Hirsauer Modell" bei Jakobs, Die rechtliche Stellung (wie Anm. 15), 20.

23 Darauf hat insbesondere Thomas Zotz (St. Peter unter den Zähringern <wie Anm. 22>, 60/61) aufmerksam gemacht.

24 Heinemann, Untersuchungen zur Geschichte der Zähringer in Burgund (wie Anm. 8), 84.

25 Parlow, Die Zähringer (wie Anm. 21), 128.

26 Parlow, Die Zähringer (wie Anm. 21), 94. Die Vergabe einer Kirche zeigt deren Funktion als Vermögensobjekt, das verkauft und vererbt werden konnte. Die Rechte bezogen sich sowohl auf die Verfügungsgewalt über die Geistlichen wie auf die mit einer Kirche verbundenen Einnahmen aus Eigengütern, Spenden, Stiftungen u.a. (vgl. Sauer, Fundatio und Memoria <wie Anm. 19>, 27). Flatt (Die Errichtung der Berner Landeshoheit <wie Anm. 10>, 101) gibt eine präzise Karte der Probstei Herzogenbuchsee.

27 Zu den Zahlen vgl. Hans Sigrist, Der mittelalterliche Dinghof Herzogenbuchsee, in: Jahrbuch des Oberaargaus 1958, 19.

28 Wolfgang Reinhard, Ehrensaal der Geschichte?, Die „Äbte-Galerie" im Kreuzgang von St. Peter und das Bild des Konvents von der eigenen Vergangenheit, in: Mühleisen, Das Vermächtnis (wie Anm. 2), 15-38.

29 Bereits Julius Mayer (Geschichte der Benediktinerabtei St. Peter auf dem Schwarzwald, Freiburg 1893, 6) vermutete, dass Agnes mit der Wegnahme durch ihren Gatten nicht einverstanden war und sie deshalb 1108 die Vergabung von Buchsee mit allem Zubehör, also auch Huttwil, als ihrem Erbteil ausdrücklich bestätigte.

30 Die Korrektur von erlittenem Unrecht durch Wunder oder göttliche Fügung ist ein bekannter Topos in derartigen Geschichten.

31 Hans Henzi, Werner Staub, Samuel Gerber, Herzogenbuchsee, Bern 1985, 34. Herzogenbuchsee ist nicht nur der Ort der frühesten politischen Aktivität der Zähringer in der Schweiz, sondern auch der einzige, in dem ihr Herzogtitel dokumentiert ist.

32 Johann Nyffeler, Heimatkunde von Huttwil, 1871, Bearb. von Ernst Nyffeler 1915, Nachdruck Huttwil 1996, 50-59.

33 Flatt, Die Errichtung (wie Anm. 10), S. 28.

34 Vgl. Sigrist, Der mittelalterliche Dinghof (wie Anm. 27), S. 22/23.

35 Herzogenbuchsee, Pröbste, in: Helvetia Sacra, Abtlg. III, Bd. 1, Teil II, Bern 1986, 756.

36 GLA 14/Conv. 45, 1508; in den Regesten bei Alfons Schäfer, Die ältesten Zinsrödel im Badischen Generallandesarchiv, in: ZGO, 1964, Nr. 83, 351/352. Der Rodel enthält eine Notiz über die Schenkung sowie ein Weistum über die Rechte und eine Übersicht der Einkünfte in Herzogenbuchsee und den dazu gehörenden Orten, schließlich eine Zusammenstellung päpstlicher Privilegienbestätigungen. Der Rodel wurde von Mayer (wie Anm. 29, 68) wegen der auf dem Titelblatt notierten Zahl 1508 fälschlicherweise in das Abbatiat Gremmelspachs datiert, der freilich ebenfalls auf diese Weise altes Recht zu sichern suchte.

37 Für Solothurn war es nach St. Urban und Frienisberg die dritte Burgerrechtsvergabe; vgl. Hans Sigrist, Gottlieb Loertscher, Solothurn, Solothurn 1972, S. 30 und A. Kocher, Solthurn in seinen Beziehungen zum Schwarzwald und zu Freiburg i. Br., in Alemannisches Jahrbuch 1961, S. 67.

38 Karl Flatt, Zur älteren Geschichte von Seeberg, in: Jahrbuch des Oberaargaus 1993, 67/68.
39 Sigrist, Der mittelalterliche Dinghof (wie Anm. 27), 24; vgl auch A. Plüß, Huttwil bis zum Übergang an Bern im Jahr 1408, in: Neues Berner Taschenbuch aus dem Jahr 1908, Bern 1907, 165-198.
40 Helvetia Sacra (wie Anm. 33), 757. Die Huttwiler wollten den Unterhalt des Lichtes dem Kloster zuschieben, das ja auch alle Einkünfte habe. Der Rat zu Bern entschied, dass die Kosten geteilt werden sollten.
41 Nyffer, Huttwil (wie Anm. 32), 53.
42 Die Rechtsquellen des Kantons Bern, II. Teil, X. Bd., 1. Hälfte, Das Recht im Oberaargau, bearb. von Anne Marie Dubler, Basel, Nr. 45, 70/71.
43 Eine Zusammenstellung der Verkäufe und gerichtlichen Auseinandersetzungen bei Flatt, Die Errichtung der bernischen Landeshoheit (wie Anm. 10), 299/300.
44 Vgl. oben: St. Peter – St. Märgen.
45 Werner Rösener, Spiritualität und Ökonomie, in Citeaux 34, 1983, 271.
46 Nyffer (Huttwil <wie Anm. 32>, 57-59) bemerkt zu diesem Kaufakt, dass daran alles merkwürdig sei, die Form, das Verkaufte, der Preis (23 Gulden) und die Bedingungen. Offensichtlich war die hier gewählte Rechtskonstruktion diejenige, die der Abtei sowohl einen größtmöglichen ökonomischen Nutzen erhielt und dafür Rechte insoweit aufgab, als es sich nicht vermeiden ließ.
47 Dieter Mertens, Peter Gremmelspach (wie Anm. 6).
48 Sigrist, Der mittelalterliche Dinghof (wie Anm. 27), 25.
49 Walter Gfeller, Erster Stützpunkt der Zähringer im Mittelland, in.: Der kleine Bund, 15.01.1994, 7.
50 Vgl. unten die Studie zu Michael Sattler.
51 Vgl. Arnold C. Snyder, The Life and Thought of Michael Sattler, Scottdale, Pa 1984.
52 Die Belege in Helvetia Sacra (wie Anm. 35), 760/761.
53 Vgl. unten „Ein Kurtzer Begriff.., Anm. 58.
54 Helvetia Sacra (wie Anm. 35), 761.
55 Rudolf Steck, Gusatv Tobler, Aktensammlung zur Geschichte der Berner Reformation 1521-1532, Bern 1923, Nr. 1465.
56 Coelstin Herrmann war Abt von St. Trudpert im Münstertal und als Dr. utr. jur. unter den Äbten der Region sicher der juristisch beschlagenste. Vgl. Hans-Otto Mühleisen, Coelestin Herrmann OSB; Idea Exacta de Bono Principe, 1740, in: ders./ Theo Stammen (Hg.), Fürstenspiegel der Frühen Neuzeit, Frankfurt a.M. 1997, 560-617.
57 Disputatio Bernensis ex historia Joanis Cochlaei de actis et scriptis Martini Lutheri Saxonis ad annum 1528. folio 175 facie altera, editionis Parisiensis anno 1565.
58 Dokumentensammlung St. Peter, Münsterarchiv Breisach, Bücher H. 12; den Hinweis auf die Quellensammlung danke ich Walter Gfeller, Herzogenbuchsee, der Anfang der 80er Jahre wegen der Archivalien zu Herzogenbuchsee von Kreisarchivar Dr. Fauler, Bad Krozingen, der das Repertorium erstellt hatte, auf den Faszikel aufmerksam gemacht worden war. Vergleicht man die Exzerpte mit den Annalen von Gregor Baumeister (GLA 65/531), so finden sich dort Parallelen bis hin ebenfalls zur Wiedergabe von Cochläusexzerpten. Der Breisacher Faszikel muss wegen seiner Anmerkungen Teil der Materialsammlung zu Baumeisters Annalen gewesen sein. Wenn das so wäre, könnten aus einem genaueren Vergleich Erkenntnisse zum methodischen Vorgehens Baumeisters gewonnen werden. Am Ende der Darstellung des Verlustes von Herzogenbuchsee findet sich in den Annalen (Bl. 69) ein Hinweis, dass diesen Bericht Abt Placidus Rösch (1659-1670) geschrieben habe. Rösch gehört zu den wichtigsten Historiographen der Abtei. Nach dem 30jährigen Krieg hatten seine Rechtssammlungen und Güterbeschreibungen einen wesentlichen Anteil an der inneren und äußeren Stabilisierung der Abtei.
59 Varia et succincta relatio originis..mon. St. P..., GLA 65/532, Bl.71 ff..
60 Sigrist, der mittelalterliche Dinghof (wie Anm. 27), 25.
61 Die Klagen der Bauern bei Flatt, Die Errichtung der bernischen Landeshoheit (wie Anm. 10), 301.
62 Die Rechtsquellen (wie Anm. 42), Nr. 155.
63 Nach Nyffer, Huttwil (wie Anm. 32), 74.
64 Nyffer, Huttwil (wie Anm. 32), 75.
65 Richard Feller, Geschichte Berns, Bd. II, Bern 1953, 277.
66 Im Äbtekatalog heißt es. „Aliud infortunium a. 1527 subsecutum es, jactura scilicet praepositurae Buchsee in ditione Bernatum, qui Zwinglium secuti nostras decimas et bona arripiebant."
67 Steck, Tobler, Aktensammlung (wie Anm. 53) , Nr. 1232.
68 Ebenda Nr. 1270.
69 Dabei ist zu bedenken, dass St. Peter nur das alte, feststehende Erblehen, von einem Hof in Huttwil z. B. 7 Schilling, erhielt, während bei Neuvergabe ganz andere Einkünfte, für einen Hof z. B. 5 Pfund, dazu erhebliche Naturalien, zu erzielen waren. Vgl. Feller, Geschichte Berns (wie Anm. 65), 28/29.
70 Flatt, Die Errichtung der bernischen Landeshoheit (wie Anm. 10), 295 zitiert: „Die Unfähigkeit der Klöster, aus eigener Kraft zu bestehen, ihre offenkundige Schutzbedürftigkeit ermunterte Bern, seine Landeshoheit gegen sie herauszukehren,.."
71 Die Rechtsquellen des Kantons Bern (wie Anm. 42), Nr. 193, 391/392.
72 Deren Schreiben unter GLA 102/231.
73 Steck, Tobler, Aktensammlung (wie Anm. 53), Nr. 1322.
74 Ebenda, Nr 1353.
75 Ebenda, Nr. 1363.
76 Ebenda, Nr. 1577.
77 Flatt, Die Errichtung der bernischen Landeshoheit (wie Anm. 10), 312.
78 Ebenda.
79 Baumeister, Compendium Actorum (GLA 65/532), 327/328; „Kurtzer Begriff über den Verlust der St. Petrischen Probstey Hertzog' Buchsee" (vgl. Anm. 58), 43-46. Für die Transskription dieses Schriftstückes und wichtige Hinweise zum Thema danke ich Klaus Weber, St. Peter.
80 Die Rechtsquellen (wie Anm. 42), Nr. 193 b, 392/393.
81 Feller, Geschichte Berns (wie Anm. 65), 316.
82 Dokumentensammlung St. Peter (wie Anm. 58), 50).
83 Vgl. die Zusammenstellung bei Flatt, Die Errichtung (wie Anm. 10), 314/315.
84 Huttwil ist der einzige Ort der früheren st. petrischen Besitzungen, der bis heute die gekreuzten Schlüssel St. Peters im Ortswappen führt. Das st. petrische Wappen findet sich auch in einem Fenster der heutigen Huttwiler Kirche.

Michael Sattler (ca. 1490–1527)
Benediktiner – Humanist – Täufer[1]

Konversion bezeichnet im herkömmlichen Sprachgebrauch sowohl den Übertritt von einer Konfession zu einer anderen, als auch einen grundsätzlichen persönlichen Einstellungs- oder Meinungswandel. Insbesondere die beteiligten Institutionen nehmen letzteres gerne als Grund für ersteres und sprechen je nach Sichtweise von Abfall oder Bekehrung. Diese Erklärung erspart vor allem der verlassenen Institution selbstkritische Fragen, ob nicht sie selbst Anlaß für einen Aus- oder Übertritt sein könnte. Der Konvertit wird für sie zum Entsorgungsfall, den man aktuell oft mit persönlicher Diskriminierung, historisch eher mit Verdrängung zu lösen sucht. Aber auch für die aufnehmende Organisation liegt in dem Schritt eine Versuchung, daraus vorschnell besonders dann auf die eigene Überlegenheit zu schließen, wenn Konfessionen in Konkurrenz stehen. Wenn gar noch in Umbruchszeiten eine scharfe Konfrontation hinzukommt, wird die individuelle Entscheidung des Konvertiten als Indiz für die Schlechtigkeit des Gegners verwendet. Wenn eine solche argumentative Konstellation selbst Jahrhunderte überdauert, mag dies ein Hinweis auf die Tiefe der seinerzeitigen Verwerfungen sein.[2]

I. Zur Historiographie Michael Sattlers

Sicher noch in verschärfter Form gilt dies, wenn ein Übertritt nicht zwischen bereits etablierten Institutionen mit abgeklärten Frontlinien stattfindet, sondern wenn der Austretende zur Kristallisationsfigur einer neuen Glaubensrichtung wird. Eben dies gilt für jenen Michael Sattler, der es im Benediktinerkloster St. Peter auf dem Schwarzwald wohl bis zum Prior gebracht hatte, vermutlich 1525 die Abtei verließ und wenige Jahre danach als Märtyrer der Täuferbewegung in Rottenburg hingerichtet wurde. Die Historiographie hat ihm das oben skizzierte Schicksal zuteil werden lassen: In der Forschung der Baptisten/Mennoniten ist ihm eine zentrale Rolle zugekommen und seine Bedeutung als „hervorragender Täuferführer" immer wieder untersucht worden. Befördert wurde dies durch den Umstand, dass seine Schriften schon früh gesammelt[3] und mehrfach in Übersetzungen, teilweise in prächtigen Ausgaben, ediert wurden.[4] Dabei war lange die Abwendung vom Klosterleben als spektakulärer Beweis für dessen Verderbtheit genannt worden. Erstmals 1984 suchte ein amerikanischer Forscher einer mennonitischen Universität Genaueres auch über die benediktinische Zeit Sattlers zu erfahren[5] und mit seinem angenommenen 500. Geburtstag 1990 kamen mehrmals amerikanische Täufergemeinden nach St. Peter, um die frühe Wirkungsstätte ihres Glaubensbruders zu besuchen. Auf der anderen Seite war Sattler offensichtlich bereits früh aus der ansonsten umfassenden Geschichtsschreibung seiner Abtei so systematisch getilgt worden, dass auch die spätere Forschung zur Historie der Schwarzwälder Benediktiner lange nicht auf ihn aufmerksam wurde. Die Zeit nach 1520 schien allein unter den Vorzeichen von Bauernkrieg und den damit verbundenen Problemen der Vogteirechte von Interesse zu sein, während Auswirkungen der Reformation auf das Kloster kaum angenommen wurden und dementsprechend keine Beachtung fanden. Dabei muß es für einen Konvent doch ein aufrührendes Ereignis gewesen sein, wenn der zweite Mann das Kloster demonstrativ verlässt, gleichsam als Besiegelung dieses Schritts kurz darauf eine kluge, später mit ihm hingerichtete Frau, möglicherweise eine Begine, heiratet und kurz danach als Staatsfeind und Erzketzer zum Tode verurteilt wird. Auch die regionale und Freiburger Geschichtschreibung zum frühen 16. Jahrhundert hat Sattler nicht oder nur am Rande erwähnt. Allerdings tauchen hier einige der Namen auf[6], die zur Zusammenfügung des Mosaiks notwendig sind, innerhalb dessen man die Vita Sattlers verorten kann.

Forschungsleitend für diese Studie ist der Versuch, die Vita Sattlers als Spiegelbild einer Zeit zu verstehen, in der sich Umbrüche im Denken und in den Strukturen so überlagerten, dass es einen gradlinig denkenden Charakter notwendigerweise bald hier bald dort hinführen mußte, während sich ein kompromißbereiterer in der Sicherheit etablierter Institutionen einrichten konnte. Ein eindrucksvolles Beispiel hierfür sind die unterschiedlichen Konsequenzen, die Sattler und Erasmus aus ihrem ja aus den gleichen Quellen gespeisten Pazifismus zogen.[7] Während Erasmus bei der Frage, ob der Krieg auch gegen die Ungläubigen nicht gerecht sei, vor der Staatsraison einknickte, hielt Sattler bis in den Tod daran fest, dass auch ein solcher nicht zu rechtfertigen sei. Grundlegende These der Studie ist demnach, dass in Sattlers Lebenslauf eine innere Konsequenz liegt, in der ein die Periode bestimmendes Element durchscheint, die man gemeinhin als Übergang vom Mittelalter zur Neuzeit bezeichnet. Die äußerlichen Gegensätze der politischen und sozialen Interessen und damit einhergehend die Ausbildung konträrer religiöser Formen sind notwendige Krisensymptome eines Wandels, der im Kern von einem neuen Bild vom Menschen, von einem veränderten Verständnis von menschlicher Würde getragen wurde. Im Unterschied vor allem zur älteren Täuferforschung, die die benediktinische Phase als Kontrastmittel für die Klarheit von Sattlers Bekehrung nutzte, soll hier von der Hypothese einer inneren Stimmigkeit seines Lebensweges ausgegangen werden, der zwar nicht Gegensätzliches vereinte, aber zur einen und zur andern Lebensweise führen sollte. Gegen andere Ansichten ist, wie der Textvergleich zeigen wird, ein

Element der Erklärung, dass die von Sattler mitgeprägte Lebensart der frühen Täufergemeinden auch eine Konsequenz seiner benediktischen Erfahrungen ist. Für das Verständnis des Ereigniskomplexesses wichtiger ist jedoch sein konsequent am humanistischen Denken orientiertes Verhalten, in dem er weder den Kompromissen Erasmus' noch den Anpassungen an herrschende Staatsvorstellungen wie Luther oder Zwingli zu folgen bereit war. In diesem – christlichen – Humanismus liegt bei ihm das gleichermaßen in Zweifel ziehende und dadurch vorantreibende wie provozierende und für ihn letztlich vernichtende Motiv. Im folgenden interessieren nicht die sich in der Geschichte wiederholenden Mechanismen, nach denen die Machthaber eher die Träger neuer Ideen zerstören, als ihre alte Ordnung und damit sich selbst in Frage stellen zu lassen. Vielmehr soll die Forschungsspur zu einer Gestalt aufgenommen werden, die durch die Brüche ihres Lebenslaufs hindurch zeichenhaft ein zukunftweisendes Denken verkörperte.

Zum aktuellen Forschungsstand führen einerseits eine kleine Studie von Klaus Deppermann, die im Kontext des 500. Geburtstags Sattlers entstanden war[8], und andererseits die erwähnte Arbeit von Arnold Snyder, die Deppermann selbst für die st. petrische Phase Sattlers heranzieht. Beide Autoren bleiben bei der Erklärung seines Weges vom Benediktiner zum Täufer eher im erwähnten Muster. Deppermann: „Sattlers eigenes Bild vom Mönchsleben war jedenfalls völlig negativ ... Als Grund für seine Absage an das Mönchtum und den Priesterstand gibt Sattler jedenfalls das unchristliche, vor allem unsittliche Leben der Kleriker an."[9] Und zu Snyder, der nach Spuren Sattlers in den st. petrischen Quellen gesucht hatte: „Wenn er diese Stelle (in der er das unmoralische Leben der Mönche als Sattlers primäres Motiv für den Klosteraustritt benennt d.V.) ganz ernst genommen hätte, dann hätte er sich seine Spekulationen über das benediktinische Erbe Sattlers, den Einfluß von Bursfeld auf St. Peter und die Bedeutung des Bauernkriegs .. sparen können."[10]

Da die Archivalien zu St. Peter zu Sattler zumindest direkt nichts hergeben, wird man sich für die Zeit bis zum Austritt aus dem Kloster zunächst auf die bei den Täufern überlieferte Tradition stützen müssen. Geboren 1490 (oder wenig später) in Staufen/Breisgau, ist das erste gesicherte Datum der Vita seine Anwesenheit bei der zweiten Züricher Disputation mit Zwingli im November 1525. Zu diesem Zeitpunkt muß er das Kloster bereits verlassen haben und so in Zusammenhang mit der Täuferbewegung gestanden haben, dass ihn nur der Schwur der Urfehde – möglicherweise in Zürich nicht mehr zu missionieren – und die Zahlung eines Geldbetrags vor einer längeren Haft bewahren konnte, während drei andere Täuferführer zu unbefristeter Kerkerhaft verurteilt wurden. Ob Sattler hier kompromißbereiter oder nur weniger prominent als diese war, läßt sich nicht sagen. Für die Zeit danach, in der er „die versprengten, enttäuschten und desorientierten täuferischen Gruppen" sammelte und ihnen eine „neue Ordnung und Orientierung" vermittelte, gibt es sicherere Belege.

Zunächst hielt er sich in Straßburg auf und pflegte engen Kontakt mit den Reformatoren Wolfgang Capito und Martin Bucer. Als seine Ansichten dort zunehmend auf Widerstand stießen, verläßt er Ende 1526 auf Betreiben Bucers die Stadt und geht, wohl auf Einladung Wilhelm Reublins, ins Hohenbergische und tauft vor allem in Horb und Umgebung. Wichtigster Schritt zu einer Neustrukturierung der Täufergemeinden war am 24. Februar 1527 die Verabschiedung des Bekenntnisses von Schleitheim (bei Schaffhausen gelegen), das auf der Grundlage der in der Bergpredigt vermittelten Ethik eine Kirchen- und Lebensordnung „von erstaunlicher theologischer Geschlossenheit"[11] darstellt und für das die Autorschaft Sattlers heute als zweifelsfrei gilt. Die „Brüderliche vereynigung etzlicher Kinder Gottes" formuliert in sieben Artikeln auf der Basis reformatorischer Ideen die besonderen Grundlagen des Täuferdaseins. Im Mai 1527 findet der Prozess gegen Sattler in Rottenburg statt. Wenige Tage später wird er hingerichtet.

Schon dieses holzschnittartige Bild von Sattlers Lebensweg läßt immer wieder ein bestimmtes Merkmal seiner Persönlichkeit hervortreten. Es ist eine breite und fundierte Bildung – während seines Prozesses auch in erstaunlichen Sprachkenntnissen nachgewiesen –, die ihn befähigte, mit aus dem Gelehrtenstand kommenden Reformatoren wie Capito ebenso zu disputieren, wie dann in der Verhandlung das Hohe Gericht bis zur Weißglut zu provozieren. Diese fundierte Bildung, die ihm einen eigenverantwortlichen Zugang zur Heiligen Schrift eröffnete, bestimmte ebenso seinen persönlichen Lebensweg – ausdrücklich erwähnte er im Prozess, dass ihn u. a. das Studium der paulinischen Briefe seinen Weg außerhalb des Klosters suchen ließ –, wie sie die Grundlage seiner Schriften, insbesondere des Schleitheimer Bekenntnisses war. Wenn schon die Täuferchroniken ihn immer wieder als gelehrten Mann

Professformeln, unten aus der Zeit des Klostereintritts von Michael Sattler

bezeichneten, so blieb die Frage bislang offen, wo er diese Bildung erhalten hatte, da sie ohne Zeifel auf einer soliden Schul- und Univeritätsbildung beruhte. Am intensivsten hatte Snyder dazu recherchiert, indem er in den Matrikeln aller möglichen deutschen Universitäten, besonders natürlich in Freiburg nach Sattlers Namen suchte.[12] Deppermann ist Snyder in dessen sieben Revisionen des Sattlerbildes denn auch nur darin gefolgt, dass er wahrscheinlich nicht studiert habe.[13]

Vermutlich wird man diesbezüglich das Sattlerbild erneut revidieren können. Am 20. Oktober 1525 soll die Universität Freiburg auf Verlangen und als Zeichen ihrer Übereinstimmung mit den gegenreformatorischen Maßnahmen Erzherzog Ferdinands „wenigstens die bedenklichsten Ketzernamen" aus ihren Matrikeln getilgt haben.[14] Zieht man in Betracht, dass einerseits Sattler in dieser Zeit seinen im Breisgau bekannten, öffentlichen Weg zum Täufer nahm – im Novemder 1525 war sein erster größerer Auftritt in Zürich – und andererseits der damalige st. petrische Abt Jodokus Kaiser über enge Verbindungen zur Universität verfügte, so ist es sehr wahrscheinlich, dass Sattler nicht nur aus den klösterlichen Quellen, sondern bei dieser Gelegenheit auch aus den Universitätsmatrikeln getilgt wurde. Abt Kaiser jedenfalls wußte um die Chancen der politischen Indienstnahme der Geschichtsschreibung, nachdem er dem Freiburger Münsterkaplan und Inhaber der Pfarrpfründe Weilheim a.d. Teck, dessen Patronat er selbst inne hatte, aus der st. petrischen Bibliothek die Unterlagen zur ersten Freiburger Stadtchronik geliefert hatte. Diese, vor allem von dem zunehmend angepaßten Ulrich Zasius geförderte Chronik bot der Stadt „die Chance, im Rahmen der Geschichte der habsburgischen Stadtherren ihre eigene Identität zu finden: als Zähringerstadt".[15] Sie forderte damit im Rahmen des damaligen historischen Verständnisses von einer dynastischen Verbindung zwischen Zähringern und Habsburgern die besondere Gunst dieses Hauses ein, wofür

man bereit war, sich mit der rigiden Unterdrückung reformatorischer Ideen in Stadt und Universität erkenntlich zu zeigen. Wenn Abt Kaiser daher mit seinem Entgegenkommen so vielen Herren und den durch sie verwobenen Institutionen in Freiburg zu Diensten sein konnte, rannte er mit seinem anzunehmenden Wunsch, bei der Reinigung der Universitätsmatrikel von Ketzern auch Michael Sattler zu eliminieren, in Stadt und Universität offene Türen ein.[16] Ein solches Anliegen lag genau auf der politischen Linie von Stadt und Universität. Und selbst, wenn die Streichung Sattlers aus den Matrikeln zu diesem Zeitpunkt noch nicht erfolgte, spätestens nach seinem Prozeß, über den der Großherzog ja informiert war, so würde sie, vielleicht sogar auf dessen Initiative, zur Erledigung des Falles erfolgt sein. Eine diesbezügliche Recherche konnte also gar nicht zum Erfolg führen. Während dieser Vorgang bei Reformatoren der großen Konfessionen wie Capito, Hedios oder Zell bekannt wurde, kümmerte es bei einem Täufer niemand, so dass Sattler trotz ausgewiesener Gelehrtheit bislang als „nicht studiert" eingestuft werden konnte. Von der hier vorgetragenen Annahme ausgehend, wird man nicht nur seinen Lebensweg anders rekonstruieren, sondern auch Erklärungen für einige bislang offene Fragen erhalten können.

II. Brüche in der Lebensgeschichte

Aus einer unteren Schicht stammend, hatte Sattler vor allem in einem entsprechend intellektuell aufgeschlossenen Kloster eine Chance auf höhere Bildung. Ob er zu den Privilegierten gehörte, die nach Freiburg auf eine Schule kamen, ist eher zweifelhaft. Die Klöster in der Nähe Staufens, das Priorat St. Ulrich, das sich in einem elenden Zustand befand, und das nächstgelegene Benediktinerkloster St. Trudpert, von dessen Äbten die Annalen für diese Zeit nichts Rühmliches zu berichten wissen, waren unter dem Gesichtspunkt der Bildungschance nicht attrak-

Die vormaligen Abtei-, heutige Pfarrkirchen von St. Peter und St. Märgen. Matthias Faller arbeitete für beide Klöster. Von ihm stammt die Uhr im st.-petrischen Abteitreppenhaus

Kirche von Herzogenbuchsee mit unterem Turmgeschoss aus der Klosterzeit

Kirche von Seeberg, in Teilen noch errichtet im Auftrag der Abtei St. Peter

Inneres der heutigen Kirche von Herzogenbuchsee, fast zeitgleich erbaut mit der st.-petrischen Klosterkirche

Glasscheiben aus der Kirche Seeberg mit Darstellung des st.-petrischen Abtes Jodocus Kaiser

Zähringerzyklus an den Wandpfeilern der vormaligen Abteikirche St. Peter (Joseph Anton Feuchtmayer 1731)

Die Sicherung der Klosterrechte durch Agnes von Rheinfelden nach der Gründung der Abtei, aus dem Zähringerzyklus des st.-petrischen Gästeflügels

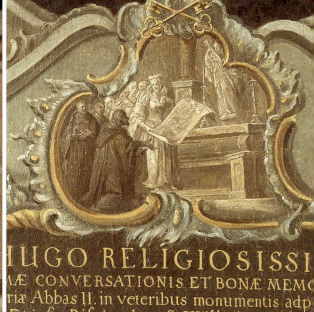

Die Rückgabe des weggenommenen Schweizer Klostergutes durch Agnes von Rheinfelden, aus dem Äbtezyklus (1753/1754)

Die Rückgabe des Schweizer Klostergutes durch den reumütigen Bertold II., aus dem Äbtezyklus (1753/1754)

Der Weggang der letzten Mönche aus Herzogenbuchsee nach dem Verlust der Güter an Bern, aus dem Äbtezyklus (1753/1754)

Die Abteien St. Peter und St. Märgen, beide Gemälde entstanden kurz nach der Säkularisation. Deutlich sind bei St. Peter die drei Bauteile eines „Schlossklosters" zu erkennen: Kirche, Bibliothek und Fürstensaal

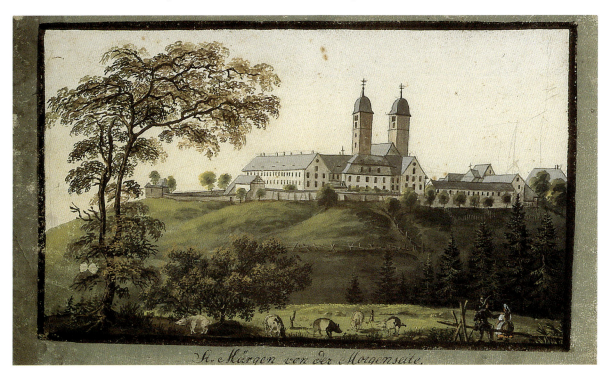

Die im 18. Jahrhundert gewählten Vorsteher des Klosters St. Peter

Abt Ulrich Bürgi, 1719 - 1739   *Abt Benedikt Wülberz, 1739 – 1749*

Abt Philipp Jacob Steyrer, 1749 – 1795 *Abt Ignaz Speckle, 1795 – 1806*

Zähringerdarstellungen des 18. Jahrhunderts in St. Peter
Die Stiftung der Abtei und ihre Bestätigung durch Papst Urban II., als Tafelbild (nach 1722)
und im Zentrum des Triumphbogens der Klosterkirche (1727/1728)

tiv.¹⁷ Dagegen war im Breisgau sicher bekannt, dass in St. Peter seit 1496 mit Petrus III. Gremmelspach ein herausragender Abt residierte, den noch die späteren Historiographen als einen der gelehrtesten in der Geschichte der Abtei würdigten.¹⁸ Gremmelspach verfaßte zumindest drei Werke unterschiedlichen Typus, die jedoch das gemeinsame Ziel einer aus den Quellen fundierten Sicherung der Rechte der Abtei verband. Sowohl die Geschichte der Zähringischen Stifterfamilie wie das Liber Vitae (Nekrolog/Äbtekatalog) und das Urbar dienten der Legitimation und Festschreibung der klösterlichen Existenzgrundlagen. Diesem wissenschaftlich, historisch-juristischen Bemühen um seine Abtei entspricht, dass er, so weit bekannt, alle im Bereich der weltlichen Herrschaft anfallenden Konflikte durch Vergleiche und Verträge beizulegen vermochte.

Dennoch mag der erste Kontakt Sattlers mit St. Peter nicht aus diesen intellektuellen, sozialen Gründen erfolgt sein. Was zur Publicität St. Peters in Gremmelspachs Abbatiat in der Region wohl noch mehr beigetragen hatte, war die im Jahre 1500 auf dem Lindenberg eingerichtete Wallfahrt, um die sich viele Wundergeschichten rankten. So ist leicht vorstellbar, dass Michael Sattler mit etwa 10 Jahren zum erstenmal auf einer Wallfahrt nach St. Peter kam, die für die Landbevölkerung ebenso ein Anziehungspunkt war wie die im selben Jahr prächtig fertiggestellte und mit besonderem Ablaß ausgestattete Klosterkirche. Auf diese Weise mag er die Abtei kennen gelernt haben. Vielleicht war dabei dem Abt der kluge Junge aufgefallen, so dass er ihn in die (seit 1346) nachgewiesene Klosterschule aufnahm. Dies schon würde sein fließendes Latein erklären, freilich noch nicht das von Sattler in seinem Prozeß gemachte Angebot, die Bibel in allen ihren Grundsprachen, also auch in griechisch und hebräisch, zu diskutieren. Jedoch unabhängig davon, ob Sattler seine Schulbildung in St. Peter oder anderswo erworben hat, geht man von einem damals üblichen Eintrittsalter von 16/17 Jahren aus, mag Sattler um 1507 Mitglied des Konvents geworden sein. Nach der klösterlichen Grundausbildung von etwa drei Jahren könnte er an die Universität Freiburg gewechselt sein. Erleichtert wurde dies dadurch, dass sein Mentor Gremmelspach dort 1507 in unmittelbarer Universitätsnähe ein kleines Haus mit Garten, den späteren Peterhof, erworben hatte und so eine auch für einen jungen studierenden Mönch günstige Wohnmöglichkeit zur Verfügung stand. Die Vorstellung, dass man ihn unter dieser Voraussetzung und angesichts der angespannten finanziellen Situation der Abtei¹⁹ zum Studium anderswohin geschickt haben könnte, ist unrealistisch. Dass er nicht in den Freiburger Matrikeln erscheint, kann neben deren erwähnter „Reinigung" von „Ketzern" seinen Grund auch darin haben, dass er als Mitglied eines Ordens gar nicht immatrikuliert wurde.

Geht man davon aus, dass zumindest ein Motiv für Sattlers Eintritt ins Kloster die damit erhoffte Bildungschance war und dass ihm der selbst hochgelehrte und, wie aus anderen Fakten zu erschließen, großzügige Abt Gremmelspach eben diese auch bot, so mag zwischen diesen beiden ein besonderes Vertrauensverhältnis entstanden sein. Das Studium, das man etwa in die Jahre 1509 – 1516 datieren kann, eröffnete dem nun knapp 20jährigen eine neue Welt des Denkens. Freiburgs Universität in den ersten Jahrzehnten des 16. Jahrhunderts war humanistisch geprägt, wobei nicht nur die Fluktuation der Lehrenden auffallend ist, sondern vor allem die unterschiedlichen Wege, die die Professoren angesichts der Reformation und der in Freiburg nach 1520 massiv durchgesetzten Gegenreformation nahmen. Sattler orientierte sich an den Humanisten, die, von den Quellen her arbeitend, im Denken und Handeln einer Linie folgten, die sie den überkommenen kirchlichen und politischen Institutionen entfremden musste. An eine Reformierbarkeit der alten Strukturen glaubten sie nicht mehr. Freilich unterschieden sich auch innerhalb dieses Typus Konsequenz und Konsequenzen des eigenen Wegs nochmals erheblich.

Eine der Leitfiguren Sattlers dürfte Wolfgang Capito gewesen sein. Dieser war 1505 als Baccalaureus in Artibus nach Freiburg gekommen und hatte bis 1512 in unterschiedlichen Funktionen und Fakultäten gelehrt. Nach Tätigkeiten in Bruchsal, Basel und Mainz kam er 1523 nach Straßburg und wurde dort einer der führenden Reformatoren. Sattler könnte bei ihm als Realist die Vorlesungen über Aristoteles gehört haben und davon ebenso beeindruckt gewesen sein wie von dem Gräcisten Jakob Bedrott oder dem Hebraisten Johannes Lonitzer, die später ebenfalls reformatorischem Gedankengut anhingen. Sollte sich hier ein Meister-Schüler-Verhältnis ausgebildet haben, so wäre dies die Erklärung, dass Sattler nach der Züricher Haft an der Heimat vorbei fast nach Straßburg flüchtet, dass Capito ihn, was überliefert wird, in sein dortiges Haus aufgenommen habe und dass sich dieser im Zusammenhang des Rottenburger Prozesses in einer Herzlichkeit über ihn äußerte, die angesichts dogmatischer Differenzen und dem Urteil Capitos und anderer Reformatoren über die Täufer bislang nicht verstehbar war.[20] Capito bezeichnet in seinem Brief an die Stadt Horb zur Rettung von Sattlers Gesinnungsgenossen das Urteil gegen diesen, der „großen Eifer für die Ehre Gottes und die Gemeinde Christi" gezeigt habe „als grausames Gottesurteil wider die Richter".[21] Dass Sattler überhaupt Straßburg hatte wieder verlassen müssen, war wohl auf den harten Kurs Bucers zurückzuführen.

Das krasse Gegenbild zu Capito war Ulrich Zasius, der, 1491 als Stadtschreiber nach Freiburg gekommen, seine Karriere als lateinischer Schulmeister und Vorstand der Stadtschule begann. Die akademische Laufbahn, die eher durch den Kaiser und die Stadt als durch die Universität gefördert wurde, führte ihn 1506 auf das angestrebte Ordinariat in Legibus, während er gleichzeitig in städtischen Diensten blieb. Für Sattler muß sich dieser Rechtsgelehrte etwa so dargestellt haben: „Große Intoleranz, bei eigner Abhängigkeit von fremder Auctorität, verräth Zasius schließlich in Bezug auf kirchliche Reformatoren. So lange ... die östreichische Regierung sich wenigstens gleichgültig verhält, ist ihm Luther ein Engel ... Völlig entschieden gegen die Reformatoren ist er seit dem Jahr 1524, in welchem sein hoher Gönner, der streng römisch-katholische Erzherzog Ferdinand, zum ersten Mal persönlich nach Freiburg kam. Von nun an weiß er nur von einem ‚schändlichen Luther' ... Er fordert dazu auf (rühmt sich sogar dessen), ein Werk seines alten treuen Freundes Capito zu verbrennen".[22] Die Abkehr Zasius' übte „besonders auf die gelehrten ... Kreise der Stadt" einen großen Einfluß aus. Unter der Voraussetzung, dass Sattler um 1510 mehrere Jahre die Universität Freiburg besuchte und auch danach von St. Peter aus in intensivem Kontakt mit dieser blieb, d.h. die hier grob skizzierten Denk- und Handlungsweisen bis in die 1520er-Jahre mitverfolgte, wird man in seinen hier gemachten Erfahrungen ein m. E. bislang nicht beachtetes Motiv seiner Entscheidungen sehen können. Spätestens Anfang der 1520er Jahre nahm er in dieser universitären Szene wahr, dass von der humanistischen Bildung ausgehend, die ihm seine Lehrer Zasius, Capito und andere, fakultätsüberschreitend vermittelt hatten, sehr verschiedene wissenschaftliche und persönliche Wege möglich sind. 1522 wurde durch landesherrliches Mandat die Exekution über die verbotenen Bücher verhängt. Noch 1523 hatte Erasmus berichtet, dass die Freiburger Theologen, wenn sie über neutestamentliche Bücher lesen, „großen Zulauf" haben, dagegen ihre Vorlesungen über Scholastiker und Aristoteles niemand besucht. In diesem Jahr unternahm er seine Schrift gegen Luther. Inzwischen durch intensives Bibelstudium weiterentwickelt, realisierte Sattler, dass dies für ihn eine Entscheidung in der einen oder anderen Richtung erforderte. Vielleicht hat der Verrat des Zasius an Capito und damit auch der Verrat an humanistischen Idealen Sattler noch mehr bestärkt, eben dem Weg Capitos Weg zu folgen, selbst wenn er dann nochmals weiterreichende Konsequenzen zog und in Kauf nahm. Hier darf man den Ausgangspunkt für das wohlwollende Urteil des Reformators über den Täufer annehmen. Mit der Gelehrsamkeit einer Universität, an der „das bloße Erscheinen des Landesfürsten" den Ausschlag zu Ungunsten der Reformation gab, mochte Sattler nichts zu tun haben.

Der Bruch in Sattlers Lebensweg vom Mönch zur Reformation mag eine erste Erklärung in den unterschiedlichen Erfahrungen mit den von ihm als Vorbildern geschätzten, vielleicht verehrten Hochschullehrern haben. Wenn man seinen späteren Schriften als Persönlichkeitsmerkmal einen grundehrlichen Optimismus entnehmen kann, so mag für ihn ein politisch opportuner Wandel wie der des Zasius, in dem intellektueller und persönlicher Verrat zusammen kamen, ein Gräuel, jedenfalls ein Grund gewesen sein, sich im Spektrum der Hochschullehrer der Richtung zuzuwenden, die ihm menschlich und intellektuell glaubwürdiger schien. Wenn die Universität sich als Institution den gegenreformatorischen Forderungen der Habsburger bis hin zur Bücherverbrennung ziemlich widerstandslos fügte, konnte sein Platz nicht mehr im verbleibenden katholischen Universitätsspektrum sein.

Die Erfahrung eines anderen Bruches dürfte jedoch für seine Entscheidung, den Weg der Reformation zu gehen, ebenso ausschlaggebend gewesen sein. 1512 war Jodocus Kaiser als Nachfolger von Petrus III. Gremmelspach Abt von St. Peter geworden. Dass mit der Wahl eines Abtes durch und für einen Konvent oft eine tiefgreifende politische Richtungsentscheidung getroffen wurde, ist bei den Überlegungen zu Sattler bislang ebenfalls nicht zur Sprache gekommen. Die Abtswahlen des wiederum als Umbruchzeit zu charakterisierenden 18. Jahrhunderts geben von diesem politischen Prozess ein beredtes Zeugnis.[23] Auch wenn für das 16. Jahrhundert Quellen zum Wahlvorgang nicht vorliegen, ist doch festzustellen, dass man sich mit der Wahl von Kaiser für einen anderen Abtstypus und damit auch für eine andere Denkweise bei der Führung des Amtes entschieden hatte. Wie im 18. Jahrhundert die Konvente durch die Frage umgetrieben wurden, ob und wie weit man sich den Ideen der Aufklärung aufschließen sollte, oder ob das eigene Überleben eher hinter den festen Mauern einer traditionellen Frömmigkeit zu sichern sei, unterschied auch im Vorfeld der Reformation die Frage nach Sinn und Form von Reformen die verschiedenen Klöster und spaltete einzelne Konvente. Der Ausgang des Mittelalters wurde in vielfältiger Weise von einem Wissen um notwendige Neuorientierungen begleitet. Dieses schlug sich bei den Benediktinern Anfang des 15. Jahrhunderts mit der Petershauserner Reformbulle (1417) erstmals konkreter in Vorschriften nieder, die neben der Verbesserung der Disziplin vor allem auf eine Anhebung des Bildungstandes aller und eine gezielte Förderung besonders begabter Mönche zielten. Diese ersten Impulse liefen jedoch weitgehend ins Leere, da reformunwillige Klöster das Fehlen einer zu Sanktionen berechtigten Autorität nutzten und die Anweisungen nicht umsetzten. Effektiver wurden die Reformideen erst, als sie von den Reformzentren Melk und Kastl sowie der strengen Verbandsorganisation der Bursfelder Union in stabileren Organisationsstrukturen durchgesetzt werden konnten. Oberstes Ziel der Bursfelder Reform, der sich im südwestdeutschen Raum mehrere Klöster anschlossen (z.B. Hirsau, Alpirsbach, Schuttern) war es, „die authentischen Satzungen St. Benedikts von neuem zu verlebendigen".[24]

Reformkonvente, denen „die innere Einheit des Geistes" ein zentrales Anliegen war, suchten aus dem Zustand geistiger und sozialer Erstarrung herauszuführen, pflegten die „Kunst des Schreibens", betrieben theologische Studien, verzichteten auf ständische Vorteile und suchten nach einem höheren Maß an Solidarität. Zur Gedankenwelt der Bursfelder gehörte die bewußte Hinwendung zur Geschichte, wofür etwa die berühmten Hirsauer Annalen des Humanistenabtes Johannes Trithemius ein eindrucksvolles Zeugnis sind: „Die Kenntnis der

Abt Petrus III. Gremmelspach, 1496–1512, unter ihm war Michael Sattler ins Kloster eingetreten, aus der Äbtegalereie St. Peter (1753/1754).

Vergangenheit trage nämlich nicht nur zur rechtlichen und wirtschaftlichen Stabilität des Klosters bei, sie mache vielmehr den Menschen erst zum Menschen. ‚Ohne Geschichte … sind wir keine Mönche, ja keiner kann ohne sie in alle Ewigkeit gerettet werden'." Unter dem Einfluss dieser Ideen öffneten sich auch Klöster, die der Union nicht angehörten, humanistischen Bildungsidealen und schickten einzelne Mönche zur Universität. Schließlich zeigte sich in der Neugestaltung der Kirchen- und Konventsgebäude ein enger Zusammenhang zwischen Klosterarchitektur und Reform. „Die respektablen Leistungen engagierter Reformmänner dürfen aber nicht darüber hinwegtäuschen, dass ihre Arbeit durch mannigfache Vorbehalte, durch verschwiegene Ablehnung und offenen Widerstand behindert wurde."[24] Noch der letzte Abt von St. Peter, Ignaz Speckle, schreibt, dass die jungen Klostergeistlichen an der Universität Grundätze annähmen, die dem Klostergeist zuwider sind, und dass studierte Mönche die Verwaltung eines Klosters erschweren. Gegen eine solche Einstellung hatte schon Trithemius postuliert, dass wissenschaftliche Arbeit Tugend, Güte (humanitas) und Frömmigkeit garantierten. In der Synopse bestätigt sich dann auch sein Satz, dass an der Wende zum 16. Jahrhundert die Kraft zur inneren Reform der Klöster erlahmt sei.

Vor diesem Szenarium benediktinischer Aufbrüche und dem widerstreitender Elemente erscheint Abt Gremmelspach wie eine Inkarnation Bursfelder Reformideen. In der Tradition der st. petrischen Historiographie gilt er als einer der gelehrtesten. Wie Trithemius schrieb er selbst Klostergeschichte und verwendete diese zur rechtlichen, aber friedlichen Sicherung der Abtei. Er übersetzte wie Hirsau, Alpirsbach oder Blaubeuren die Reformziele in Architektur und schickte den begabten Sattler auf die Universität – ohne Angst, dass dieser der „Neuerungs- und Änderungssucht" verfallen könnte. Nicht zufällig begründet die der Aufklärung nahestehende Geschichtsschreibung des 18. Jahrhunderts die Verdienste Gremmelspachs zuvorderst mit dessen schriftstellerischer Tätigkeit.

Nichts von alledem findet sich dagegen im Schrifttum über seinen Nachfolger, Abt Kaiser. Viel habe er erduldet, sein Kloster wurde besetzt und er sei geflohen, die Schweizer Besitzungen seien verloren gegangen und der Seuche von 1519 sei mit dem Bauernaufstand von 1524 die Ursache vieler Übel gefolgt. Die Unterschrift unter seinem Bild in der Äbtegalerie der vormaligen Abtei erwähnt nicht, dass er sich um das Kloster verdient gemacht habe.[26] Die Quellen der Klostergeschichte stellte er denjenigen zur Verfügung, die sich durch eine dynastisch genehme Stadtgeschichte dem gegenreformatorischen Haus Habsburg anzudienen suchten. Er selbst suchte – ganz Typus der für den Aufstand der Bauern Anstoß gebenden Herren – Neuerungen über geltendes Recht und Herkommen hinaus auszudehnen[27], den Untertanen zusätzliche Lasten aufzuerlegen und dies bei Weigerung mit militärischer Macht des Vogts durchzusetzen. Auf deren Beschwerde ließ jedoch der Vogt, Markgraf Ernst von Hachberg, 1522 Truppen ins Kloster legen, was Abt Kaiser bewog, nach Freiburg zu fliehen, wo er das Bürgerrecht besaß. Als der Hachberger 1523 Erzherzog Ferdinand die Vogtei zum Kauf anbot, war das Kloster daran so interessiert, dass es, als es 1526 dazu kam, selbst die dafür geforderten 1000 Gulden vorstreckte, ohne Aussicht sie je zurück zu bekommen.[28]

Trotz der massiven Auseinandersetzungen mit den Untertanen, die zudem vom Markgraf gegen die Klosterherrschaft aufgehetzt wurden, zogen die Aufständischen jedoch 1525 am Kloster vorbei, ohne es wie andere zu zerstören. In einem Schreiben von 1529 wird aus Freiburg berichtet, dass „etliche äbte aus den klöstern umher haben alle alte und neue testamente verbrannt" haben.[29] Abt Kaiser könnte dazu gehört haben. Schon diese Hinweise auf Denken und Verhalten Abt Kaisers lassen ihn innerhalb des skizzierten Reformszenariums auf der Gremmelspach entgegen gesetzten Seite erscheinen. Dies wird weiter untermauert durch die Beziehungen St. Peters zur Reformbewegung und die nicht geklärten Umstände des Nichtbeitritts zur Bursfelder Union. Erstmals gibt es 1519 Dokumente, die auf eine bevorstehende Reform des Klosters schließen lassen. 1520 stellte der Abt dann formell den Antrag, Mitglied der Bursfelder Union zu werden, wozu er weitere Unterlagen liefern sollte. Dies hat er nie getan und die Abtei wurde auch nie aufgenommen. 1521 vermerken die Annalen, dass Abt Jodokus „unter mächtigem Druck des Herrn Ordinarius" (Bischof von Konstanz) der Reform zugestimmt habe[30], was nicht nur ein Leben nach der Regel Benedikts, sondern auch Visitationen und Teilhabe des Bischöflichen Stuhles an der Abtswahl einschloß. Danach ist unter Abt Kaiser von Reform im Kloster nie mehr die Rede.

Im Mosaik der Indizien erscheinen die Bilder zweier unterschiedlicher Äbte. Gremmelspach verwendete die Archivalien als Grundlage einer Historiographie, mit der er gleichzeitig alte Rechte und Herkommen festschreiben konnte. Dies wiederum waren die Grundlage einer im Sinne des Humanismus rechtmäßigen Herrschaft, die auftretende Konflikte friedlich verhandeln und beilegen ließ. Auch wenn von ihm kein Antrag auf Beitritt zur Bursfelder Union bekannt ist – vielleicht hatte er wie andere in der Region mehr Verbindungen zu Melk – spiegelt seine Persönlichkeit fast idealiter die benediktinischen Reformideen des 15. Jahrhunderts.

Kaiser dagegen, im Abschwung des Reformelans gewählt, entzog das Kloster den Reformprozessen und war nur unter kirchenpolitischem Druck zu Konzessionen bereit. Die Archivalien waren für ihn nicht Basis wissenschaftlicher Arbeit, sondern er verwendete sie, um in der sich den Habsburgern anschmeichelnden Freiburger Stadtkultur dabei zu sein und so seine eigenen politischen Ziele, die Ablösung der alten Kastvogtei und die Stärkung der Herrschaft gegenüber den Untertanen zu verfolgen. Ihnen gegenüber praktizierte er nicht eine Herrschaft nach altem Recht, sondern versuchte sie darüberhinaus in Pflicht zu nehmen. Als in der Folge die Konflikte massiver wurden, war er von Beginn an bereit, militärische Gewalt einzusetzen. In unterschiedlichen, aber innerlich zusammenhängenden Dimensionen, Einschätzung und Verwendung von Wissenschaft, Legitimation und Praxis weltlicher Herrschaft, klösterliches Leben und seine Reform, unterschieden sich die beiden Klostervorsteher Gremmelspach und Kaiser fundamental.

Für den knapp 20-jährigen Studenten Sattler muss der Wechsel im Abbatiat ein tiefer Einbruch, vergleichbar dem Verlust eines Vaters gewesen sein. Mit dem Tod von Abt Gremmelspach hatte Michael Sattler einen geistesverwandten Gönner verloren. Die Wahl 1512 hatte der Abtei einen Richtungswechsel gebracht, der ihn fast zwangsläufig in Gegnerschaft zum neugewählten Abt bringen mußte. Wenn er später über die Schlechtigkeit der Klosterleute sprach, wird man diesen Einschnitt bedenken müssen. Vielleicht war man dem hier angelegten Konflikt aus dem Weg gegangen, indem Sattler die Jahre danach als Magister an der Universität geblieben war – seine immer wieder gerühmte Bildung wäre ein Hinweis darauf. Das Mittel, die Brisanz innerklösterliche Konfliktlinien durch Aufgabenstellung außerhalb des Klosters zu mildern, findet sich auch in der späteren Geschichte der Abtei. 1519 jedoch waren durch die Pest sechs der st. petrischen Mönche gestorben – möglicherweise ein Großteil des Konvents –, darunter ein Johannes, vielleicht der 1505 als Prior genannte J. Stöcklin.[31] Es wäre denkbar, dass Abt Kaiser angesichts der personellen Auszehrung nun den gelehrten Sattler als Prior ins Kloster zurückholen musste – also nicht wie die Regel (Kap. 65) empfiehlt, nach freiem Ermessen wählen konnte –, und sich daraus die unter diesen Bedingungen von Benedikt vorausgesagten schweren Konflikte zwischen den beiden wichtigsten Amtsträgern ergaben.

Dass Michael Sattler tatsächlich Prior war, gehört zu den ältesten Überlieferungen und war begründet durch die Berner Chronik[32], deren Verfasser verwandtschaftliche Beziehungen nach Staufen hatte. Vergleicht man die beiden Persönlichkeiten, der Abt, der später vor den Soldaten des Markgrafen das Weite sucht, und Sattler, der unter den Täufern zu einer mitreißenden Integrationsfigur der gefährdeten Gemeinschaft werden sollte, ist leicht vorstellbar, dass Sattler nun den Konvent um sich scharte und wie „ein zweiter Abt" das Kloster durch Einbindung in die Bursfelder Union aus der Krise führen wollte. Der eher schwache Abt mußte noch 1519, wie die erwähnten Dokumente belegen, die ersten Schritte in dieser Richtung tun, obstruierte aber so gut er konnte und war erst 1521 „unter mächtigem Druck" zur Einwilligung in die Reform zu bewegen. Wenn er bei der nicht sehr machtvollen Militärpräsenz des Markgrafen 1522 so schnell aus dem Kloster wegging, könnte diese sogar ein willkommener Vorwand gewesen sein, um den „Reformumtrieben" seines Priors zu entgehen und von Freiburg aus das Verbleiben seines Klosters bei der Tradition, letztlich beim alten Glauben zu sichern.

Spät im Winter 1522 nach Freiburg geflohen, rekurrierte der Abt nicht darauf, „dass sein Vorgänger sich von Maximilian 1498 auf dem Freiburger Reichstage die Reichsfreiheit hatte bestätigen lassen", sondern setzte auf die althergebrachte Landeshoheit Österreichs, das seinerseits ein Interesse hatte, mit der Vogtei über St. Peter sein Breisgauer Territorium zu arrondieren. Wenn dieser Handel kurz nach dem Weggang Kaisers aus St. Peter eben in der Zeit (1523), als Großherzog Ferdinand in Freiburg weilte, initiiert wurde, steht zu vermuten, dass Abt Kaiser selbst dabei die Hand im Spiel hatte, um durch die Unterstellung unter die Habsburger nicht nur gegenüber den Untertanen, sondern auch gegen reformatorische Neuerungen im eigenen Haus eine stärkere politische Stütze zu haben. Dabei wird auch über den Reformen einfordernden Prior Sattler gesprochen worden sein, dessen sofortige Hinrichtung Ferdinand vier Jahre später verlangte. Wie lange Abt Kaiser in Freiburg blieb, ist nicht bekannt. Denkbar wäre, dass er auch in der Folgezeit mehr in der Stadt war, so, als die plündernden Bauern durch den Schwarzwald zogen, die Abtei aber verschonten. Die Annalen sprechen davon, dass aus den Bauernkriegen nichts zu vermelden sei, außer dass der Abt geflohen sei. Diese Bemerkung bezieht sich wohl nicht (nur) auf die Flucht als Folge der militärischen Besetzung, sondern heißt, dass er auch während des eigentlichen Bauernkriegs das Kloster verlassen hatte.

Wenn während der Absenz des Abtes der Prior, Michael Sattler, das Kloster leitete, mag er, wie ehedem sein Mentor Gremmelspach, durch

Zusagen, das alte Recht zu wahren, mit den Untertanen in den Konfliktfragen um höhere Steuern einvernehmliche Lösungen gefunden und so die Aufständischen von der Verwüstung der Abtei abgehalten haben. Ausdrücklich tadelte er später den Hochmut und die überhöhten Zinsforderungen der Klöster. Dennoch ist angesichts der weitgehenden Zerstörung anderer Klöster durch die Bauern[33] die Schonung St. Peters so ungewöhnlich, dass gar zu vermuten ist, dass Sattler mit den „christlichen Vereinigungen" der aufständischen Bauern sympathisierte, die eine Ordnung nach dem Wort Gottes schaffen wollten, deren Regent gewählt und abgesetzt und durch die das „schinden und schaben" durch die Herren endgültig beseitigt werden sollte. Die bisweilen angenommenen Beziehungen zu seinem früheren Kommilitonen und nachmaligem Mittäufer Balthasar Hubmaier, dessen „Artikelbrief" die „Schwarzwälder Haufen" gerade zur Vernichtung der Klöster aufrief und dem auch die Autorschaft des Verfassungsentwurfs zugeschrieben wird, könnte die Rettung des Klosters miterklären. Unterstützt wurde er dadurch, dass neben anderen auch der Pfarrer des nahegelegenen Kirchzarten der sozial-religiösen Reformbewegung zuneigte. Dessen Widerruf gegen freies Geleit im August 1525, kurz vor der Freiburger „Matrikelsäuberung", könnte den Zeitpunkt für Sattlers Weggang aus St. Peter markieren.

Vielleicht hatten die „Gotteshausleute", die Untertanen der klösterlichen Herrschaft, die sich noch an die gerechtere Herrschaft Gremmelspachs erinnerten, gehofft, dass Sattler als Vorsteher bleiben würde, und bewogen die Schwarzwälder Haufen das Kloster zu schonen.[34] Seine späteren Worte, dass er ein Herr im Kloster hätte sein können, mögen hier ihren eigentlichen Grund haben. Wie es genau war, wird sich kaum feststellen lassen, jedenfalls war jeder Kompromiß aus Sicht der in Freiburg ansässigen habsburgisch-gegenreformatorischen Partei, der sich Abt Kaiser andiente, und erst recht die Annäherung an die Reformation ein Verrat am alten Glauben und an der alten politischen Ordnung: Anstatt der vom Abt verhinderten Reform der Abtei hätte Sattler sie nun mit der neuen Ordnung der Reformation zugeführt. Dass in ihr das alte Herkommen, das von seinem Abt gebrochen worden war, durch „göttliches Recht" substituiert werden sollte, enthält den Kern der zwei Jahre später formulierten Ordnung der Täufergemeinden.

Die Verhältnisse in Freiburg, wo der Verrat am humanistischen Denken in der Verbrennung von Büchern Capitos durch Ulrich Zasius wie ein Fanal aufleuchtete, und die umschlagenden Machtverhältnisse, die unmittelbar die Abtei betrafen, ließen dann jedoch für Sattler nur die folgenschwere Konsequenz zu, sein Kloster zu verlassen. Wenn man sein späteres harsches Urteil über die Zustände in den Klöstern angemessen werten will, muß man bedenken, dass er selbst dort um die zwanzig Jahre teils in verantwortlicher Position gelebt hatte, ohne dass er die Notwendigkeit wegzugehen empfunden hatte. Erst eine ganz eigene Situation, in der sich historische Strömungen, der Drang nach grundlegenden Reformen in Kirche und Politik im Konflikt zu mächtigen bewahrenden Elementen, mit personalen Konstellationen so vermengten, dass für eine kluge und gradlinige Person schwerste Krisen geradezu vorprogrammiert waren, zwang ihn, nun seinerseits aus dem Kloster zu fliehen, was unter den gegebenen Verhältnissen auch bedeutete, den Orden zu verlassen. Vor diesem historischen Tableau wird man für seinen Schritt zur Reformation einen Grund in der Enttäuschung über die in seinem Kloster unterbliebene Reform sehen müssen, einen anderen in der Verzweiflung an Personen, die aus seiner Sicht Verrat an klösterlichen oder humanistischen Idealen geübt haben. Ganz ohne Reflex in der Historiographie mag diese Auseinandersetzung denn doch nicht geblieben sein. Die Klosterannalen berichten für 1525 von Unglückszeichen, einem Kometen und Stürmen, „dass man hätte glauben können, der letzte Tag sei gekommen".

Vor diesem historischen Tableau wird man für den Schritt Sattlers zur Reformation zumindest zwei schwer wiegende Gründe annehmen können, zum einen der innerklösterliche Wechsel zu einem Vorsteher, dessen Weltbild dem seines Vorgängers, unter und vielleicht wegen dem Sattler in St. Peter eingetreten war, in weiten Teilen diametral entgegen stand. Zum anderen muss er die Freiburger Melange von politisch radikaler Gegenreformation, ermöglicht und exekutiert von städtischem und universitärem Opportunismus und darin verstrickt sein eigener Abt, als einen tiefen Verrat an der von ihm als Orientierung ernst genommenen Ideenwelt des Humanismus empfunden haben.

Sein Auftauchen in Zürich 1525 bedeutet nicht, dass er direkt zu den Täufern ging, sondern dass er zunächst Anschluß an die Reformation Zwinglis suchte. Folgt man Ernst Troeltsch in der Erklärung, dass das Täufertum aus Enttäuschung über die moralische Unfruchtbarkeit der reformatorischen Massenkirchen und aus Gegnerschaft zu deren Welt- und Fürstenfreundschaft entstanden sei[35], wird man auch für Sattler nach seiner Trennung von der alten Kirche durch die Züricher Erfahrungen, die Verknüpfung von Zwinglis Agitation gegen die Täufer mit deren Verfolgung durch den Rat, eine zweite Enttäuschung, der vorangegangenen in Freiburg im Grundmuster ähnlichen, annehmen dürfen. Die funktionale Verknüpfung von kirchlicher Disziplinierung mit politischer Macht, die bald auch die sich entwickelnden reformierten Staatskirchen praktizierten, ließ ihn bei dem humanistisch orientierten Teil der Täufer[36] Anschluss suchen, bei denen Sattler eigenständige Gesprächspartner für sein reformatorisches Suchen finden konnte. Bei den in der ersten Zeit verwirrenden Entwicklungen blieben diejenigen der Täuferbewegung treu, „die sich ein eigenes theologisches Urteil zutrauten".

Auf dem Weg vom Mönch zum Täufer begleitete Sattler benediktinisches Erbe und humanistisches Wissen. Versuche, sein Denken allein aus ersterem zu erklären greifen zu kurz und erinnern an Vorwürfe anderer Reformatoren, dass die Täufer nur eine neue „Möncherey" seien. Gerechter wird man diesem Weg, wenn man die erhaltenen schriftlichen Zeugnisse Sattlers als Quellen heranzieht. Wenn oben erwähnt wurde, dass es für die benediktinischen Reformbewegungen in der Zeit des Humanismus zentrales Anliegen war, die authentische Satzung Benedikts zu verlebendigen, so hieß dies einerseits, dass man auch hier zu den Quellen zurückging, und dass diese andererseits Maßstab des Lebensvollzugs werden sollten. Sattler selbst bezeugt, dass ihn – eben in diesem Sinn – das Studium der Bibel, besonders die Paulinischen Briefe, zu seinen persönlichen Entscheidungen bewogen habe.

III. Die Regel Benedikts und das Schleitheimer Bekenntnis

Zwei Schriften haben die Lebensform Sattlers bestimmt und beschrieben, die Regel Benedikts und die von ihm verfaßte[37] „Brüderlich Vereinigung", das sog. Schleitheimer Bekenntnis. Beide Texte fußen ihrerseits auf der Hlg. Schrift. Hatte im frühen Mittelalter die Regula S. Benedicti den Lebensvollzug coenobitischen Mönchtums festgeschrieben, so sollte auch der auf der Schleitheimer Versammlung 1527 verabschiedete Sendbrief Maßstäbe für das Zusammenleben und Bedingungen für die Zugehörigkeit zu den Täufergemeinden festlegen. Begründet wurden durch ihn „kleine weltabgeschiedene Freiwilligkeitsgemeinden", die Zucht und Bann kannten, die innerhalb der Kirchen unabhängig sein und ihre Vorsteher selbst wählen wollten, die annahmen, dass von der Bergpredigt eine Bildungswirkung für christliche Gemeinden ausgehe und in denen das Bewußtsein von der Vorläufigkeit der Welt die Einstellung zu den irdischen Dingen bestimmte. Versteht man diese sich E. Troeltsch anschließende Definition der Täufergemeinden organisationssoziologisch, wird man kaum Unterschiede zu dem Idealbild reformorientierter Benediktinerklöster, die „die Einheit des Geistes" zu wahren suchten, feststellen können. Nicht zufällig bezeichneten die Sattler wohlgesonnenen Straßburger Reformatoren die strenge, gesetzliche Fernhaltung der Täufer von der Welt als „neue moncherey". Eine solche Ähnlichkeit müßte sich dann auch in den beiden Texten feststellen lassen.

Grundidee der sieben Artikel der „Brüderlich Vereinigung" ist die Sonderstellung der Gemeinde der Gläubigen in der Welt, die hier aber nicht gegen diese, sondern gegen eigene Brüder, die „irrig und dem wahren Verstand ungleich" gerichtet ausformuliert wird, eine Konstellation, die Sattler aus seiner Klosterzeit vertraut war. Wenn seine Angriffe wegen deren „geylheyt und freiheyt des fleyschs" „tatsächlich nur ein Paktieren mit den Forderungen gesellschaftlichen Lebens"[38] bedeuteten, machte es Sinn, auch seinen im Prozeß gegenüber den Mönchen gemachten Vorwurf der Hurerei, der freilich konkreter benannt wird, so zu interpretieren. Jedenfalls enthält die Einleitung die Aufforderung, dass sich die dem Herrn gehorsamen Kinder Gottes mit all ihrem Tun von der Welt absondern sollten, dass sie haben „ihr fleysch gecreutziget mit sampt allen gelüsten und begirden". Die Einleitung zur Regula hat mit dem Hinweis, dass nur die im Zelt des Herrn wohnen dürfen, die die Pflichten eines Bewohners erfüllen, d.h. „Herz und Leib für den Dienst bereiten, für den heiligen Gehorsam gegen die Gebote" eine sehr ähnliche Gedankenführung der Absonderung. Und die bildliche Übersetzung des der Welt Gekreuzigtseins gehört zu den bis heute im ehemaligen Kapitelsaal sichtbaren ikonographischen Beständen St. Peters, in denen das Idealbild klösterlichen Lebens vorgestellt wird.

Die in Art. 1 behandelte Taufe ist für Sattler ebenso wichtigstes äußeres Zeichen der Absonderung, wie es für Andersgläubige das – der Gemeinde den Namen gebende – größte Ärgernis darstellt. Das gedankliche Fundament dieser Taufe, die nur der erhält, der sie als Ausdruck seines Glaubens will, liegt in der humanistischen Vorstellung vom Recht des Menschen, über sein Leben, wozu auch der Glaube gehört, bestimmen zu können. Wenn aber die Annahme des Glaubens in der Entscheidung des Menschen liegt, verliert er die Funktion eines kirchlichen und, man denke an Machiavelli, politischen Disziplinierungsmittels. Disziplin in bezug auf den Glaubensvollzug kann nur noch innerhalb des organisatorischen Rahmens gefordert werden, für den sich das Individuum entschieden hat. Strukturell entspricht dem das von Benedikt vorgeschriebene Verfahren bei der Aufnahme neuer Brüder (Kap. 58), das ebenfalls ganz auf das Wollen und auf die Entscheidung des Aspiranten, die ihm absichtsvoll erschwert wird, abstellt. Wenn es dann mit aller Härte heißt, dass, wer die Regel angenommen hat, die er „während so langer Überlegungen ablehnen oder annehmen konnte", dieses Joch nicht mehr abschütteln kann, ist dies die Verbindung von rationaler Entscheidung und strenger innerer Zucht der Gemeinschaft, die auch den Geist des in Art. 2 der „Vereingung" geregelten Banns erfüllt. Das dafür vorgesehene Verfahren der dem Ausschluss vorangehenden mehrmaligen Ermahnung entspricht wiederum demjenigen der Regel.

Die Brechung des Brotes und der Trank des Weines wird in Art. 3 als Zeichen der Vereinigung, der Gemeinsamkeit in der Gemeinde Gottes, „uff welchen Chistus daz haupt ist" behandelt. Diese Grundidee vom gemeinsamen Leben konnte im historischen Kontext der Entstehung der Regula zwar nicht am Brotbrechen festgemacht werden, aber als solche findet sie sich in Kap. 72: Die Brüder „sollen einander selbstlos die brüderliche Liebe erweisen. Gott sollen sie in Lieben fürchten. .. Sie sollen nichts höher stellen als Christus, der uns alle zum ewigen Leben führen möge." Die in der Einleitung der „Vereinigung" als konzeptionelle Voraussetzung dargelegte „Absonderung" wird in Art. 4 in konkrete Anweisungen übersetzt, wie man sich der Gräuel der Welt zu enthalten habe, wozu alle päpstlichen und reformierten Gottesdienste, Weinhäuser und Bürgerschaften gezählt werden. Auch die Regel kennt die Gefahren der Welt, ist aber hier bezüglich menschlicher Schwäche milder, indem dem Mönch pro Tag etwa ein viertel Liter Wein zugestanden wird. „Wem Gott aber Kraft gibt, sich davon zu enthalten, der wisse, dass er einen besonderen Lohn empfangen wird." (Kap. 40)

Eine auffallende strukturelle Übereinstimmung ist in einer Zeit, in der die Wahl führender Amtsträger noch kein gängiges Legitimationsmittel war, die Bestimmung des „Hirten" der Gemeinde genau wie die des Abtes durch die Mitglieder der Gemeinschaft. Die Funktionen, die ihm zugeschrieben werden, „lesen, vermanen und leren, manen, straffen, bannen in der gemeyn, und allen brüdern und schwestern zur besserung vorbeten" finden sich in gleicher oder ähnlicher Weise ebenso in der Regel. Für den Inhalt des 6. Artikel, der den Gebrauch des Schwertes, die grundlegende Ausformulierung des für die politisch Mächtigen besonders anstößigen Pazifismus der Täufer, verbietet, findet sich auf den ersten Blick keine Quelle in der Regel. Nimmt man jedoch die biblische Begründung für die Gewaltfreiheit hinzu, so findet man im „Befehl Christi", demütig zu sein, eine der zentralen Weisungen Benedikts (Kap. 7). Hier aber liegt der Grund für den Ruf der Täufer als Aufrührer, da in einer Zeit, als der Erzherzog Schwierigkeiten bei der Aushebung eines Heeres gegen die Türken hatte, dieser Pazifismus eine christliche Freiheit außerhalb nationalen Zwangs behauptete und somit eine Infragestellung des Sozialgefüges enthielt.[39] Für die in Art. 7 traktierte Verweigerung des Eides findet man in der Regel keinen Bezug. Im Gegenteil, die Profeß des Eintretenden beinhaltet einen Eid vor Gott und den Heiligen: „falls er je anders handelt, soll er wissen, dass er von dem verdammt wird, dessen er spottet." (Kap. 58) Wenn Sattler dagegen den Eid kategorisch ablehnt, mag dies in Erinnerung an eigene damit verbundene Gewissensqualen geschrieben sein. Die Ablehnung des auf Dauer bindenden Eides schlägt quasi die Brücke zur Sicht der Aufklärung von der Inhumanität der ewigen Gelübde: „Der Eid greift in die Zukunft vor und will das Verhalten des Eidgebers in unbedingter Weise festlegen."[40]

Schon dieser mit der Suche nach Ähnlichkeiten sicher enggeführte Vergleich der beiden Texte, von denen der eine das Leben Sattlers etwa 20 Jahre regelte, der andere von ihm aufgrund seiner Erfahrungen mit klösterlicher wie reformatorischer Dekadenz, mit Praxis und Theorie des Bauernkrieges geschrieben wurde, läßt den Schluss zu, dass Sattler als Täufer nicht einfach die „Möncherey" fortlebte, sondern dass er vielmehr im Sinne humanistischen Denkens von den Quellen des Mönchtums her das Leben einer Gemeinschaft gestalten wollte, an die er sich willentlich binden konnte.[41] Gerade die Entscheidung, von einem Kloster wegzugehen, das im Sinne der Reformideen keine Chance auf ein durch die Regel vermitteltes authentisches Christentum bot, war nicht willkürlich. Vielmehr war es die humanistisch vermittelte Suche nach einem Leben, wie es die noch der Regel Benedikts vorangehende Augustins beschreibt: „Das erste Ziel eures gemeinsamen Lebens ist, in Eintracht zusammenzuwohnen und ‚ein Herz und eine Seele' in Gott zu haben". Es ist die Verwirklichung der apostolischen Urkirche, in der neben einem Vorsteher als Lehrer die Mitglieder in gleicher Würde aufeinander hingeordnet sein sollten.[42]

IV. Ende und Deutungen Michael Sattlers

Das Ende Sattlers gehört zu den immer wieder überlieferten Geschichten innerhalb der Täuferschriften. Kurz nach der Abfassung des sog. Schleitheimer Bekenntnisses „Brüderliche vereynigung etzlicher Kinder Gottes", das in sieben Artikeln auf der Basis reformatorischer Ideen die besonderen Grundlagen des Täuferdaseins formuliert, wird Sattler mit seiner Frau

Hinrichtung einer Täuferin durch Ertränken

und weiteren Gesinnungsgenossen in Horb festgenommen und sicherheitshalber im abgelegenen Binsdorf eingesperrt. Der wegen einer angemessenen Behandlung angefragte Erzherzog Ferdinand, später deutscher König und Kaiser, empfahl „die dritte Taufe", also das Ertränken, doch die Tyroler Regierung verfügte, dass ein ordentlicher Prozeß zu führen sei.

Der zunächst auf den 12. April 1527 festgesetzte Gerichtstag mußte verschoben werden, da sich die Tübinger Doktoren, die teilweise kirchliche Weihen hatten, in Erwartung eines Bluturteils, d.h. zur Vermeidung von Karrierehindernissen, weigerten, am Prozeß teilzunehmen. Bis zur Neuansetzung am 17. Mai hatte man dann Beisitzer aus unterschiedlichen süddeutschen Städten bis hin ins Elsass zusammenbekommen, darunter auf Druck auch zwei Tübinger Professoren, allerdings aus der Artistenfakultät, jedoch keine vom Gerichtsort Rottenburg selbst. Auch andere Umstände der Prozeßvorbereitung und -durchführung deuten daraufhin, dass es für Sattler und seine Mitgefangenen hier und in der Umgebung viel Sympathie gab, so dass starke Sicherheitsvorkehrungen getroffen wurden. Noch aus dem Gefängnis schrieb er einen eindringlichen Brief an die Gemeinde in Horb, in dem er sie ermahnt, in der Treue zur Hlg. Schrift auszuharren.

Aus Sicht der Machthaber handelte es sich um einen Prozeß gegen Staatsfeinde, die die „kaiserlichen Mandate" übertreten und selbst noch angesichts der Türkengefahr zur Gewaltlosigkeit aufgerufen hätten, also im Innern und im

Hinrichtung eines Täufers durch Verbrennen

Äußern die politische Ordnung in Frage stellten. Sattler übernahm selbst seine Verteidigung, wohl wissend, dass ihm das Todesurteil, sofern er nicht abschwor, sicher war. Zu den Artikeln der Anklage gehörte auch, dass er „aus dem Orden gegangen und ein ehelich Weib genommen" habe. Er setzt dem die Zustände in Klöstern und Weltgeistlichkeit entgegen, „Pracht, Hoffart, Wucher und große Hurerey", die ihn für seine Berufung, Gottes Wort zu verkünden, einen anderen Weg gehen ließ.[43] Nach schlimmsten Foltern wurde er am 20. (oder 21.) Mai verbrannt. Die Tradition überliefert, ähnlich wie für andere Täufer, dass er sein Urteil „fröhlich und beherzt" angenommen und, als die verbrannten Seile die Hand wieder freigab, seinen Anhängern noch das versprochene Abschiedszeichen gegeben habe. Seine Frau, der man für den Widerruf eine Hofkarriere angeboten hatte, folgte ihm wenige Tage später, wie Erzherzog Ferdinand es vorgeschlagen hatte durch Ertränken,[44] in den Tod. Andere Mitangeklagte retteten ihr Leben, indem sie ihrer Konfession abschworen.

Wenige Tage später schrieb Capito einen Brief an Bürgermeister und Rat von Horb, in dem er für die anderen, noch einsitzenden Täufer Fürbitte einlegte.[45] Dieses Schreiben enthält eine Charakterisierung Michael Sattlers, die man unter Einbeziehung des Kontextes, d. h. der theologischen Differenzen einerseits und der freundschaftlichen Verbundenheit andererseits, als authentisches Dokument ansehen muss, zumal Capito Sattler selbst nicht mehr helfen konnte. Nach einer genauen Bezeichnung der Hinrichtungsart des Hauptmannes und Rädelsführers Sattler beschreibt er diesen als einen Mann von vortrefflichem Eifer zur Ehre Gottes und der Gemeinde Christi, für die er ein frommes und ehrbares, von Lastern reines und unanstößiges Leben wollte. Bei allen Unterschieden in Glaubensfragen, der Gotteslästerung könne man Sattler und seine Gefährten nicht bezichtigen, es sei denn, man wolle ihre arme Lebensweise als solche bezeichnen.

Dieser Brief illustriert nochmals die Persönlichkeit Sattlers, wie sie sich aus dem oben skizzierten Lebensweg, für den die persönlichen Enttäuschungen sicher wichtige Weichenstellungen bedeuteten, herauskristallisiert. Statt des aus der Klostergeschichtsschreibung verdrängten Apostaten einerseits oder der von Seiten der Täufer hymnisch verehrten Lichtgestalt andererseits wird man mit den hier vorgestellten Fakten und Indizien ein realistischeres, dem Verständnis der Zeit angemesseneres Bild zeichnen können. Offensichtlich handelt es sich bei Michael Sattler um eine Persönlichkeit, in der sich hoher Intellekt und feste Gläubigkeit zu einem gradlinigen und idealistischen Charakter verbanden. Auf den ersten Blick mag es scheinen, dass sich sein kurzes Leben in tiefgreifenden Brüchen vollzog: vom humanistisch gebildeten Benediktiner und zeitweiligen Klostervorsteher – ein „Herr im Kloster" hätte er bleiben können – zum radikalen Reformator, der als Erzketzer und Staatsfeind mit 37 Jahren auf dem Scheiterhaufen endet.

Ändert man einmal die Perspektive und nimmt aufgrund der obigen Charakterskizze an, dass sein Leben keine Brüche aufweist, sondern dass sich die Welt um ihn radikal verändert hat und er nur sich selbst gegenüber den veränderten Umständen treu geblieben ist, so ergibt dies ein neues Bild: Die Abtei, der er mit der Profess die Stabilitas Loci, seine Zugehörigkeit auf Dauer zugesagt hatte, wurde in den Jahren nach dem Abtswechsel vom reformoffenen, auch im politischen Verhalten humanistisch geprägten Kloster zum Ort gegenreformatorischen Denkens und gegenüber den Untertanen konfrontativen Handelns. Seine humanistischen Lehrer verrieten entweder ihre Ideale und sahen Bücherverbrennungen als angemessenen Akt zur Verteidigung des Glaubens an oder sie schlossen sich der Reformation an und verließen Freiburg. Diesen Weg hätte er mitgehen können, wenn er nicht sehr bald die staatsverbundene Disziplinierung auch der reformierten Kirchen wahrgenommen hätte. Angesichts dieser drei fundamentalen Veränderung, mit denen Sattler ab seinem 20 Lebensjahr konfrontiert wurde, blieb ihm jeweils die Wahl zwischen Anpassung oder eigenem Weg, der zwangsläufig zur Radikalisierung führen mußte. Diese Entscheidungen waren für ihn Glaubensfragen. Er traf sie auf der Grundlage seines Verständnisses der Bibel und im Bewußtsein der ihn persönlich betreffenden Folgen konsequent: Verlust des heimatlichen Klosters, in dem er um die 20 Jahre gelebt hatte, Distanz zu den humanistischen Freunden, die mit der Reformation gegangen waren, schließlich der sichere Verlust des Lebens, wenn er den Überzeugungen der radikalen Täufer, die er selbst mitformuliert hatte, nicht abschwor.

Vielleicht wichtiger als einzelne neue Erkenntnisse und Interpretationen zur Vita und zu den Zeitumständen Sattlers, könnte es sein, ihn in der Historiographie neu zu verorten. Gerade der zuletzt vorgetragene Perspektivenwechsel ist eine Chance sowohl für die protestantisch orientierte Forschung wie für die eher katholisch geprägte Kirchen- und speziell Klostergeschichtsschreibung. Akzeptiert man die hier postulierte Kontinuität im Leben Sattlers, so könnte man z. B. innerhalb der Täuferbewegung, wozu auch deren Universitäten gehören, darauf verzichten, sein „wahres" Leben erst mit dem Weggang aus dem Kloster beginnen zu lassen. Stattdessen würde der Respekt auch für

Delineatio Monasterij S. Petri ex antiquo Joannis Sattleri Capellani Friburgensis MSto Chronico Zåringensi de A°. MDXIV. pag. 13.   *Ad fol. 308.*

Darstellung St. Peters zur Zeit Michael Sattlers (aus den st. petrischen Annalen nach der Chronik von Johann Sattler, 1514).

seine benediktinische Zeit den Blick dafür freimachen, dass Sattler ohne diese Schule, wozu auch die Chance auf humanistische Bildung gehörte, nie zum geistigen Führer der Täufer geworden wäre. Hätte Sattler die in der Regula kodifizierte ursprüngliche benediktinische Lebensweise nicht tief verinnerlicht, wäre das Schleitheimer Bekenntnis so nicht geschrieben worden. Erste Schritte hat die Täuferforschung in dieser Richtung bereits getan.

Andererseits ist eine Gestalt wie Sattler auch für die Historiographie zur katholischen Kirchen- und Klostergeschichte eine Chance, wenn man ihn als der eigenen zugehörig betrachtet. Gerade angesichts der skizzierten Charaktereigenschaften darf man annehmen, dass Sattler der Weggang aus seinem Kloster und damit aus seiner Kirche schwer gefallen ist. Anders gesagt, der Bruch seines Gelübdes, der schließlich Teil der Anklage auf Leben und Tod sein sollte, wurde für ihn erst aufgrund einer schweren Gewissensentscheidung möglich. Die Entscheidung statt der Treue zur Institution, was hier bedeutet hätte, sich dem Wandel anzupassen, die Treue zur eigenen Überzeugung zu wählen, was mit dem Verlust des Lebens bezahlt wurde, ist ein gutes und der Erinnerung wertes Stück Kirchengeschichte.

Diese Studie zur Konversion eines humanistisch gebildeten Mönchs mußte manche Quellenlücke durch Annahmen überbrücken. Dennoch konnte, ohne dass gesicherte Forschungsergebnisse tangiert wurden, manches bislang nicht verständliche Faktum, der ungewisse Ort der Ausbildung Sattlers, seine Verbindung zu Capito, die Rettung des Klosters vor marodierenden Bauern u. a., in einen – im Moment – bruchlosen, erklärenden Zusammenhang gebracht werden, der als Indiz für die Notwendigkeit eines gegenüber der bisherigen Forschung neuen Bildes von Michael Sattler genutzt werden kann. Nimmt man Sattler als tragische Gestalt, der immer wieder mit seinen Idealen gescheitert ist, letztlich für sie mit dem Leben bezahlte, so mag dies ein Hinweis sein, dass die Gesellschaft für ihren Fortschritt auf Menschen angewiesen ist, die dafür ihr Leben einsetzen. Ein auf diese Weise angerührtes Thema von der Würde des Menschen könnte für einen vorsichtigen Umgang mit dem Anspruch auf den Besitz der Wahrheit sensibilisieren.

ANMERKUNGEN

1 Frühere Fassungen in Edith-Stein-Jahrbuch 1998 und FDA 120/2001
2 Noch 1896 setzte die protestantische Literatur „Täufertum und Katholizismus auf die gleiche Linie pelagianischer Höhenerhebung"; vgl. Walther Köhler, Das Täufertum in der neueren kirchenhistorischen Forschung, in: Archiv f. Reform. Gesch. 1940, 94.
3 Vgl. die Edition von John Howard Yoder, The Legacy of Michael Sattler, Scottdale Pa., m. w.N.
4 Z.B. Der blutige Schau=Platz oder Martyrer=Spiegel der Taufs=Gesinnten oder Wehrlosen Christen, 1780.
5 Arnold C. Snyder, The Life and Thought of Michael Sattler, Scottsdale, Pe. 1984.
6 Vgl. z. B. Winfried Hagenmaier, Das Verhältnis der Universität Freiburg i. Br. zur Reformation, Diss. Phil. Freiburg 1968
7 Hinweise auf das schwierige Verhältnis zwischen Erasmus und den Täufern bei W. Wiswedel, Bilder und Führergestalten aus dem Täufertum, Kassel 1928, 17.
8 Klaus Deppermann, Michael Sattler – Radikaler Reformator, Pazifist, Märtyrer, in: ders., Protestantische Profile von Luther bis Francke: Sozialgeschichtl. Aspekte, Göttingen 1992, 48 – 64; vgl. Hans J- Hillerbrand, Bibliographie des Täufertums 1520 – 1630, Gütersloh 1962, vgl. auch Elisabeth Schröder-Kappus, Michael Sattler: ein Märtyrer in Rottenburg, Tübingen 1998 und Wolfgang Krauß, Michael Sattler, Benediktinermönch, radikaler Reformer, Staatsfeind und Erzkezer, in: Junge Kirche, Ztschr. für europ. Christen, 4/1990.
9 Deppermann, 1992 (wie Anm. 8), 49/50.
10 Deppermann, 1992 (wie Anm. 8), 62, Anm. 10. In der älteren Literatur wurde ein Bruder Michael „mit dem weissen Mantel" auf der ersten Züricher Disputation im März 1525 noch mit Sattler in Verbindung gebracht. Dies gilt heute als widerlegt. Sattler dürfte nicht zu der Generation gehören, die im Januar 1525 die erste Erwachsenentaufe vorgenommen hatte.
11 Martin Haas, Michael Sattler, in: Hans-Jürgen Goertz (Hg.), Radikale Reformatoren, München 1978, 115.
12 Snyder (wie Anm. 5) hat in den Matrikeln von 11 Universitäten bis hin nach Wien recherchiert.
13 Deppermann (wie Anm. 8), 62, Anm. 16.
14 Geschichte der Stadt Freiburg, Bd. 2, 1994, 21; Peter P. Albert, Die reformatorische Bewegung zu Freiburg bis zum Jahre 1525, in: Frbg. Diöz. Archiv, 1919, 61, m.w.N.
15 Geschichte der Stadt Freiburg, Bd. 1, 1996, 129.
16 Dieser im nachhinein oft eher peinlichen Verstrickung unterschiedlicher Gruppierungen zur Unterdrückung zukunftweisender Ideen scheint zu den durchgängigen Freiburger Handlungsmustern zu gehören. Vgl. etwa für das 19. Jh. Hans-Otto Mühleisen, Politik – Wissenschaft – Kirche, Freiburgszenen zwischen Wiener Kongreß und 1848, in: Freiburger Universitätsblätter, März 1992.
17 Vgl. Hans-Otto Mühleisen, Praktische Politik im vorderösterreichischen Breisgau: Ein Schwarzwälder Antimachiavell des 18. Jahrhunderts, in: Manfred Mols at al. (Hg.), Normative und institutionelle Ordnungsprobleme des modernen Staates, FS Manfred Hättich, Paderborn 1990, 162–184, mit Nachweisen zu St. Trudpert.
18 Julius Mayer, Geschichte der Benediktinerabtei St. Peter auf dem Schwarzwald, Freiburg 1893, 65 – 69.
19 Vgl. oben den Vergleich St. Peter/St. Märgen, der gerade für das 15. Jahrhundert auch für St. Peter große finanzielle Schwierigkeiten aufweist. Zudem war die Fertigstellung der Klosterkirche eine zusätzliche Belastung.
20 Snyder (wie Anm. 5), 27: „There remain fundamental questions concerning Sattler's relations to the reformers in Strasbourg".
21 Abgedruckt in: Mira Baumgartner, Die Täufer und Zwingli, Zürich 1993, 197 – 201.

22 Heinrich Schreiber, Geschichte der Albert=Ludwigs=Universität zu Freiburg, I. Theil, Freiburg 1857, 206 – 207.
23 Vgl. unten die Studie zu den Abtswahlen im 18. Jh.
24 Franz Quarthal, Die Benediktinerklöster in Baden-Württemberg, Bd. V, Augsburg 1975, 59 (auch zum folgenden).
25 Ebenda, 61 – 63.
26 Wolfgang Reinhard, Ehrensaal der Geschichte?, Die „Äbte-Galerie" im Kreuzgang von St. Peter und das Bild des Konvents von seiner eigenen Geschichte, in: Hans-Otto Mühleisen (Hg.), Das Vermächtnis der Abtei, Karlsruhe 2/1994, 15 – 38.
27 Zum historischen Kontext vgl. Peter Blickle, Die Revolution von 1525, München 1975. Zu den „sublimen Formen der Herrschaftsintensivierung" vgl. ders., Der Bauernkrieg – Forschungsstand im Überblick, Tübingen 1986.
28 Klaus Weber, St. Peter im Wandel der Zeit, Freiburg 1992, 78 – 80.
29 Zit. Peter P. Albert, Die reformatorische Bewegung zu Freiburg bis zum Jahre 1525, in: FDA 1919, 79.
30 Synopsis Annalium monasterii S. Petri in Nigra Silva, 1770, Erzbischöfliches Archiv Freiburg≠.
31 Synopsis Annalium (wie Anm. 30) zu den entspr. Jahren.
32 Die Berner Chronik des Valerius Anshem, Hg. vom Hist. Ver. Bern 1896.
33 Vgl. etwa Walter Ziegler, Die Bursfelder Kongregation in der Reformationszeit, Münster 1968.
34 Solche Konstellationen sind für andere Klöster nachgewiesen; vgl. z. B. für Weißenau: Jakob Murers Weißenauer Chronik des Bauernkrieges von 1525.
35 Ernst Troeltsch, Soziallehren der christlichen Kirchen und Gruppen, Tübingen 1912, 797 ff.
36 Köhler (Täufertum, 1940<wie Anm. 2>, 103) hat die Bedeutung des Humanismus für die Täufer um Sattler deutlich gemacht.
37 Seine Autorschaft gilt heute als sicher; vgl. Hans Stricker, Michael Sattler als Verfasser der „Schleitheimer Artikel", in: Mennonitische Geschichtsblätter 1964, 15 – 18; und John H. Yoder (wie Anm. 3).
38 Walther Köhler (Hg.), Einleitung zu „Brüderlich Vereinigung...", Leipzig 1908, 288. Diese Ausgabe wird auch der folgenden Interpretation zugrunde gelegt. Zuletzt wieder abgedruckt in: Baumgartner, Die Täufer und Zwingli, 143-151; zum Verständnis wichtig: Fritz Blanke, Beobachtungen zum ältesten Täuferbekenntnis, in : Archiv f. Ref. Gesch. 1940, 242 – 249.
39 Vgl. Hans-Jürgen Goertz (Hg.), Die Mennoniten, Stuttgart 1971, 131 – 133.
40 Ebenda.
41 Eine ganze Reihe struktureller Gemeinsamkeiten, aber auch wichtige Differenzen zwischen einer benediktinischen Kommunität und den von Sattler begründeten Gemeinden hatte Snyder (wie Anm. 5, 185 – 192) unter den Stichworten Taufe/Profeß, Gehorsam und Disziplin aufgewiesen.
42 Die Regel Benedikts, Hg. von P. Basilius Steidle OSB, Beuron 4/1980, 16
43 Der blutige Schau=Platz.., (wie Anm. 4),Teil 2, S. 19.
44 Erzherzog Ferdinand steht seit den 1520er Jahren zusammen mit seinem Bruder, Vater und Großvater, Kaiser Maximilian I, an der Außenfassade des sog. Kaisersales gegenüber dem Freiburger Münster. Diese Gestalten werden bis heute gerne als Beleg für die habsburgische Tradition der Stadt herangezogen. Ohne Zweifel gingen gerade die Habsburger der Reformationszeit als eine Dynastie in die Geschichte ein, die Andersdenkende mit gnadenloser Intoleranz verfolgte.
45 Quellen zur Geschichte der Täufer, VII. Bd., Elsaß, I. Teil, Gütersloh 1959, 80–87.

Geistlich-Politische Karrieren im 18. Jahrhundert: Abtswahlen in St. Peter[1]

Im Kreuzgang der ehemaligen Abtei findet man mit der Reihe der Äbte von St. Peter ein besonders originelles und für seine Entstehungszeit aussagekräftiges Ausstattungsstück. Zwei Aspekte dieses Bilderzyklus' sind augenfällig oder wurden durch die Forschungen herausgestellt[2]: Erstens hat man in dieser Zeit Geschichte als Personengeschichte geschrieben. Dies kam insbesondere dem Selbstverständnis der Benediktiner entgegen, für die sowohl die Person des regierenden wie auch die früherer Äbte eine herausragende Bedeutung haben. So, wie die Geschicke eines Klosters zu einem guten Teil durch den jeweiligen Abt bestimmt wurden, war auch im Rückblick die Geschichte der Klöster in wichtigen Teilen Geschichte der Äbte und wurde gerade im 18. Jahrhundert eben so aufgeschrieben. Zweitens, eng damit verbunden, wurden die Äbte der Vergangenheit gerne – und in diesem Zyklus besonders anschaulich – in pädagogischer Absicht als Vorbilder herausgestellt, an denen man sich bei Entscheidungen in der Gegenwart orientieren sollte. Vorbilder sollten sie in ihrer Sorge um das Kloster sowohl in geistlichen wie in weltlichen Dingen sein.

Heute bevorzugt die historische Forschung andere Zugänge. Es hieße jedoch eine wissenschaftliche Chance vergeben, würde man gerade beim Thema „Klöster" die Bedeutung einzelner Personen außer acht lassen. In der folgenden Skizze über die Abtswahlen des 18. Jahrhunderts in St. Peter wird deswegen versucht, diesen personengeschichtlichen Zugang zu einer Analyse struktureller, funktionaler und entwicklungsgeschichtlicher Fragen zu nutzen. Ausgangsthese ist: Wenn den Äbten in der Geschichte der Klöster eine so herausragende Stellung zukommt, dann muß auch der jeweilige Moment der Abtswahl ein Kristallisationspunkt sein, an dem sich Macht- und Interessenkonstellationen, darüber hinaus im Vergleich von Ähnlichkeiten und Unterschieden bei mehreren Abtswahlen, Entwicklungen allgemeinerer politischer und gesellschaftlicher Art feststellen lassen. Aus heutiger Sicht mag diese Fragestellung überraschen, da die Wahl eines Abtes angesichts der Trennung von Staat und Kirche kaum außerkirchliche Bedeutung hat. Bis zum Ende des Alten Reiches, d.h. bis zur Säkularisation waren die Abteien jedoch neben geistlichem Institut zugleich weltliche Herrschaft und somit durch ihre Doppelnatur institutionell in den politischen Prozeß eingebunden. Die Wahl eines Abtes war auch eine politische Entscheidung.

Konkret gesagt: Wenn die Mönche von St. Peter ihre vom Mittelalter her überlieferten Freiheiten wahrnahmen, ohne Einfluß von außen ihren Abt als geistlichen Vater zu bestimmen, so wählten sie damit zugleich einen weltlichen Fürsten. Er repräsentierte eine bestimmte Relation zum Kaiserhaus, spielte innerhalb des Prälatenstandes seine Rolle und musste gegenüber den Untertanen die Interessen des Klosters durchsetzen und zugleich, wollte er nicht Widerstand provozieren, deren Rechte respektieren. Das ergibt ein spannungsvolles Geflecht: Während die weltlichen Fürsten weitgehend durch Erbfolge bestimmt wurden, brachten die Abteien von alters her in diesen politischen Prozeß gleichsam ein demokratisches Element ein, das in den weltlichen Staaten erst später übliche Legitimationsgrundlage wurde. Nun wäre es natürlich falsch, die Klöster, in denen die Vorsteher durch Wahl bestellt wurden, als moderne demokratische Inseln im feudalen Sumpf des Absolutismus zu sehen. Freilich auch das umgekehrte Bild, das die Klöster im Kontext der aufgeklärten Fürstenhöfe als mittelalterliche Überbleibsel darstellte, verzeichnet die Situation.

Ein realistischeres Bild als derartig grobe Zuschnitte ergibt das Muster der Legitimationsverläufe. Der demokratische Wahlakt selbst gilt zunächst dem Klostervorsteher und legitimiert dessen Funktion gegenüber dem Konvent. Als solcher gewählt, benötigt er dann die politische Bestätigung, um in die weltlichen Rechte einzutreten. Die Legitimation hierzu rührt aus altem, vom Fürsten gewährten Recht, der sich seinerseits auf Gottesgnadentum berief. Auch die Herrschaft gegenüber den Untertanen wird durch die Wahl nicht demokratisch legitimiert, sondern geht allenfalls auf eine oligarchische Wahl zurück, da das Wahlmännergremium des Konvents ja nicht von den Untertanen bestimmt wurde, sondern quasi durch Kooptation (Aufnahme des eintrittswilligen Postulanten) zustande kam. Zudem gab es bereits im 18. Jahrhundert eine subtile „Wahltheorie", die etwa besagte, dass das Wahlrecht gegenüber der Erbfolge auch Nachteile haben könne, da die Wähler nur ihre eigenen, kurzfristigen Interessen verfolgten, während der fürstlichen Familie daran gelegen sei, den Staat insgesamt in bestem Stand zu halten, um ihn so ihrer Dynastie zu erhalten.

Noch etwas differenzierter wird das Mosaik, wenn man die verschiedenen, mit der Abtswahl verbundenen Interessen einbezieht. Wenn die Konventualen wählten, so hatten sie dabei zunächst weniger den Politiker, das zukünftige Mitglied des Prälatenstandes im Sinn, sondern ihren Klostervorsteher, von dem sie sicher unterschiedliches erwarteten: Sorge und Leitung, geistige Richtungsweisung und gute Verwaltung, vielleicht nicht zu viel Strenge und wenig Selbstherrlichkeit. Für die Mönche war die Wahl der entscheidende Moment, in dem sie die Richtung bestimmen konnten, während nach der Amtsübernahme der Abt die Ämter neu besetzte, die Richtlinien vorgab und selbst bei Verfehlungen nur schwer wieder abzusetzen war. Angesichts dieser Chance, eigene Interessen einzubringen, traten die anderen Funktionen des Abtes bei dessen Wahl eher in den Hintergrund. Komplizierter wird diese Situation noch dadurch, dass es die Interessenlage des Konvents gar nicht gab, sondern dass auch in St. Peter wie in anderen Klöstern die allgemeinen politischen und geistigen Auseinandersetzungen der Zeit den Konvent gerade bei Abtswahlen bis hin zur Spaltung fraktionierte. Hinzu kamen Einflussnahmen „von außen", in denen sich ebenfalls unterschiedliche Vorstellungen von einem „guten" Abt niederschlugen.

Aus dieser Konstellation ergibt sich fast zwangsläufig, dass auch die anderen Parteien, die nach der Wahl mit dem Abt zu tun hatten, ihrerseits Interesse an dessen Person, an seiner Geschichte, seiner Ausrichtung und seinen Fähigkeiten, hatten. Für die Untertanen bestand so gut wie keine formale Chance die Entscheidung über ihren Prälaten zu beeinflussen, über informelle Wege der Einflußnahme kann man wenig sagen. Auffallend jedenfalls ist, dass alle vier im 18. Jahrhundert gewählten Äbte zum Zeitpunkt der Wahl nicht in St. Peter, sondern entweder als Pflegverwalter in Bissingen (Bürgi, Wülberz und Speckle) oder im Priorat St. Ulrich (Steyrer) tätig waren. Dieser Umstand kann heißen, dass man besonders tüchtige Kapitularen auf die entfernteren Außenstellen schickte, es kann freilich auch bedeuten, dass man sich leichter auf einen Mönch als Abt einigen konnte, der in der Zeit davor nicht direkt in das innerklösterliche und innerörtliche Geflecht eingebunden war. Für mindestens zwei von ihnen ist zudem überliefert, dass sie bei der Abreise von ihren Dienststellen nicht an eine eigene Wahl gedacht hatten, was freilich auch Teil eines rhetorischen Rituals sein kann, um die Wahl letztlich auf göttlichen Willen zurückführen zu können.

Den beiden anderen am Machtspiel „Abtswahl" beteiligten Parteien, Kaiserhaus und Konstanzer Bischofsstuhl, war es zwar auch nicht möglich, direkt in die Abstimmung einzugreifen, aber in den gesamten Wahlvorgang, der unter anderem auch Festlegung von Wahltermin und -verfahren sowie die Bestätigung und Einsetzung in die Temporalia einschloß, waren sie durch ihre Vertreter persönlich und durch die Rechtslage juristisch involviert. Auch wenn sie auf den Wahlakt selbst in der Regel wenig Einfluß ausüben konnten, so versuchten sie doch, die aus ihm resultierenden Legitimationsfolgen in ihrem Sinne zu interpretieren und wenigstens im Zeremoniell zu realisieren. Genau dieser Versuch der Einflußnahme schien nun für den Konvent beim Wahlvorgang und für den Abt bei den Bestätigungs- und Einsetzungszeremonien als das Einfallstor politischer und kirchenpolitischer Ansprüche, die zunächst die eigenen (alten) Freiheiten beschränken, dann zu einem willkürlichen Umgang mit dem Kloster und in der möglichen Konsequenz auch zu dessen Aufhebung führen konnte.

Sehr früh taucht in den Archivalien die Angst auf, dass die Eingriffe gerade in die Abtswahl (z. B. durch Einsetzung von Äbten aus fremden Klöstern) letztlich die Existenz der Abtei gefährden könnten.[3] Da aber die machtpolitische Situation dem Kloster wenig Möglichkeiten bot, sich gegen die Anmutungen von Wien und Konstanz effektiv zu wehren, griff man zu interpretatorischen oder politisch-taktischen Tricks, um die Einflußnahme zu unterlaufen, oder tat wenigstens so, als nehme man sie nicht wahr, um zumindest das Gesicht zu wahren. Zwei Beispiele mögen das verdeutlichen: das Homagium, der Handschlag gegenüber Österreich wurde, da man es nicht vermeiden konnte, als Zeichen der Ehrerbietung und nicht als eines der Unterwerfung herausgestellt und gedeutet. Die Meldung des Todes eines Abtes an die vorderösterreichische Regierung und an den Konstanzer Bischof wurde mit der Ankündigung des Wahltags des Nachfolgers verbunden, um einerseits die Sedisvakanz nicht nur möglichst kurz zu halten, sondern auch um selbst das Gesetz des Handeln zu bestimmen und die herrenlose Phase erst gar nicht als Zeit politischer Schwäche erscheinen zu lassen.

Auch bei diesem Ränkespiel wird man die Zensuren nicht einseitig vergeben dürfen. Zwar griffen politische und kirchliche Hierarchie in alte klösterliche Rechte ein; aber das Interesse der (kirchen-)politisch Mächtigen, die auf ihrem Feld tätigen Institutionen, wenn sie schon nicht direkt zu beeinflussen waren, wenigstens zu kontrollieren, ist entsprechend gemäß deren eigenen politischen Gesetzmäßigkeiten nachvollziehbar. Der Vorgang der Abtswahl läßt eine spezifische Machtkonstellation brennpunktartig in den Vordergrund treten.

I. Klagen gegen das Mönchtum als Vorstadium der Säkularisation

Die bisher skizzierten Zugangswege über die äbtlichen Funktionen und deren jeweils unterschiedlichen Legitimation, die Interessen der verschiedenen Institutionen, die reale Machtpolitik und die noch zu beleuchtende juristische Situation ergeben ein abstraktes Erklärungsgerüst, mit dessen Hilfe die Einzelerscheinungen bei den Abtswahlen in Zusammenhängen und Entwicklungen verstehbar werden.

Ein Aspekt muß noch ergänzt werden, der sowohl das Atmosphärische wie die realen Umstände der Wahl mitbestimmte. Der vorherrschende Zeitgeist der Aufklärung manövrierte die Klöster in eine Sündenbockrolle. Die Aufklärer hatten sie zu ihren Lieblingsfeinden erkoren und die ja immer des Geldes bedürftigen Fürsten ließen sich nur allzugern von diesem „mainstream" der Gedankenwelt mittragen, um auf diesem Weg zu dem schon im Lauf des 18. Jahrhunderts verschiedentlich erprobten Ziel der Säkularisation, zunächst einzelner Klöster, dann ganzer Orden zu kommen. Dabei waren Kritik und Anfeindung der Klöster nicht erst ein Produkt des 18. Jahrhunderts, sondern hatten, wie eine Stelle bei Erasmus zeigt, ihre vergleichbaren Ansätze bereits im 16. Jahrhundert – und dies nicht nur bei den Reformatoren, sondern auch bei den katholisch gebliebenen Humanisten: „Vielleicht ist es für einen Staat auch angebracht, die Zahl der Klöster zu begrenzen. Auch das ist nämlich eine Art Müßiggang, besonders, wenn die Zustände darin fragwürdig sind und der Lebenswandel auf Müßiggang und Arbeitsscheu eingerichtet ist. Was ich von den Klöstern sage, gilt nicht weniger von den Stiftskapiteln."

Im 18. Jahrhundert sind diese Art Klagen weit verbreitet und zielen, wie etwa die Schriften Friedrich C. von Mosers zeigen, direkt in Richtung Säkularisation: „Die feine Politik der (Kirchen-) Hierarchie und den plumpen Mönchsgeist weggerechnet, welche dem Menschengeschlecht überhaupt Denkfreiheit in den wichtigsten Angelegenheiten des Menschen abspricht und alles zum blinden Gehorsam verdammen möchte, sehe man nur die mehreste dieser Menschen-Lehrer und Führer, die tiefe Unwissenheit, Geist-Trägheit und Nervlosigkeit, das hölzerne unmoralische Leben des sogenannten niederen Clerus,..,wie kann von diesen Aufklärung und Erleuchtung erwartet werden?..wie wollen Menschen andere Menschen bilden, die mit der menschlichen Gesellschaft so wenig zusammenhangen?"[4] Seine Konsequenz ist in sich schlüssig: „Die Mönchs- und Nonnen-Klöster könnten in jedem Land zusammen gezogen und nach und nach aufgehoben werden, bis die jetzt Lebenden allmälig absterben, ohne neue anzunehmen. Alle gewaltsame Aufhebung und Verjagung in die Welt ist hart, unbillig und menschenfeindlich." Das 20 Jahre später gewählte Verfahren der Säkularisation war dann doch diesem menschenfeindlichen ähnlicher, da die Landesherren eben nicht, wie der Aufklärer v. Moser forderte, das Recht respektierten, dass der Mönch nicht aus seiner gewählten Lebensart und -welt vertrieben werden sollte.

Die Stimmung, das politisch-philosophische Raissonieren in den meinungsbildenden Medien, die den Klöstern letztlich ihre Existenzberechtigung absprachen, lässt sich so charakterisieren: „Diese Propaganda lebt vom Vorwurf der Bigotterie, des religiösen Fanatismus, des Zelotentums, von der Karikatur der Kirchenfürsten im Sinne 'unfähiger Durchschnittlichkeit'," und formuliert so für die geistlichen Staaten den Befund des Anachronismus.[5] Die dadurch prekäre Lage der Klöster wurde noch verschärft, da sie in vielen Diözesen von seiten der Bischöfe nicht nur keinen Schutz erhielten, sondern diese oft selbst die Klosterfeindlichkeit der Fürsten und ihrer philosophischen Vordenker zu eigenen Absichten nutzten. Wenn z. B. der bayrische Episkopat sich 1771 zu einer Ordensreform im Sinne der österreichischen Reformmaßnahmen (Anhebung des Profeßalters auf 24 Jahre, Studium der Klosterkandidaten an den Generalseminarien, Beseitigung der Exemtion u.a.m.) bekannte, oder wenn beim Emser Kongress 1786 von den Vertretern der vier Erzbischöfe das Recht der Bischöfe zur Dispensierung von den feierlichen Ordensgelübden und die Anhebung des Profeßalters der Frauen auf 40 Jahre beschlossen wurde,[6] so waren auch dies für die Abteien Vorgänge, durch die sie ihre Existenzgrundlagen bedroht sahen. Im Kampf der Klöster um die innerkirchliche Unabhängigkeit findet man seit dem 16. Jahrhundert auf ihrer Seite Nuntius und Papst, als Gegner Bischöfe und geistliche Kurfürsten. „Zwischen ihnen schwankten Kaiser und weltliche Fürsten"[7], die in dieser Kontroverse ihren eigenen Vorteil sahen und suchten.

Vor dem Hintergrund solcher realen und atmosphärischen politischen Verhältnisse wird deutlich, dass Abtswahlen für den Konvent einerseits die Chance der Interessenartikulation, oft auch der klösterlichen Neuorientierung bedeuteten, zumal manche Äbte in ihren letzten Lebensjahren alters- und krankheitshalber die Zügel hatten schleifen lassen. Andererseits aber bedeuteten Tod und notwendige Neuwahl eines Abtes angesichts der vielfältigen Gegenströmungen auch ein Moment der Krise, da die real mächtigeren (kirchen-) politischen Institutionen diese herrschaftslose Zeit als Gestaltungsspielraum zur Einflußnahme in ihrem Sinn zu nutzen suchten. Viele der Ereignisse auf dem Weg zum neuen Klostervorsteher, die uns heute fremd, bisweilen komisch vorkommen, werden vor diesem Hintergrund gut verständlich.

II. Abtswahl als kirchenpolitisches und juristisches Ränkespiel

Erklärlich ist nunmehr auch, dass gerade die Benediktiner einen großen Teil ihrer kanonistischen Arbeit darauf verwendeten, die Freiheiten der Abtswahl rechtlich-politisch abzusichern. Neben den skizzierten politischen Zeitumständen waren die rechtlichen Auseinandersetzungen um die Modalitäten der Abtswahl eine zweite wichtige Bedingung für deren Ablauf und Ergebnis. Der diesbezügliche kirchenpolitische Kampf in der Diözese Konstanz geht wohl zurück auf eine Abtswahl Ende des 16. Jahrhunderts in Muri, die ohne Mitwirkung eines bischöflichen Kommissars durchgeführt wurde, worauf dem Neo-Electus zunächst lange die Bestätigung verweigert und schließlich nur unter der Bedingung einer schriftlichen Verpflichtung, zukünftig den Bischof zur Wahl zu rufen, erteilt worden war. Damit war neues Recht gesetzt, das die Äbte dadurch wiederum zu korrigieren suchten, dass sie die Beteiligung des Oberhirten von der Bitte der Wähler abhängig machen und auf außerordentliche Fälle beschränkt sehen wollten. Deutlich wird hier das Verfahren, die nicht zu umgehende Beteiligung des Bischofs wenigstens als Ausdruck eigenen Willens zu interpretieren und somit Herr des Wahlvorgangs zu bleiben. Im Protest der Äbte[8], dem sich auch der st. petrische anschloss, wurden die hohen Taxen der bischöflichen Beamten, die Übertragung von Regeln der Frauenklöster auf Männerklöster oder die bischöfliche Einflußnahme trotz Präsenz des Nuntius beklagt. Die päpstlichen Insignien über der Fassade der Abteikirche von St. Peter waren insofern nicht nur historische Reminiszenz sondern auch eine Demonstration für aktuell gefährdete Freiheitsrechte.

Der Konstanzer Bischof, Kardinal Andreas von Österreich, reagierte auf den Protest der Äbte mit einem Schreiben nach Rom, in dem er sich über den Zustand der Klöster beklagte, die den Häretikern ein Skandal seien und die das wachsame Auge des Bischofs auf einen ordnungsgemäßen Verlauf und ein gutes Ergebnis (!) der Wahl notwendig machten, da ansonsten concubinarii, proprietarii oder anderweitig inhabiles gewählt würden, was den weltlichen Mächten wiederum Anlaß zum Eingreifen böte. Argumente für die bischöflichen Klagen nach Rom dürfte zu dieser Zeit auch der st. petrische Abt Gallus Vögelin (1585–1597) geliefert haben, über den sich der Konvent 1595 in Konstanz „allerhand sachen halber beklagt" hatte und der dann 1597 nach erneuter Klage „wegen ergerlichen Lebenswandels", worauf der Weihbischof „unversehens in das Kloster eynzihen" wollte, zurücktrat, jedoch Wohnung und Bedienung im Kloster behielt.[9]

Auf die Bitte des Konstanzer Bischofs nach einem römischen Breve, mit dem die Gültigkeit einer Wahl von der Anwesenheit des bischöflichen Stuhles abhänge, forderte Rom von den Äbten eine Stellungnahme. Diese suchten sich aus der Affäre zu ziehen, in dem sie die Angelegenheit auf die den Bischof falsch informierenden Beamten abzuwälzen suchten, die Gewohnheit seiner Teilnahme bei den Wahlen betonten, jedoch jegliches formale Recht darauf absprachen. Diese sei auch nicht nötig, da jeweils ein oder zwei Äbte den ordnungsgemäßen Verlauf kontrollierten, während die Teilnahme Außenstehender nicht nur gegen weltliche Rechte und kanonisches Recht verstoße, sondern auch den weltlichen Behörden ein Beispiel sei, Gleiches zu versuchen. Das kirchenpolitische und juristische Ränkespiel der folgenden Jahre ist ein kanonistisches Lehrstück. Die grundsätzlichen Argumente sind durchgängig und gelten auch noch im 18. Jahrhundert. Die Äbte berufen sich auf das 64. Kap. der Regel, nach der der Abt von der Gemeinschaft einmütig oder mit Mehrheit einzusetzen sei, während dem Bischof nur ein Eingriffsrecht bei offenkundigen Fehlern zustehe. Die Konstanzer Kurie vertrat demgegenüber die Rechtsauffassung, dass das ja unbestrittene Einsetzungsrecht des Bischofs auch seine Teilhabe oder gar die Leitung des Entscheidungsvorganges einschließe, was meistens Brauch gewesen sei, so dass die lange Dauer der Gewohnheit als Rechtstitel anzusehen sei. Konstanz führte ins Feld, dass nur der bischöfliche Vertreter Spaltungen bei der Wahl überwinden und Eingriffe weltlicher Behörden abwenden könne.

Für die Position der Benediktiner ist die st. petrische Abtswahl von 1739 ein eindrückliches Beispiel. Die Haltung des Kurie kommt zunächst darin zum Ausdruck, dass die bischöflichen Vertreter ihre eigenen zeremoniellen Rechte gegenüber den kaiserlichen zu sichern suchten. Gegen den Usus, dass Äbte anderer Klöster die Wahl leiten, ist dann der boshafte Hinweis gerichtet, dass Prälaten oft rechtsunkundig und damit unfähig seien, einer Wahl zu präsidieren, gute Ordensmänner blieben lieber zu Hause, als dass sie draußen herumschweiften. Der Advokat der Äbte führt demgegenüber an, dass es viele Wahlen ohne bischöfliche Präsenz gegeben habe, es insofern also kein Gewohnheitsrecht gebe, zudem dazu die Zustimmung aller Beteiligten notwendig sei. Und wo ein Vertreter des Bischofs anwesend war, könne er dies auch als freundschaftlich geladener Zeuge und nicht als amtlich Beauftragter gewesen sein. Mit Jakob Fugger, einem den Benediktinern geneigteren Bischof, kam dann 1604, vielleicht auch zur Vermeidung der Gerichtskosten, ein Vergleich zustande, der zwar beiden Seiten das Gesicht wahren half, jedoch keine eindeutige Rechtslage schuf. Geregelt wurde zwar, dass dem Bischof in Konstanz Todestag und Wahltag mitzuteilen und von diesem dann geistliche Kommissare zu schicken seien, d.h. dass das Direktorium der Wahl entsprechend dem Konzil von Trient dem bischöflichen Stuhl eingeräumt wurde.[10]

Von dieser generellen Regel gab es nun aber eine ganze Reihe Ausnahmen, so dass es fast mehr der politischen Geschicklichkeit des Konvents zufiel, ob sie die bischöfliche Wahlassistenz vermeiden konnten. Sichergestellt war, dass eine Abtswahl auch ohne bischöfliche Präsenz gültig war, wenn periculum in mora, also wenn Gefahr in Verzug war – dies freilich war dann wiederum Auslegungssache. Auch die Präsenz eines notarius apostolicus oder die „zufällige" Anwesenheit eines fremden Ordensprälaten machte die bischöfliche Assistenz überflüssig. Schließlich, wenn trotz Ankündigung kein bischöflicher Vertreter erschienen war, konnte der Konvent gültig wählen und der Bischof mußte außer bei schweren Bedenken den Gewählten bestätigen und weihen. Da mit diesem Vergleich, der später von der Äbtekonferenz approbiert wurde, eine klare Rechtslage nicht geschaffen war, kam es auch im 18. Jahrhundert noch darauf an, durch geschicktes administratives und kirchenpolitisches Verhalten die unsichere Rechtslage im eigenen Sinn zu verwenden, was alle Beteiligten denn auch versuchten.

Nach dem Vergleich und vor den im Folgenden behandelten Wahlen gelang es dem bischöflichen Stuhl, zwischen Wahl und Weihe ein zusätzliches „Examen" einzuführen, in dem der bischöfliche Vertreter nicht von Neugewählten selbst, sondern vom Konvent dessen Sitte und Glaube erfragen konnte. Durch dieses Verfahren wurde zum einen der Anspruch des Bischofs unterstrichen, dass die Bestätigung nicht nur eine Formalie sei, sondern auf einer Prüfung, d.h. einem wahlähnlichen Akt beruhe, zum andern aber war dies durch die Befragung des Konvents eine Art Sondervisitation und bestärkte insofern auch dieses von den Klöstern immer wieder in Frage gestellte bischöfliche Recht.

Vergleichbare Prozesse wird man bezüglich der Einflußnahme durch die staatlichen Behörden festmachen können, die auf eine ebenfalls nicht eindeutige Rechtsgrundlage, nämlich ein Abkommen zwischen den Klöstern der Diözese Konstanz und dem Kaiserhaus aus dem Jahr 1624, zurückging.[11] Deren Grundtenor war, dass die weltliche Regierung zwar vom Wahlakt ausgeschlossen sei, ihren Vertretern jedoch eine gewisse Präsenz zustehe. Zudem komme ihnen

Abt Ulrich Bürgi, 1719 – 1739

zu, die Untertanen des Abtes zum Gehorsam und diesen bis zur Konfirmation zur treuen Verwaltung zu mahnen. Wo dies Brauch war, wie in St. Peter, sollten sie ihm die Schlüssel überreichen, jedoch nicht in der Kirche, also im Bereich der spiritualia exercitia, sondern anderswo im Kloster, wo man weltliche Dinge zu „tractiren" pflegt. Nach der Wahl und außer der Weihe sollten die Österreichischen den Vorsitz haben. Man wird diese Regularien etwa so deuten können, dass der kirchenrechtlich eigens geschützte Wahlakt respektiert wurde. Im unmittelbaren Umfeld aber war es mit der Pietät vorbei und mit zeremoniell-symbolischer Politik wurde bereits wieder Macht demonstriert.

Die Abtswahl war für alle Beteiligten ein schwieriges politisches Geschäft. Ausgehend von dem alten Recht der Klöster, den Vorsteher ihrer geistlichen Einrichtung frei wählen zu dürfen, entstand eine komplexe Gemengelage, in dem sich wie in einem politischen Mikrokosmos Macht- und Rechtstrukturen, Interessen und Zeitströmungen abbildeten.

Vor diesem Hintergrund sollen im folgenden die vier Wahlen der st. petrischen Äbte des 18. Jahrhunderts nachgezeichnet werden: Ulrich Bürgi 1719, Benedikt Wülberz 1739, Philipp Jacob Steyrers 1749, Ignaz Speckle 1795. Als Gegenstand der Forschung über den politischen Prozeß des 18. Jahrhunderts bieten sich Abtswahlen jedoch nicht nur wegen der bei ihnen konzentriert sichtbar werdenden Macht- und Einflußstrukturen an, sondern auch wegen der günstigen Quellenlage, da diese Vorgänge im Interesse aller Beteiligten detailliert, oft mehrfach und aus unterschiedlicher Sicht dokumentiert wurden[12] (Abb. S. 54/55).

III. Die Wahl von Ulrich Bürgi 1719

Die Amtszeit des letzten im 17. Jahrhundert gewählten Abtes, Maurus Höß (1699–1719), war geprägt durch längere, das Kloster schwer belastende Kriegszeiten. Im eigenen Herrschaftsgebiet verbesserte der Abt die Verwaltung (u.a. durch einen Zinsrodel 1702) und förderte Gewerbe und Wohnungsbau. Nachdem mit dem Frieden von Rastatt wieder größere Sicherheit eingekehrt war, konnte auch – nicht zuletzt als Reaktion auf die Baumaßnahmen in St. Märgen – seit 1717 die barocke Umgestaltung der Kirche mit neuem Turm und veränderter Fassade in Angriff genommen werden. Abt Maurus starb mitten während der weitreichenden Umbauten, eben an jenem 9. Mai 1719, an dem man den Grundstein zum neuen Frontispiz gelegt hatte. Bei der Wahl des Nachfolgers wird man deswegen darauf geachtet haben, dass dieser für das Bauvorhaben aufgeschlossen und erfahren war. Ob man freilich auf Bürgi als neuen Abt zugegangen wäre, wenn man geahnt hätte, dass dieser wenige Jahre danach die Kirche abreißen und einen vollständigen Neubau errichten wollte, ist fraglich. Eher wird man ihn gewählt haben, weil er nach Tätigkeiten in den Abteifilialen St. Ulrich und Sölden, vor allem aber (wie sein Vorgänger und sein Nachfolger) durch seine Tätigkeit als Pflegverwalter in Bissingen als tüchtiger Verwalter gelten konnte. Zudem verkörperte er als Gelehrter und Erzieher einen modernen Mönchstypus, von dem man sich gleichermaßen zukunftsweisende Impulse für das klösterliche Leben wie eine dem entsprechende Außenwirkung versprach. Mit dem in den letzten Jahren seines Abbatiats von ihm begonnenen Bibliotheksbau – Steyrers Chronik nennt ihn einen »Fortpflanzer der Wissenschaften« – entsprach er genau diesen beiden Erwartungen.[13]

Direkt nach dem Ableben von Abt Maurus fand ein erstes Kapitel statt, in dem der Prior, der aus schwerwiegenden Motiven sein Amt niederlegen wollte, vom gesamten Kapitel gedrängt wurde, dieses Amt zu behalten und dann darin bestätigt wurde. Im Vergleich mehrerer Abtswahlen zeigt sich, dass dies ein übliches Ritual war, da der bisherige Prior, der nach der Benediktinerregel sein Amt – und damit seine Legitimation – vom Abt erhalten hatte, dieses nun dem (seinerseits den Abt legitimierenden) Konvent zur Verfügung stellte, um von ihm darin erneut bestätigt zu werden. Diese Formalie hatte ihren Sinn sicher auch darin, für die Schwächeperiode des Interregnums eine eigene, das heißt von einem Abt unabhängige Legitimation des Prioramtes zu schaffen. Ferner wurde die Versiegelung der Abtsgemächer in St. Peter und in Freiburg, gleichzeitig hieraus noch die Entnahme des für die Feierlichkeiten notwendigen Geldes beschlossen. Wohl der für die politische Situation bezeichnendste Beschluss dieses Kapitels besagt, dass man der Vorderösterreichischen Regierung das Ableben des Abtes nicht sofort mitteilte, sondern sich zuvor

Abtswappen Bürgis (Übersetzung des Namens „Bürgi" als „Burg" im Wappenschild)

mit dem Syndikus des Prälatenstandes, Lazarus Weißenfeger, beratschlagen wolle. Derartige Beratungen und Abstimmungen mit einem weltlichen Anwalt, die ähnlich bei späteren Wahlen zu finden sind, zeigen deutlich, dass der Konvent die politische Lage dieses Moments als unsicher und kritisch ansah.

Ein zweites Kapitel fand drei Tage später, das heißt am Tag der Beisetzung statt, auch dies ein Hinweis, dass, neben der immer wieder beschworenen Trauer, die Notwendigkeit, die Schwächen des Interregnums möglichst zu minimieren, im Vordergrund stand. Zuerst wurde als Wahltag der 23. Mai bestimmt und dann in einem zweiten Beschluss ausdrücklich festgestellt, dass die Wahl in jeder Weise zu beschleunigen sei, um so den Schwierigkeiten und Hindernissen wirksamer entgegenzutreten. Auch weitere Beschlüsse dieses Kapitels wie die Mitteilung des Wahltags an den Bischöflichen Stuhl, die Festlegung der Scrutatoren oder das Bemühen um einen kirchlichen Notar für den Wahlakt zeigen das Bemühen des Konvents,

Herr des Verfahrens zu bleiben. Als juristisch hintersinnig mag man die Bitte an die Vorderösterreichische Regierung ansehen, dem zu Wählenden bereits vorab die Befugnis zur Verwaltung der Temporalia zu konzedieren. Damit wäre das kaiserliche Recht auf politische Bestätigung und Übertragung des Amtes an den Gewählten ausgehöhlt gewesen. Ein personenunabhängiges Recht auf die weltliche Herrschaft hätte deren Übertragung an den Gewählten zur Farce werden lassen. Zuletzt entschloß man sich, die versiegelten Abtsgemächer nochmals zu öffnen, um einige Wahlakten zu entnehmen. Vermutlich wollte man sich mit alten Wahldokumenten wappnen, um allen unbilligen Forderungen der kaiserlichen oder bischöflichen Vertreter Belege alter Privilegien oder wenigstens des Gewohnheitsrechts entgegenhalten zu können.

Nach der Rückkehr aus Freiburg, wo er den Abtsgemächern im Peterhof ebenfalls ein für notwendig erachtetes Schriftstück entnommen hatte, berichtete der Prior über die Beratschlagung mit dem Syndikus, wie man in der Zeit des Interregnums bei der Regierung keinen Anstoß errege, möglicherweise aber den Spielraum im eigenen Sinne nutzen könne. Der aus Konstanz zurückkehrende P. Heinrich Förgl berichtet, dass der bischöfliche Stuhl den Wahltermin genehmigt und als bischöflichen Verordneten den Freiburger Stadtpfarrer und Lehrer der Heiligen Schrift an der Hohen Schule zu Freiburg, Christoph Helbing von Hirzenfeld und Buchholz bestimmt, sich jedoch den Tag der Bestätigung und der Weihe vorbehalten habe, ein Hinweis, dass auch die bischöfliche Kurie soweit als möglich ihre Herrschaftsansprüche zu wahren suchte. Da Dr. Helbing zugleich infulierter Abt eines (wohl untergegangenen?) Klosters Madozka war, konnte er beim Wahlakt mit bischöflichen Insigien auftreten. Ein vergleichbares Prestigeduell fand mit der Regierung statt, die sich darüber beschwerte, erst nach Rückkehr des Konstanzer Boten vom Tod des Abtes informiert worden zu sein und verlangte, dass dies »wenigstens ehrenhalber« direkt nach dem Ableben geschehen solle. Der Konvent wies dieses Ansinnen mit dem Argument zurück, dass zuerst das kirchliche Regiment zu informieren sei. Die Regierung bekräftigte demgegenüber im Kondolenzschreiben ihre Position und bestimmte gleichzeitig als landesfürstliche Verordnete Regierungskanzler von Rothenberg und Kammerrath von Feuerstein.

Am Vorabend der Wahl bestimmte das Kapitel zur Vermeidung von Verwirrungen als Wahlmodus das »scrutinium per schedas«, die Abstimmung mit Papierstreifen, wobei ein Quorum für eine gültige Wahl noch nicht festgelegt wurde. Als am Abend die Regierungsbeamten eintreffen, verlangen sie die Übergabe der Klosterschlüssel und eine Liste der wahlberechtigten Konventualen. Der prälatenständische Syndikus weist im Namen des Konvents beide Ansinnen mit dem Verweis auf alte Privilegien zurück – bei späteren Wahlen des 18. Jahrhunderts konnte der Konvent zumindest die zweite Forderung nicht mehr ablehnen. Der Protokollant fügt einen Verweis auf den Eid nach der Neuwahl an, der wohl nicht zu vermeiden sei, während die Konventualen ja keine Vorsteher seien und deswegen einem solchen politischen Zwang, d.h. einer Kontrolle ihres Wahlrechts, nicht unterlägen. Diese subtile Differenzierung zwischen dem Wahlakt, also der Legitimation von Herrschaft, die von staatlicher Seite nicht tangiert werden dürfe, und der Wahrnehmung der Herrschaft, für die die politische Bestätigung unabdingbar war, zeigt die machtpolitische Gratwanderung, die der Konvent zu bewältigen hatte.

Der Wahltag selbst begann mit einem Hochamt, das mit dem Hymnus »Veni Sancte Spiritu« abgeschlossen wurde. Danach begaben sich der bischöfliche Wahlvorstand, die zwei Klostervorsteher von Villingen und Waldkirch als Scrutatoren sowie deren als Zeugen bestimmte Begleiter in das als Wahllokal genutzte Refektorium. Der Konvent wurde hinzu gerufen und vom »Abt von Madozka« in einer »freundlichen, gelehrten und eleganten Rede« ermahnt, ein würdiges Oberhaupt zu wählen. Wenn der Chronist gerade diesen »leeren Titel« des bischöflichen Kommissars verwendet, läßt dies den Wahlvorgang selbst gleichsam als rein monastischen Vorgang erscheinen, zumal die kaiserlichen Kommissare keinen Zutritt zum Wahllokal hatten. Nach der Vereidigung bestätigt der Präses das vom Konvent beschlossene Wahlsystem und befragt die 14 wahlberechtigten Mönche einzeln, ob sie den als rechtmäßig Gewählten anerkennen würden, der mehr und zahlreichere (plura et maiora) Stimmen erhalten würde. Der Konvent bestätigt »unanimi consensu« das so festgelegte Quorum der absoluten Mehrheit. Zur Stimmabgabe wurde jeder einzeln hereingerufen und erhielt einen Stimmzettel, auf dem alle Namen außer seinem eigenen standen, eine Vorbeugung dagegen, dass einzelne oder gar mehrere sich selbst für den Würdigsten erachteten. Der Papierbogen war zwischen den Namen bis zum Rand eingeschnitten, so dass man den Namenstreifen seines Kandidaten bequem heraustrennen und in einen mit einer Patene bedeckten Kelch legen konnte. Die nicht verwendeten Streifen warf der Wähler beim Verlassen ins Feuer. Dieses Procedere zeugt von einer hohen Sensibilität bezüglich der Wahlgrundsätze, insbesondere der geheimen Wahl, die auch nicht durch Schriftvergleich in Frage gestellt werden sollte.

Nachdem der Wahlausschuss etwa eine halbe Stunde beraten hatte, wurden die Kapitularen erneut gefragt, ob sie den mit besagtem Verfahren gewählten als rechtmäßigen Abt anerkennen würden. Nach ihrer Zustimmung gab der Abt von St. Georgen/Villingen als erster Scrutator bekannt, dass Ulrich Bürgi mit einer ziemlich großen Mehrheit gewählt worden sei – wie groß sie war, blieb bei diesem Verfahren das Geheimnis des Wahlausschusses. Unverzüglich wurde dann vom Notar und den zwei Zeugen den in der Aula wartenden kaiserlichen Kommissaren »honoris causa« – also nicht pflichthalber – das Ergebnis der Wahl mitgeteilt.

In der Kirche nimmt der Neoelectus auf dem Abtsthron die Glückwünsche des Wahlvorstandes und des Konvents entgegen und erhält anschließend vor den Abtsgemächern vom Prior die Schlüssel mit der Verpflichtung, diese im Falle der Resignation niemand anderem als dem Konvent zurückzugeben. Die nun herbeigerufenen kaiserlichen Kommissare nutzen die Gelegenheit, zusammen mit der Gratulation, vom neuen Abt neben anderen Dingen, die ihnen nicht zukamen, auch die Handstipulation als Zeichen der Unterwerfung zu fordern und – wie der Chronist schreibt – »wärmten alsbald den alten Kohl« über die Kastvogtei, das heißt die weltliche Obrigkeit über das Kloster wieder auf. Dieses ursprünglich von den Zähringern zur Verteidigung des Klosters konzipierte Amt war im Lauf der Jahrhunderte von den Fürsten immer wieder als Geldschöpfungsquelle gegenüber dem Kloster mißbraucht worden. Dessen Versuche, sich tlw. durch große Summen »auf ewig« von dieser Last zu befreien, blieben bis zuletzt erfolglos.[14] Es ist bezeichnend, dass nun die erste Amtshandlung des neuen Abtes darin bestand, gegen die Ansinnen der Regierungskommissare zu protestieren. Nur, die Macht war realiter anders verteilt: Der Abt mußte den Handschlag leisten. Der Protokollant stellt aber deutlich heraus, dass dies kein Zeichen der Unterwerfung, sondern eines um der Ehre und der Freundschaft willen sei. Der Vorgang zeigt eindrucksvoll, wie die Rituale der höfischen Gesellschaft, wenn sie schon nicht umgangen, wenigstens unterschiedlich interpretiert werden konnten. Obwohl allen Beteiligten die Machtsituation bewusst war, bot dieser Deutungsspielraum die Chance, das Gesicht zu wahren – und sich vielleicht bei anderer Gelegenheit wieder auf die eigene Darstellung zu berufen.

Die Austragung des Konflikts wurde bei der Präsentation des Neugewählten zur Ableistung des Homagiums durch die Untertanen fortgesetzt. Während die Abtei darauf bestand, dass dem kaiserlichen Kommissar lediglich die Vor-

Wahlverkündigungszettel des 18. Jahrhunderts aus St. Peter in emblematischer Gestaltung

stellung des Abtes zustehe, nutzte der Regierungskanzler die Gelegenheit, auf kaiserliche Rechte zu verweisen und erneut die »verhaßte« Kastvogtei zu erwähnen, um die politische Abhängigkeit des Abtes auch gegenüber den Untertanen zu dokumentieren. Dass die Bauern bisweilen versuchten, die kaiserliche Regierung gegen die Klosterherrschaft einzusetzen, ist dann nur konsequent.[15] Abt Bürgi wies auch dieses Mal das Überrumpelungsmanöver Rothenbergs energisch zurück, worauf man sich auf die von beiden Seiten akzeptierte Formel einigte, dass man es beim alten Stand belassen wollte, was nun wiederum jede Seite als Bestätigung ihres Standpunktes bezeichnen konnte.

Im Abteiprotokoll ist die Formel ausdrücklich als Konsens über die klösterlichen Privilegien genannt, wovon freilich keine Rede sein konnte. Der Regierungskanzler stellte darauf den Neugewählten vor, mahnte die Untertanen zu Untertänigkeit und Gehorsam, was von einem Vertreter »in bäuerlichem Stil« im Namen aller zugesagt wurde, und ließ sie den Treueid schwören. Die Zeremonien endeten gegen 11 Uhr mit einer erneuten, symbolischen Schlüsselübergabe durch den kaiserlichen Kommissar an den Abt, was vom Kloster lediglich als Beglaubigung, das heißt nicht als genuiner Legitimationsakt dargestellt wurde. Was hier eher als zufällige Aneinanderreihung verschiedener Elemente, Ermahnung zu Gehorsam und Treue, Rede und Gegenrede, Zusicherung der Privilegien und Eid, Huldigung und Schlüsselübergabe erscheint, sind Teile eines ausgeklügelten Zeremoniells, innerhalb dessen Weglassungen (zum Beispiel nur Treue- jedoch kein Observanzschwur), Reihenfolge oder Ortswahl, Zeichen und Funktionen realer Macht sein können.[16]

Mit der erfolgten Huldigung der Untertanen und der Schlüsselübergabe war des Streits noch nicht genug. Offensichtlich war aufgrund der Vorkommnisse die Atmosphäre so gespannt, dass kaiserlicher und bischöflicher Kommissar von 12 Uhr an in getrennten Räumen speisten, jeweils unter Anwesenheit eines Teils des Konvents, wobei der neue Abt und die beiden Scrutatoren der politischen Macht, der Prior der bischöflichen die Ehre gaben. Insgesamt nahmen etwa 35 Personen, Fratres nicht mitgezählt, am Essen teil. Außer den vorangegangenen Ereignissen dürfte der Hauptgrund für die zwei Speiseräume gewesen sein, dass man so neuen Streit um die Sitzordnung vermeiden konnte. Auch bei späteren Abtswahlen wählte man den Weg getrennter Speiseräume, wenn der Vertreter des Bischofs den von ihm beanspruchten Ehrenplatz gegenüber dem kaiserlichen Bevollmächtigten nicht durchsetzen konnte und daher, weil Sitzordnungen eindeutig, das heißt nicht interpretierbar waren, den eigenen Speiseraum vorzog.

Nach der etwa vierstündigen Tafel erhielt dann der bischöfliche Kommissar die Chance, seinen Machtanspruch im Wahlprozess zu realisieren, in dem er das erwähnte Examen über den

Neugewählten durchführte, das in der Marginale des Kapitelprotokolls ausdrücklich als »Inquisitio in vitam Neo-Electi« bezeichnet wird. Mit dieser Befragung ausgewählter Mitglieder des Konvents über den eben Gewählten konnte der bischöfliche Stuhl dokumentieren, dass seine dominante Funktion eben darin begründet lag, für die Wahl eines würdigen Kirchenfürsten zu sorgen, was man dem Konvent allein nicht in jedem Fall zutraute. Befragt wurden sieben der Benediktiner und zwar ausschließlich solche, die nicht mit dem »Abt von Madozka« gespeist hatten, zusätzlich Syndikus Weißenfeger und der Klostersekretär Christoph Riescher. Themen der Befragung waren Leben, Sitte und Eigenschaften des Neugewählten. Das Protokoll[17] hält fest, dass sich alle Befragten nur lobend über Bürgi geäußert haben. Erwähnt wurden vor allem solche Fähigkeiten, die im Hinblick auf das Abbatiat wichtig waren, seine Erfolge in Studium, sein religiöses und moralisches Leben, seine Tätigkeit als Lehrer und Ökonom: nichts Dunkles sei aus seinem Leben bekannt, des Amtes sei er besonders würdig. Erinnert man sich, dass am Vormittag desselben Tages die Wahl Bürgis mehrheitlich, also nicht einstimmig entschieden wurde, so ist das nunmehr übereinstimmende Votum, dass dies der geeignete Mann für das Amt sei, wohl auch ein Akt der Solidarität, um dem bischöflichen Stuhl nicht wegen vorgetragener Zweifel einen Anlaß zu bieten, nicht noch nachträglich die Wahl in Frage zu stellen.

Am nächsten Morgen wurden die Kapitulare nach dem Hochamt im Priorat zusammengerufen und bestätigten dem bischöflichen Kommissar erneut ihre Zustimmung zur Wahl Bürgis, ein Verfahren, das nur angesichts des Anspruchs Sinn macht, dass das bischöfliche Examen ein essentieller Bestandteil des Wahlakt ist, der vom Konvent seinerseits bestätigt werden muß, also eine machtpolitische Umkehrung des Procedere vom Vortag beinhaltet. Erst jetzt wurden die weiteren kirchenrechtlichen Schritte zur endgültigen bischöflichen Bestätigung des Gewählten unternommen. Damit war die Wahl, nicht jedoch die juristische Auseinandersetzung über sie abgeschlossen. Am 12. Januar 1720 schickte Abt Bürgi ein Memoriale an den Kaiserlichen Hof, mit dem er wortreich um Aufhebung der bei jeder Wahl geltend gemachten »verhaßten Advocatie« (Kastvogtei) nachsuchte. Das Wiener Antwortschreiben vom 25. Oktober 1720, das im Kapitelsprotokoll[18] mit der Marginalie »tollitur invisum nomen Advocatiae« bezeichnet ist, wurde Anfang November dem Konvent bekannt gegeben. Der Grundtenor dieses für die Spätgeschichte der Kastvogtei wichtigen Schreibens, das im Zusammenhang anderer Wahlen wieder herangezogen und deswegen 1750 eigens im Kapitelsprotokoll dokumentiert wurde, ist zwar die Bestätigung der alten Rechte und Freiheiten – an der Realität der im 18. Jahrhundert fortschreitenden Machtverschiebung zu Ungunsten der Klöster änderte es freilich nichts.

Die Synopse der Vorgänge in St. Peter zwischen dem 9. und 24. Mai 1719, das heißt vom Tod des Vorgängers bis zur abschließenden Bestätigung Abt Ulrichs, ergibt ein spannungsvolles Gemenge, in dem sich die Interessen aller Beteiligten auf verschiedensten, rechtlichen, zeremoniellen oder wenigstens interpretatorischen Wegen Geltung zu schaffen suchen. Offene Machtdemonstration, Ranküne, Chuzpe und zähneknirschende Hinnahme sind nur einige der hier sichtbar werdenden Verhaltensweisen, die teils spezifisch zur höfischen Kultur des Alten Reiches, teils freilich zum generellen politischen Repertoire gehören. Während kaiserliche und bischöfliche Macht zu diesem Zeitpunkt ungebrochen erscheinen, ist für die Abtei gerade der Konflikt um die Kastvogtei wie ein Menetekel, das auf noch viel weitergehende Gefährdungen der klösterlichen Welt verweist. So deutlich mag dies den Zeitgenossen nicht gewesen sei. Dennoch, dass der neugewählte Abt in eben jener Frage eine kaiserliche Entscheidung im Sinne seines Klosters herbeizuführen suchte, zeigt, dass er das Vorgehen der Vorderösterreichischen Regierung während seiner Wahl als besonders gefährliches Einfallstor verstanden hatte. Aber auch für die übrigen Konventualen mag sich im Wahlprozeß der Eindruck bestärkt haben, dass diese zunächst nur sie betreffende Entscheidung weit in das außerklösterliche politische Kräftefeld hineinreicht: Dass man nach erfolgter Wahl wegen der Vorkommnisse nicht einmal gemeinsam speisen konnte, mußte jedem die diese Wahl überlagernden Machtkonflikte anschaulich machen. Und wenn das Homagium, das nicht als Zeichen der Unterwerfung gegeben werden sollte, dann um der Freundschaft willen erklärt wurde, war hier eine Grenze erreicht, an der die Decke rhetorischen und interpretatorischen Zeremoniells die Brüche zur Realität nicht mehr verbergen konnte. Diese Verwerfungen, die im Zuge der Aufklärung immer schonungsloser offengelegt wurden, legen wichtige Faktoren bloß, die am Ende des Alten Reiches nicht nur zur Aufhebung der Klöster, sondern auch zum Untergang kaiserlicher und (fürst)bischöflicher Herrschaft beigetragen haben.

Abt Benedikt Wülberz, 1739 – 1749

IV. Die Wahl von Benedikt Wülberz 1739

Nach 20jährigem Abbatiat starb Abt Bürgi am späten Vormittag des 17. Juli 1739. Noch am selben Tag versammelten sich die acht (von insgesamt 17) anwesenden Patres zum Kapitel, um die Situation zu besprechen. Wieder bat der Prior, P. Placidus Großmann, den Konvent, ihn von seinen Pflichten zu entbinden, was dieser jedoch nicht gewährte, sondern ihn im Gegenteil aufforderte, diese gewissenhaft und eifrig auszuüben. Offensichtlich nahm dieser die Aufgabe ernster, als es dem Konvent lieb war, indem er entgegen dem Votum des Konvents selbst den Begleiter bestimmte, der mit ihm im Freiburger Ordenshaus Truhen und Pulte des Abtes versiegeln sollte, worin sich wohl, wie in St. Peter, Geld, Archivalien und Siegel befanden. Einigen konnte man sich zunächst auch nicht, ob ein Mitglied des Konvents oder ein Auswärtiger die Leichenpredigt halten sollte. Vermutlich, um keinen besonders herauszustellen, einigte man sich unter dem Bibelwort „Rühmen soll dich ein anderer, nicht dein Mund, ein Fremder, doch nicht deine Lippen" auf den Provinzialoberen und Quardian der Freiburger Franziskaner, der dann jedoch einen Vertreter schickte.

Konsens wurde darüber hergestellt, dass man aus den Räumen des Verstorbenen das für die Beisetzung und Wahl notwendige Geld entnehmen wolle, strittig blieb, wieviel dafür nötig war. Doch man kam bereits zu spät: „Das restliche Geld aber, das bis jetzt in der Kniebank des Ehrwürdigen zurückgelegt gewesen war, hatte bei dem einen oder anderen nächtlichen Herumstreicher Gier erregt, so dass er mit einer herbeigeholten Leiter durch die Fenster des äbtlichen Gemachs einbrach und nach Aufbrechen des Pults, wo die Schlüssel für die Truhen aufbewahrt wurden, aus der Kniebank (wobei die Brustkreuze zurückgelassen wurden) soviel entwendete, wie er finden konnte. Nachdem dem Brauch gemäß alle durchsucht und überprüft worden waren, wurde mit Mühe nicht ein einziger von unseren Hausgenossen in Verdacht gehabt, obwohl, Christus ist Zeuge, die Feinde des Menschen manchmal seine Hausgenossen sind. (Matt. 10,25)".[19] Abgelehnt wurde die Aufnahme der vier Patres Juniores in den Kreis der Wählenden, da dies einer Entscheidung des ganzen Konvents vorbehalten bleiben sollte.

Erst im nächsten Kapitel, das nach der Totenfeier am 21. Juli stattfand und an dem 12 Kapitulare anwesend waren, wurden die vier jungen Patres, darunter Ph. J. Steyrer mit aktivem und passivem Wahlrecht begabt. Erst jetzt wurde auch beschlossen, den Konstanzer Bischof vom Tod Bürgis und vom Wahltermin des Nachfolgers zu unterrichten und ihn um die Entsendung eines Beauftragten zu bitten, der der Wahl vorstehen sollte. Da noch kein Notar festgelegt war, wurde dieser vom bischöflichen Beauftragten bestimmt – ein Indiz, für den Mechanismus, jede Chance der Einflußnahme zu nutzen. Als Scrutatoren wählte man die Äbte von St. Trudpert und Villingen, wobei ersterer zu den besten Rechtsgelehrten unter den vorderösterreichischen Äbten gehörte.[20] Schließlich wurde auf dem Kapitel noch beschlossen, den Bildhauer J. A. Feuchtmayer und den Maler F. J. Spiegler, die dem Prior eröffneten, dass sie vom verstorbenen Abt beauftragt waren, Bibliothek und Abtsgemächer auszugestalten, wieder nach Hause zu schicken, da in der Zeit des Interregnums nichts verändert werden könne. Lediglich die Fresken im vorderen Treppenhaus, zu denen Bürgi in seinen letzten Tagen noch den Auftrag erteilt hatte, durfte Spiegler fertigstellen. Diese Entscheidung bedeutete faktisch eine Korrektur der Baupläne Bürgis und war ein Hinweis auf den Richtungswechsel bei der bevorstehenden Abtswahl. Beide Künstler waren danach für St. Peter nie mehr tätig.

Ein letztes Kapitel fand am Tag vor der Wahl statt, nachdem auch Benedikt Wülberz aus Bissingen gekommen war. Dabei – also ohne den bischöflichen Kommissar, aber unter Anwesenheit der wahlberechtigten Kapitulare – wurde der Abstimmungsmodus beschlossen: Geheim statt Akklamation, Einstimmigkeit im ersten Wahlgang, danach Accessus, ein Verfahren, bei dem dadurch die notwendige Mehrheit erreicht wird, dass die Scrutatoren um den Zugang der fehlenden Stimmen nachsuchen. Wird dies nicht erreicht, ist ein neuer Wahlgang erforderlich. Das Access genannte Verfahren hat darin seinen Sinn, dass, indem man den Wählern das Erreichen der notwendigen Mehrheit ohne Benennung der Person mitteilt und den noch abweichenden nicht aus Schuldigkeit, sondern aus Höflichkeit anheim stellt, sich der Mehrheit anzuschließen, man sagen kann, „die Wahl seye durch einmüthige Stimmen geschehen". Dass ein solches Verfahren, dessen Nebeneffekt es ist, dass man weder die realen Mehrheitsverhältnisse noch die jeweiligen Parteien kennt, den Scrutatoren Spielräume eröffnet, liegt auf der Hand. Bei dieser und den folgenden Abtswahlen erstaunt die hochentwickelte „Wahltheorie", die von einem subtilen Wissen über Vor- und Nachteile, über Einflüsse und Folgen bestimmter Verfahren zeugt.[21]

In der Zusammenschau dieser vier Kapitel vor der Wahl werden schon Unsicherheit und Disharmonie des Konvents sichtbar, die dann bei der Wahl selbst dramatisch zum Ausdruck kommen sollten. Nachdem der Gewohnheit entsprechend in feierlicher Prozession in das zum Wahllokal umfunktionierte Refektorium eingezogen war und dort die Präliminarien absolviert waren, stellte sich heraus, dass trotz aller Wahlarithmetik in drei Wahlgängen keine Mehrheit erreichbar war. Bei dieser Meinungsverschiedenheit unter den Kapitularen – als Marginalie steht im Kapitelsprotokoll: eine Sonnenfinsternis verdunkelt den Wahltag – „konnte sich selbst der Herr Präses nicht weiter bezähmen, so dass er seinen Abscheu und sein Mißfallen und das der Herren Scrutatores, das ihn über die so schlechte Übereinstimmung unseres Konvents ergriffen hatte, in ziemlich offenkundigen Schlußsätzen hervorbrachte." Und drastisch wird vom Protokollanten die Verteilung der Stimmen „auf wieviel verschiedene Subjekte" mit dem Bild der Lernäischen Schlange, der ja auch immer wieder die abgeschlagenen Köpfe nachwachsen, verglichen. Dies bot dem bischöflichen Präses nun die Gelegenheit, die Initiative zu ergreifen. Statt der vom Konvent beschlossenen Verfahren setzte er nun den sog. „Kompromiß" fest, bei dem die Entscheidung einem Wahlmännergremium übertragen wird.[22] Für den Konvent war dies gleichbedeutend mit dem Verzicht auf die Ausübung der direkten Wahl.

Es kam noch schlimmer. Als Wahlmänner verständigte man sich auf drei aus dem Elsaß stammende Mitbrüder, die aufgrund einer kaiserlichen Verfügung als „Ausländer" in Vorderösterreich keine Ämter übernehmen durften, also selbst nicht das passive Wahlrecht hatten. Das heißt, dass auch die Auswahl der Wahlmänner fremdbestimmt war und man aufgrund der Uneinigkeit keine eigenen Interessen ausformulieren konnte. Und schließlich: „Damit diese Schiedswähler nicht in der blinden Leidenschaft eines Duells immer gerade jeweils einen anderen wählten, mußten sie wiederum mit einem Eid versprechen, nicht einen anderen zu wählen, als jenen, von dem sie ihrem Gewissen nach glaubten, er werde für das Kloster eher in geistigen als in weltlichen Dingen nützlicher sein." Der Konvent wurde aus dem Raum geschickt, während sich die drei Elsässer in einen Winkel des Refektoriums zurückzogen und „in einer halben Viertelstunde" den Schwaben Benedikt Wülberz zum Abt erkoren. Nach der Rückkehr der anderen Konventualen in den Saal wurden diese einzeln befragt und nach allgemeiner Zustimmung verkündete Abt Coelestin die erfolgte Wahl. Als der Präses vom Gewählten die Einwilligung in die bezüglich seiner Person vollzogene Wahl erbat und dieser – offensichtlich unentschlossen – schwieg, wurde das Schweigen als Einwilligung genommen, der Notar beauftragt, die Urkunde anzufertigen und den im Festsaal wartenden Kommissaren der kaiserlichen Regierung das Ergebnis mitgeteilt.

Nachdem der Neugewählte vom bischöflichen Beauftragten (an der rechten Hand) in die Kirche geführt worden war, wurde er danach durch die österreichischen Beauftragten in die weltlichen Rechte eingesetzt, wobei der Protokollant hervorhebt, dass man darauf geachtet habe, dass dies ohne Erwähnung von Vogteirechten und daraus hergeleiteten Verpflichtungen, auch ohne Schwierigkeiten, Widersprüche oder Weigerungen erfolgt sei. Nachdem auch bei der Schlüsselübergabe die Rechte des Konvents gewahrt wurden, baten die vorderösterreichischen Kommissare die Untertanen um die Darbietung ihrer Unterwerfung und den Treueid. Diese antworteten, dass sie unter Wahrung ihrer Rechte gern den Gehorsam leisten würden.

Am 5. August fand das besagte Examen durch den bischöflichen Kommissar statt und erst danach nahm dieser in Stellvertretung des Bischofs den Gehorsamseid ab und bestätigte – vorläufig mündlich – die Wahl. Mit dem Eingang der Urkunde am 24. August war die Wahl abgeschlossen; was blieb war die Bezahlung der erheblichen Kosten, die immer wieder zu Konflikten führten. Fasst man Verlauf und Ergebnisse dieser Wahl zusammen, so war sie unter dem Gesichtspunkt einer freien Wahl durch den Konvent sicher ein Mißerfolg, nachgerade eines der Beispiele, das die Bischöfe für die Notwendigkeit ihres Einflusses anführen konnten. Nicht nur, dass das Verfahren vom Präses bestimmt werden mußte, auch bei den von ihm gemachten Vorgaben für die personelle Auswahl standen die Spiritualia so im Vordergrund, dass kaum ein besonders starker, gegen Bischof und Kaiser evtl. widerspenstiger Kandidat zu erwarten war. Immerhin konnte der Konvent bei der Einführung des neuen Abtes in die Temporalia sein Gesicht wahren, da die vorderösterreichischen Kommissare nicht allzu viel politischen Druck machten, angesichts der für den Hof schwierigen Situation kurz vor der umstrittenen Amtsübernahme durch Maria Theresia 1740 vielleicht auch nicht machen konnten.

Es bleibt der Spekulation überlassen, was den Ausschlag für die Wahl von Wülberz gab. Sein Lebenslauf läßt unmittelbar keinen Grund erkennen: Aus evangelischer Familie stammend wollte er zunächst Jesuit werden, wurde dann 1712 (mit 15 Jahren!) Benediktiner, war zum Studium in Weingarten und verteidigte bei den Franziskanern in Freiburg seine Thesen. Gelehrt, ehrgeizig und konservativ wird er mit 27 Jahren Prior, bevor er von Bürgi als Pflegverwalter nach Bissingen geschickt wird. Möglicherweise war er der Exponent eines eher traditionalistischen Flügels im Kloster und führte die Fronde der bauunwilligen Konventualen an. Ein Indiz dafür wäre, dass er den schon weit fortgeschrittenen Bibliotheksbau einstellen ließ. Aus seinem Abbatiat wird nichts von besonderer Förderung moderner Studien berichtet. Stattdessen wird er als verus religiosus, interessiert an Fragen des göttlichen Geheimnisses, demütig, aber auch als allzu sparsam beschrieben. Seine Bautätigkeit konzentrierte sich weitgehend auf Kirchen-, allenfalls Verwaltungsbauten. Ein schwerer Konflikt mit dem Konvent muß sich während seiner Amtszeit vor allem daran entzündet haben, dass er „gänzlich von seinem Bruder Petrus Wülberz beherrscht wurde, den er bald nach seiner Wahl zum Veruntreuer unserer Besitztümer im Breisgau und im Markgräflerland machte; hier jedoch vernachlässigte er es, die Abrechnungen über den gesamten Zeitraum von zehn Jahren darzulegen, aus der Nachsicht des Herrn Abts heraus, und unter schwerem Mißfallen des Kapitels... Dies soll allein zur Erinnerung für die Zukunft gesagt sein, damit der Nepotismus nicht noch weiteren Raum findet."[23] Freilich auch Steyrer machte später seinen Bruder zum Verwalter von Geiersnest und Zähringen.

V. Die Wahl von Philipp Jakob Steyrer 1749

Bereits im Frühjahr 1749 war Benedikt Wülberz so krank, dass er an der Beisetzung von Coelestin Herrmann in St. Trudpert nicht mehr teilnehmen konnte. Als er am 3. November dieses Jahres, morgens um 6 Uhr starb, war man auf dieses Ereignis vorbereitet. Wohl in Erinne-

Abt Philipp Jakob Steyrer, 1749 – 1795

rung an den Diebstahl 1739 stellte man außer am Leichnam auch an den Toren des Klosters Wachen auf. In dem noch am selben Tag vom Prior, P. Romanus Glenz, einberufenen Kapitel spielte sich das bekannte Ritual von Amtsverzicht und Amtsbestätigung ab. Glenz wurde vom Konvent aufgefordert, es „auf bestmögliche Art" wahrzunehmen. Er sinnierte dann über das verhängnisvolle neunte Jahr, in dem mit einer Ausnahme seit 90 Jahren alle Äbte des Klosters gestorben seien und gibt aus dem letzten Willen des Abtes zwei symptomatische Dinge bekannt, erstens, dass er nicht im Pontifikal-, sondern im Mönchsgewand beigesetzt werden wolle, und zweitens, dass der Abt einer anderen Kongregation den Begräbnisgottesdienst halten sollte. Die anderen Themen dieses Kapitels und die Vorgänge der folgenden Tage zeigen wiederum die Verunsicherung und den Versuch der Schadensbegrenzung während der Übergangszeit. Man suchte Rat und Hilfe beim Syndikus des vorderösterreichischen Prälatenstandes bzgl. der Vorgehensweise, da nicht klar ist, ob die Inventarverzeichnisse abgegeben werden müssen und nur österreichische Untertanen wahlberechtigt seien. Zugleich schickte man mit einer Stafette eine diesbezügliche Anfrage zu P. Marquard Hergott O.S.B. nach Wien, der dort die Interessen des vorderösterreichischen Prälatenstandes vertrat. Vom erwähnten Petrus Wülberz forderte man die Ablieferung der Akten.

Unmittelbar nach den Beisetzungsfeierlichkeiten am 6. November gab der Prior im Kapitel bekannt, dass man aus politischen Gründen gezwungen sei, die wichtigste Aufgabe, die Festsetzung des Wahltermins zu unterlassen. Im wesentlichen ging es um die kurz davor erhobene Forderung Wiens, dass der vorderösterreichische Prälatenstand für den Erhalt seiner freien Wahlrechte 15000 Gulden bezahlen sollte. Diese Forderung konnte natürlich genau im Moment der Abtswahl brisante Folgen haben und zur Erpressung genutzt werden. Glenz berichtet mit dem alten Bild der Staatsphilosophie über „den gefährlichen Zustand, in dem sich quasi der Körper St. Peter ohne sein Haupt befinde" und über die verschiedenen eingeleiteten Maßnahmen, die den Patres „nicht mißfallen konnten, da scheinbar kein anderes Mittel übrig blieb."
Am 15. November erhielt das Kloster ein Schreiben der Regierung mit einer nachdrücklichen Klage, dass der Tod des Abtes noch nicht angezeigt sei, wogegen der Protokollant festhält, dass dies immer erst nach der Festsetzung und mit der Übermittlung des Wahltages erfolgt sei. Syndikus Joh. von Gleichenstein riet zur Verzögerungstaktik und tatsächlich traf am 20. November eine Antwort aus Wien ein, in der P. Marquard schreibt, dass man bei der Wahl nach dem bisherigen Usus verfahren solle, und, falls die kaiserlichen Kommissare Widerstand leisteten, man ihnen die Resolution der Regierung mit der Versicherung des alten Zustands zeigen könne. Erst wenn dies nichts fruchte, solle man zunächst die jährlich eingeforderte Steuer und schließlich seinen Teil an den 15000 Gulden, die das Kaiserhaus für den Erhalt der alten Wahlfreiheiten verlangte, anbieten. Der – ins Kapitel zugelassene – Syndikus selbst rät lieber gleich den Versuch zu machen, sich mit den anderen Prälaten über die Aufteilung dieser Summe zu verständigen. Er setzt sich damit durch und die nächsten Tage wird mit den anderen Klöstern des vorderösterreichischen Prälatenstandes so verhandelt, dass die erforderliche Summe zusammengebracht wird.

Im Kapitel am 26. November wird daraufhin der Wahltag auf den 9. Dezember festgelegt. Zur Vermeidung von Kosten soll der Konstanzer Weihbischof als Präses erbeten werden. In Konstanz muß sich der Bote des Konvents ebenfalls bittere Klagen anhören: „Der Erhabenste (Bischof) und dessen Generalvikar in spiritualibus hätten es kaum ertragen, dass ihnen der Tod des Prälaten so spät gemeldet worden sei." Dies, so der st. petrische Protokollant, sei jedoch nicht Schuld des Klosters „sondern eher den Hindernissen einer Wahl nach freier Weise (zuzuschreiben), die uns von dem irdischen Fürsten entgegengesetzt worden sind, wenn nicht besser von dem Herrn Ordinarius selbst, der sich den Verletzern und Räubern der kirchlichen Freiheit kaum entgegen stellt, sondern mit duldendem Auge toleriert..." Trotz dieser Kontroverse sagte der Weihbischof sein Kommen für den Abend des 7. Dezember zu und war bereit, einen dem Konvent genehmeren Notar anstelle des vorgesehenen zu bestimmen. Nun wurden auch die kaiserlichen Kommissare zum Wahltag und zur Einführung des zu Wählenden in die Temporalia eingeladen, wobei das vom Landschaffner Wülberz aufgesetzte Schreiben vom Konvent abgelehnt wurde, weil es nicht dem alten Brauch entspreche. Vielleicht versuchte dieser sich im Sinne des biblischen Bildes vom untreuen Verwalter so bei den Österreichern anzudienen. Seine Entlassung durch den neuen Abt zwei Tage nach der Wahl wird für ihn jedenfalls kaum überraschend gewesen sein.

Während der Kanzler der vorderösterreichischen Regierung mit seinem Troß durch die von den Bauern nach Freiburg geschickten Pferde am 8. Dezember pünktlich nach St. Peter kam, blieb der Weihbischof, der ja schon tagszuvor da sein wollte, im Schnee bei St. Märgen stecken. Im Kapitel an diesem Tag wurde deshalb beraten, was zu geschehen habe, wenn er nicht komme. Während einige meinten, dann solle einer der andern Äbte den Vorsitz übernehmen, beriefen sich andere auf die alte Regel, dass im Verhinderungsfall einer aus dem eigenen Kapitel als Präses zu wählen sei. Dies wäre eine Gelegenheit gewesen, eine gültige Wahl ohne bischöfliche Beteiligung zu erreichen und somit wieder einen aktenkundigen Präzedenzfall zu schaffen. Doch die Überlegungen wurden hinfällig, da der Weihbischof am nächsten Morgen bis St. Peter durchkam.

Eine längere Kontroverse entstand über den Wahlmodus, da man Vorgänge wie 10 Jahre zuvor auf jeden Fall vermeiden wollte, wo es kaum möglich war, das Ziel einer gültigen Wahl zu erreichen. Immerhin hatte noch etwa die Hälfte der wahlberechtigten Kapitularen an dem Wahldebakel 1739 teilgehabt. Während man sich auf die geheime Wahl schnell einigen konnte, war die Frage umstritten, wie zu verfahren sei, wenn auch nach einem zweiten Wahlgang keine absolute Mehrheit erreicht werde. Nach Verlesung eines Briefes von Steyrer über den Wahlmodus in St. Trudpert kommt es trotz anfänglichen Dissenses doch zu der Einigung, dass man dieses Verfahren anwenden wolle: Danach sollte auch die relative Mehrheit ergänzt durch das Verfahren des Accesus zu einer gültigen Wahl führen, wobei es darauf ankam, dass den Wählern die Ergebnisse erst nach abgeschlossener Wahl bekannt werden durften, da der Accesus nach deren Bekanntgabe nichts mehr bewirken könne.

Schließlich, da abzusehen war, dass es zwischen kaiserlichen und bischöflichen Beauftragten protokollarischen Streit über Zimmer und Sitzordnung geben würde, versuchte man sich dadurch aus der Affäre zu ziehen, dass man zwei Hauptzimmer vorbereitete und dem zuerst Ankommenden die Wahl lassen wollte. Bei der Sitzordnung ging man von einer freundschaftlichen Einigung aus und hoffte, eventuell angenommene Benachteiligungen am Weihetag ausgleichen zu können. Bereits vor der Wahl entbrannte ein heftiger Streit mit den kaiserlichen Gesandten über Ort und Zeitpunkt der Einführung des Neugewählten in die Temporalia. Sie verlangten, dass dies direkt nach der Wahl in den Abtsgemächern zu geschehen hätte. Der Konvent lehnte das ab, weil es nie Brauch gewesen – und die Abtsgemächer nicht gereinigt seien. Der eigentliche Grund ist klar: Mit einer solchen Einsetzung wäre die staatliche Funktion und damit Abhängigkeit des Abtes in die Vorderhand geraten und dies noch in seinen eigenen Gemächern dokumentiert worden. Dass Ähnliches bei der Einsetzung Bürgis geschehen war, erschwerte die Position des Konvents, der erst mit Unterstützung des Syndikus dieses Ansinnen abwehren konnte, ohne freilich seine Meinung durchsetzen zu können. Aus der Rückschau mögen dies kleine Streitpunkte scheinen, für die Zeitgenossen manifestierte sich jedoch unter solch kontroversen Fragen brennpunktartig ihre kritische politische Situation.

Nach der Prozession in die Kirche und danach ins Refektorium ermahnte der Präses die Wahl ohne „privaten Parteieifer und Begünstigung, Hass und Groll" zu treffen. Er akzeptierte den vorgesehenen Wahlmodus, verpflichtete die Beisitzer und Zeugen zum Schweigen und ermöglichte es so, dass er schon nach dem ersten Wahlgang – mit unbekannter Mehrheit, aber durch das Verfahren jedenfalls ohne Gegenstimme, also konsensuell – Philipp J. Steyrer zum Abt gewählt erklären konnte. Dieser kämpfte wegen seiner schwachen Körperkonstitution, seines Charakters und der Unzulänglichkeit in der wissenschaftlichen Lehre mit aller Unterwürfigkeit dagegen an, gab dann jedoch nach längerem Sträuben seine Einwilligung aufgrund des Arguments, dass er „durch die einzigartige Vorsehung Gottes gewählt" worden sei. Wie weit dieses Sträuben real, wie weit es, ähnlich dem Schweigen von Wülberz, Ritual war, das auch von anderen Wahlen bekannt ist, läßt sich schwer nachvollziehen. Bekannt ist, dass ihm ein Schüler aus St. Ulrich die Wahl vorausgesagt hatte. Wichtiger war die Berufung auf die Vorsehung Gottes, da es nunmehr eine Wahl durch Inspiration wurde, die zumindest innerkirchlich zusätzliche Autorität bedeutete.

Wenn mit Steyrer ein im Vergleich mit Wülberz wiederum völlig anderer Typus von Abt gewählt wurde, hing dies wohl mit personellen Veränderungen im Konvent zusammen – mehr als die Hälfte waren gegenüber 1739 Erstwähler –, möglicherweise aber auch damit, dass man sich angesichts der von Maria Theresia eingeleiteten Reformen einen zeitgemäßeren Abt wünschte. Symptomatisch hierfür ist der kurz nach der Wahl wieder aufgenommene, seit zehn Jahre ruhende Bibliotheksbau, vielleicht noch mehr aber die Phantasie im Entwerfen der Bildprogramme, die sein Wissen und sein Interesse an der Aufklärung ausweisen. Er konnte – wie schon Bürgi – souverän mit dieser (Bild-)Sprache seiner Zeit umgehen, während von Wülberz nicht bekannt ist, dass er sich für dieses Medium interessierte.[24] Auch das von Wülberz in Auftrag gegebene St. Ulrich wurde erst unter Steyrer ausgemalt.

Die kaiserlichen Kommissare wurden von der Wahl unterrichtet und nahmen sie mit „willigem Herzen" auf. Nach altem Brauch wurde der Neugewählte vom Präses in die Kirche geführt und so zuerst in die Spiritualia eingesetzt. Danach überreichte der Prior dem Abt die Schlüssel, mit dem Hinweis, dass er diese nur dem Konvent zurückgeben dürfe. An der vorderen Treppe erwarten die kaiserlichen Beauftragten den Abt, weigern sich allerdings, ihn in der Öffentlichkeit in die Temporalia einzusetzen. Der Kanzler der vorderösterreichischen Regierung führt an, dass es etwas Ehrenvolles sei, wenn die Schlüssel nicht vor den Untertanen überreicht würden – und so überreicht er denn nahe bei der Treppe die vom Prior auf einer großen Silberschale dargebotenen Schlüssel dem

Abt. Erst danach wurde der Abt auf dem Altan seinen Untertanen als neuer Herr vorgestellt und diese zu Treue und Gehorsam ermahnt. Der Vogt des Seelguts, Andreas Haizmann, sagte dies unter der Voraussetzung zu, dass auch ihre Rechte gewahrt würden, was Steyrer in einer kurzen Ansprache bestätigte.

Über die Tischordnung beim anschließenden Essen freilich konnte man sich wiederum nicht einigen, so dass schließlich der Weihbischof, weil er nicht den Ehrenplatz erhielt, „unter lautem Protest" mit drei Patres im Nebenzimmer speiste. Kanzler von Stapf nahm den Ehrenplatz zwischen den beiden Scrutatoren ein, die es offensichtlich vorzogen mit den kaiserlichen Kommissaren anstatt mit ihrem Weihbischof zu essen. Nachdem tagsdarauf wiederum das Examen vorgenommen worden war, leistete Steyrer seinen Gehorsamseid gegenüber dem bischöflichen Stuhl und war nach der Stipulation der Konventualen nunmehr in alle Rechte eingesetzt und bestätigt. Disput entstand dann im Konvent, ob man dem Weihbischof angesichts der beschwerlichen Reise im Schnee etwas mehr als vorgesehen bezahlen sollte.

Im Vergleich mit den ersten beiden hier behandelten Wahlen werden bei aller Ähnlichkeit der Vorgänge doch die Unterschiede deutlich. Obwohl die Kaiserin gerade 1748 die alten Klosterrechte bestätigt hatte, war der verstärkte Druck Österreichs auf den Wahlvorgang, insbesondere auf die Formen der Einsetzung in die weltliche Regierung und Verwaltung, spürbar. Für den Konvent mußte dies eine Warnung sein, dass man sich auf das Wort der politisch Mächtigen nicht verlassen konnte. Seine Chance, den Einflußnahmen entschlossener und erfolgreicher entgegentreten zu können, lag, wie der Vergleich zeigt, vielmehr in einer möglichst einigen Geschlossenheit und starken Solidarität. Dass die Einsetzung in die Temporalia nicht in den Abtsgemächern, aber auch nicht in der Öffentlichkeit, sondern im Treppenhaus stattfand, ist dann einer jener Kompromisse, die es jeder Seite ermöglichten, ihr Gesicht zu wahren, den Vorgang in ihrem Sinn zu deuten und ihn bei vergleichbarem Anlass wieder als Argument zu verwenden.

VI. Die Wahl von Ignaz Speckle 1795

Bald 50 Jahre später fand 1795 die letzte Abtswahl in St. Peter unter nochmals ganz anderen Bedingungen statt. Die ideologischen und politischen Anfeindungen hatten zugenommen. Die Französische Revolution hatte wenige Kilometer entfernt gezeigt, dass es auch politische Situationen geben könne, in denen alle Klöster zerstört würden. Vielleicht aber am bedrückendsten war im Moment des Todes von Abt Steyrer die Verwendung der Abtei als Militärlazarett. Man war schon rein äußerlich nicht mehr Herr im eigenen Haus. Nach dem wohl seit längerem absehbaren Ableben Steyrers am Nachmittag des 7. November suchte man, um Zeit für die weiteren Maßnahmen zu gewinnen, seinen Tod einen Tag lang zu vertuschen. Sein Leichnam wurde deshalb im Abtszimmer im Chorgewand mit Kreuz und Ring auf ein Kanapee gesetzt. Hintergrund war wohl die Belegung der Abtei als Lazarett, durch die man Übergriffe in einer Zeit ohne Regierung befürchtete. Auf dem anschließenden Kapitel, zu dem auch Amtmann Mercy zugezogen wurde, beschloß der Konvent die Beibehaltung der Ämter, die Bekanntgabe des Todesfalls am kommenden Abend, den Beisetzungstermin, den Leichenprediger – einen aus dem Konvent – und bereits jetzt, also noch ehe jemand Außenstehender etwas wußte, den möglichst baldigen Termin für die Neuwahl am 23. November. Der Protokollant vermerkt: „Diese so eilig angesetzte Wahl wird fremd und einzigartig anmuten. Doch das ehrwürdige Kapitel glaubte, dass man sich in so gefährlichen Zeiten beeilen müsse."

Ein erster Hinweis auf ein neues Selbstverständnis des Konvents könnte der Beschluss sein, dass die Versiegelung nicht mit dem Siegel des verstorbenen Abtes, sondern mit dem des

Abt Ignaz Speckle, 1795 – 1806

Priorats und dem Freiburgs erfolgen solle. P. Bicheler wurde beauftragt, Bischof und kaiserlichen Kommissaren die Sedisvakanz und den Wahltag mitzuteilen. Für die anfallenden Kosten wurden aus dem Abtsgemach 3000 Gulden geholt, das übrige Geld beim Cellerar versiegelt geborgen, wobei hier auch ein numophilacium, eine Münzsammlung erwähnt wird. Nach der öffentlichen Bekanntgabe wurde der Leichnam im Schlafgemach aufgebahrt, wo, wie ausdrücklich vermerkt wird, Menschen beiderlei Geschlechts der Zugang offen stand. Noch wenige Jahrzehnte zuvor wäre der Zugang zur Klausur für Frauen undenkbar gewesen. Danach wurde der Leichnam aus der Abtsstube hinausgetragen und in der Nacht von Untertanen – jetzt nannte man sie „Bürger" – bewacht, die mit zwei Maß Wein und einem halben Brot versorgt wurden. Nach der Beisetzung am 10. November wurden die Scrutatoren bestimmt und die Konventualen für den 21. November wieder einbestellt, um die Präliminarien der Wahl zu besprechen.

Bei der Rückkehr von Konstanz berichtet P. Bicheler, dass der Domdekan von Bissingen als Präses und Regierungsrat P. Will als kaiserlicher Kommissar bestellt seien. Dieser habe versprochen, nichts anderes zu tun, als den Neugewählten in die weltlichen Angelegenheiten einzusetzen, forderte aber vorab zur Überprüfung ein Verzeichnis der Wahlberechtigten. Noch immer waren Ausländer, in diesem Fall der Bayer P. Ph. J. Weigl, nicht wahlberechtigt. Beide Beauftragen wollten jeweils in Neustadt abgeholt werden. Wie 1749 der Syndikus die Klosterrechte gegen die kaiserlichen Kommissare verteidigt hatte, sollte es diesmal Amtmann Mercy tun, mit dem man nach mehreren Mißgriffen einen vertrauenswürdigen Verwalter als weltlichen Arm des Klosters gefunden hatte.

Am 18. November kamen „schweißnaß und ohne das Wissen ihres Superiors" zwei in Freiburg studierende Fratres zum Prior und verlangten das Wahlrecht, da man nicht später jemand gehorchen könne, den man ablehne, also nicht gewählt habe, und im übrigen wären sie schon lange Priester, wenn sich nicht durch Aufschub ihre Studien verzögert hätten. Auch der Regierungspräsident von Summerau würde sie bei diesem Anliegen unterstützen. Nach der Wahl stellte sich heraus, dass das nicht stimmte, sondern Summerau ihnen das Gespräch mit den Senioren des Klosters über die Gebräuche und nur bei offensichtlicher Rechtsverletzung die Anrufung des kaiserlichen Kommissars empfohlen hatte. Bedenkt man, dass Steyrer schon 1784 seine Sorge geäußert hatte, dass die jungen Leute in Freiburg „durch schädliche Irrlehren verführt werden"[25], so versteht man, dass man hinter diesem Ansinnen „Begünstiger oder Liebhaber von Aufruhr und Umsturz" vermutete, die den Fratres „die Ohren gezupft" hätten. Unklar war, ob die „Feinde des Friedens", diejenigen, die den Fratres die Falle gestellt hatten, Auswärtige oder aus dem eigenen Schoß waren. Jedenfalls sollte erstmals die Wahl auch dadurch beeinflusst werden, dass von der Aufklärung, gar revolutionären Gedanken angesteckte Konventsmitglieder Wahlrecht erhalten sollten. Das Ersuchen wurde natürlich abgelehnt[26] und die (inneren) Feinde der Ordnung und althergebrachter Sitte mit Schande überhäuft. Der Vorgang macht augenfällig, dass Ideen der Autonomie und, hieraus resultierend, der demokratischen Mitbestimmung auch in den Klöster zunehmend Resonanz fanden.

Am 21. November wurden unter Teilnahme aller 21 Kapitulare – ebensoviel wie 1749, aber nur noch zwei von ihnen waren auch schon damals dabei gewesen, wobei P. Maichelbeck altershalber nur mit Mühe und, um Unsicherheiten der Stimmrechtsübertragung zu vermeiden, kam – die Wahlmodalitäten beschlossen: Im ersten Wahlgang war für eine gültige Wahl die absolute Mehrheit notwendig. Vor einem evtl. zweiten Wahlgang sollten die Namen und Anzahl der Stimmen von drei der im ersten Durchgang Gewählten genannt werden (vermutlich die drei mit der höchsten Stimmenzahl), so dass dann eine zweifelsfreie Wahl möglich sei. Nach außen, vor allem gegenüber den Untertanen, mußten die drei Gewählten verschwiegen werden, um eine Autoritätsminderung des Neugewählten zu vermeiden. Der Prior gab dann das Schreiben des Vizepräses der vorderösterreichischen Regierung, Graf v. Bissingen, ein Bruder des Domdekans, bekannt[27], mit dem Regierungsrat Will als landesfürstlicher Kommissar bestellt und gleichzeitig verfügt wurde, dass diesem bei der Ankunft in St. Peter von Prior und Konvent die Abteischlüssel sowie eine Liste der Kapitularen unter Angabe des Geburtsortes und des Professionsalters zu übergeben seien.

Ferner würde er eine Kontrolle des vorhandenen Kirchensilbers und der Pretiosen vornehmen. Abschließend wird betont, dass bei allen Zeremonien der landesfürstlichen Kommission der Vorrang vor der bischöflichen einzuräumen sei. Das Kapitel beschließt, die meisten dieser Ansinnen abzulehnen. Lediglich die Wählerliste, die auch der bischöfliche Kommissar erhielt, sollte überreicht werden, während die

Schlüsselübergabe „nach altem Brauch" erfolgen sollte. Zum Abschluss dieses Kapitels wurde ein den zukünftigen Prälaten über die Regel hinaus bindender Beschluss gefaßt, dass dieser verpflichtet sei, alle drei Jahre über seinen Haushalt Rechenschaft abzulegen. Sollte er dies nicht tun, würde er im vierten Jahr nachdrücklich daran erinnert. Dies ist für St. Peter der erste Fall einer Art Wahlkapitulation, eines für die Klöster höchst umstrittenen Verfahrens, mit dem eine Form quasi-parlamentarischer Mitwirkung des Konvents etabliert werden sollte.[28] Andere gingen in der Zeit weiter; in Neresheim etwa wurde gefordert, dass der Prior vom Konvent (mit-)gewählt werde[29], was einen Regel widrigen Eingriff in die Personalhoheit des Abtes bedeutete.

Am Vortag der Wahl suchten mehrere Kapitularen den Präses in seinem Zimmer zu Vorgesprächen auf, wobei das auch in Konstanz bereits bekannte Ansinnen der Freiburger Fratres zur Sprache kam. Bei der Ankunft des landesfürstlichen Kommissars wurde diesem die Wählerliste überreicht, die Schlüsselfrage schweigend übergangen. Diesmal aß man zusammen, nachdem der Suffragenbischof sein Recht als Präses auf den Vorzugsplatz bekundet, dann aber, da die kaiserlich-österreichischen Kommissare den Platz mit Gewalt wollten, davon Abstand nahm. Zur Wahl traf man sich im Großen Speisesaal, wo der Präses die Wähler in einer „bedeutungsschweren Rede" an ihre Verpflichtungen erinnerte. Die Mönche forderten, dass diese vortreffliche Rede aufgeschrieben werden müsse. Der Präses stimmte zu – eine auch heute noch vertraute Form der Schmeichelei. Im ersten Wahlgang erreichte keiner die absolute Mehrheit von 11 Stimmen. Merkwürdigerweise wollte der Präses nur zwei der Gewählten bekannt geben und nannte erst auf Drängen der Mönche auch den dritten. Die Stimmzettel wurden verbrannt, über das Ergebnis Schweigen vereinbart. Der dann im zweiten Wahlgang erfolgreiche Ignaz Speckle hat jedoch das Ergebnis in seinem Tagebuch überliefert:

9 Stimmen auf ihn selbst, 8 auf P. Thaddäus Rinderle, 2 auf P. Karl Lang und 2 auf andere. Wenn Speckle in seinem Tagebuch von Komplotten vor der Wahl und von Verleumdungen gegen ihn selbst schreibt, dass von außen auf einen bestimmten Zweck hin gearbeitet worden sei[30], wird man in diesem Ergebnis wiederum einen Richtungskampf innerhalb des Konvents feststellen dürfen: War Speckle, früher zwar selbst als Rebell und gefährlicher Grundsätze verdächtigt, später jedoch einer der entschiedensten Gegner des aufgeklärten Konstanzer Generalvikars und Bistumsverwesers v. Wessenberg, so hatte sich Rinderle in seiner Freiburger Antrittsvorlesung ostentativ vom alten Mönchtum, freilich nie von seinem Kloster losgesagt. Wären die beiden aus Freiburg herbeigeeilten Fratres wahlberechtigt gewesen, hätte die Entscheidung anders ausfallen können.

Nachdem für den zweiten Wahlgang zunächst Unsicherheit entstanden war, ob man nochmals ganz frei oder nur für die Gewählten des ersten Wahlgangs stimmen dürfe – manche meinten in Sinn des Accessus nur für den Erstplazierten -, kam es im zweiten Wahlgang zu einer ausreichenden kanonischen Mehrheit für Speckle. Auf die Frage nach seiner Einwilligung brachte er Verschiedenes über die Bürde und die Gefahren der Zeit vor, bot sich dann jedoch zur Ehre Gottes und zum Nutzen des Klosters als Opfer an, wobei er in seinem Tagebuch vorher notierte, dass er bei der Abreise aus Bissingen die Möglichkeit nicht mißkannte, dass man auf ihn verfallen könne. Die bestehenden Spannungen im Kloster deuten sich auch in seiner Bemerkung an, dass mit seiner Wahl „weniger Neid" entstehen würde. Die Einführung in die Kirche und die Überreichung der Abteischlüssel durch den Prior mit der Rechtsverpflichtung, sie niemand anderem zurückzugeben als dem Konvent, entsprachen etwa dem Procedere von 1749. Zur zweiten Schlüsselübergabe und der Einführung in die Temporalia durch den landesfürstlichen Kommissar traf man sich mitten auf dem oberen Gang. Das Homagium legten die

J. A. Feuchtmayers Brunnenprojekt für St. Peter, nach dem Tod Abt Bürgis nicht realisiert

Untertanen im Anschluss daran, weil der Abt wegen der Regengüsse die Tritterhöhung nicht betreten wollte, unter dem Dach des Säulenganges, d.h. wohl in der Einfahrt zum Kirchplatz ab. Speckle übernahm ein schweres Erbe, da sein Vorgänger, wie er schreibt, alt und etwas untätig war und sogar die geistigen Mitstände dieses Alter mißbrauchten und alles Ungemach auf unser Kloster wälzten.[31]

Die Synopse der vier Wahlvorgänge zeigt, wie sowohl die äußere politische Entwicklung als auch konventinterne Spannungen den jeweiligen Wahlvorgang beeinflußten. Auch wenn 1795 rein äußerlich das Verfahren nicht grundsätzlich anders war als bei den drei in diesem Jahrhundert vorangegangenen Wahlen, so waren doch die Auswirkungen der Aufklärung und der revolutionären Vorgänge sowie die Vorboten der Säkularisation deutlicher spürbar: die makabre notwendige Vertuschung des Todes von Steyrer, der versuchte Einfluß der aufgeklärt und demokratisch eingestellten Fratres und Theologiestudenten, die Ansätze der Wahlkapitulation, die Geheimhaltung der Wahlergebnisse gegenüber den „Bürgern" und die Ansprüche der Regierung auf Kontrolle des Klosterschatzes. Die Ideen der Französischen Revolution hatten die Klöster im Breisgau erreicht und Säkularisation war zu einer realen Bedrohung geworden.

Zwei Anliegen sollten mit dieser vergleichenden Analyse der vier Abtswahlen verfolgt werden: einmal Verständnis dafür zu wecken, dass der jeweilige Wahlvorgang nicht nur ein einzelnes, für Kloster und Ort einschneidendes Ereignis war, sondern, dass dies jeweils auch ein Vorgang war, der den Blick für größere geschichtliche Zusammenhänge öffnet. In jeder Wahl bildeten sich wie in einem Mikrokosmos Macht- und Interessenstrukturen eines umfassenderen politischen Prozesses ab. Damit lässt der Vergleich die Geschichte der Wahlakte zu einer Sonde für größere geschichtliche Zusammenhänge werden. Zum andern sollte durch die Darstellung der Ereignisse, der einzelnen Wahlmomente und -faktoren auch ein Stück der Lebenswelt eines Schwarzwälder Benediktinerklosters sichtbar machen, das in schwierigen Zeiten seine Existenz zu sichern suchte, dabei jedoch keine geistliche Idylle und friedliche Insel, sondern selbst im Inneren wie in seinen Außenbeziehungen eine konfliktreiche, sehr menschliche Institution war. In den Konflikten scheint etwas von den Prozessen durch, in denen sich Denken und politische Formen der Moderne ausbildeten.

ANMERKUNGEN

1 Frühere Fassungen in: Bernd M. Kremer (Hg.), Kunst und geistliche Kultur am Oberrhein, FS Hermann Brommer, Lindenberg 1996, 107 – 126 und Hans-Otto Mühleisen (Hg.), Philipp Jakob Steyrer (1749 – 1795), Freiburg 1996, 290 – 302.

2 Wolfgang Reinhard, Ehrensaal der Geschichte?, Die „Äbte-Galerie" im Kreuzgang von St. Peter und das Bild des Konvents von der eigenen Vergangenheit, in: Hans-Otto Mühleisen (Hg.), Das Vermächtnis der Abtei, Karlsruhe 2/1994,15-36.

3 Aus dem Stift Göttweig ist aus der ersten Hälfte des 18. Jahrhunderts ein solcher Fall bekannt, bei dem nur eine verschwindende Minderheit der Konventualen den vom Kaiser vorgesetzten Abtskandidat nicht wählen mochte.

4 Friedrich C. von Moser, Über die Regierung der geistlichen Staaten in Deutschland, Frankfurt/Leipzig 1787, 42/43, zum folgenden ebenda 190.

5 Hans-Michael Körner, Das Hochstift Würzburg. Die geistlichen Staaten des Alten Reiches – Zerrbild und Wirklichkeit, in: Jahres- und Tagungsbericht der Görresgesellschaft 1992, 6.

6 Konstantin Maier, Auswirkungen der Aufklärung in den schwäbischen Klöstern, in: Zeitschrift für Kirchengeschichte, 1975, 330/331.

7 Raphael Molitor O.S.B., Aus der Rechtsgeschichte benediktinischer Verbände, 2. Bd., Münster 1932, 112.

8 Ebenda, 114.

9 Julius Mayer, Geschichte der Benediktinerabtei St. Peter auf dem Schwarzwald, Freiburg 1893, 88.

10 Beda Franz Menzel, Abt Othmar Daniel Zinke, in: Studien und Mitteilungen aus der Geschichte des Benediktinerordens, 1978, 19.

11 Tlw. abgedruckt bei Molitor (wie Anm. 7), 136/137.

12 Die folgende Wahlstudie basiert vornehmlich auf dem Kapitelsprotokoll der Abtei St. Peter (in zwei Bde. heute als HS 17 und 18 in der Bibliothek des Erzb. Priesterseminars St. Peter, hier Bd. 1, 1659-1749). Dieses Kapitelsprotoll enthält außer den Protokollen zu den Abtswahlen jeweils eine Chronologie der Ereignisse und eine Epitome des verstorbenen Abtes. Zusätzlich wurden herangezogen die im Erzb. Archiv vorhandenen Dokumente zu den Abtswahlen in St. Peter. Möglicherweise ließen sich die Quellen aus (vorder-) österreichischen Archivbeständen ergänzen.

13 Zu Bürgi vgl. Wolfgang Jäger, Abt Ulrich Bürgi. Steyrers Chronik der Jahre 1719-1739, in: Hans-Otto Mühleisen (Hg.), St. Peter im Schwarzwald, München/Zürich 1977, 193–214.

14 Hierzu Klaus Weber, St. Peter im Wandel der Zeit., 1992, 73–81.

15 Vgl.Hans-Otto Mühleisen, Praktische Politikwissenschaft im Vorderösterreichischen Breisgau, Ein Schwarzwälder Antimachiavell des 18. Jahrhunderts, in: Manfred Mols u. a. (Hg.), Normative und institutionelle Ordnungsprobleme des modernen Staates, FS Manfred Hättich, Paderborn 1990, 162-184.

16 Hierzu J. B. von Rohr, Einleitung zur Ceremoniel-Wissenschaft der großen Herren, Berlin 1733 (als Faksimile Weinheim 1990), 657–681 (Von der Huldigung).

17 Erzb. Archiv, Wahlakten St. Peter, Nr. 26 1/2.

18 Kapitelsprotokoll, Bd.I., 360.

19 Ebenda (1739), Bd. I, 434.

20 Coelestin Herrmann, Abt von St. Trudpert 1737–1749, war selbst in einer äußerst knappen, d.h. konfliktären Wahlentscheidung ins Amt gekommen. Zu Coelestin Herrmann vgl. Mühleisen (wie Anm. 15), 162–184.

21 Hierzu Joseph von Sartori, Geistliches und weltliches Staatsrecht, Nürnberg 1788, Kap. 7: „Von dem Wahlact, und dessen Cermoniel". Sartori beschreibt z.B. die Probeabstimmung als Möglichkeit, zu stark widerstreitende Parteien doch zur Einigung zu bringen. Auch Fragen wie Quoren, Stimmrechtsübertragung, Wahlberechtigung, Kontrolle des Ergebnisses oder Stimmengewichtung werden erörtert. Neben den Wahlarten des Scrutiniums, des Kompromisses und der Aclamation nennt er auch die Wahl durch Inspiration, die er freilich den Wunderdingen zurechnet.

22 Vgl. Sartori, Geistliches und Weltliches Staatsrecht (wie Anm. 21), 73. Der Kompromiß.wird hier als äußerst seltenes Verfahren beschrieben und „zu wenig erbaulich, als dass man sich auf diesen Vorgang beziehen mag".

23 Marginalie im Kapitelprotokoll (1749), 562.

24 Im Innenhof des Freiburger Stadtarchivs liegt ein großer Stein mit dem Wappen von Wülberz. Es konnte bislang nicht geklärt werden, aus welchem Bau der Abtei er stammt.

25 Schreiben im Zusammenhang des Verbots der Hausstudien und Einrichtung der Generalseminarien vom 29. Oktober 1784 an Abt Georg von Petershausen, nach: Franz Kern, Philipp Jakob Steyrer, FDA 1959, 138, Anm. 33.

26 Bemerkenswerterweise tauchen auf der Wählerliste in Neresheim 1787 Fratres als Wahlberechtigte auf; die Aufklärung war hier u.a. durch die Patres Nack und von Werkmeister stärker vertreten. Vgl. Paulus Weißenberger, Die Abtswahl vom Jahre 1787 im Reichsstift Neresheim, in Ztschr. f. Württ. Landesgesch., 17 (1958), S. 258; hier im Reichsstift war kein kaiserlicher Kommissar, so dass es keinen Streit um die Sitzordnung gab. Dafür war auch hier das Ceremoniell der Schlüsselübergabe strittig: Der Prior gab dem Weihbischof nicht die richtigen, sondern symbolische Schlüssel, die dieser dann dem Abt überreichte.

27 Aufgeschrieben in Kapitelsprotokoll (1795), Bd. II, 456/457.

28 Vgl. Norbert Bayrle-Sick, Katholische Aufklärung als staatsbürgerliche Erziehung, St. Ottilien 1995, 79 ff. In der hier dokumentierten Neresheimer Wahlkapitulation von 1787 findet sich unter Punkt 6 die jährliche Rechnungslegung des Prälaten.

29 Ludwig Reiss, Der Reichsprälat Michael Dobler, Diss. Phil. Erlangen 1915, 27.

30 Ignaz Speckle, Tagebuch, Bd. I, ed. von Ursmar Engelmann OSB, Stuttgart 1966, 2.

31 Ebenda, 3.

Die Zähringerbildnisse des 18. Jahrhunderts in St. Peter
Zeugnisse der Tradition und Zeugen ihrer Zeit[1]

Die Stiftung eines mittelalterlichen Haus- und Grabkloster begründete in der Regel ein auf Dauer angelegtes wechselseitiges Treueverhältnis. Dies gilt in besonderer Weise für das von den Zähringern 1093 unter Erhebung zur Abtei als Hauskloster auf den Schwarzwald verlegte Benediktinerpriorat St. Peter. Nimmt man das Jahr 1120 als ein für die Gründung der Stadt Freiburg durch die Zähringer bedeutsames Jahr an, so hatten sie schon etwa 30 Jahre zuvor durch Dienstleute einen Platz für ihr neues Hauskloster im Breisgau suchen lassen. Grund hierfür war die Verlegung ihres Machtzentrums ins Hochrhein- und Oberrheingebiet, die durch den politischen Druck auf das bisherige Zentrum notwendig und durch die oben beschriebene Rheinfelder Erbschaft möglich geworden war.[2] Der vornehmste Auftrag eines Hausklosters, die Bewahrung der Gräber der herzoglichen Familie, ist vielleicht der früheste Hinweis auf den geplanten Ortswechsel der Zähringer. Das Kloster sollte wohl nur so weit vom neuen Stammsitz entfernt liegen, dass man es einerseits zu Pferd an einem Tag besuchen konnte, andererseits aber doch so abgeschieden sein, dass es bei Angriffen auf die Zähringer-Burg nicht unmittelbar in Mitleidenschaft gezogen würde. Ferner sollte es Rodungs- und Kultivierungsaufgaben übernehmen und gleichzeitig Stützpunkt an den alten Verbindungswegen über den Schwarzwald sein.

Das ökonomische Fundament, das die Zähringer der Abtei mitgaben, sicherte trotz aller Schwierigkeiten, insbesondere des Verlustes der Schweizer Besitzungen, über 700 Jahre lang die Existenz der Abtei. Die Mönche verstanden das ihnen anvertraute weltliche Gut zu nutzen, zu mehren und in schwierigsten Zeiten damit zu überleben. Klöster haben ein langes Gedächtnis. Und so pflegte die Abtei, solange sie existierte, in dankbarer Erinnerung an ihre Gründung die Gräber und das liturgische Gedenken der Stifter. Mit dem Tod des letzten Zähringers, der nicht mehr in St. Peter, sondern in dem von ihm gestifteten neuen Freiburger Münster beigesetzt wurde, endete die direkte und wechselseitige Beziehung zur Stifterfamilie. Obwohl die Nachfolger der Zähringer die Abtei nicht mehr in der bisherigen Art protegierten, hielt sie an der Erinnerung und der liturgischen Fürbitte für die Wohltäter fest.

Äußeres Merkmal der Verehrung in St. Peter blieb das mittelalterliche Grabmal, welches nach alten Überlieferungen als kunstvoll behauener Kenotaph vor dem Kreuzaltar der Klosterkirche stand. Seine Ausmaße (Länge etwa 12 Fuß, Breite 6 Fuß und Höhe 4 Fuß)[3] sowie die oben aufliegende gepanzerte Stifterfigur lassen die Vermutung zu, dass es dem Stiftergrab im Freiburger Münster sehr ähnlich gewesen sein muß. Der Zusammenhang zwischen beiden Monumenten ist bislang nicht untersucht worden. Es könnte sein, dass in St. Peter in der 1148 geweihten Basilika bereits eine Tumba stand, auf der jedoch noch keine Stifterfigur lag, da gepanzerte Ritterfiguren für diese Zeit ansonsten nicht belegt sind. Freilich heißt es in Festum Cathedrae unter Berufung auf st. petrische Manuskripte[4], dass es schon 1111 ein gratitudinis monumentum von »künstlich gezierten Quader« gegeben habe, »auf welchem zugleich deß Stiffters Bildnuß im Harnisch zu sehen gewesen, neben Ihme auch ein Löw, dass Wappen-Schildt ebenfalls ein rothen Löw haltend.«

Möglicherweise wurde nach dem Tod Bertolds V. im Freiburger Münster nach st. petrischem Vorbild ebenfalls ein Hochgrab errichtet, jetzt allerdings mit liegender Ritterfigur, was wiederum Anlaß gewesen sein könnte, in St. Peter auf der Tumba die dann später rückdatierte Stifterfigur hinzuzufügen, um den Anspruch auf die ursprüngliche und eigentliche Zähringer Grablege zu dokumentieren. Für diese Hypothese spricht, dass aus dem 12. Jahrhundert nur sehr wenige Gräber mit plastischem Schmuck bekannt sind – bemerkenswerterweise stellt eines der wenigen in Merseburg den ja auch für St. Peter bedeutsamen Gegenkönig Rudolf von Rheinfelden dar.[5] Gerade aber diese Figuren werden in der Folgezeit mit eindeutig politischer Absicht verwendet. Im figürlichen Grabmal war der Anspruch »auf heilige Unantastbarkeit wie auf territoriale Integrität zu sehen. Das Grabmonument erhält durch die Berufung auf die Stifter ... den Gehalt einer Urkunde, die – je älter desto wirksamer – berechtigte Ansprüche zu behaupten in der Lage ist«.[6] Das st. petrische Grabmal wurde nach Angaben in Festum Cathedrae bei der Brandkatastrophe von 1437 »zertrümmert«, während die unterirdische Grabkammer in der Mitte der Pfarrkirche bis ins 18. Jahrhundert erhalten blieb. Ob sie unmittelbar vor dem Kreuzaltar oder weiter hinten im Langhaus lag, ist ebenfalls unsicher. Möglicherweise gab es zwei Beisetzungsorte.

Im Jahre 1111 starben der Gründer des Klosters Bertold II. sowie seine Frau und deren noch jugendlicher Sohn. Alle drei wurden vor dem Kreuzaltar beigesetzt. Danach gab es in dieser Kirche keine Begräbnisse mehr. Erst in dem 1148 geweihten romanischen Neubau fanden wiederum Angehörige der Zähringerfamilie ihre letzte Ruhe, vermutlich in einer neuen, mehr in der Mitte des Langhauses gelegenen Gruft. Bemerkenswert ist, dass auch der als Stifter der ersten Freiburger Basilika genannte Konrad 1152 in St. Peter und nicht in seiner Freiburger Kirche beigesetzt wurde, was ebenfalls darauf hinweist, dass der Neubau von 1148 eine repräsentative Gruft erhalten hatte, die zuvor offensichtlich nicht vorhanden war. Der 1122 im Elsaß ermordete Bertold III. hatte sein Grab nicht in der Kirche, sondern vor dem Abtsthron im Kapitelsaal bekommen, beim Vorhandensein einer Gruft ein kaum denkbarer Beerdingunsplatz. Für unseren Zusammenhang ist jedenfalls gesichert, dass die Benediktiner ihre Aufgabe, den Schutz der Gräber und das liturgische Gedenken, auch nach dem Aussterben der Zähringerdynastie am Anfang des 13. Jahrhunderts über 500 Jahre lang treulich wahrgenommen haben.

Im 18. Jahrhundert nun wurde mit der umfangreichen Bautätigkeit und der künstlerischen Ausgestaltung des Klosters diese Erinnerung nicht nur fortgeführt, sondern in auffallender Weise intensiviert und demonstrativ sichtbar gemacht. Von Seiten der Abtei versuchte man, so als Hypothese, die dadurch dokumentierte Verbindung auch in der umgekehrten Richtung, d. h. vom Stifter zum Kloster, wieder zu beleben und in Dienst zu nehmen. Man pflegte nicht nur die Erinnerung an die Guttäter durch Gottesdienst und Grabgestaltung, sondern berief sich konkret auf die Schutzaufgabe der Stifter, deren dem Kloster im Mittelalter gewährten Rechte und Privilegien auch im 18. Jahrhundert noch die Grundlage seiner Existenz bildeten. Man revitalisierte also 500 Jahre nach dem Tod des letzten Zähringers die wechselseitige Beziehung zwischen Stifterfamilie und Hauskloster, indem man mit dem Hinweis auf die Treue zur Memoria die Schutzfunktion der weltlichen Herren einforderte. Kompliziert wurde die Situation dadurch, dass über die Berufung auf die alten, von einer längst ausgestorbenen Dynastie gewährten Rechte die Forderung zur Wahrung und Einlösung dieser Rechte an die Machthaber des 18. Jahrhunderts gerichtet wurden.

Die Bildnisse des 18. Jahrhunderts rechtfertigen insofern eine besondere Behandlung als Ausweis der in St. Peter gepflegten Zähringertradition, als sie nicht nur zahlenmäßig, sondern auch von den für sie vorgesehenen Plätzen her in der Ausstattung des Klosters eine herausragende Stelle einnehmen. Während aus dem halben Jahrtausend zuvor in St. Peter nur der steinerne Ritter belegt ist, finden sich aus dem

18. Jahrhundert sieben mehr oder weniger vollständige Darstellungen der Zähringer Familie, teils Skulpturen, teils als Wand- und Tafelmalerei. Vier stammen aus der ersten, drei aus der zweiten Hälfte des 18. Jahrhunderts. Versteht man die in der Kirche am Triumpfbogen und über den Gräbern gemalten Mitglieder der Zähringer Familie als eigenen Komplex, kommt man auf insgesamt sieben Darstellungsgruppen. Größtenteils sind sie noch in den Abteigebäuden vorhanden, einer der wichtigsten konnte vor wenigen Jahren zurück erworben werden, einer ist durch Baumaßnahmen im 18. Jahrhundert verschwunden. Geht man davon aus, dass die Barockkunst in ihren weltlichen wie in ihren geistlichen Programmen wohldurchdacht und absichtsvoll ihre Bezüge setzte, so wird man die nach ihrer Zahl wie nach ihrem Standort herausragenden Bildnisse nicht nur als Zeugnisse einer alten und bis heute lebendigen Tradition verstehen dürfen, sondern man wird sie auch als Spuren zum historischen Wissen und der Verwendung des Wissens in ihrer Entstehungszeit, also des 18. Jahrhunderts, begreifen können.

Der bekannteste Zähringerzyklus in St. Peter ist die Reihe der markanten, bewegten Feuchtmayerfiguren vor den Wandpfeilern der Kirche (Abb. s. 51). Die künstlerische Einordnung dieser Figuren und ihre wechselvolle Gestaltung ist hier nicht das Thema.[7] Wichtig ist, dass sie als ein die Kirche prägendes Element empfunden wurden und eben so auch gedacht waren. Die Deutung der Figuren wird von den bekannten Fakten ausgehen müssen, dass sie in einer Klosterkirche stehen, die zugleich Grablege, für die die Mönche als Hüter bestellt waren.[8] Über die auch in der älteren Literatur vorgetragene Interpretation, die in den Zähringerfiguren der Kirche den Ausdruck einer besonderen Pietät gegenüber den mittelalterlichen Stiftern sieht, wird man zu zwei Fragen kommen, die mit diesen Erklärungen nicht ausreichend beantwortet sind:

1. Warum wird gerade in der Mitte der ersten Hälfte des 18. Jahrhunderts eine Zähringertradition in der Weise wiederbelebt, dass man im Neubau der Kirche die wichtigsten (männlichen) Vertreter dieser Familie nicht nur als Tote auf den Gräbern darstellt, was in der Folge des früheren Grabmals als Ausdruck der Pietät und zur Aufrechterhaltung der Memoria ausreichend gewesen wäre, sondern ohne direkte dynastische Verpflichtung in diese Kirche als einziger Klosterkirche des Barock einen geschlossenen Zyklus von als Herrschern und Wohltätern gedeuteten Stiftern aufnimmt? Das gestalterische Gewicht der Figuren ist vergleichbar der Innsbrucker Hofkirche, die jedoch von einem lebenden und herrschenden Kaiser als Grabeskirche zum eigenen Ruhm geplant und errichtet worden war.[9]

2. Die zweite grundlegende Frage bezieht sich neben dem Zeitpunkt auf den Ort, an dem diese Figuren ihren Platz gefunden haben. Wie bereits erwähnt, wäre in der Fortführung der Tradition der Memoria eine figürliche Ausgestaltung der neuen Gräber oder die Wiedererrichtung eines Kenotaphs am alten Platz ein angemessener und ausreichender Ort gewesen. In dieser Weise hat man etwa im Kaiserdom zu Königslutter 1708 das im 17. Jahrhundert ebenfalls zerstörte Kaisergrab in barocker Manier nachgebildet, während man in Braunschweig 1707 zwar die Fürstengräber im Mittelschiff beseitigte, gleichzeitig aber die mittelalterlichen Stifterfiguren wiederherstellen ließ. Auch die Seitenkapellen oder andere Plätze, wie z. B. das Chorgestühl von Zwiefalten oder die Bilder der Welfen über den Emporengängen von Weingarten zeigen, wären denkbar gewesen. Man wählte jedoch als Ort für die Figuren die ansonsten von alters her und mit tiefer Symbolik den Aposteln vorbehaltenen Pfeiler, auf denen – architektonisch gesprochen – der Schub des Gewölbes, anders gesagt die Last der Kirche ruht. Die Apostel als tragende Pfeiler, als Stützen der Kirche sind ein eingängiges Bild. In St. Peter hat man an ihren Platz die mittelalterlichen Stifterherzöge gestellt, wohl anknüpfend an alte Stifter- und Patronatsbilder an Pfeilern von Grabeskirchen, wie etwa in Lorch oder im Braunschweiger Dom.

Im einzelnen finden sich in der Kirche folgende Bildnisse von Zähringern mit der jeweiligen (hier aus dem Lateinischen übersetzten) Unterschrift: im Chor auf der Nordseite St. Gebhard III., Herzog von Zähringen, Bischof von Konstanz, Mitbegründer, im Priorat Reichenbach in Württemberg begraben 1110; ihm gegenüber Rudolf, Herzog von Zähringen, Bischof von Lüttich, Wohltäter, er brachte das Haupt des hl. Bischofs und Martyrers Lambert nach Freiburg/Breisgau, hier begraben 1190; gegenüber der Kanzel Hermann der Erste, badisch-zähringischer Markgraf, Hirt der Herden, in Cluny in Burgund begraben 1074; dahinter Bertold II., Herzog von Zähringen, Gründer dieses Klosters unter Papst Urban, Verteidiger der Kirche, hier begraben 1111; dahinter: Konrad, Herzog von Zähringen, Wohltäter, Stifter der Basilika BMV zu Freiburg, die in 28 Jahren vollendet wurde, hier begraben 1159; dahinter Bertold V., Herzog von Zähringen, Wohltäter, der Letzte der Familie, zum Kaiser erwählt, begraben in Freiburg in der Basilika BMV 1218; diesem gegenüber Bertold IV., Herzog von Zähringen, Wohltäter, unter Friedrich I. im Feldzug gegen Saladin ein Held an vorderster Front, hier begraben 1186; vor diesem Bertold III., Herzog von Zähringen, Gründer von Freiburg, Wohltäter des Klosters St. Peter, in Molsheim im Elsaß durch unwürdigen Tod ums Leben gekommen, hier begraben 1122; vor diesem: Bertold I., Herzog von Zähringen, Gründer der Propstei Weilheim an der Teck, Wohltäter von Hirsau in Württemberg, ebenda begraben 1078.

In Entstehungsgeschichte, Zeitpunkt und Aufstellungsort scheinen wichtige Schlüssel zum Verständnis dieser Figuren zu liegen. Als die Kirche im September 1727 nach knapp dreijähriger Bauzeit geweiht wurde, waren, obwohl dies die späteren Klosterannalen historisch verfälschend berichten, diese Stifterfiguren noch nicht vorhanden. Wohl um weiteren Bedenken vorzubeugen, hatte Abt Ulrich Bürgi, nachdem der Konvent Anfang 1724 den Neubau der Kirche endgültig beschlossen hatte, diesen mit großem Nachdruck vorangetrieben und bis zur Weihe im September 1727 zwar den Bau, nicht jedoch die Ausstattung fertiggestellt. Erst im Februar 1727 hatte er mit den Tessiner Stukkateuren Johann Baptist Clerici und dessen Sohn einen Vertrag über Stuck- und Marmorierarbeiten abgeschlossen, in dem auch die Herstellung

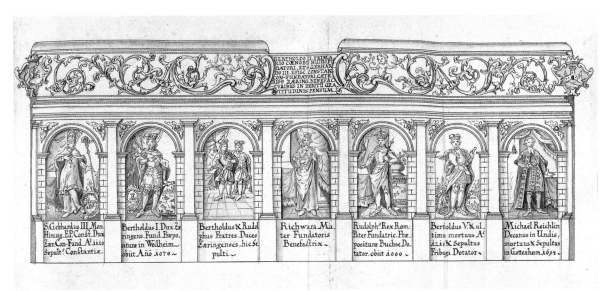

Zähringerzyklus aus dem ehemaligen Kapitelsaal (frühes 18. Jahrhundert), verloren gegangen beim Neubau des Konventflügels unter Abt Steyrer

Darstellung des Grabmals Bertold V. aus dem Freiburger Münster in den st. petrischen Annalen, entspricht in der Größe der verlorenen Grabfigur in St. Peter

von zwölf Apostelfiguren in Holz oder Stuck vor den Wandpfeilern vorgesehen war.[10] Eine Klausel sah freilich vor, dass bei Nichtgefallen die Figuren wieder entfernt werden sollten. Vermutlich ehe sie noch begonnen wurden, schloß Abt Bürgi im Mai 1727 einen Vertrag mit dem Maler Franz Josef Spiegler[11], in dem die heute noch vorhandenen zwölf Apostel für die Stichkappen der Langhaustonne verdingt wurden, was zu den bereits bestellten Apostelfiguren hinzu als nicht sinnvoll angesehen werden kann.

In diesem Zeitraum also muss die Entscheidung für die Programmänderung und wohl auch für den Wechsel des Künstlers gefallen sein. Wahrscheinlich hat Peter Thumb den damals gerade 30jährigen Joseph Anton Feuchtmayer nach St. Peter empfohlen. Jedenfalls wurde dieser von da an mit seinen Fassadenfiguren (1728), Altarfiguren (1730) und schließlich den Stifterfiguren (1730/1731)[12] der für St. Peter entscheidende Bildhauer. Ob die Entscheidung für den Programm- oder den Künstlerwechsel zuerst getroffen wurde, wird kaum zu klären sein; möglicherweise hat das eine das andere auch erleichtert. Am deutlichsten sichtbar ist am Hochaltar, dass die Altaraufbauten nicht für die heute vorhandenen Feuchtmayerfiguren vorgesehen waren. Eventuell hat dieser zum direkten Vergleich mit den Clericis die zwei bekrönenden Putten des Sebastianaltars als Probearbeiten geliefert. An ihnen kann man die viel elegantere Handschrift Feuchtmayers[13] gegenüber den doch plumperen Engeln der Clericis auf dem Bruderschaftsaltar leicht erkennen. Sicher ist jedenfalls, dass Feuchtmayer, der 1723 Figuren für den Kaisersaal von Salem gefertigt und mit Diego Francesco Carlone, dem Bildhauer des Kaisersaales von Kremsmünster, zusammengearbeitet hatte, die Idee und Ausgestaltung eines Fürstensaales vertraut war und er diese in die Gestaltung der Kirche von St. Peter einbringen konnte.

Die Idee eines Kaiser- oder auch Fürstensaales[14] dessen Hintergrund die sepulkrale Funktion der mittelalterlichen Kaiserdome war, spielte in der barocken Profanarchitektur insofern eine Rolle, als die repräsentative Ahnengalerie die Ansprüche des herrschenden Kaiserhauses und insbesondere des in der Regel als letzten dargestellten, eben regierenden Kaisers oder Fürsten legitimierte und unterstrich. Für ein Kloster (z. B. Ottobeuren) oder eine Stadt (z. B. Bamberg) bedeutete ein solcher Kaisersaal eine Form der Huldigung gegenüber den Habsburgern, wobei in manchen Formen (etwa in Frain in Mähren) die Vertreter des alten Geschlechts als Stützpfeiler des Ruhmestempels dargestellt wurden. Neben diesen positiven politischen Funktionen der Huldigung und der Unterstützung der herrschenden Dynastie wurde der Fürstensaal jedoch in manchen Fällen auch dazu genutzt, die Grenzen der kaiserlichen Macht aufzuweisen und gegen diese die eigenen Ansprüche einer Stadt oder eines Landesfürsten zur Geltung zu bringen, etwa wenn im Schloßsaal von Baden-Baden die badischen Markgrafen aus sechs Jahrhunderten groß an den Wänden dargestellt waren, während sich die regierenden Kaiser mit kleinen Brustbildern begnügen mußten[15], oder wenn, wie in Augsburg, der regierende Kaiser zwischen Erzbischöfe und Kurfürsten gestellt wird, um so zu zeigen, »welchen Kräften der Kaiser seine Macht verdankt«.[16] Eine besondere Variante war die Gegenüberstellung römischer Cäsaren und Habsburger Kaiser. Dies konnte, positiv gedeutet, die Casa Austria als Fortsetzung des römischen Reiches erscheinen lassen, negativ verstanden war es ein Hinweis auf Rechte, die älter waren als die der Habsburger und so deren Begrenzung sichtbar werden ließ. Ganz subtil ist diese zwiespältige Deutungsmöglichkeit im Programm des Kaisersaales von Salem angelegt, jenem Raum also, von dessen Ausgestaltung Feuchtmayer eben nach St. Peter kam: Dort finden sich neben der Habsburger Ahnenreihe mittelalterliche Kaiser, Päpste und sonstige Wohltäter des Klosters, die für das Haus Österreich Verpflichtung und Mahnung an die noch ältere Tradition des Klosters als die habsburgische sein sollten und so das Bemühen der Zisterzienserabtei um Erhalt ihrer Unabhängigkeit von Wien deutlich machen wollten. Nicht nur, dass die gegenwärtig Mächtigen mit dem die Privilegien verbürgenden Papst konfrontiert werden, sondern das moralische Gewicht der Ansprüche wird noch dadurch unterstrichen, dass die Ecclesia dem Krieg als Sinnbild staatlicher Macht gegenübergestellt wird, aus dem kein Heil komme.[17]

Dieses Spektrum von Ideen bezüglich Architektur und Ausgestaltung wird man dem Zähringerzyklus in St. Peter für eine angemessene Deutung zugrunde legen müssen. Unter der kunstvollen Form des Stifterzyklus suchte man der historischen Situation Ausdruck zu geben. Die Amtszeit von Abt Ulrich Bürgi, dem Erbauer der Kirche, war von seiner Wahl an durch Schwierigkeiten mit dem Kaiserhaus gekennzeichnet, dessen Kommissare das uralte, von den Zähringern eingesetzte Recht der freien Abtswahl zu beschneiden suchten: Vor der Wahl verlangten sie Klosterschlüssel und Kandidatenliste, nach der Wahl die Unterwerfung durch Handschlag (Homagium) und eine besondere Form der Einführung in die Temporalia, die weltlichen Rechte des Abtes.[18] In diesem Konflikt zwischen kaiserlichen Ansprüchen und alten Klosterfreiheiten berief sich Abt Bürgi immer auf die mittelalterlichen Stifter der Klosterprivilegien, auf die alte Ahnenreihe der Zähringer. Kurz nach seiner Abtswahl hatte er ein Schreiben nach Wien gesandt, um auf dieser Grundlage die alten Klosterprivilegien bestätigt zu bekommen. Von diesem Schreiben wurde 1729 eine Kopie gefertigt, also genau in der Zeit, als man im Kloster wohl auch mit Feuchtmayer sehr intensiv über die weitere thematische Ausgestaltung der Kirche diskutierte. 1750, also wiederum im Zusammenhang mit einer Abtswahl, wurde das Schreiben Bürgis dem Kapitelsprotokoll als Anlage beigegeben.

Noch eine andere Frage hat in diesen Jahren zwischen 1720 und 1730 die Erinnerung an die Zähringer in St. Peter wieder aufleben lassen und möglicherweise bei der Entscheidung für die Erstellung der Stifterfiguren im Hintergrund gestanden. Am 12. Dezember 1725 war im Kapitel über den Kauf des Dorfes Zähringen verhandelt worden, wobei als erster Grund für den Kauf die Erinnerung an die Gründer des Klosters genannt wurde.[19] Diese Frage bleibt in der Folgezeit im Kloster ein wichtiges Thema, wobei offensichtlich im Konvent über den Kauf keine Einigkeit bestand. Während die Kapitelsprotokolle in der Regel nur die behandelten Punkte und die Ergebnisse festhalten, muß es über den Erwerb von Zähringen im Kapitel am 30. Dezember 1726 einen so schwerwiegenden Disput gegeben haben, dass der Protokollant es für notwendig hielt, sowohl die vorgetragenen zehn Gründe für den Kauf wie die zehn Gründe, die gegen den Kauf sprachen, festzuhalten.[20] Gegen den Kauf sprach vor allem die Sorge vor einem neuen Krieg und die Sorge um die Finanzen des Klosters, die durch den gleichzeitigen Kirchenbau nicht wenig strapaziert waren. Für den Kauf dagegen wurde neben verschiedenen materiellen und politischen Gründen auch besonders die dankbare Erinnerung an das »uralte Haus Zähringen« angeführt. In einer »Kampfabstimmung« zeigte sich, dass die Gründe, die für den Kauf sprachen, zwar überwogen und sich damit wohl auch das Interesse des Abtes durchgesetzt hatte. Dennoch war es notwendig, im Kapitel vom 13. Juni 1727 die Einigkeit über den Kauf zu erneuern und zu bestätigen. Etwa ein Jahr später scheiterte dann der Erwerb Zähringens an dem zu hohen Preis, was freilich auch heißt, dass der Konvent nicht genügend Mittel bewilligt hatte. Der Abt gab die Hoffnung dennoch nicht auf. Er soll zu dem Käufer gesagt haben, dass seine Nachkommen das Dorf nicht lange besitzen würden.[21] Auch dieser Vorgang, der das Kloster drei Jahre lang beschäftigte, könnte bei der Entscheidung für die demonstrative Präsentation der Stifterfiguren mitgespielt haben.

Ein dritter Aspekt der politischen Situation des Klosters konnte die plastische Erinnerung an die Zähringer zudem nützlich erscheinen lassen. Das Kloster selbst, personifiziert im Abt, übte ja herrschaftliche Funktionen aus, die von den Untertanen eben in dieser Zeit des Kirchenbaus angezweifelt und angefeindet wurden. Die besonderen Bindungen der Untertanen an das Kloster waren institutionalisiert in Frondiensten, Leibeigenschaft und Fallgerechtigkeit.[22] Gegen alle drei Verpflichtungen gab es Widerstand. In bezug auf die Frondienste wehrten sich die Bauern gerade während der langen Bauzeit von Kirche und Kloster teilweise in tumultartiger Form gegen aus ihrer Sicht übermäßige Forderungen, während der Abt sie auf die Jura des Klosters hinwies. Lange Auseinandersetzungen gab es auch über Leibeigenschaft und Fallgerechtigkeit, wobei sich das Kloster seine alten Rechte verwaltungsmäßig zu sichern suchte, während die Entwicklungen schon »auf eine Ablösung dieser überlebten Verhältnisse« hingingen". Hinzu kam, dass das Kloster auch in dieser Zeit neue Ordnungen z.B. für die Waldnutzung oder den Salzhandel erließ, die sich immer auf die alten Gesetze, Polizeiordnung, Dingrodel und den Rotulus Sanpetrinus, beriefen. Diese wiederum erhielten ihre letzte Legitimation durch die von den Stiftern dem Kloster gewährten Rechte. Gerade für das Jahr 1732, in dem die Stifterfiguren aufgestellt wurden, ist eine öffentliche Verlesung von Dingrodel und Polizeiordnung bekannt.[23]

Wenn also die Kirche von St. Peter durch den Zähringerzyklus an den Wandpfeilern zum Fürstensaal wird, so ist dies als Reflex auf eine historische Situation zu verstehen, in der das Kloster bereits vorhandene Möglichkeiten der Architektur und Ausstattung aufgriff, um in sicher provozierender Form die eigenen Rechte gegenüber den politisch Mächtigen in Wien wie gegenüber den eigenen Untertanen im Schwarzwald deutlich zu machen. Einige Argumente für diese Deutung des Stifterzyklus sind kaum in Zweifel zu ziehen:

1. Die symbolträchtige Aufstellung der Stifter vor den Wandpfeilern soll deren Rolle als Stützen des Klosters sichtbar machen. Dieses Argu-

ment wird verstärkt durch die zurückhaltende Verwendung der Schrift unter den Figuren, in der – abgesehen von den Sterbedaten – nur die Funktionen als Stifter oder Wohltäter genannt sind. Auf die davon verschiedene Verwendung der Schrift an den späteren Grabmälern im Chor wird zurückzukommen sein.

2. Der Rückgriff auf die alte Form der mittelalterlichen Begräbniskirche verleiht durch die hier in der Liturgie gefeierte Memoria der nun als Festsaal gestalteten Kirche zusätzliche Würde und Bedeutung. Man besann und berief sich also nicht nur auf die mittelalterlichen Rechte – dies tat man in vielfältiger Form etwa durch Rechtssammlungen oder die Aufstellung von Genealogien –, sondern man brachte die Rückbesinnung auf die Pflege der Stiftergräber in einer Weise zum Ausdruck, die gleichsam das Mittelalter zitierte und so das in diesem Raum begangene liturgische Gedenken mit der aktuellen Aussage des Fürstensaales verband.

3. Bislang unberücksichtigt geblieben war die Neunzahl der Stifter, die man statt der zwölf – zunächst geplanten – Apostel gewählt hat – es wäre auch ein auf Sueton zurückgehender, weit verbreiteter dodekadischer Herrscherzyklus denkbar gewesen, den man an anderen Stellen als gottgewollte Einheit interpretierte.[24] Stattdessen wählte man die von alters her feststehende Zahl der neun guten Helden: je drei aus Antike, Judentum und Christentum und verwies so auf ordnende und schützende Kräfte, deren letzte Begründung und Legitimation außerhalb der gegenwärtigen Machtverhältnisse liegen.

4. Man verwendete die Zähringer als Stützen der Forderungen gegenüber den bäuerlichen Untertanen in St. Peter und in den anderen dem Kloster gehörenden Dörfern. Beim einjährigen Kirchweihfest im Herbst 1728, also wiederum in der Zeit, als die programmatische Ausgestaltung der Kirche in der Diskussion war, wies der Prediger die »lieben Schwarzwälder« auf ihre Obligation, ihre Verpflichtung gegenüber den »lieben allhier wohnenden Herren Benediktinern« hin, die der »christ-eifrige« Herzog Ber-

Grabplatte der Mitgründerin und Gattin des Stifters, Agnes von Rheinfelden, Epitaph im Chor der Abteikirche (1768)

told von Weilheim nach St. Peter berufen hätte.[25] Bereits bei der Kirchweihe hatte der Prediger am siebten Tag die Untertanen ermahnt, dass ihre Voreltern den Fürsten freudig gefolgt seien, während sie als Pfarrkinder lieber neue Wirtshäuser und Tanzplätze als eine neue Kirche gewünscht hätten – der Anspruch auf den oft versagten oder nur widerwillig geleisteten Gehorsam der Untertanen gegenüber den Benediktinern wird also legitimiert mit der freudigen Unterwerfung der Vorfahren unter die Zähringer, die schließlich die Herrschaft des Klosters St. Peter über ihre Untertanen begründet haben. Nicht von ungefähr erscheint deshalb auch der Zähringer Hermann innerhalb dieses Stifterzyklus' als Cluniazensermönch am Wandpfeiler gegenüber der Kanzel.

Weniger eindeutig ist jedoch die wichtigste Aufgabe dieser Stifterbildnisse, nämlich ihre Aussagen gegenüber dem Haus Habsburg zu definieren. Ohne Zweifel stehen die Statuen für die Rechte und Privilegien des Klosters, die diesem von den mittelalterlichen Schirmherren gewährt worden waren. Nicht so einfach ist jedoch die Frage zu beantworten, ob diese Fürstenbilder gegenüber dem Haus Habsburg eher Konfrontation, Abgrenzung und Distanz oder eher eine positive Beziehung signalisieren sollen. Die historische Situation könnte zunächst begründen, dass diese Bilder Ausdruck der Konfrontation sind, in der die in Frage stehenden Rechte des Klosters ihre Legitimation aus einer alten weltlichen und kirchlichen Tradition erhalten, an die zu rühren den Habsburgern nicht zukomme. Andererseits aber bemühte man sich im Kloster gerade in der Amtszeit Bürgis – er selbst hatte in diesen Disput eingegriffen – um genealogische Nachweise, dass die Zähringer und die Habsburger derselben Familie zuzuordnen seien.[26] Wiederum im Jahre 1728 sagte ein Prediger dem Kloster, es brauche sich nicht zu fürchten: »Du führest den Kayser, das ist jene siben Herzogliche Leichnamb Zäringischen Stammes, von welchen nachgehendes so vil hohe Häuser auch das Aller-Durchläuchtigste von Oesterreich zu erkennen kein Bedencken tragt entsprossen zu seyn, deren großmüthiger Glaub und Königliche Freygebigkeit Sie schon längsten wird zur ewigen Cron geführet haben«.[27] Auch an anderen Stellen der Kirchweihpredigten wird der Zusammenhang zwischen den herzoglichen Stiftern und dem Erzhaus von Österreich so dargestellt, dass sich der Schutz der Abtei St. Peter durch Habsburg unmittelbar aus deren Stiftung durch die Zähringer herleiten lasse.

So wird sichtbar, dass diese Figuren sich einer zu einfachen Deutung entziehen. Sie sind – zugespitzt gesagt – weder reiner Protest noch devote Anbiederung. Vielmehr sind sie ein mit der Autorität der eigenen mittelalterlichen Tradition begründeter moralischer Appell, der gleichermaßen die Wahrung der Eigenständigkeit wie den Schutz durch die Verbindung zur Casa Austria fordert. Ein bißchen hintersinnig war das schon: Während man mit den kaiserlichen Gesandten und mit Wien selbst im Streit lag, präsentierte man sich als Lieblingsstiftung der großzügigen Zähringer Schirmvögte, die doch schließlich die Ahnen oder zumindest enge Verwandte der Habsburger seien. Es ist bemerkenswert, wie schon in diesem Zähringerzyklus die aktuelle Situation des 18. Jahrhunderts eine komplexe Verbindung mit der 700jährigen Klostergeschichte eingeht: aktuell war die Bedrohung des Klosters durch Habsburg und indirekt auch durch die eigenen Untertanen, aktuell war die künstlerische Möglichkeit des Fürstensaales und aktuell war eine Geisteshaltung, die stark aus der Rückbesinnung auf das Mittelalter lebte. »Alt« waren dagegen die Privilegien und deren Stifter, auf die man sich berief, alt war auch die Pflege von deren Gräbern und das liturgische Gedenken, wobei man, wenn die Angaben in Festum Cathedrae stimmen, nach der Zerstörung des ersten Stiftergrabes 1437 immerhin fast 300 Jahre ohne figürliche Präsenz der Stifter ausgekommen war. Für den hier angenommenen Zusammenhang unterstreicht dies, wie wichtig die Erinnerung an die Stifter nun im 18. Jahrhundert wieder geworden war.

Diese Interpretation des Zyklus wird untermauert durch drei andere Zähringerkomplexe, die zur Zeit der Entstehung der Feuchtmayerfiguren in St. Peter schon vorhanden waren. Mit den größten Einfluß auf die Gestaltung des Kirchenschiffes dürfte der seit etwa 1716[28] an den Längsseiten des ehemaligen Kapitelsaales ausgeführte Zähringerzyklus gehabt haben, der mit dem Abbruch der alten Abteigebäude verloren gegangen ist (Abb. S. 99). In ihm waren neben anderen Wohltätern zwölf Stifterbilder aufgeführt, so dass die Reduzierung auf neun in der Kirche wohl sehr bewußt erfolgte. Die Architektur hätte auch hier für zwölf Stifter (wie für zwölf Apostel) Platz geboten. Außer den in der Kirche dargestellten befanden sich im Kapitelsaal zwei Frauengestalten, Agnes und Richwara, drei Kinder sowie der Gegenkönig und Rivale Heinrichs IV., Rudolf von Rheinfelden. Der Clunyazenser-Mönch Hermann – unter den Zähringern immerhin der einzige Benediktiner – hatte im Kapitelsaal noch keine Aufnahme gefunden, was die politische Bedeutung seiner Präsentation in der Kirche bestätigt.

Fast möchte man das Programm der Kirche als subtiler und gegenüber der herrschenden Kaiserfamilie als verbindlicher bezeichnen: Im Unterschied zum Kapitelsaal wird in der Kirche bei Bertold IV. darauf hingewiesen, dass er unter Friedrich I. ein besonders tapferer Kämpfer war. Bei Bertold V. wird erwähnt, dass er zum Kaiser erwählt war – somit ihm eine gleiche Würde wie dem herrschenden Kaiserhaus zukomme – und bei Bertold III. verweist man auf dessen besonders schmähliche Ermordung durch aufständische Untertanen. Auch der Verzicht auf die Aufnahme des mittelalterlichen Kaiser-Rivalen Rudolf, der im Kapitelsaal als römischer König bezeichnet wird, deutet in diese Richtung. Gleichzeitig scheint das Programm in der Kirche einen neuen argumentativen Schwerpunkt für die Erhaltung der mittelalterlichen Privilegien dadurch zu suchen, dass die besondere Bindung der Stifter an die Kirche im Mittelalter herausgestellt wird: Beim Klostergründer wird auf die Regierungszeit Papst Urbans II. verwiesen, der die klösterlichen Privilegien bestätigt hatte. Bei Bertold I. werden seine Wohltaten gegenüber Hirsau und bei Konrad die Stiftung des Freiburger Münsters eigens erwähnt, Argumente, die mit der st. Petrischen Stiftung direkt nichts zu tun haben. Zudem erscheint in der Kirche Hermann I., der hier – im Unterschied zur Darstellung im Zyklus des Gästeflügels – im Ordensgewand die Verbindung der Zähringer zur Kirche und insbesondere zu den Benediktinern am sinnfälligsten zum Ausdruck bringt. Die etwa 15 Jahre zwischen der Entstehung des Zyklus im Kapitelsaal und dem in der Kirche waren in St. Peter eine Zeit intensiv betriebener dynastischer Forschung, die sich durch zahlreiche Chronikauszüge in den st. petrischen Archivalien nachweisen läßt. Diese Arbeit, die z. B. in der Korrektur von Lebensdaten bei den späteren Figuren der Kirche ihren Niederschlag gefunden hat, war nicht zweckfrei. Vielmehr geben gerade die Unterschiede der Beschriftung bei denselben Figuren im Kapitelsaal und in der Kirche Hinweise auf die politische Bedeutung und beabsichtigte Wirkung solcher Zyklen. Sicher nicht zufällig wählte man 1727, als der Themenwechsel zu den Zähringer Figuren der Kirche in St. Peter diskutiert wurde, für die Disputation eines st. petrischen Konventualen als Vorlage für das Thesenblatt einen weithin bekannten, auch kontroverstheologisch genutzten Habsburger Stammbaum.[29]

In einer subtilen Analyse wurde nachgewiesen, dass das Programm des späteren, heute als Hauskapelle genutzten Kapitelsaales eine bewußte Abkehr vom offenen historisch-politischen Bildprogramm des hier vorgestellten Kapitelsaales bedeutet.[30] Die Abwehr weltlicher Machtansprüche bleibt zwar auch in den Bildern des vorhandenen Kapitelsaales in der Darstellung der Mönchstugenden, d.h. der eigenen Regeln des Benediktinerordens erhalten, die offene politische Auseinandersetzung jedoch wird mit dem Neubau der Kirche in die Öffentlichkeit getragen. Der Kapitelsaal mahnt jetzt die Rückbesinnung des Mönchs auf die Kreuzesnachfolge an. Wenngleich es nicht zwingend ist, dass jeweils der große Festsaal als Kaiser- oder Fürstensaal gestaltet wird, so ist es doch sinnvoll, dass ein solcher Zyklus an einer der

Petrus præsVLIbVs CVraM fert hVIVs oVILIs,
et CLaVo CLaVes: qVeIs pLaCVere tIbI.

Nomina et Obitus Abbatum Monasterii S. petri in nigra Sylva.

Öffentlichkeit – wenn auch möglicherweise nur einer eingeschränkten – zugänglichen Stelle seinen Platz findet. Der ehemalige Kapitelsaal als Fürstensaal ist in seiner Zeit insofern fast ein Unikum – nur aus St. Lambert (Steiermark) kennt man die Dekoration eines Prälaten- oder Konklavesaales von 1739 mit Stiftern und regierenden Häuptern. Begründet war die Ausmalung des Kapitelsaales in St. Peter als Fürstensaal wohl in der hier im Kapitel gehaltenen Memoria und in der Grablegung Bertolds III. vor dem Sitz des Abtes. Dieses Bildprogramm ist jedoch vor allem ein Indiz für die am Beginn des 18. Jahrhunderts neu belebte Zähringertradition. Die direkte politische Aussage war jedoch für einen Kapitelsaal deplaziert, so dass man sie wenig später in die Kirche übernahm und im Programm des späteren Kapitelsaales auf sie verzichtete. Freilich gab man die politische Abstinenz auch im Kapitelsaal wieder auf, als die Seligsprechung Bernhards von Baden Gelegenheit gab, diesen und den Zähringer Hermann als Stammvater der Badener im Kapitelsaal figürlich präsent sein zu lassen. Doch diese Figuren gehören schon in die zweite Hälfte des 18. Jahrhunderts, haben einen anderen Adressaten und waren möglicherweise gar nicht für den Raum gedacht, in dem sie jetzt aufgestellt sind. Auf einer Abbildung des ehemaligen Kapitelsaales aus dem frühen 20. Jahrhundert sind sie jedenfalls nicht zu sehen.

Am konsequentesten ist die politische Funktion der Stifter auf einem noch vorhandenen Doppelbild wiedergegeben, das man aufgrund der Darstellung des Klosters und der Kirche in die Zeit zwischen 1722 und 1724 datieren kann (Abb. S. 56): Die Pläne zu deren Neubau sind offensichtlich vorhanden, aber über den letztlich durchgeführten Riß ist noch nicht entschieden. Ähnlichkeit besteht mit einem Fassadenprojekt Peter Thumbs, das um 1724 datiert wird. Auf die-

Wappentafel der Äbte von St. Peter (1712), im Sockel der Stiftungsvorgang durch Bertold II. und dessen Bruder, Bischof Gebhard von Konstanz

sem Bild sieht man keine Benediktinermönche, sondern die Stiftung der Abtei ist ein Vorgang, der sich allein zwischen der Herzogsfamilie und dem Papst abspielt. Auf dem rechten Teil des Bildes überreicht ein kniender Herzog dem Papst einen Idealplan der barocken Klosteranlage, während um ihn zwei Bischöfe, vier Herzöge und drei Knaben versammelt sind – durch die anderen Stifterzyklen leicht zu identifizieren als Zähringerfamilie. Auf dem linken Teil des Bildes überreicht der Papst dem Herzog die Urkunde, die, so ist zu interpretieren, die dem Kloster gewährten Privilegien, wie z. B. die freie Abtswahl, bestätigt. Hält auf anderen Stifterdarstellungen oft nur der mittelalterliche Wohltäter ein Kirchenmodell in der Hand, so wird hier die Stiftung von der Leitung der Kirche gegenbestätigt: für das »erzkatholische« Haus Österreich eine deutliche Mahnung. Derselbe Vorgang ist auch auf den Rundbildern am Triumphbogen der Kirche dargestellt. Nur weist hier Bischof Gebhard von Konstanz, der die erste Kirche geweiht hatte, den Klosterplan vor, dem wiederum Papst Urban II. die Bestätigung erteilt (Abb. S. 56). Schließlich wurden im Zusammenhang mit der Ausmalung der Kirche über den Gräbern der Stifter Bilder aus dem weiteren Verwandtschaftskreis der frühen Wohltäter des Klosters angebracht, für deren Auswahl die Kriterien bis jetzt allerdings nicht erkennbar sind.

Das früheste Dokument der im 18. Jahrhundert wieder belebten Zähringer Tradition ist eine unter Abt Maurus Höß 1712 entstandene und bis zum Ende der Klosterzeit fortgeführte Wappenscheibe. Sie zeigt allerdings nur 54 Äbte. Abt Johannes II. von Stein (um 1398) und Abt Johannes III. (1402–1404?), die beide nur sehr kurz (oder gar nicht) im Amt waren, sind übergangen worden. Abgesehen davon, dass der Klosterchronist P. Gregor Baumeister später vermerkt: »Überhaupt findet man nirgends bezüglich der Reihe der Äbte als auch ihrer Lebenszeit eine so große Verwirrung als von der Mitte des 14. Jahrhunderts bis zum Jahr 1420«, bot die Wappenscheibe Abt Maurus im 40. Jahr seiner Profess und im Jahre der Neubestätigung der Klosterrechte durch Kaiser Karl VI. die Möglichkeit, sich als 50. Abt zu präsentieren. Diese Wappenscheibe zeigt am unteren Rand in zwei Rundbildern die Zähringer Stifter Bertold II. und Gebhard III. Durch ihre Umschrift in enge Verbindung zum Kloster des hl. Petrus gebracht: Bertold II. als Beati Petri fortis Dux, Gebhard III. als Ecclesiae S. Petri rutilans lux. Die zwei in den Umschriften enthaltenen Chronogramme weisen mit dem Jahr 1091 bei Bertold II. auf das freilich unsichere Datum des Beginns der Suche – und damit die Entscheidung – für ein neues Kloster hin, bei Gebhard lll. auf die durch ihn in diesem Jahr vorgenommene Weihe der Peter- und Pauls-Kirche in Hirsau, dem Stammkloster auch der st. petrischen Abtei.

Der das Bild der Kirche prägende Zähringerzyklus aus den Jahren 1730/1731 ist nach der Zusammenschau mit den bereits vorhandenen Darstellungen also weder spontan noch gar zufällig in die Kirche aufgenommen worden. Vielmehr gab es in St. Peter zu diesem Zeitpunkt eben bereits mehrere, im Inhalt verschiedene Zähringerdarstellungen: auf der Wappentafel (1712), im Kapitelsaal (etwa um 1716), auf dem Stifterbild (etwa 1722–1724) und, zeitgleich mit den Feuchtmayerfiguren entschieden, die Bilder am Triumphbogen der Kirche sowie über den Gräbern (1727/1728). Das Programm der Stifterfiguren in der Kirche ist also Ergebnis einer jahrelangen Reflexion und wurde gezielt zur politischen Aussage genutzt.

Neben den vier Zähringerdarstellungen aus der ersten Hälfte des 18. Jahrhunderts finden sich in St. Peter auch aus der zweiten Hälfte des Jahrhunderts drei Zähringerkomplexe. Wiederum liegt der Schlüssel zu deren Interpretation bei dem Monument in der Kirche, diesmal bei den etwa 40 Jahre nach dem Kirchenbau im Chor neu errichteten Grabmälern der Zähringer. Auch hier vermag schon die Entstehungsgeschichte eine Hilfe zum Verständnis ihrer Aussage sein.

Am achten Tag der Kirchweihe, 1727, waren die in der alten Kirche in der Krypta beigesetzten Zähringer in vier eichenen Kästen in Gräber rechts und links im Chor der Kirche übertragen worden.[31] Die Gräber, so die alten Berichte, wurden mit Marmorplatten verschlossen und von den Stukkateuren Clerici mit Wappen, Waffen und sonstigem Zierrat prächtig geschmückt und vergoldet. Auf den Platten gab es jeweils eine Inschrift, die in einem Chronogramm auf die 1727 hier beigesetzten Stifter verwiesen. Merkwürdigerweise sind für die Inschriften zwei verschiedene Versionen überliefert, die eine in der Kirchweihfestschrift von 1731, die andere in den Klosterannalen von 1754.[32] Da aus den sonstigen Unterlagen über eine zwischenzeitliche Änderung nichts entnommen werden kann, ist dies bislang nicht zu erklären. Jedenfalls entschloß man sich unter Abt Steyrer Ende 1767/ Anfang 1768, die Grabmäler von 1727 abzubrechen, um sie durch neue zu ersetzen[33] (Abb. S. 103). Die hierfür 1768 gegebene Begründung, dass es »dürftige, schwarze Tafeln« waren mit einer mangelhaften, ja fehlerhaften, zum Teil schon unleserlichen Beschriftung, dürfte eher ein Vorwand gewesen sein, wenn man dieses Urteil mit der »Bepreisung« der Grabmäler in der Kirchweihfestschrift vergleicht. Auch für eine Fehlerhaftigkeit der Inschrift läßt sich kein Anhaltspunkt finden, es sei denn, man bezeichnet die Kürze der Inschrift, die sich in beiden überlieferten Formen auf die Aussage beschränkt, dass hier die Stifter begraben seien, als einen Fehler.

In der Literatur wird die Anfertigung der neuen Stifterepitaphien üblicherweise als Ausdruck besonderer Dankbarkeit, Verehrung oder Pietät angesehen. Aber reicht das aus, diesen Aufwand zu erklären, wo doch in der Kirche bereits die Stifterfiguren an den Wandpfeilern, die Bilder am Triumphbogen und im Chor und schließlich auch die alten Gräber selbst Zeugnis der Erinnerung an die Stifter waren? Vergleicht man die heute noch erhaltenen Grabmäler mit den 1768 abgebrochenen, so ergibt sich als wesentlicher Unterschied der figürliche Schmuck und die bei weitem umfangreichere Beschriftung auf den neuen Epitaphien. Da, abgesehen von Agnes von Rheinfelden, alle auf den Gräbern abgebildeten Stifter in der Kirche als Figuren bereits vorhanden waren, dürfte die Erklärung für die neuen Epitaphien weniger in ihrem plastischen Schmuck liegen. Dennoch mag auch dies mitgespielt haben, da man zum einen zu dieser Zeit wusste, welche Bedeutung Agnes für die Stiftung des Klosters hatte, und zum anderen war es die Gelegenheit, den weiblichen Teil der Zähringer Familie heraus zu stellen, um sich so der Gunst auch der Frauen der badischen Familie zu versichern. Der wichtigere Grund war jedoch wohl die neue Inschrift, die im Unterschied zu den bisherigen Grabplatten die Namen der hier Begrabenen und den gesamten genealogischen Zusammenhang enthält.[34]

Für diese These spricht zum einen bereits die äußere Form der neuen Epitaphien, auf denen die Schrift gegenüber dem Bild deutlich ins Zentrum gerückt ist. Sie ist integrierter, zentraler Bestandteil eines architektonischen Denkmals geworden, während sie etwa bei den Stifterfiguren an den Wandpfeilern im Wortsinn nur »Unterschrift« ist. Für diese These spricht zum anderen der Bericht von der Öffnung der Gräber im »Compendium Actorum«.[35] Dort heißt es, dass vor den Gräbern prächtigere Grabplatten mit reicheren Inschriften anzubringen seien, nachdem man aus den alten nicht entnehmen könne, welche und wieviele Mitglieder der Zähringerfamilie hier beigesetzt seien. Dies ist eine merkwürdige Begründung, da die Kirchweihfestschrift eine genaue Aufzeichnung über die Namen und den Beisetzungsort der hier begrabenen Mitglieder der Zähringerfamilie enthält und diese detaillierte Aufzählung damit begründet wird, dass auch der gemeine Mann über die hier beigesetzten Stifter »ein satten Underricht habe«.[36]

Noch aus einem anderen Grund scheint die Begründung für die neuen Epitaphien mit der Dokumentation der hier beigesetzten Zähringer nicht die ganze Wahrheit wiederzugeben. Untersucht man den Inhalt der Beschriftung, so zeigt sich, dass es mehr ist als eine Grabinschrift, auf der nur die Namen der hier Bestatteten verzeichnet sind. Es handelt sich nämlich um einen fast vollständigen Stammbaum, der Gelegenheit gab, auch zwei Mitglieder der Familie aufzunehmen, die gar nicht hier begraben waren: Bertold I. und Hermann I. Die Beschriftung verrät noch mehr. Während man sich bei Bertold I. auf den Namen beschränkte, erscheint bei Hermann I. zum ersten Mal die Bezeichnung Sator Marchionum Badensium, Stammvater der Markgrafen von Baden. Hier also sind die Adressaten der Aussage dieser neuen Epitaphien genannt: die markgräflich-badische Familie, die sich eben in diesen Jahren darauf besann, dass sie von den Zähringern abstammte, wie es denn auch die in den Jahren 1763-1767 erschienene »Historia Zaringo-Badensis« von Schöpflin ausführlich aufzeigte. Für die Markgrafen war es ganz im Sinne der eben dargestellten politischen Bedeutung einer bis ins Mittelalter zurück reichenden Genealogie wichtig, dies auch an einem traditionellen Ort, an einem Stammkloster festmachen zu können. Und so verweilten sie denn, wenn sie nach St. Peter kamen – für den Markgrafen selbst ist dies allerdings nur einmal nachweisbar –, vor den Gräbern ihrer Ahnen, in denen freilich ihr Stammvater Hermann, der als Mönch in Cluny gestorben war, gar nicht begraben lag.

Abt Steyrer und sein Konvent kamen diesem Bedürfnis entgegen: Bei der Inschrift der neuen Epitaphien beschränkte man sich nicht auf die Namen der hier Begrabenen, sondern übernahm mit wenigen Änderungen den Stammbaum aus der eben erwähnten zähringisch-badischen Geschichte, die mit persönlicher Widmung des Markgrafen eben 1767 mit ihrem letzten Band als Geschenk nach St. Peter gekommen war. So konnte man sich zurecht als Stammkloster des badischen Hauses präsentieren, zu welchem Zweck sich wohl auch Abt Steyrer schon 1762 ein (recht teures) Bild des Markgrafen in Karlsruhe beschafft hatte. Das Bedürfnis nach bildhafter Präsenz der Mächtigen – die Frage, ob dieses nicht nur im 18. Jahrhundert bekannte Bedürfnis mehr von demjenigen kommt, der dargestellt wird, oder von dem, der das Bild zur Schau stellt, soll hier offen bleiben – äußerte sich in St. Peter in der Weise, dass sich hier zur Zeit der Säkularisation sechs Porträts der »durchlauchtigsten Familie von Baden«, Bilder von Kaiser Franz II., Maria Theresia und – im Hinblick auf die württembergischen Besitzungen – auch ein Bild von Herzog Karl von Württemberg fanden.[37]

Dies als pure Devotion zu deuten, würde zu kurz greifen. Vielmehr ist es Ausdruck eines recht komplizierten Verhältnisses zwischen Kloster und Landesherrn, auf dessen Gebiet zum Teil auch St. Peter Besitzrecht hatte. Man kann die so herausragende Pflege der Ahnengräber eher als Teil der Suche nach Bundesgenossen ansehen. Wenn die Markgrafen St. Peter als Hauskloster brauchten und gebrauchten, so war die Abtei ihrerseits auf das Wohlwollen der Badener angewiesen. Denn anders als in der ersten Hälfte des 18. Jahrhunderts kamen nun Forderungen und Bedrohungen gegenüber dem Kloster nicht mehr nur von Wien, sondern zunehmend auch vom badischen Haus. War die Entwicklung bis hin zur Säkularisation Anfang des 19. Jahrhunderts um 1770 zwar nicht abzusehen, so hatte doch schon 1784 der Plan des Markgrafen Karl Friedrich zur Aufhebung der Klöster auf hachbergischem Gebiet den Abt erzittern lassen.

Die Zwiespältigkeit des Verhältnisses zwischen dem Kloster und dem badischen Haus wird sichtbar z.B. in der Vorgeschichte der quasi offiziösen zähringisch-badischen Geschichte von Schöpflin, für die der Abt »in liberalster Weise« aber offensichtlich gegen den Willen Wiens »die Zähringer-Stiftungsbriefe« – gemeint ist wohl der Rotulus Sanpetrinus – zur Benutzung überließ[38], gleichwohl man im Kloster Angst hatte, dass diese Funde politisch ausgeschlachtet würden und man daher verbot, bestimmte Tatsachen daraus zu publizieren.[39]

Als ähnlich zwiespältig erweist sich das Verhältnis auch in Beziehung zur letzten Vertreterin der katholischen Linie des Hauses Badens, Elisabetha Augusta. Als sie im Juni 1770 mit ihrem ganzen Hofstaat nach St. Peter kam, wurde in der Ansprache betont, dass zum ersten Mal seit über 200 Jahren ein Mitglied aus dem Stamme der Klostergründer in der Abtei weile. Unter ausdrücklichem Verweis auf die Stiftung ihrer Vorfahren wurde ihr der Zutritt zur Klausur gestattet und, als sie 1789 starb, wurde sie auf eigenen Wunsch im Chor der Kirche in der Nähe der Zähringer beigesetzt – eine Ehre, die seit dem Mittelalter keiner weltlichen Person mehr zuteil geworden war und mit der man wohl sehr bewußt den Gedanken des Grabklosters wiederbeleben wollte (Abb. S. 183). Die letzte katholische Vertreterin der badischen Linie bot dazu auch die Möglichkeit, da eine Beisetzung der evangelischen Markgrafen in einer Klosterkirche kaum denkbar gewesen wäre: Hatte man doch noch in Festum Cathedrae geschrieben, dass die Kirchen im benachbarten »Marg-Graffen-Land« deswegen verfallen seien, weil diese vom rechten Glauben abgefallen seien. Freilich erscheint diese Ehrung in einem anderen Licht, wenn man die Bemerkungen in Abt Speckles Tagebuch nachliest, dass der Mann Elisabetha Augustas, Graf v. Althann, »dem hiesigen Stift bei der Beisetzung der Prinzessin 200 fl abgemarktet habe«, dass dieser sich selbst zum Essen eingeladen und man ihm darauf nur ein »karges Mittagessen« vorgesetzt habe.[40] Auch andere Bemerkungen über die Größe und Bedeutungslosigkeit der Grabplatte und deren Inschrift, die für die Prinzessin gestiftet worden war, zeigen, dass diese Ehrung mehr eine lästige Pflicht war. Dennoch wird man auch in dieser Grabplatte, die sich heute über der Tür zur Sakristei befindet, die Idee des Grabdenkmals als Garant eines Vertrags sehen können, in dem die immaterielle Gabe des Gebetsgedenkens gegen die erhoffte konkrete Hilfe gesetzt wird.

Für das Entgegenkommen des Klosters und den Versuch, sich das Wohlwollen des Markgrafen zu erhalten, gibt es in der Amtszeit Steyrers noch manche Belege. Erinnert sei nur an das Bemühen des Abtes um die Seligsprechung Bernhards v. Baden, dessen Reliquien 1777 in der Kirche feierlich ausgestellt wurden. Zugleich mit der Bernhardsfigur als Reliquiar (Abb. S. 187) ließ man als Zähringerdokument wiederum eine Stifterfigur von Hermann I. anfertigen, auf der jedoch nicht mehr – wie in der Kirche – steht, dass er Zähringer Herzog, sondern nur noch, dass er badischer Markgraf und Mönch in Cluny war: Wesentlich war also nicht mehr die Zugehörigkeit zur Zähringerfamilie, sondern seine Funktion als badischer Stammvater. Der Abt selbst veröffentlichte zu diesem Anlaß eine Schrift, in der der genealogische Zusammenhang der badischen Markgrafen geschildert wird. In der Lobrede anläßlich der Aussetzung der Reliquien hatte Steyrer die dreifache Absicht formuliert: die Dankbarkeit gegen die Stifter, die Erkenntlichkeit gegen den seligen Bernhard und die Nutzbarkeit gegen das Kloster. Bernhard selbst wird von Steyrer zugesprochen, dass dessen Niederlassung im Kloster (unter der Gestalt von Reliquien) seiner Begierde entspringe, diesem zu helfen: Die Mahnung an die Badener war überdeutlich.

Erinnert man sich, dass Abt Bürgi in der Entstehungszeit der Stifterfiguren in der Kirche engagiert über den genealogischen Zusammenhang von Zähringern und Habsburgern geschrieben hatte, so ist es kaum zufällig, dass Steyrer wohl ebenso absichtsvoll – und weniger historisch-kritisch – über den Zusammenhang von Zähringern und Badenern publiziert hat. Die neuen Grabmäler von 1768 im Chor der Kirche sind sichtbarer Teil eines angestrebten guten Verhältnisses zwischen dem Kloster und den Landesherren. Man wollte von Seiten des Klosters die Badener in Pflicht nehmen, sich im Verhalten gegenüber der Stiftung ihrer Ahnen an deren Vorbild zu orientieren. Wenn das Kloster so die eigene Würde als Grablege der Zähringer unterstrich, hatte man wohl auch noch Habsburg im Blick, da die Schwierigkeiten mit Wien in dieser Zeit ebenfalls zugenommen hatten. Die Inschriften dieser Gräber sind ihrem Inhalt nach rückblickend und bewahrend, ihrer Funktion nach aber vergegenwärtigend, aktualisierend und vor allem publizierend. Die Publizität freilich war eingeschränkt: War die Kirche mit ihren Stifterfiguren allen offen, so waren die Grabmäler im Mönchschor ja nur unter Begleitung zugänglich: Man führte den adeligen Besuch vor die Gräber seiner Ahnen und ließ ihn im Lesen der Namen seiner Vorfahren seiner eigenen Verpflichtung eingedenk sein.

Wie schon die Stifterbildnisse aus der ersten Hälfte des 18. Jahrhunderts wird man auch die Stiftermausoleen von 1768 angemessen erst im Kontext der anderen, seit der zweiten Hälfte des 18. Jahrhunderts bereits vorhandenen Zähringerbildnisse deuten können. Von den zwei hier noch zu erwähnenden Zähringerkomplexen aus dieser Zeit gehört zumindest der eine ebenfalls zu den Bemühungen, sich die Markgrafen verbindlich zu machen. Mitte der 90er Jahre des 20. Jahrhunderts konnte das Priesterseminar einen Zyklus von 14 Zähringer Bilder aus der Auktionsmasse des Hauses Baden für St. Peter zurück erwerben (Abb. S. 156 und 158). Dieser hatte sich seit 1836 im Besitz der Markgrafen von Baden befunden. Es handelt sich um 14 Tafelbilder (Öl auf Leinwand, 148 × 81 cm), die sich laut Klosterinventar von 1807, d. h. nach der Aufhebung des Klosters »im großen Saal« befanden[41] Auf Wunsch des Großherzogs – und nicht nur mit dessen Genehmigung – wurden sie durch Verfügung des Innenministeriums 1836 nach Rastatt verbracht. Ohne auf Details der Zuschreibung und Datierung dieser Bilder einzugehen, kann man annehmen, dass ihre Entstehung in die Zeit nach dem Abbruch des alten Kapitelsaales (1753/1754) fällt.[42] Man nahm die Beseitigung des bereits beschriebenen Zähringerzyklus im Kapitelsaal als Anlaß für die Anfertigung eines neuen Zyklus, der nun allerdings mit der aktuelleren Blickrichtung zum Hause Baden gestaltet wurde. So wird der badische Stammvater Hermann I. hier in Rüstung und nicht mehr wie noch in der Kirche als Mönch dargestellt, was ja seine Rolle gerade als Stammvater der evangelischen Linie des Hauses Badens hatte etwas schwierig erscheinen lassen. In diesem Zyklus sind auch die für St. Peter ansonsten weniger wichtigen badischen und Hachberger Nachkommen Hermanns I. erwähnt, ein Faktum, welches ohne den Blick nach Durlach uninteressant gewesen wäre.

Nicht von ungefähr werden bei diesen Bildern die verschiedenen verwandtschaftlichen Beziehungen der Zähringer zu anderen Fürstenfamilien – zum einzigen Mal ist hier bei Bertold I. der verwandtschaftliche Zusammenhang mit dem Haus Habsburg erwähnt – herausgestellt und wohl ebenso absichtsvoll sind sie in Stil und Aufbau den einige Jahre vor ihnen entstandenen Abtsbildnissen des Konventsflügels angeglichen: Findet man in der Klausur, also im Lebensbereich der Mönche, die 55 Äbte als geistliche Ahnen für die Geschichte, als Garanten für den Bestand, aber auch als Verpflichtung für die Abtei, so stehen die Zähringer in dem dem adligen Besuch zugänglichen Bereich als weltliche Mütter und Väter und sind in ihrer Aufgabe, die Existenz der Äbte zu sichern , den Äbten auf ihre Weise vergleichbar.

Bleibt schließlich bleibt noch der Hinweis auf die Zähringerszenen in den Sockelbildnissen der erwähnten 55 Äbtedarstellungen, die seit 1752 entstanden waren[43] (Abb. S. 52). Auch hier wird das erste Jahrhundert der Abtei ganz betont als die Zeit gezeigt, in der das Kloster von seinen Stiftern begütert und privilegiert worden war. Dem Mönch im 18. Jahrhundert war bewußt, dass seine materielle Existenzgrundlage wie bei der Stiftung so auch in der Gegenwart vom Wohlwollen und Entgegenkommen der Fürsten abhing.

Versteht man diese Zähringerdarstellungen aus der Amtszeit Abt Steyrers als Ausdruck des Bemühens sowohl mit Blick nach Wien, zunehmend aber auch mit Blick nach Karlsruhe, das Kloster zu schützen und zu erhalten, so wird dies wenige Jahre vor der Auflösung der Abtei verbal zugespitzt im Tagebuch des letzten st. petrischen Abtes Ignaz Speckle. Als im Dezember 1802 der Markgraf nach dem mittelalterlichen Rotulus verlangte, in dem der genealogische Zusammenhang aufgeführt, aber eben auch die ganzen Rechte des Klosters festgeschrieben waren, schrieb Speckle in sein Tagebuch: »Die Sache war um so wichtiger, da sich das Gerücht noch immer mit Wahrscheinlichkeit erhielt, dass das Breisgau markgräflich werden dürfte. Auf jeden Fall mußte uns bei diesen Zeitumständen der Schutz und die Gewogenheit des Herrn Mkgr äußerst wichtig sein. Ich überlegte die Sache mit dem P. Großkeller und schrieb zurück: seitdem das Gerücht gehe, dass Breisgau badisch werden dürfte, hätte ich mir immer mit einiger Hoffnung für mein Stift geschmeichelt, als welches seinen Ursprung den Vorfahren des badischen Hauses verdankte, wo noch die Gebeine dieser glorreichen Vorfahren ruheten und die Dokumente für die Stammfolge des Badischen Hauses waren erhalten worden. Meine Absicht wäre gewesen, im Falle jene Gerüchte sich erwahret hätten, mich mit jenen Dokumenten Serenissimo zu Füßen zu legen. Wenn es aber der Wunsch des Herrn MkGr wäre, jene Dokumente itzt schon zur Einsicht und Verwahrung zu nehmen, so stünden selbe zu Diensten«.[44]

Betrachtet man nach diesen Überlegungen das Mosaik der Zähringerdarstellungen in St. Peter, so wird deutlich, dass sie nicht nur Ausdruck einer besonderen Pietät der Hüter der Gräber gegenüber einem längst dahingegangenen Fürstengeschlecht waren, sondern dass sie auch oder gerade in politischer Absicht entstanden. Sie geben ebenso eindrucksvoll die ursprüngliche Aufgabe der Stifter und Wohltäter wieder, wie man mit ihnen versuchte, deren Nachfahren an die überkommen Pflichten zu mahnen und sie so wiederum als Schirmvögte zu gewinnen[45]. Insofern sind sie historische Zeugnisse sowohl für die Zeit des Dargestellten, also des hohen Mittelalters, als auch für die ihrer Entstehung, d. h. des 18. Jahrhunderts.

Die politische Dimension der Bilder zur Zeit ihrer Entstehung liegt konkret darin, dass man mit ihnen die wechselseitige Beziehung zwischen der Grab- und Andenkenpflege von der einen Seite und dem Schutz des Grabklosters von der anderen 500 Jahre nach dem Tod des letzten Zähringers mit der ursprünglichen Intention wieder zu aktualisieren suchte. Freilich, im Hinblick auf die sieben verschiedenen Komplexe muß man differenzieren zwischen den Darstellungen aus der ersten und der zweiten Hälfte des 18. Jahrhunderts. Adressaten der Bildersprache bis 1740 waren vor allem die Habsburger, an die man mit dem Mittel eines Kaisersaales den moralischen Appell richtete, die Rechte der alten Stiftung zu achten – mehr ließen die realen Machtverhältnisse kaum zu. Die Bildnisse aus der zweiten Hälfte des 18. Jahrhunderts, insbesondere die Grabmäler im Chor und der Zähringerzyklus im Festsaal/Gastflügel, hatten dagegen mehr das Haus Baden im Blick, demgegenüber man weniger die Stiftungsrechte, sondern die Bewahrung der Ahnengräber hervorhob. Verweisen die großen Stifterfiguren an den Wandpfeilern in einer schwer aufzulösenden Komplexität sowohl auf die mehr in der Literatur festgemachten Verbindungen zu Habsburg wie auf die in der Zähringerstiftung begründete eigenständige und vom Kaiserhaus nicht zu beeinträchtigende Würde des Klosters, so demonstrieren die Stifterepitaphien eher gemeinsame Tradition und Verbundenheit mit dem Hause Baden. Ihr politischer Anspruch ist direkter, konkreter, vielleicht auch etwas devoter als die Aussage der das Kloster stützenden und tragenden Stifterfiguren.

Erst also in dieser Verschränkung von Entgegenkommen und Distanz, von Pietät und Politik erschließt sich das Mosaik der st. petrischen Zähringerbildnisse. Ihnen liegt kein einheitliches, geschlossenes Konzept oder Programm zugrunde. Sie sind jedoch in ihrer Zusammenschau zum einen ein ganz eindeutiges Zeugnis der alten und im 18. Jahrhundert noch lebendigen Tradition der Zähringerverehrung in St. Peter. Zum anderen aber sind sie ein ebenso eindrucksvolles, mehrdeutiges und facettenreiches Bild ihrer eigenen Entstehungszeit. So sind sie selbst zu Zeugen einer Zeit geworden, in der Politik und Kunst ein spannungsreiches, bisweilen hintergründiges – für den heutigen Betrachter oft rätselhaftes Verhältnis eingingen.

Engel als Träger der Orgelempore in der Klosterkirche

Klosteranlage mit Kirche im alten Stil und einer weltlichen 'Herrschaft'" darstellt. Seit 1700 wird dem „Kloster-Kirchengebäude" in den Formen des Kaisersaales und des repräsentativen Stiegenhauses quasi ein Fürstenschloß einverleibt. Mit dem Schloß wächst in den „Stiften noch eine dritte Sphäre, die zwischen der kirchlichen und kaiserlichen Sphäre vermittelt: die Sphäre der Bildung, der Künste und Wissenschaften. Sie findet ihren baulichen Ausdruck in den großartigen Räumen der Bibliotheken. Deshalb gehört zu jedem vollständigen Stift des neuen Typus ebenso untrennbar wie der Kaisersaal der Bibliothekssaal"[4] (Abb. S. 53, 145 und 159).

Die ehemalige Benediktinerabtei St. Peter auf dem Schwarzwald kann als komplettes Modell einer solchen Schloss-Klosteranlage dienen. Sie ist eine Illustration dafür, dass die Sedlmayrsche Deutung der Klosterarchitektur auch für Vorderösterreich Erklärungswert hat.[5] Im Rahmen dieses Themas, den Beziehungen zwischen Baugeschichte und allgemeiner Geschichte eines Klosters, läßt sich hieraus eine erste, noch sehr allgemeine These herleiten: Struktur und Funktion des politisch-gesellschaftlichen Systems Österreichs, zu dem die Klöster auch in den Vorlanden gehörten, bilden sich in deren Baugeschichte und Bauformen ab. Umgekehrt lassen sich dann eben solche Klosterbauten als Quelle für Fragen an die allgemeine Geschichte und natürlich an die Geschichte des jeweiligen Klosters nutzen.

Inwieweit eine solche Schloss-Klosteranlage im vorderösterreichischen Breisgau noch eine genuine Ausbildung des Sedlmayrschen Musters darstellt oder doch mehr eine gezielte Imitatio der großen österreichischen Stifte war, muß als Interpretationsfrage offen bleiben. Sicher waren auch hier die Äbte, die die Bauten vorantrieben, mit den Machtspielen der Adelsgesellschaft[6] ebenso vertraut, wie sie das Medium politischer Ikonographie zu nutzen wußten. Für Fragestellungen nach der Baukonjunktur süddeutscher Klöster im 18. Jahrhundert ist das hier gewählte Beispiel St. Peter jedenfalls aufschlußreich sowohl durch die sich in seiner Baugeschichte abzeichnende allgemeine Geschichte, wie aber auch durch besondere, die Baugeschichte beeinflussende innerklösterlichen Vorgänge, die sich in Variationen so auch in anderen Klöstern abgespielt haben.

Das Beispiel der st. petrischen Klosterbibliothek, idealtypisch zwischen Kirche und Fürstensaal gelegen, bietet für unsere Fragestellung – außer durch eine relativ komfortable Akten- und Literaturlage – insofern eine besondere Chance, als sie, wohl im Geiste der Zeit begonnen, eben nicht als Ausdruck vorherrschender geistiger und politischer Strömungen unter allgemeiner Zustimmung in einem Zug zu Ende geführt und ausgestattet wurde. Vielmehr war sie während der Entstehung über ein Jahrzehnt lang eine Bauruine und, folgt man den Archivalien, dem

Umbau in Gastzimmer oft näher als ihrer Vollendung in der heutigen Form als „schönstem Rokokoraum des Breisgaus". Mit dieser Andeutung ergibt sich für die Beschreibung – und Interpretation – der Baugeschichte der Bibliothek eine quasi natürliche Dreiteilung: 1. Planung, Baubeginn und Aufführung des Rohbaues, 2. Unterbrechung und Umbaupläne, 3. Wiederaufnahme des Baus, Fertigstellung und Ausstattung. Die zweite These zum Verständnis der hier beschriebenen Vorgänge ist, dass eine so wechselvolle Baugeschichte, der mehrere und widersprüchliche Entscheidungen zugrunde liegen, auch ein Spiegel innerklösterlicher Umbrüche und Krisen ist, in denen sich ihrerseits allgemeine politische Entwicklungen abbilden.

Da gemäß der Regel und der Struktur des Benediktinerordens dem Abt innerhalb eines Klosters eine schier unangefochtene Stellung zukommt, wird auch die Baugeschichte von ihm determiniert. So wird es wenig verwundern, dass die verschiedenen Etappen des st. petrischen Bibliotheksbaues mit den Namen unterschiedlicher Äbte verbunden sind. Der Konvent hat beim Tod eines Abtes durch die durch Privilegien gesicherten Freiheiten mit der Wahl einer entsprechenden Persönlichkeit für einen Moment die Möglichkeit, die Richtung der Klosterlenkung für die nächsten Jahre zu bestimmen, ohne freilich die zukünftige Entwicklung des Neoelectus zu kennen. Die umstrittene Einführung von Wahlkapitulationen war der Versuch der Konvente, das Verhalten eines Abtes über den Tag seiner Wahl hinaus wenigstens mitzubestimmen. Bei der Analyse der Baugeschichte wird man insofern die Wahl der Äbte als Moment der Souveränität des Konvents ebenfalls in den Blick nehmen müssen. Als dritte These formuliert: Die Baugeschichte ist in subtiler Weise auch ein Spiegel der je spezifischen Macht- und Sozialstruktur eines Klosters.

Die erwähnte Dreiteilung verbindet sich mit folgenden Daten: Der erste dokumentierte Beschluss zum Bau einer Bibliothek 1737 fällt in das Abbatiat Ulrich Bürgis (1719–1739). Mit seinem Tod wird der Bau eingestellt und ruht während der gesamten Amtszeit seines Nachfolgers Benedikt Wülberz. Der nach dessen Tod 1749 zum Abt gewählte Philipp Jakob Steyrer läßt die Bautätigkeiten 1750 wieder aufleben und schließt die Ausstattung bis 1752 ab. Baunterbrechung und Wiederaufnahme stehen demnach in unmittelbarem zeitlichen Zusammenhang mit zwei durch Tod der Amtsträger notwendigen Neuwahlen der Vorsteher.

Mit Ulrich Bürgi hatte der Konvent mit großer Mehrheit 1719 einen Abt gewählt, der sich von seinen Vorgängern „deutlich durch seine Neigung zu einer der Barockzeit entsprechenden 'fürstlichen Hofhaltung'" unterschied. Symptomatisch hierfür verwendete er in einem Vertrag ausdrücklich den Begriff Hof statt Abtei und der Klosterkoch hieß bei ihm „Hof-und Konventkoch".[7] Diesem Selbstverständnis entsprach eine Baulust, die ihn im Sinne von Sedlmayrs Überlegungen eine komplett neue Kirchen-Klosteranlage, letztlich mit Bibliothek, planen ließ. Ebenso drückte sie sich darin aus, dass im Zuge einer fast städtischen Umgestaltung „im Dorfkern kein Stein auf dem andern" blieb. Dies hatte der Konvent bei seiner Wahl wohl nicht vorhergesehen.

Vielmehr erwartete man, dass er die barocke Umgestaltung der nach dem Brand von 1678 in den alten Außenmauern erneuerten Kirche tatkräftig abschließen würde. Auch die Baugeschichte der Kirche zeigt deutlich Fremdeinflüsse, hier vor allem das Verhältnis zum benachbarten Chorherrenstift St. Märgen. Als man dort nach dem Brand von 1704 mit dem Bau einer neuen Kirche 1716 begann, war dies für St. Peter in gewisser Weise eine Provokation, hatte man doch selbst nach dem Brand von 1678 nur innerhalb der alten Außenmauern d.h. in der Brandruine eine Kirche rekonstruiert. Diese vergleichsweise sparsame Maßnahme, die mit der Weihe von drei Altären 1699 abgeschlossen war, entsprach in seiner Art einer Neugestaltung den zeitgleichen Barockisierungen älterer Kirchenräume in St. Blasien und St. Trudpert.

Der von Peter Thumb um 1730 in kleineren Ausmaßen realisierter Abteibau. Unten: Entwurf Peter Thumbs für den Abteineubau, um 1727

Wenn nun das noch nicht einmal als Kloster restituierte, vergleichsweise unbedeutende St. Märgen statt einer Reparatur der Brandruine einen richtigen barocken Neubau erstellte, sah St. Peter daneben – im Wortsinn – alt aus. Es ist sicher kein Zufall, dass St. Peter 1717, ein Jahr nach dem Baubeginn in St. Märgen, daran ging, seine Kirche wenigstens mit einer barocken Fassade und einem größeren Kirchturm mit fünf Glocken auszustatten, was sicher mehr als ein Provisorium sein sollte. Als der 1719 gewählte Abt Ulrich Bürgi Turm und Glocken ein Jahr später einweihte, wird ihm angesichts der Baufortschritte im Nachbarkloster solches jedoch ein zu geringer Ersatz, ja eher ein Ärgernis gewesen sein und der ihm attestierte „Bauwurmb" mag ihn bereits geplagt haben. Für St. Peter war die Konkurrenz des zurückgekehrten Chorherrenstiftes St. Märgen zumindest ein zusätzliches Motiv für die Errichtung einer Klosterkirche, deren Dimensionen weder durch die Größe des Konvents noch durch die der Gemeinde erklärt werden können. Im Oktober 1722 schlug Bürgi im Kapitel vor, diese Kirche, die trotz allem „ruinös, eng und feucht" sei, wieder abzureißen und einen Neubau in Angriff zu nehmen. Die Widerstände im Konvent waren wohl der wichtigste Grund, dass es dazu eines zweiten Beschlusses im Januar 1724 bedurfte.[8]

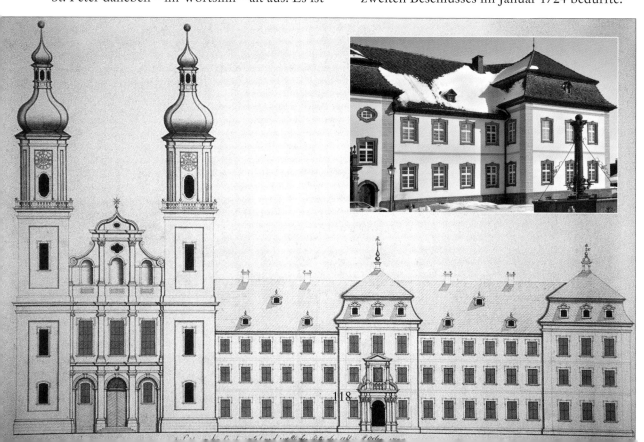

In beiden Behandlungen der Bauvorhaben war bereits von einem neuen Hospitium, d.h. vom Neubau des Gästeflügels, der auch die Prälatur enthalten würde, die Rede, so dass dem Konvent klar war, dass eine längere Bauperiode anstünde. Die Kürze der Zeit zwischen dem Beschluß zum Neubau der Kirche am 30. Januar, dem Akkord-Abschluß am 1. Mai und der Grundsteinlegung am 11. Juni – dazwischen liegt wenigstens ein teilweiser Abriss der alten Kirche -, ist ein Indiz, einerseits für die Vorbereitung der Baupläne auch ohne Beschluß des Konvents und andererseits für den Druck, mit dem Bürgi den Bau nun vorantrieb, um kritischen Einwänden keine Chance zu geben. Eine Protokollnotiz vom Dezember 1724 berichtet von Überlegungen im Konvent, den Neubau wg. drohender Kriegsgefahr wieder einzustellen. In der Rückschau erscheint dies wie ein Vorbild für die spätere, angesichts des Todes von Abt Bürgi gelungene Einstellung des Bibliotheksbaus. Dieser Versuch war wohl einer der „hundert Contrari-Wind", die, wie der Konvent in der Festschrift anläßlich der Kirchweihe dem Abt bestätigte, seinen „Bau= Eyffer" „im geringsten nit außgelöscht / ja nur immer mehr angeflammet" hat.[9] Trotz barocker Devotions-Rhetorik läßt die Festschrift etwas vom Unverständnis und vom Widerwillen des Konvents gegenüber Bürgis Bauplänen durchscheinen: Die Fertigstellung der alten Kirche 1717-1720 hatte bekräftigt, „die Zeit ist noch nit kommen" für eine neue Kirche. Aber „das ist vom Herren geschehen": „Ware halt in deß Bau=Herren Hertzen ziemlich tieff eingegraben." Nachdem trotz aller Widrigkeiten die

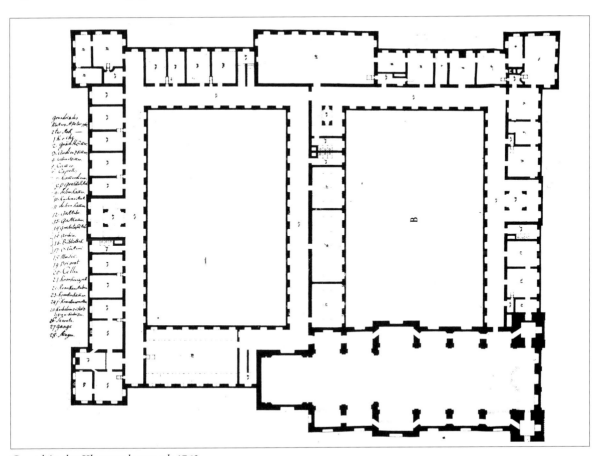

Grundriss der Klosteranlage nach 1760

Bauen als Auftrag des Ordensgründers, aus dem Benediktzyklus im Konventflügel

Weihe der Kirche nach erstaunlich kurzer Bauzeit bereits im September 1727 erfolgt war, wird in der Festschrift eigens hervor gehoben, dass St. Peter nun keinen Vergleich mehr mit „anderwärthigen Kirchen" zu scheuen brauchte.

Noch während der noch laufenden Ausstattungsarbeiten brachte Bürgi im November 1728 den Vorschlag für umfangreiche Bauvorhaben in das Kapitel ein. Die hier vorgetragenen Argumente von den sturmbedingten Gefahren, denen die st. petrischen Häuser ausgesetzt wären, und dass schließlich für eine solche Maßnahme auch keine Einstimmigkeit notwendig sei, verweisen auf den im Konvent fortdauernden Widerstand gegen die Baupläne des Abtes. Dennoch setzt er sich durch und schließt wiederum mit Peter Thumb einen Vertrag, der, wie dessen Biograf meint, seit 1727 entsprechende Pläne vorbereitet hatte.[10] Neben der neu zu errichtenden Prälatur und den Räumen für einen Sekretär mit Familie und Dienstboten erscheint hier erstmals auch ein Archiv. Von einer Bibliothek ist noch nicht die Rede, in den Gesamtplanungen Thumbs ist sie bereits an der heutigen Stelle vorgesehen. Dass der Vertrag mit der Verpflichtung Thumbs beginnt, für den Neubau das Abbruchmaterial zu verwenden, mag ebenfalls auf Diskussionen um die Notwendigkeit der Ausgaben hinweisen. Wenn noch 60 Jahre später im Kloster erzählt wurde, dass unter Abt Bürgi wegen des Kirchenbaus die Zahl der Speisen herabgesetzt worden war[11], vermittelt dies eine Vorstellung von innerklösterlichen Auseinandersetzungen um die Verwendung des hierfür aufzubringenden Geldes.

Hatte Gubler die Sparsamkeit schon für den Kirchenbau belegt, so wird der Abt, wenn es nun um die „fürstlichen Gemächer" ging, erst recht bemüht gewesen sein, den Anschein von „Verschwendungssucht" zu vermeiden – in anderen Klöstern ein Grund, um auf die Ablösung des Abtes hinzuwirken. Die Pläne Thumbs um 1726/27 und damit wohl auch die Wünsche Bürgis waren in dieser Situation für St. Peter zu groß geraten. Statt dem im urspünglichen Projekt vorgesehenen dreistöckigen Westtrakt mit 18 Achsen wurden in der Folge deutlich reduzierte Varianten diskutiert. Der innerhalb von zehn Jahren dann realisierte Westtrakt, in den Bürgi 1737 einzog, ist wohl deshalb zwar nur zweistöckig, erinnert jedoch mit seinen 17 Achsen an die erste Planung und wurde mit zwei Eck- und einem Mittelrisalten ein gelungenes Gegengewicht zu der den Platz dominierenden Kirchenfassade (Abb. S. 118).

Im August desselben Jahres 1737 schlug Abt Bürgi dem Konvent den Bau der Bibliothek und

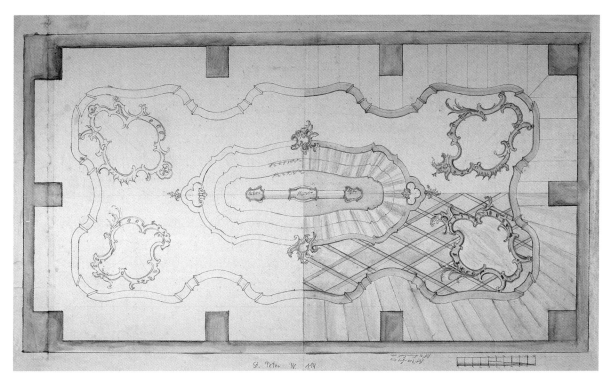

Deckenentwurf für die Bibliothek mit vier Eckbildern, vermutlich für die zunächst nur vorgesehenen Lateinischen Kirchenväter

der Sakristei nach wiederum bereits vorliegenden Plänen Thumbs vor. Unter Zustimmung aller wurde mit diesem ein Vertrag hierzu über 1800 fl. abgeschlossen. Zur Ausstattung waren wie in der Kirche als Maler F. J. Spiegler und als Bildhauer J. A. Feuchtmayer vorgesehen. Hatten sich die Arbeiten am Westtrakt von Vertragsabschluß bis zur Fertigstellung über zehn Jahre hingezogen, so muß der Abt die Bauarbeiten für die Bibliothek nun wieder mit dem aus der Kirchenbauzeit bekannten Nachdruck vorangetrieben haben. Wann die Arbeiten wirklich begonnen haben, ist jedoch unklar. Jedenfalls, als Bürgi am 17. Juli 1739 starb, war der Rohbau der Bibliothek, also die Außenmauern, geschützt von einem vorläufigen Dach, fertiggestellt. Der zeitgenössische Chronist schreibt: „.. das Bibliotheckgebäude ware noch unverferthiget da, mitsamt dem Gerüste, ohne Fenster und Thüren, wie es der Baumeister hinterlaßen."[12] Im ersten Kapitel nach der Totenfeier, am 21. Juli, beschloß der Konvent mit der Begründung, dass in der Zeit des Interregnums nichts verändert werden könne, Feuchtmayer, der noch keinen Vertrag vorweisen konnte und noch nicht mit der Arbeit begonnen hatte, sofort zu entlassen. Spiegler sollte die im Abteitreppenhaus angefangenen Fresken fertigstellen. Im Hinblick auf die Bibliothek galten für ihn jedoch die gleichen Regeln wie für Feuchtmayer, Entlassung. Die von beiden geltend gemachten Abreden mit dem verstorbenen Abt über Arbeiten in der Bibliothek waren für den Konvent kein Hindernis, die beiden Künstler nach Hause zu schicken und die Bauarbeiten abrupt einzustellen.

Im Rückblick auf die Baugeschichte im Abbatiat Bürgis, in der er den Konvent in der Regel mit fortgeschrittenen Planungen konfrontierte, spricht einiges dafür, dass er auch mit Feuchtmayer und Spiegler schon weiterreichende Absprachen getroffen hatte. Eine Planskizze für die Bibliotheksdecke, die nicht der heute vorhandenen Gestaltung entspricht, könnte ein Hinweis auf Vorüberlegungen mit Spiegler sein. Unter den Zeichnungen Feuchtmayers, der für St. Peter Mitte der 30er Jahre zumindest zwei Brunnenentwürfe geliefert hatte, findet sich der Entwurf für eine Bibliothekseinrichtung mit der Zahl 758, gedeutet als 1758. Da Feuchtmayer jedoch außer für St. Peter an keinem Bibliotheksprojekt beteiligt war, müßte einmal genauer untersucht werden, ob es sich nicht um eine Arbeit von 1738 und somit ebenfalls um eine Skizze für St. Peter handeln könnte.[13] Im Umgang mit den beiden Künstlern hätte es in dieser Situation nach dem Ableben Bürgis sicher Spielräume gegeben. Deren rigide Verabschiedung war ein eindeutiges Zeichen des Konvents, den Bibliotheksbau einstellen zu wollen.

In der Zusammenschau der Bautätigkeit Bürgis fehlt noch ein weiteres, neben dem Konvent ebenfalls widerständiges Element, die Untertanen. War Bürgis Vorgänger eher „ein milder Herr" gewesen, so schlug Bürgi einen härteren Ton an und drohte 1723, wohl ahnend, dass die Fronlasten der Bauzeiten nicht klaglos hingenommen würden, „allerempfindlichste Strafe" „für die Urheber von Meutereien" an.[14] Bei der Grundsteinlegung zum Kirchenbau wies er die Untertanen deutlich auf ihre Schuldigkeit zum Frondienst hin, jetzt vor allem bei dem anfallenden umfangreichen Transport von Baumaterial. Um die 2000 Fuhren zum Teil aus weit entfernten Steinbrüchen sind für die Bauzeit belegt. Auch während der Kirchweihe war das Thema präsent. Der Prediger des sechsten Tages erinnert, wie der Abt „Seine liebe Underthanen freundlich angesprochen / ihme die angeflehete Frons=Dienst nicht zu verneinen." Er erinnert „Wie vil und unterschiedliche Widerwärthigkeiten werden bey lang anhaltenden grossen Bau beyden Menschen / den innerlichen / und äusserlichen plagen und quälen?" Und er beantwortet die Frage, ob die geliebten Unteranten der „vil harte Fron=Dienst" gereue, selbst mit einer systemkonformen Antwort: „mit nichten:...: Ihr / und euere Kinder / und Kinds=Kinder werden sich erfreuen mit unaussprechlicher Freud / dass euere Mühe und Arbeit zu Vermehrung Göttlicher Ehr in diesen zierlichsten Kirchen=Bau angewendet worden."[15] Mochten die Untertanen die Frondienste zum Bau der Kirche noch hinnehmen, so wuchs offensichtlich der Widerstand, als in den folgenden Jahren neben Militärfronen und Schanzarbeiten auch die Bau- und Fuhrfronen weiter in großem Umfang abverlangt wurden. Jetzt dienten sie nicht mehr wie bei der Kirche, die man ihnen auch als die ihre vermittelt hatte, eigenen Interessen, sondern dem herrschaftlichen Teil der Abteigebäude.

1733 spitzt sich die Lage zu: Im März versucht der Abt mit einer Rede die Untertanen zur Achtung der Jura des Klosters zu bewegen. Im Juli kommt es zu Tumulten. Er läßt einige widerspenstige Untertanen ins Gefängnis legen und will sie zu Schanzarbeiten nach Breisach abführen lassen. „Den 18. Heum. an einem Samstag rotten sich viele Bauern zusammen, welche den Kerker erbrechen, und die Gefangenen mit sich forführen. Hieraus entsteht ein langwieriger Rechtshandel, der erst am 16. Januar 1739 durch einen gütlichen Vergleich beigelegt wird."[16] Dessen Inhalt regelt an vorderster Stelle penibel das Ausmaß (etwa das Verhältnis von Zeitverpflichtung und Wegstrecken) der zu leistenden Baufronen. Eben diese waren der Auslöser des „Bauernkriegs" gewesen, wie Klosterprotokolle die Vorgänge von 1733 nennen, und hatten über Jahre zu Zwietracht zwischen Klosterherrschaft und Untertanen geführt. Die oben erwähnte ungewöhnlich lange Zeit zwischen dem Beschluß zum Bau des Westtraktes 1728 und dessen Fertigstellung mit der Ausmalung des Treppenhauses 1739 könnte hier ihre Begründung haben.

Möglicherweise hat sogar erst der Vergleich vom Januar 1739 den Weg zu dessen Fertigstellung und zum Beginn des Bibliothekbaues frei gemacht. Setzt man in Relation, dass die Kirche im dritten Jahr nach dem Vertragsabschluß bereits eingeweiht wurde, während bei der sehr viel kleineren Bibliothek im zweiten Jahr nach Vertragsabschluss erst ein sehr vorläufiger Rohbau stand, könnten die Misshelligkeiten zwischen Abtei und Bauern dazu geführt haben, dass die Bauarbeiten erst nach Abschluß des Vergleichs aufgenommen werden konnten. Der Rohbau der Bibliothek wäre dann in den folgenden Monaten bis zum Tod des Abtes am 17. Juli errichtet worden. Dies würde auch erklären, dass die Absprachen mit Feuchtmayer und Spiegler noch nicht weiter gediehen und in Vertragsform gebracht waren. Auch eine umgekehrte Schlußfolgerung ist möglich: Wenn der Abt erst nach einem solchen Vergleich die Chance zur Umsetzung seiner Baupläne hatte, wäre hier die Regelung der Macht – d.h. der politischen Verhältnisse durch die Bauabsicht beeinflußt worden. Für unseren Zusammenhang ist festzuhalten, dass die Vorhaben des Abtes, der Bau eines herrschaftlichen Klostertraktes und einer Bibliothek, nicht nur dem von Sedlmayr skizzierten, sich in Klostergebäuden ausdrückenden Zeitgeist, sondern auch der in vielen anderen Klöstern in Bibliotheken Form gewordenen barocken Baulust entsprachen. Dass es in St. Peter zunächst nicht zur Realisierung der Pläne kam, lag an den „Contrari-Wind" sowohl von seiten des Konvents als auch der Untertanen. Die Gründe hierfür waren verschieden. In der Konsequenz, der Verschleppung der äbtlichen Bauvorhaben, verstärkten sie sich.

Mit der Wahl von Benedikt Wülberz als Nachfolger Bürgis hätte die Geschichte der st. petrischen Klosterbibliothek zu Ende sein können. Die vom Konvent beschlossene Einstellung des Baus, war offenkundig in seinem Sinn. Der Chronist bemerkt über die Beschreibung der unfertigen Bibliothek hinaus: „Und hätte der Abt Benedict länger regiret, wäre das herrliche Bibliothecgebäude in lauter Gastzimmer verwandlet worden."[17] Die Wahl dieses Abtes war die chaotischste im 18. Jahrhundert. Mit dem vom Konvent bestimmten Verfahren – Einstimmigkeit im ersten, Mehrheit mit Access im zweiten und dritten Wahlgang – war keine Entscheidung herbeizuführen. Darauf ordnete der bischöfliche Präses den „Kopromiß" an. Die „Schiedswähler" mußten dem bischöflichen Präses einen Eid ablegen jemanden zu wählen, der „für das Kloster eher in geistigen als in weltlichen Dingen nützlich sein" werde. Wenn die bischöfliche Partei, natürlich aus dem Eigeninteresse nach einem politisch schwachen Abt, die Wahl in Richtung eines weniger machtbewußten, weniger fürstlichen Abtes zu lenken suchte, mag dies den Vorstellungen des Konvents nach den Erfahrungen mit Bürgi entgegen gekommen sein.

Das Dreiergremium einigte sich „in einer halben Viertelstunde" auf Bendikt Wülberz, der dieser Vorgabe sicher entsprach. Es bleibt der Spekulation überlassen, was den Ausschlag für

Ofenplatte aus der Zeit Abt Bürgis, vermutlich anlässlich der Herstellung eines neuen Ofens unter Abt Steyrer zur Wiederverwendung nach St. Märgen abgegeben, heute dort im Pfarrhaus

die Wahl von Wülberz gab. Sein Lebenslauf läßt unmittelbar keinen Grund erkennen Möglicherweise war er der Exponent einer eher traditionalistischen Grundstimmung im Kloster. Zwei Indizien weisen darauf hin: Zum einen führte er in St. Peter die scotische Philosophie ein, die, zugespitzt gesagt, Glauben und Willen über den Verstand stellt und damit eine Gegenposition zur Aufklärung repräsentiert. Zum anderen ist von ihm ein aus seiner Thesenverteidigung hervorgegangenes kleines Werk über die Bedeutung des Papsttums für die katholische Kirche erhalten[18], das ebenfalls den der Aufklärung näher liegenden nationalkirchlichen oder synodalen Ideen entgegen steht. Auch seine 1740 erlassene Verordnung zum Verhalten der Mönche, die auf Außenstellen des Klosters tätig waren – für die Struktur eines Klosters oft ein schwieriges Problem, wenn die Mehrheit der Konventualen expositi waren –, bemüht sich eher um die Stärkung traditionellen Klosterlebens. Die Überlieferung, dass es während seiner Wahl eine Sonnenfinsternis gegeben habe, entspricht zwar dem historischen Befund, kann jedoch auch allegorisch auf eine Verdunkelung gegenüber dem hellen Licht der Aufklärung anspielen.

War die Einstellung des Bibliotheksbaues zwar keine Bedingung für die Wahl von Wülberz, zumidest ist eine derartige Wahlkapitulation nicht belegt, so kannte man sich im Konvent doch so gut, dass man ihn kaum für einen Beförderer dieses Unternehmens hielt. Vergegenwärtigt man sich des Widerstands gegen Bürgis Bauvorhaben, so könnte er angesichts seiner Funktion als Prior Ende der '20er Jahre dessen Wortführer gewesen sein. Auch die anschließende Verwendung in der von St. Peter weitest entfernten Besitzung mag ein Hinweis auf Differenzen mit dem Abt sein. Nach der geschilderten Entlassung von Spiegler und Feuchtmayer, an der Wülberz selbst nicht beteiligt war, blieb nur die Frage, wie man sich Thumb gegenüber verhalten würde, dessen Vertrag ja für eine fertige Bibliothek und nicht für einen Bautorso galt und der wohl bereits Pläne für den weiteren Ausbau vorgelegt hatte.

Etwa drei Wochen nach seiner Wahl läßt Abt Wülberz im Kapitel den Vertrag mit Thumb für den Neubau der Prioratskirche St. Ulrich bestätigen, die in den folgenden zwei Jahren zügig aufgebaut, in der Ausstattung allerdings zu Lebzeiten Wülberz' nicht fertig gestellt wird. Statt die Kirche sogleich mit einem angemessenen Bildprogramm auszustatten – dies blieb Steyrer für seine Amtszeit vorbehalten –, läßt er im Anschluß an die Kirche das Prioratsgebäude errichten. Angesichts solcher, wenigstens teilweise kompensatorischer Aufträge mochte Thumb die Nichterfüllung des Vertrags zur Bibliothek leicht verschmerzen. Baufeindlich war Wülberz demnach nicht, wie auch andere Maßnahmen nach den von den Franzosen im österreichischen Erbfolgekrieg angerichteten Schäden beweisen. Nur eine Bibliothek wollte er nicht und das der Aufklärung eigene intellektuelle Spiel der Bildersprache, das sein Vorgänger und sein Nachfolger hervorragend beherrschten, war ihm offenkundig fremd, zumindest nicht als Mittel verfügbar. Auch die für St. Peter selbst nachgewiesenen Anschaffungen, Paramente, Reliquienschreine, silberne Ampel oder ein mit Edelsteinen besetzter Abtsstab bleiben im Bereich dekorativen Kunsthandwerks. Ikonographische Einfälle sind von ihm nicht überliefert.

Der Nichtweiterbau der Bibliothek im Abbatiat Wülberz' hat in den Archivalien keine Spuren hinterlassen. So ist man für die Erklärung dieses Phänomens auf Indizien verwiesen. Mit Ulrich Bürgi hatte das Kloster einen modernen, gleichermaßen macht- wie bildungsbewußten Abtstypus gewählt. Seine eigenen historischen Studien oder die von ihm durchgeführten Grenzmarkierungen, beides diente der Absicherung der abteilichen Rechte, weisen ihn als den weltlichen Belangen zugetanen, seine umfangreichen Bücherkäufe (Abb. S. 157) und eben das Bibliotheksprojekt selbst als gebildeten, den Fragen der Zeit aufgeschlossenen Herrn aus. Im Konvent stand er damit ziemlich allein. Die Archivalien weisen zu seiner Zeit im Konvent noch kaum einen anderen, sich mit den Temporalia befassenden Autor nach. Die Entscheidung für Wülberz bedeutete, dass man nach den Erfahrungen mit dem „Bauwurmb" des fürstlichen Abtes – und nach der bischöflichen Vorgabe während der Wahl – nun einen Typus wählte, der die geistliche Seite des Klosters, die Spiritualia, in einem eher traditionellen Verständnis ins Zentrum seines äbtlichen Wirkens stellen sollte. Die Nachrufe rühmen ihn denn an vorderster Stelle als religiosus, als Förderer der Wissenschaft wurde er an keiner Stelle genannt.

Die zum Zeitpunkt der Wahl von Abt Wülberz seit wenigen Monaten im Bau befindliche Bibliothek war in diesem Kontext vermutlich ein Ärgernis, sie jedoch gleich wieder abzureißen, verbot möglicherweise die Pietät gegenüber dem verstorbenen Abt – und die Erinnerung, dass man ja erst zwei Jahre zuvor einvernehmlich für deren Bau gestimmt hatte. So verdrängte man das Problem. Die Künstler waren nach dem Verständnis des Konvents rechtmäßig entlassen worden, da sie noch keinen Vertrag vorweisen konnten. Eine Verpflichtung, ihnen einen solchen zu geben, sah man nicht. Der Baumeister erhielt als Kompensation für die Nichterfüllung des Vertrags sofort einen anderen Auftrag. An Mitteln, den Bibliotheksbau weiterzuführen, hatte es, wie die anderen Bauten zeigen, weder in den Jahren unmittelbar nach der Wahl noch nach den Franzoseneinfällen gefehlt. Auch die Frondienste mit den Untertanen waren rechtlich geklärt und wären in ausreichendem Maße verfügbar gewesen.[19] Nein, Abt und Konvent waren sich zunächst einig, man brauche keine Bibliothek, man wollte keine Bibliothek. Nur den Rohbau wieder abzutragen, traute man sich aus den angedeuteten Gründen nicht. Vielleicht wäre es auch bautechnisch schwierig gewesen, da die gleichzeitig mit der Bibliothek an Thumb vergabte Sakristei und die anschließende Küche bereits fertig waren und den Unterbau der Bibliothek bildeten.

Maria Theresia, Herrschaftsbild aus klösterlichem Besitz, heute in Sölden

In den zehn Jahren des Abbatiats von Wülberz veränderte sich die politisch-gesellschaftliche Welt vor allem durch die Regentschaft Maria-Theresias seit 1740 auch in Vorderösterreich grundlegend. Es wurde immer wieder beschrieben, dass die radikalen Staats- und Kirchenreformen Joseph II. ihre Wurzeln und Vorläufer in den Maßnahmen Maria Theresias hatten. Die ihnen zugrunde liegenden Ideen jedenfalls waren beiden gemeinsam. Die Zustände im alten Vorderösterreich beschrieb Gothein 1907: „Prälaten alten Stiles, die über Land und Leute gebieten -, führen allein das große Wort, bewilligen nur das Notwendigste und suchen von ihren Herrschaften den Einfluß des Staates auf jede Weise möglichst fern zu halten."[20] Alte Rechte wie Steuererhebung oder Salzmonopol wurden eifersüchtig gewahrt, so dass die Untertanen nicht nur in den einzelnen Herrschaften unterschiedlich belastet wurden, sondern die Abgaben wurden dazu nach Bedarf festgelegt und von dem so Eingenommenen wiederum möglichst wenig nach Wien abgeführt. Hauptziel der Reformen Maria-Theresias und Joseph II. war die Etablierung eines rationalen, nach einheitlichen Grundsätzen verwalteten Staates. Für Maria-Theresia war die Ordnung ihres Staates deshalb so wichtig, weil dies ein Teil von dessen Existenzsicherung war. Damit einher gingen mehrere Nebenziele: die Einkünfte aus den Vorlanden sollten erhöht, die Rechtssicherheit und die Bildung verbessert, den Bauern ein besserer Lebensstandard ermöglicht werden.

Alle diese Ziele bedeuteten Eingriffe in die alten Rechte der „freien" Stände, die gerne daran erinnerten, dass sie sich (wenigstens zum Teil) freiwillig dem Haus Habsburg unterstellt hatten. Hatten sich Ritter- und Prälatenstand unter Karl VI. einer einheitlichen Grundsteuer noch erfolgreich erwehrt, so brachte seine Nachfolgerin 1745 und erfolgreicher dann 1748 eine Steuerreform auf den Weg, die die Abgaben nach Wien zwar vermehren sollten, „jedoch der getreue Untertan und gedrückte Landmann. merklich erleichtert werden könne." Es war eine eigene Melange finanzieller, sozialer und verwaltungstechnischer Komponenten, die zum Merkmal der politischen Reformen unter Maria-Theresia wurde. Während ihre im engeren Sinn auf die Klöster bezogenen Reformen wie die Einführung des Rechts der Konventualen, an der Finanzverwaltung teilzunehmen, oder die personale Trennung von pastoralen und Verwaltungsfunktionen, diesen eher nutzte, wurde die Steuerreform als Eingriff in die Existenzgrundlagen empfunden. Hier war schon etwas von der Rationalität zu spüren, die später das Gelübdealter heraufsetzen ließ, die Aufnahme in Frauenklöster von der Zustimmung der Landesregierung abhängig machte und schließlich nur den nützlichen Klöstern noch eine Existenzberechtigung zubilligte. Die Nützlichkeit vermochte man, wie etwa der St. Blasianer Marquard Hergott als Hofhistoriograph, durch anwendungsbezogene Wissenschaft nachzuweisen.

Genau also in der Zeit von Abt Wülberz hatte sich die Situation für die Klöster krisenhaft verändert, zunächst durch die von Maria-Theresia auf den Weg gebrachten Reformen, dann aber auch mit der durch die Aufklärung beförderten politischen Großwetterlage: „Schon in den vierziger Jahren des 18. Jahrhunderts hatte der Gedanke einer Säkularisation, die mehr oder weniger Klöster vernichtet hätte, auf den europäischen Friedenskongressen eine Rolle gespielt.... Die Forderung greifbarer Nützlichkeit machte aber alles Ordenswesen, das nicht in unmittelbar zweckgebundenen Diensten stand wie in Unterricht, Seelsorge oder Krankenpflege, anrüchig und des Müßiganges verdächtig."[21] Die Vorschläge der Wiener Hofkanzlei von 1762 „Wie die Mönche zu vermindern seien", das Gesetz von 1767 „Wie dem übermäßigen Anwachsen der Klöster vorzubeugen sei", schließlich die Aufhebung aller nicht nützlichen Klöster gaben nur der seit den 40er Jahren herrschenden Stimmung eine verbindliche Rechtsform.

Zwar hatte Wülberz 1748 noch die eher rituelle Bestätigung der alten Klosterrechte durch Maria-Theresia erhalten, doch als er 1749 starb, muß dem Konvent die Notwendigkeit klar gewesen sein, die Geschicke der Abtei nun wieder in die Hände eines anderen Abtstypus zu legen. Die veränderten politischen Umstände[22] verlangten nun nach einem Vorsteher, der sein Kloster im Sinne der geforderten Nützlichkeit formen, es auf jeden Fall aber so präsentieren konnte. Im Wandel der von Wien neu gesetzten politisch-gesellschaftlichen Bedingungen war man auf einen Prälaten angewiesen, der auch und besonders die externe Darstellung des Klosters beherrschte. Die Wahl eines dem entsprechenden Abtes war quasi zur Überlebensfrage geworden. Dies zeigte sich bereits im Bemühen des Konvents, durch einen entsprechenden Wahlmodus selbst zu einer eindeutigen Entscheidung zu kommen, um so Schwächungen des Klosters durch externe Einflüsse wie 1739 zu vermeiden. Mit dem Verfahren der relativen Mehrheitswahl plus Access, also ohne Bekanntgabe der erreichten Mehrheit, einigte sich der Konvent am 8. Dezember 1749 bereits im ersten Wahlgang auf Philipp Jacob Steyrer als neuen Abt.

Wie mit Martin Gerbert 15 Jahre später in St. Blasien hatte man in St. Peter mit Steyrer einen der Zeit korrespondierenden Vorsteher gefunden. Seine Vita wies ihn, zum Zeitpunkt der Wahl gerade 34 Jahre alt, bereits als einen den Wissenschaften zugeneigten Lehrer wie auch durch seine Tätigkeit als selbständiger Prioratsverweser in St. Ulrich als fähigen Administrator aus. Beide Anlagen kamen ihm bei der Leitung und Verteidigung der Abtei während seiner 45-jährigen Amtszeit zugute. In der Repräsentation des Prälatenstandes gegenüber Wien waren die ihm übertragenen besonderen Aufgaben Ausdruck des Vertrauens, das seinen politischen Fähigkeiten auch von den anderen Klöstern des Vorderösterreichischen Breisgaus entgegengebracht wurde.

In mancher Hinsicht nahm er das Erbe seines Vorvorgängers Bürgi auf. Wie dieser suchte er durch eigene Geschichtswerke, vor allem durch Rechtssammlungen, die Rechte des Klosters zu festigen und durch Grenzverlaufklärungen Herrschaftsansprüche zu sichern. Die Lust am Büchererwerb sowie der souveräne Umgang mit der Rhetorik barocker Bildprogramme war beiden eigen. Symptomatisch ist, dass er statt der von Wülberz eingeführten scotischen Philosophie wieder zum Thomismus zurückkehrte, der auch die gemeinsame Grundlage der Ausbildung für die Benediktinerklöster sein sollte. Mit ihr wollte man sich gegen eine Entwicklung zur Wehr setzen, die auch für den Klosternachwuchs Generalseminarien vorschreiben wollte. Persönlich fromm und eher bescheiden, pochte er gegenüber den Untertanen auf die Einhaltung alter Rechte und suchte wie Bürgi die weltliche Herrschaft durch eine gut ausgestattete Klosterkanzlei zu optimieren. Sein Kampf für die alten Privilegien gegenüber den Wiener Eingriffen fand 1762 einen Höhepunkt in der Weigerung, Besitz- und Einkommensverzeichnisse zur Steuerveranlagung herauszugeben. Erst die Anwesenheit eines militärischen Exekutionskommandos ließ ihn nach drei Monaten einlenken.[23]

Es wird dem Konvent bei der Wahl Steyrers klar gewesen sein, dass er das Problem der zehn Jahre alten Bauruine Bibliothek angehen und diese, wie von anderen Klöstern vorgemacht, als Präsentationsraum modernen Wissens fertigstellen würde. Kaum zufällig hält das Kapitelsprotokoll am 31. Juli 1750 fest, dass es die erste Sorge (prima cura) von Abt Steyrer war, die von Abt Bürgi mit großem Aufwand aufgeführte Bibliothek mit der Ausstattung zum krönenden Abschluß zu bringen.[24] In den wenigen Monaten seit Wiederaufnahme der Bautätigkeit war die Deckenkonstruktion schon so weit vorangekommen, dass sie für die Arbeiten von Stukkateuren und Malern vorbereitet war. Im Juli 1752 wird im Kapitelsprotokoll[25] die Fertigstellung und die Anbringung der Inschrift über der Haupttür dokumentiert. Bürgi wird hier als derjenige genannt, der die Bibliothek gebaut (construit), Steyrer als der, der sie vollendet und ausgeschmückt (finit et ornat opus) hat.

Die Quellen ergeben etwa folgenden Ablauf[26]: Bereits Mitte April 1750, also nur wenige Wochen nach der Amtseinführung Steyrers und zu dem von der Temperatur her erst möglichen Zeitpunkt, beginnen die Bregenzer Maurer mit der neuen Eingerüstung. Im Juli ist das Gewölbe geschlossen. Thumbs Anwesenheit in St. Peter ist bereits im April zweimal belegt. Für die Fertigstellung legte dieser zwei Galeriemodelle vor. Das eine könnte noch aus der ersten, einem früheren Barockempfinden entsprechenden Bauphase gestammt haben, das versuchsweise rekonstruiert[27] wurde. Das zweite war wohl von der eben beendeten Birnau beeinflußt und mag der dann realisierten geschwungenen Galerie mit Figuren schon weitgehend entsprochen haben. Ungeklärt muß die Frage bleiben, weshalb für die Ausstattung nicht wieder Spiegler und Feuchtmayer, mit dem Thumb ja am Bodensee die vergangenen Jahre eng zusammen gearbeitet hatte, herangezogen wurden. Waren sie inzwischen für St. Peter zu teuer geworden oder saß bei ihnen die Verletzung über die abrupte Entlassung zehn Jahre zuvor noch zu tief? Eine andere Möglichkeit wäre, dass Steyrer sich in Kunstfragen mit seinem Freund, Freiherrn von Sickingen, beriet, der kurz zuvor in Schloß Ebnet Benedikt Gambs als Maler und Christian Wentzinger als Bildhauer beschäftigt hatte.[28] Während Gambs hier 1750 den Gartensaal ausmalte, hatte er im Auftrag Steyrers, vielleicht quasi als Probearbeiten für die Bibliohek, zwei Altarbilder für St. Ulrich gefertigt, deren Ablieferung mit dem Vertrag für die Ausmalung des Bibliotheksaales zeitlich zusammenfällt. Gambs konnte im Sommer 1751 an der Decke das große Gemälde und die sechs Kirchenväter fertigstellen. Nach seinem Tod im Herbst 1751 wurden die verbliebenen 26 Felder 1752 an den Konstanzer Franz Ludwig Herrmann vergabt, der in den folgenden Jahren zahlreiche weitere Werke für St. Peter und St. Ulrich lieferte.

Bereits während der noch laufenden Arbeiten in der Bibliothek plant Steyrer mit Thumb den Neubau von Fürstensaal und Konventsflügel. Manches erinnert in der Durchsetzung seiner Bauvorhaben an seinen Vorgänger und vermutliches Vorbild Bürgi. Wie dieser plant er von Anbeginn seines Abbatiats an Baumaßnahmen, denen umfassende, die Bedeutung des Klosters auch und vor allem dessen herrschaftliche Bedeutung herausstellende Konzepte zugrunde liegen. Waren es für Bürgi der Abteitrakt als Gebäude klösterlicher Herrschaft und Bibliothek, so sind es für Steyrer Fürstensaal als Ort politischer Repräsentation und Bibliothek. Da deren Außenmauern bereits standen, bot es sich für Steyrer an, mit diesem Raum zu beginnen, in dem auch architektonisch die Verbindung zwischen der Kirche als Ort geistlichen Lebens und dem Fürstensaal als Symbol der Teilhabe an der höfischen Welt hergestellt wurde. In der Bibliothek, im Zentrum der – von Bürgi so angedachten, von Steyrer gleich mitgeplanten – Gesamtanlage, konnte sich das Kloster als nützliche, den modernen Wissenschaften aufgeschlossene Institution darstellen.

Das ikonographische Programm der Bibliothek, das trotz – oder wegen – mehrfacher Bearbeitung der letzten Jahrzehnte[29] bis heute in Details umstritten bleibt, ist in seiner Grundidee und in vielen Teilaspekten eine geniale Demonstration klösterlichen Selbstverständnisses in einer dem Mönchtum gegenüber kritischen bis feindlichen Umwelt. Bestimmt hatten noch Vorstellungen Bürgis hierzu vorgelegen. Steyrer hat sie zumindest modifiziert. Beide jedenfalls beherrschten das intellektuelle Spiel der barocken Bildersprache – Bürgis Meisterwerk war die Ikonographie der Klosterkirche[30] –, mit der sich z. B. über biblische Szenen hintersinnig auf andere Aussagedimensionen verweisen läßt. Von Steyrer ist der Ausgangsgedanke des Bibliotheksprogrammes überliefert: „Der Vater der Lichter und der heilige Geist", die Quelle göttlicher Weisheit, eine ungewöhnliche Dreifaltigkeitsdarstellung mit dem Lamm auf einem aufgeschlagenen Buch an der Spitze des großen Deckengemäldes. Von dort werden „den Verfassern des Alten und Neuen Testamentes wie auch den Vätern der Kirche ihre Bücher" eingegeben. Im Gang durch die Zeit, hier durch den Raum, wird die Weisheit durch alle Generationen weitergegeben, bis sie in der untersten Reihe unter berühmten Reformäbten auch bei den hier porträtierten Bauherren der Bibliothek, den Äbten Bürgi und Steyrer ankommt. Benedikt Wülberz findet man nicht in dieser Reihe. Auf der Galerie stehen (heute sechs von urspünglich zwölf) Allegorien von in diesem Kloster besonders gepflegten Wissensbereichen (Abb. S. 145, 151, 153, 155).

Die Raffinesse dieses Programms liegt nun darin, dass sich innerhalb des überzeugenden Gesamtkonzepts von der Ausbreitung der göttlichen Weisheit zahlreiche Hinweise auf Ideen der Aufklärung, auf die Offenheit der Abtei gegenüber modernem Wissen und auf deren

Nützlichkeit finden. Letztere wird belegt mit dem Bild eines in den st. petrischen Klostergebäuden kleine Kinder unterrichtenden Abtes. Die modernen und nützlichen Wissenschaften sind u.a. durch Astronomie und Medizin präsent. An die Aufklärung rühren das Attribut der Theatermaske bei der Poesie und der auf die Toleranz alludierende Judenhut der Historia. Die Embleme zwischen den Reformäbten begegnen Vorwürfen der Aufklärer mit sinnfälligen Gegenargumenten, so, wenn mit dem Bild des Brunnens und der Inscriptio „se se sitientibus offert" auf die Offenheit der hier zugänglichen Wissenschaft verwiesen wird. Wohl nicht zufällig stehen hinter je zwei der Gelehrten auf den Bildern der Querseiten Engel als Personifizierung der das himmlische Wissen überbringenden Boten, während die Gelehrten auf der andern Diagonale solcher Inspiration offenkundig nicht bedürfen und somit dem Typus des aufgeklärten „Selbstdenkers" entsprechen. In der Zusammenschau von Baugeschichte und Raumprogramm verdichten sich die Argumente, dass Steyrer genau diesen Raum wollte – immer wieder wird betont, wie er den Künstlern genaue inhaltliche Anweisungen gibt – nicht, um hier einen Arbeitsraum zu schaffen, sondern um sein Kloster im Sinne der aus Wien deutlich werdenden Forderungen nach Nützlichkeit als einen Ort volksnaher Bildungsvermittlung und moderner Wissenschaft zu präsentieren. In diesem Schau-Raum wollte er den Gelehrten die wissenschaftliche und gesellschaftliche Bedeutung St. Peters in ihre Reisetagebücher diktieren – ein Stück Überlebensstrategie in schwieriger werdenden Zeiten. Die Akten belegen, dass er entsprechenden Besuch zuerst in die Bibliothek und dann in die Kirche führte.

In der Synopse der Baugeschichte der st. petrischen Bibliothek ergibt sich eine komplexe Gemengelage verschiedener Einflüsse. Auf den ersten Blick bietet das Sedlmayrsche Konzept der vier Bauteile einer sich auch als weltliche Herrschaft verstehenden Abtei, Kirche, Fürstensaal, Bibliothek und Treppenhaus, einen einleuchtenden Erklärungsansatz für die Entwicklung der st. petrischen Bauten. Die Unterteilung in Bauplanung und Baubeginn, Unterbrechung, Wiederaufnahme und Fertigstellung, Abschnitte, die jeweils mit unterschiedlichen Äbten verbunden sind, ergibt jedoch ein differenzierteres Bild. Die Planung der Bibliothek war Teil eines Konzepts, in dem der kirchliche und der imperiale Aspekt der Abtei im Sinne einer aufgeklärten Herrschaft um den Raum der Wissenschaft erweitert werden sollte. Wenn sich weltliche Herrscher als Förderer der Wissenschaft rühmen ließen, konnten Vorsteher geistlicher Herrschaften mit mehrhundertjähriger Wissenschaftstradition diesen Titel für sich erst recht in Anspruch nehmen. Bürgis, dem höfischen Trend entsprechende Bauvorhaben stießen jedoch beim eher frommen, sparsamen und traditionell denkenden Konvent auf wenig Verständnis und daher auf Widerstand. Vielleicht noch hemmender war der Aufstand der Untertanen gegen die von ihnen, zumindest als es an die imperialen Bauteile ging, als übermäßig angesehenen, für solche Bauten jedoch unerläßlichen Frondienste. Bürgi war im Konvent wohl ein Einzelkämpfer und hatte für seine Pläne auch von außerhalb keine Unterstützung. Die durch die „Contrari-Wind" bedingten Verzögerungen ließen ihn seine trotz allem begonnenen Bauvorhaben nicht mehr zu Ende bringen. Der erreichte Vergleich mit den Bauern erlaubte jedoch immerhin noch den Rohbau der Bibliothek, der als Mahnmal das Kloster nach seinem Tod begleitete. Ob es ohne diesen Torso später eine Bibliothek gegeben hätte, muss bezweifelt werden.

Die Bauunterbrechung war zunächst eine Entscheidung des Konvents gegen die Pläne des verstorbenen Abtes. Sie entsprach jedoch den Vorstellungen des dann gewählten Abtes Wülberz, der mit dieser Form klösterlicher Repräsentation wenig anzufangen wußte. Weshalb er dennoch den ärgerlichen Rohbau zehn Jahre stehen ließ, muß wohl ungeklärt bleiben. Die skizzierten gesellschaftlich-politischen Veränderungen in den Jahren des Wüberzschen Abba-

Außenansicht der Bibliothek zur Zeit ihrer Entstehung, ursprünglich gingen auch die Fenster der später verschlossenen Ostseite ins Freie

tiats, die sich mit dem Beginn der Regentschaft Maria Theresias deckten, haben dem Konvent in den folgenden Jahren jedoch die Notwendigkeit eines Wandels des Klosters, insbesondere auch seiner Außendarstellung deutlich gemacht.

Mit Steyrers Wahl war die Entscheidung für einen Vorsteher gefallen, von dem man sich eine offensive, den Erfordernissen nach Nützlichkeit entsprechende Umgestaltung und Präsentation der Abtei erwartete. Mit seinem ersten Unternehmen, der Wiederaufnahme der Bautätigkeit an der Bibliothek, nur Wochen nach Amtsantritt, entsprach er diesen Erwartungen. Widerstände von seiten des Konvents gab es dagegen jetzt nicht mehr. Wohl kaum zufällig findet sich in dem von Abt Steyrer wenig später in Auftrag gegebenen Benediktszyklus eine Darstellung des Ordensgründers, der schlafenden Mönchen im Traum Baupläne zeigt und so „als Bewohner des Himmels .. für seine eigenen Stätten sorgen" will[31] (Abb. S. 120). Die Baufreude des Abtes – so die Botschaft des Bildes – entsprach dem Wollen des Ordensgründers.

Am Beginn des Bibliothekbaus stand die Entscheidung eines einzelnen Klostervorstehers, den sich in Gebäuden Ausdruck schaffenden Zeitgeist aufzugreifen und für seine Abtei nutzbar zu machen. Innerklösterliche Ablehnung und die Widerstände der Untertanen hemmten, verhinderten jedoch nicht den Baubeginn. Die Einstellung des Baus war dann die Entscheidung eines Konvents, der solches für überflüssig, für zu viele Kosten und Umstände machend, hielt. Vor diesem Hintergrund wählte man einen Abt, für den zumindest eine derartige Show-Bibliothek kein essentieller Bestandteil des Klosterlebens war und der daher im Konsens mit den Mitbrüdern den Bau einstellen ließ. Die grundlegend neuen politischen Entwicklungen seit 1740 führten in der Folge jedoch dazu, dass man im Kloster nun einen Abt für angebracht hielt, der modernem Wissen und öffentlicher Repräsentation nun wieder einen anderen Wert zumaß. Man wählte mit Steyrer einen Abt, für den, wie 200 Jahre zuvor für Trithemius, dessen Name unter seinem Porträt in der Bibliothek steht, die Wissenschaft wesentliche Grundlage der mönchischen Existenz war. Die Bibliothek sollte diesen Gedanken anschaulich machen. Dass man in der Amtszeit Steyrers von einer Gelehrtenakademie sprechen kann[32], zeigt, dass sich die im Bildprogramm vorgestellten Ideen auch in der Wissenschaftsgeschichte der Abtei niedergeschlagen haben. Die Bibliothek sollte den Ruf der Abtei als den modernen Wissenschaften aufgeschlossene Institution, also zeitgemäßes und das hieß jetzt überlebenswürdiges Kloster weit im Lande und besonders an den Höfen verbreiten. Zeitgeist und menschliche Bequemlichkeit, Untertanenwiderstand und alte Rechte, politischer Wandel und Charaktereigenschaften von Mönchen und ihren Vorstehern: Der Zusammenhang von allgemeiner Geschichte und Baugeschichte hat, wie die Baugeschichte der st. petrischen Bibliothek zeigt, viele Facetten.

Anmerkungen

1 Erstfassung in: Markwart Herzog u.a. (Hg.), Himmel auf Erden oder Teufelsbauwurm?, Wirtschaftliche und soziale Bedingungen des süddeutschen Klosterbarock, Konstanz 2002, 171 – 193.
2 In ähnlicher Richtung ein fast kurioses Beispiel ist im Treppenhaus von Stift Göttweig die Apotheose Karls VI., von dem wegen der so demonstrierten Devotion entsprechende Gunsterweise erwartet wurden.
3 Hans Sedlmayr, Die politische Bedeutung des deutschen Barocks („Der Reichsstil"), in: Gesamtdeutsche Vergangenheit, Festgabe für Heinrich Ritter von Srbik, München 1938, 126–140.
4 Sedlmayer, Die politische Bedeutung(Anm.3), 139.
5 Zur Einordnung in die Geschichte des barocken Bibliotheksbaues vgl. Edgar Lehmann, Die Bibliotheksräume der deutschen Klöster in der Zeit des Barock, Berlin 2 Bde. 1996.
6 Peter Burke, Ludwig XIV., Die Inszenierung des Sonnenkönigs, Frankfurt a.M. 1995 (engl. Orig. 1992).
7 Klaus Weber, St. Peter im Wandel der Zeit. Freiburg 1992, 62.
8 Cap. Prot. Bd. I (Kapitelsprotokoll der Abtei St. Peter, 2 Bde., HS 17 und 18, Bibl. PS St. Peter), 365 und 369.
9 Festum Cathedrae, Dedicatio. Das ist St. Peter Stuel=Feur..., FS zur Kirchweihe, Rottweil 1731.
10 Hans-Martin Gubler, Peter Thumb. Ein Vorarlberger Barockmeister, Sigmaringen 1972; ders., Die Planungs- und Baugeschichte von St. Peter, in: Hans-Otto Mühleisen, St. Peter im Schwarzwald, Kulturgeschichtliche und historische Beiträge anlässlich der 250-Jahrfeier der Einweihung der Klosterkirche, München 1977, 28-49.
11 Heinrich Rauscher OSB, Unterricht alles dessen, was die Layenbrüder zu St. Peter zu beobachten haben, HS, PS St. Peter, ed. von Julius Mayer in: FDA (1905), 140–244, Orig.(1782), 172.
12 Fritz Frankenhauser, Kloster St. Peter im Schwarzwald im Jahr 1739, nach den Aufzeichnungen des P. Joh. Nep. Maichelbeck, in: ZGO N.F. XXXI, 1801, 276–295, hier 281.
13 Ulrich Knapp, Joseph Anton Feuchtmayer (Ausst. Katalog), Konstanz 1996, 356 u. 362, vgl. auch Feuchtmayers Brunnenprojekt (Abb. S. 94).
14 Klaus Weber, St. Peter 1719–1739: Eine Ortschronik, in: Mühleisen, St. Peter (wie Anm. 10), 224-233.
15 Festum Cathedrae (wie Anm. 9), 216, 219, 223.
16 Wolfgang Jäger, Abt Ulrich Bürgi. Steyrers Chronik der Jahre 1719–1739, in: Mühleisen, St. Peter (wie Anm. 10), 193–214, hier 207/208, der Vergleich: GLA 102/45, abgedruckt, in: „Himmel auf Erden oder Teufelsbauwurm" (wie Anm . 1), 190 – 193.

17 Frankenhauser, Kloster St. Peter im Schwarzwald im Jahr 1739 (wie Anm. 12), 281-282.
18 Ecclesia Romana fundata super Petrum.
19 Wolfgang Müller, Die politische und kulturelle Bedeutung des Klosters St. Peter zur Zeit des Kirchenbaues, in : Mühleisen St. Peter (wie Anm.10), 179. Die Vermutung von Wolfgang Müller, die Überlegung, die „St. Peterer zunächst lieber zu verschonen", hätte zur Baueinstellung geführt, trifft insofern kaum zu.
20 Eberhard Gothein, Der Breisgau unter Maria Theresia und Joseph II., Heidelberg 1907, 3.
21 Wolfgang Müller, Die kirchlichen Verhältnisse, in: Friedrich Metz, (Hg.), Vorderösterreich. Eine geschichtliche Landeskunde, Freiburg 2/1967, 225-248, hier 239.
22 Petra Rohde, Die Freiburger Klöster zwischen Reformation und Auflösung, in: Gesch. d. Stadt Freiburg 1994, Bd. 2, 418–443, hier 438.
23 Weber, St. Peter im Wandel (Anm. 7), 65-69.
24 Cap. Prot. Bd. II, (wie Anm. 8), 26.
25 Ebenda, 93.
26 Franz Kern, Philipp Jakob Steyrer, FDA, Bd. 79, Orig. als MS Diss UB, Freiburg 1959, 44-49.
27 Hans-Otto Mühleisen/Heinfried Wischermann, Die Klosterbibliothek von St. Peter – Raum und Programm, in: Freiburger Universitätsblätter, H. 69/70 1980, 61-84, hier 66.
28 Vgl. Herrmann Brommer, Künstler und Kunsthandwerker im st.-petrischen Kirchen- und Klosterneubau des 18. Jahrhunderts, in: Mühleisen , St. Peter (wie Anm. 10), 50-93.
29 Mühleisen/Wischermann, Die Klosterbibliothek (wie Anm. 27); Renate Schumacher-Wolfgarten, Ikonographie des Klosters St. Peter im Schwarzwald, in: Barock in Baden Württemberg Bd. 2, 1981, 73-96; Gregor M. Lechner OSB, Geheimnisvolle Bibliothek – Die ewige Weisheit als Bibliotheksprogramm der Aufklärungszeit, in: Hans-Otto Mühleisen (Hg.), Das Vermächtnis der Abtei, Karlsruhe 2/1994, 127-148.
30 Heinfried Wischermann, Die barocke Klosterbibliothek als kunstwissenschaftliche Forschungsaufgabe, Freiburg 1984; ders., Der Petrus-Zyklus in der Klosterkirche von St. Peter im Schwarzwald, in: Mühleisen, Das Vermächtnis (wie Anm. 29), 489–512.
31 Albert Schmidt OSB, Das ideale Leben des Patrons, der Benediktszyklus von Franz Ludwig Herrmann, in: Mühleisen, Das Vermächtnis (wie Anm.29), 57–80, hier 73.
32 Kern, Steyrer (wie Anm. 26), Kap. Gelehrtenakademie, 130 ff.

St. Peter und Schloss Ebnet
Von den Chancen eines ikonographischen Vergleichs[1]

Die Baulust des 18. Jahrhunderts eignete etwas Demonstratives. Man wollte zeigen, wer man war, welchen Platz in der Gesellschaft man beanspruchte. Insofern war schon das Bauen selbst Teil höfischer Kommunikation: Man tauschte sich aus, Bauherren mit Künstlern, Künstler untereinander und selbstverständlich auch die Bauherren – und Bauherrinnen, die gerade bei der Ausstattung der Schlösser einen gehörigen Anteil an Ideen einbrachten. Ausgehend von einem solchen Befund bietet es sich an, die Ikonographie zweier Gebäude miteinander zu vergleichen, bei denen die Kommunikationssituation quasi natürlich vorgegeben war. Östlich von Freiburg i. Br. finden sich nur wenige Kilometer voneinander entfernt zwei barocke Bauwerke, die auf den ersten Blick wenig gemein haben: Draußen vor der Stadt, wo der „Hollentäler" ein frischeres Klima mit sich brachte, baute sich in der Mitte des 18. Jahrhunderts Baron von Sickingen, „damals der angesehenste Mann in der Stadt", ein Sommerpalais, das er durch hervorragende Künstler auszieren ließ.[2] In St. Peter auf dem Schwarzwald ließ zur selben Zeit der 1749 gewählte Abt Philipp J. Steyrer, einer der wichtigsten geistlichen Würdenträger im Breisgau, den zwölf Jahre zuvor begonnenen Bibliotheksbau fertigstellen und entwarf für diesen ein ikonographisches Programm, das zu den raffiniertesten im süddeutschen Barock zählt.[3] Doch nicht nur diese beiden Prachträume, deren Programme naturgemäß zunächst ganz unterschiedlich sind, sondern auch die zwei Treppenhäuser, zu denen die Besucher in der Abtei und im Schloß Zugang hatten, reizen zum Vergleich. Und schließlich können Nebenräume einbezogen werden, die zwar nicht wie die Treppenhäuser der gleichen Aufgabe dienen und doch Anspielungen der Bildaussagen indizieren.

Für diesen Vergleich von Räumen und Bildaussagen sind demnach folgende Grundlagen gegeben, die räumliche Nähe der beiden Ensembles – Ebnet lag für den Abt auf dem Weg nach Freiburg –, die zeitliche Nähe der Entstehung, die Freundschaft der beiden Bauherren und schließlich die Beteiligung der selben Künstler. Christian Wentzinger war für den Ebneter Gartensaal und die st. petrische Bibliothek an der Raumkomposition und an der Ausstattung beteiligt. Benedikt Gambs malte fast zeitgleich die zentralen Deckenbilder der Bibliothek bzw. des Gartensaales.

Das Verhältnis der beiden Bauherren, des Abtes Steyrer und des Barons von Sickingen, war zu diesem Zeitpunkt wohl ungetrübt, hatte doch der Vater des 1750 residierenden Herrn von Ebnet, Ferd. Hartm. v. Sickingen mit seinem Empfehlungsschreiben wesentlich zur Aufnahme Steyrers als Konventuale der Abtei St. Peter beigetragen[4] In den 50er Jahren hatte das Kloster ein Viertel der Baukosten der Dreisambrücke bei Schloß Ebnet getragen und Anfang der 60er Jahre wurde der Schloßgärtner in den klösterlichen Dienst übernommen und altersversorgt. Auch dass die st.petrische Stifterfamilie der Zähringer im Mittelalter gleichzeitig die ersten bekannten Herren von Ebnet waren, mag die Affinität des geschichtsbewußten Abtes zu dem Ort befördert haben. Wohl erst bei der gemeinsamen Wienreise 1763/64 könnte es zu einer Verschlechterung der Beziehung gekommen sein, da Baron v. Sickingen als Delegierter des Ritterstandes wegen eigener Interessen eher bereit war, den kaiserlichen Forderungen der Verwaltungs- und Steuerreform nachzugeben als Abt Steyrer, der Delegierte des Prälatenstandes. Für die Bauzeit der hier betrachteten Gebäude kann man jedoch von einem guten

Einvernehmen und, wie die im Tagebuch des Abtes vermerkten Besuche der Familie Sickingen in St. Peter zeigen, auch von einem lebhaften Austausch über Bauvorhaben und Programmideen ausgehen.

I. Abteitreppenhaus in St. Peter und Schlosstreppe in Ebnet

Chronologisch der älteste in den Vergleich einbezogene Bauteil ist das st. petrische Abteitreppenhaus. Noch während der Ausstattungsarbeiten in der Kirche hatte Abt Ulrich Bürgi Peter Thumb mit der Neuplanung des Westflügels der Klosteranlage beauftragt. Hierin sollte das Abteitreppenhaus, ähnlich den fürstlichen (Pommersfelden) oder fürstbischöflichen (später v. a. Würzburg) Anlagen, ein repräsentativer Raum für Empfang und Abschied werden. Der wohl zunächst geplante doppelläufige Aufgang[5] wurde beim Bau durch eine einfachere Anlage ersetzt. Ihre Ikonographie stellte ganz auf die Verwendung des Raumes ab: Während der Stuck Elemente der Paradiespforte aufweist[6], erzählt das von Spiegler 1739 signierte Mittelbild die Geschichte der Aussendung der Apostel (Mk 16, 15), denen Christus auf einem Globus zeigt, wohin sie gehen sollen. Der Stuck birgt mit Kronen, Adler und dem sich selbst opfernden Pelikan Hinweise auf Anspruch und Selbstverständnis kirchlicher Herrschaft (Abb. S. 146 und 148).

In den Eckbildern findet man die vier Erdteile, in die die Apostel geschickt wurden und denen sie das Evangelium verkünden sollten. Die vier Erdteile werden personifiziert in Frauengestalten, denen jeweils Attribute beigegeben sind, die man vor dem Hintergrund der zweiten Phase der systematischeren Entdeckungsreisen leicht mit diesen Weltteilen in Verbindung bringen kann: Asien mit Turban, Pluderhosen, Räucherwerk und einem etwas mißratenen Dromedar, die dunkelhäutige Afrika mit Löwe und Korallen, Amerika mit Federschmuck, Papagei und Krokodil. Die Zuordnung der Attribute war nicht immer eindeutig. Deutlich sind hier die beiden „barbarischen" Erdteile noch nach älteren Vorbildern mit unbekleidetem Oberkörper abgebildet. Europa, herrscherlich gewandet, mit Pferd versehen und (wie H. Brommer meint) mit einer als Tiara geformten Hochfrisur, gießt, ganz im Sinne ihres Selbstverständnisses ihr Füllhorn aus: Das Heil kam von diesem Erdteil. Während sie selbst demonstrativ das Zepter in die Mitte des Bildes hält, verweist das als Petersdom gedeutete Gebäude im Hintergrund auf den Gleichklang des imperialen Anspruchs von Staat und römischer Kirche.[7]

Das st. petrische Abteitreppenhaus gehört somit zunächst eindeutig zum – von S. Poeschel so genannten[8] – „Missionstypus", was durch die noch nicht zivilisierten, sprich nicht missionierten Erdteile unterstrichen wird. Wenn hier die seltenere Variante gewählt wurde, in der Christus direkt mit dem Missionsauftrag in Verbindung gebracht wird, so liegt darin ein Schlüssel zum Verständnis der Themenwahl, da der Abt nach der Regel Benedikts sich verhalten soll wie Christus selbst: Wie im Deckenbild Christus die Apostel aussendet, so verabschiedete unten am Portal der Abt den Besuch und die auf Reisen gehenden Mitbrüder. Aber dieser reale Abschied enthält durch das Deckenbild zugleich die Bedeutung der Aussendung, d.h. die von St. Peter Abreisenden sollten ihrerseits in dem Sinn Missionare sein, dass sie „in aller Welt" vom Kloster erzählten, so seine Bedeutung verbreiteten und damit letztlich zum Erhalt des Klosters beitrugen. Man wird durch den Ort der Anbringung und eine die Zeitumstände berücksichtigende Interpretation dieses Treppenhaus insofern auch dem profanen „imperialen Typus"[9] zuordnen können. Hier geht es freilich nicht um die Ausbreitung, sondern, der Situation angemessener, um den Erhalt der politischen Herrschaft, die mit der von Christus aufgegebenen geistlichen Herrschaft begründet und legitimiert wurde. Das Deckenbild über dem Thron des Abtes im Chorraum der Kirche, das die Schlüsselübergabe durch Christus, also die Einsetzung Petri als Vorsteher der jungen Christengemeinde zeigt, illustriert eindrücklich den durch „Gottesgnadentum" legitimierten Herrschaftsanspruch des Abtes.

Nach der Kirche war zwölf Jahre später das Treppenhaus der einzige Raum, dessen ikonographische Gestaltung Abt Bürgi noch selbst vornehmen konnte. Wie in der Kirche[10] wird man auch bei diesem Programm durch die biblische Darstellung hindurch einen mehrfachen Bildsinn annehmen können: die Aussendung der Apostel war ein Bild für das Selbstverständnis der Abtei, im Sinne Christi zu wirken, darüber hinaus enthält es zudem den Appell an die Besucher, wo auch immer sie hinkommen, vom segensreichen Wirken der Mönche zu berichten, um mit der Herausstellung von dessen Bedeutung auch seinen Bestand zu sichern. Die erst 1758 hierher versetzte Rokokouhr fügt der Dimension des Raumes das Bewußtsein der Endlichkeit hinzu, das den Besuchern ihre Grenze zeigen und die politisch Mächtigen beim Umgang mit dem Kloster leiten sollte. Den Mönchen ihrerseits wurde die Vergänglichkeit des irdischen Lebens beim alltäglichen Gang durch die Uhren des Konventtreppenhauses bewusst gemacht.[11]

Das Stiegenhaus in Schloss Ebnet ist mehr als zehn Jahre nach dem st. petrischen errichtet und sicher erst nach dem Tod von Bendikt Gambs im November 1751, wie die Signatur belegt, von Johann Pfunner ausgemalt worden.[12] Wenn es somit frühestens 1752 gefertigt wurde, fällt es in die Vorbereitungsphase des Treppenhauses der Würzburger Residenz. Zander konnte die unmittelbare Verbindung zu Würzburg nachweisen[13], wo wie in Konstanz ein Verwandter der Familie v. Sickingen, der Onkel der Hausherrin, Carl Philipp von Greiffenclau als Fürstbischof residierte und wo Tiepolo 1752/53 das Treppenhaus der Residenz mit den vier Erdteilen – und einem darüber schwebenden Merkur – ausmalte. Auch die Vermutung, dass sich unter den Skizzen, die Frau von Sickingen in Tiepolos Werkstatt erhielt, Entwürfe für das Ebneter Treppenhaus befunden haben, ist nachvollziehbar. Neben den Würzburger Einflüssen wird man davon ausgehen können, dass der Impuls, das Motiv der Erdteile im Stiegenhaus des Ebneter Schlosses zu verwenden, von dem repräsentativen Empfangstreppenhaus in St. Peter ausgegangen war, wo Franz J. Spiegler sie 1739 im Zusammenhang der „Aussendung der Apostel" entfaltet hatte. Immerhin findet man dieses Thema im weiten Umkreis von Freiburg nur in diesen beiden Gebäuden. Erst wieder im Hegau (Hilzingen), am Bodensee (Birnau) und in Oberschwaben (u.a. Steinhausen) wird dieses Thema hauptsächlich in Kirchen verwendet.[14]

Hier soll nur der Vergleich mit dem nahegelegenen St. Peter gezogen werden, wo Ginters Werkverzeichnis für Pfunner 1750 ein hl. Grab und ein „Theatrum" (beide verschollen) nennt.[15] Die von der Architektur vorgegebenen Formen zwangen den Maler, die vier Erdteile auf jeweils zwei Längs- und zwei fast nur halb so große Schmalseiten (6,6 x 3,8 m) zu verteilen. „Natürlich" wurde den „barbarischen Erdteilen" Afrika und Amerika der kleinere Platz zugewiesen, so dass diese wie Europa und Asien einander gegenüber und nicht wie in St. Peter nebeneinander zu stehen kommen. Während in St. Peter jeweils nur eine Frauengestalt den Erdteil personifiziert, erhielten diese in Ebnet eine oder mehrere Assistenzfiguren (Abb. S. 147 und 149).

„Europa" hält hier das Szepter in der rechten Hand, während die linke durch ein im Eindruck dem st. petrischen Früchtekorb ähnliches Blumengebinde greift. Nach rechts schließen sich verschiedene, als Attribute von Künsten und Wissenschaften zu identifizierende Gegenstände an: Globus und Fernrohr, eine Jünglingsbüste für die Bildhauerei, eine Palette, Musikinstrumente und ein Notenblatt. Darüber erscheint ein geflügeltes Wesen mit einer Posaune oder alten Trompete (Pommer), das den Ruhm Europas verkündet. Links von Europa zügelt ein antik gekleideter Mann ein sich aufbäumendes Pferd. Neben ihm, am linken Rand der Darstellung findet sich ein Jünglingspaar, das zwar aneinander vorbeischaut und dennoch aufeinander bezogen ist. Der eine, mit Käppchen und einfachem grauem Gewand mit über die rechte Schulter laufendem Riemen schaut (demütig?) zu Boden, der andere, mit hellem gegürtetem Untergewand und dunklem Mantel zum Himmel. Wenn Bauherren (wie z. B. in Würzburg) sich in dieser Zeit gerade in Treppenhäusern porträtieren ließen, könnte es gut sein, dass sich unter den beiden jugendlichen Gestalten die beiden Bauherren Steyrer und Sickingen verbergen, ersterer mit gesenktem Blick als jugendlicher Mönch, letzterer den Blick dorthin gerichtet, wohin Europa mit dem Szepter weist und selbst hinschaut. Der Mönch hat seinen Ort mit der Verpflichtung auf die stabilitas loci gefunden; der junge Adlige zeigt mit seiner Blickrichtung an, dass er zu einem Europa gehört, das nicht nur der alte Ort der Künste war, sondern von dem aus im 18. Jahrhundert die Welt neu entdeckt und gedeutet werden sollte. Da der entscheidende Unterschied zur st. petrischen Europa das sonstige Fehlen eines kirchlichen Bezugs ist, könnte mit diesen Gestalten in Anlehnung an die traditionelle Dialektik auch das Gespräch zwischen christlicher und weltlicher Philosophie gemeint sein: das Gespräch der Freunde als Bild für die zwei Denkweisen, die in der Aufklärung immer mehr in Spannung gerieten.

Der reich gekleideten Asia an der Ostseite des Treppenhauses („Morgenland") ist hier ein Weihrauchfaß, ähnlich den in der Kirche benutzten, in die Hände gegeben, das sie mit nach oben gerichtetem Blick wie zur Inzens schwenkt. Links von ihr kommen zwei mit Federbüschen geschmückte Kamele ins Bild. Zu ihrer Rechten hält ein Diener eine Stange mit einem Halbmond. Am rechten Rand, also direkt gegenüber dem Jünglingspaar bei Europa, stehen hier zwei männliche Gestalten, durch ihre Gewänder als Würdenträger erkennbar, miteinander im Gespräch. Wiederum hat der eine, mit mahnender Geste, den Blick zur Erde gerichtet, während der andere, prächtiger gewandete, der Blickrichtung der Asia nach oben folgt. Die Übereinstimmungen der beiden Paare sind zu auffällig, als dass man sie nur als Zufall ansehen mag. Stehen auch diese beiden, inzwischen bärtig gewordenen Männer, für die beiden Bauherren, die, mit beidem vertraut, hier die alte Weisheit des Orients und dort das junge Wissen Europas repräsentieren? Hatte Abt Steyrer oben in seiner Bibliothek als ungewöhnliche Programmidee den lateinischen Kirchenvätern gleichberechtigt zwei orthodoxe Kirchenväter zugeordnet, drückte dies den Respekt vor dem Wissen jener Weltgegend aus, die man als Reich der Osmanen bezeichnete. Stimmt die unten erläuterte These, dass Gartensaal und Bibliothek Schauräume sein sollten, in denen sich die Bauherren als Förderer der Wissenschaft in umfassendem Sinn zeigen wollten, so hätten sie nach Fertigstellung der beiden Räume mit den beiden Gesprächspaaren im Ebneter Treppenhaus dokumentiert, wer das umfassende Wissen zur ikonographischen Gestaltung eingebracht hatte. Hier im Stiegenhaus präsentiert, sollte der oben schwebende Merkur den Ruhm der Förderer und Inventoren weltweit, zumindest bis Wien verbreiten.

Die „barbarischen" Erdteile sind hier im Unterschied zu St. Peter vollständig und ähnlich prächtig gekleidet sind wie die „zivilisierten". Beide haben Dienerschaft. Es ging hier auch nicht um Missionierung der „Wilden", sondern auch diese Erdteile waren Adressaten der Botschaft, die Merkur, der Bote des Handels, in alle Welt tragen sollte. Bei der letzten Restaurierung war es wegen der nicht eindeutigen Beigaben zu einer Verwechslung gekommen. Heute steht fest, dass die Amerika hier wie in St. Peter durch Federschmuck und einen Papageienvogel gekennzeichnet ist, während man ihr zudem die von einem schwarzen Sklaven dargereichten Korallen in die Hand gegeben hat, die oben im Schwarzwald Attribut der Afrika sind. Deren Beigabe ist hier der Stoßzahn des Elefanten und im Kloster ein Löwe, beides Tiere, die nicht für Amerika stehen können.

Der entscheidende Unterschied zum Abteitreppenhaus ist nun jedoch die Gestaltung des Zentrums: Während in St. Peter Christus auf dem Globus zeigt, wohin die Apostel seine Botschaft bringen sollen, sind die Erdteile in Ebnet einer über ihnen erscheinenden mythologischen Figur zugeordnet: „Aus Metall geschnitten und farbig bemalt, wurde hier ein Merkur an eine Stange geschraubt, die ihn mit einer Windfahne auf dem Dach des Treppenhauses verbindet. Bewegt der Wind die Fahne, so dreht sich der Götterbote, dessen mit dem Ende des Stabes nach außen gehaltener Caduceus die Windrichtung auf einer auf die Decke gemalten Windrose markiert... Der Ebneter Merkur hat ein auffallendes Attribut: Er hält einen versiegelten Brief, den er von Erdteil zu Erdteil zu tragen scheint."[16]

Vergleicht man Bildaufbau und -inhalt der beiden Stiegenhäuser, so fallen zunächst folgende Unterschiede auf: Abgesehen von den erwähnten gestalterischen Differenzen wie Reihenfolge, Bekleidung, Attributen und Assistenzfiguren, geht es in St. Peter auf den ersten Blick um einen christlichen Sendungsauftrag.[17] Im Zentrum des Ebneter Stiegenhauses hängt dagegen ein Bote der antiken Mythologie, der natürlich nicht die antike Götterlehre, sondern, profanisiert, die in dem Umschlag verborgene Botschaft in alle Welt tragen soll. Über deren Inhalt mag man spekulieren: Es kann sich um die Kunde von der Überlegenheit Europas handeln, die ja auch in St. Peter impliziert ist und wofür die Assistenzfigur des Posaunenengels spricht. Es kann freilich auch um den Ruhm des Hauses gehen – und hier beginnen plötzlich eigenartige Gemeinsamkeiten. Im Unterschied zu vielen anderen Darstellungen, in denen den Erdteilen huldigende oder anbetende Funktionen zukommen, sind sie hier in beiden Kompositionen Adressaten der Verkündigung. Auch in Ebnet sind sie trotz ihres dominanten Eindrucks „einer Zentralfigur zu- oder untergeordnet".

Bleibt dann die Differenz christliche – weltliche Botschaft? Auch dies wird man in mehrerer Hinsicht relativieren können. Zunächst ist Merkur/Hermes, der Sohn des Göttervaters Jupiter, von altersher der Bote von Friede und Wohlfahrt, so dass sich der Inhalt seines Briefes mit der Botschaft Christi decken kann. Beide wurden des öfteren als wechselseitiger Verweis verstanden. Zum zweiten ist in Ebnet durch die technische Konstruktion die Richtung der Botschaft der Verfügung des Menschen entzogen: Das Wehen des Windes ist eines der ältesten Bilder für das Wirken Gottes; auch hier tangieren sich die Aussagen der beiden Treppenhäuser. Schließlich kommt man mit beiden Bildern auch wieder zurück zu den irdischen Anliegen: Für die Deutung, dass Treppenhäuser in Schlössern der Verbreitung von Ruhm und Ansehen des Hauses dienen sollen, gibt es zahlreiche Vorbilder.[18] Aber auch in St. Peter verbirgt sich hinter dem Auftrag, die Lehre Christi aller Welt zu verkünden, zugleich der Wunsch, die Besucher mögen die Bedeutung dieses Klosters verbreiten, dessen Vorsteher nach der Regel Benedikts eben der Stellvertreter Christi im Kloster war. Man kann das Motto dieses Freskos, „Gehet hin in alle Welt und lehret alle Völker" deshalb ganz praxisorientiert übersetzen: Erzählt allüberall, wie die Botschaft Christi in St. Peter verwirklicht wird – einem Kloster, dem deshalb Schutz und Gnade zukommen muß. So erscheint hinter den offenkundigen Unterschieden in der Gestaltung der gleichen Thematik doch ein Spektrum möglicher Übereinstimmungen, über das der kunstsinnige Abt, ein Meister im Erfinden von Bildprogrammen, und der kulturell interessierte Baron sicher mit ihren Künstlern im Gespräch waren.[19] Das Rätselhafte und die Vielfalt möglicher Bilddeutungen, Übertragungen und Anwendungen waren Teil des gelehrten Gesprächs im 18. Jahrhundert.

II. Klosterbibliothek und Ebneter Gartensaal

Ist die Bestimmung der Figuren in der Malerei der zwei Treppenhäuser recht eindeutig, so ist dies bei den beiden anderen, im Folgenden in

Beziehung zu setzenden Raumprogrammen teilweise schwieriger. Auf den ersten Blick haben die Bibliothek von St. Peter und der Gartensaal von Schloß Ebnet wenig gemein. Und doch, fast gleichzeitig im Auftrag zweier miteinander befreundeter Bauherren vom selben Künstler gemalt, in beiden Fällen der architektonisch zentrale, von der Morgensonne durchstrahlte Raum des Baukomplexes – da reizen trotz der grundlegenden Unterschiede bei Bildthemen und Raumfunktionen zeitliche, räumliche und personelle Nähe, nach Vergleichsmöglichkeiten zu fragen.

Schon die Bau- und Ausstattungsgeschichte führt diese Räume näher zusammen. Abgesehen vom gemeinsamen Maler Benedikt Gambs wird man vor allem den gestalterischen Beitrag des zu dieser Zeit berühmten Christian Wentzinger für beide Räume kaum hoch genug ansetzen können. Zwar läßt sich in St. Peter für ihn nur der Entwurf der zwölf Galeriefiguren der Künste und Wissenschaften archivalisch belegen. Doch stößt man bei der Verknüpfung von Plastik und Stuck schnell auf die durch Köpfe symbolisierten vier Jahreszeiten, die in der Bibliothek über den Türen, im Gartensaal in den Ecken für beide Räume gleichsam die irdische Basis des darüber entfalteten himmlischen Programms repräsentieren. Wenn Matthias Faller in St. Peter die Galeriefiguren nach den Bozettis Wentzingers schnitzte, so wird ihm dieser auch das Programm der Jahreszeiten vorgegeben haben, das er zuvor in Ebnet selbst ausgeführt hatte. Stimmt die Vermutung, dass Wentzinger im „Winter" von Ebnet und Faller in dem von St. Peter sich selbst porträtierten, so zeigt dies nicht nur die Nähe der gestalterischen Einfälle, sondern gibt auch einen Hinweis, dass man in diesen Räumen dort tätige Personen darstellte.

Nachdem seit März 1748 zunächst der Basler Architekt Johann Jakob Fechter für den Bau von Schloß Ebnet verantwortlich war, wurde bald darauf wegen der „Nüchternheit" des Stils Christian Wentzinger hinzugezogen, dessen Anteile erst durch Klagen über die höheren Baukosten archivalisch belegt sind.[20] Er nahm Einfluß auf die äußere und die innere Ausgestaltung. Für den Gartensaal kam er, ausgewiesen durch die vier Jahreszeitenfiguren im Garten, jedoch nur als Bildhauer und als für den Stuck Verantwortlicher in Frage, da für ihn bis zu diesem Zeitpunkt keine Deckenbilder nachgewiesen sind.

Den Auftrag zur Ausmalung des Schlosses, der neben dem Gartensaal auch die beiden Eckkabinette im Erdgeschoß sowie das Balkonzimmer und ein Nebenkabinett im Obergeschoß einschloß, hatte der aus dem Allgäu stammende Gambs (* um 1703) im Jahr 1750 erhalten.[21] Wohl gleichzeitig liefen die Verhandlungen mit Abt Steyrer in St. Peter an, für dessen Prioratskirche St. Ulrich er zwei Altarbilder herstellte, die im März 1751 fertig waren. Offenkundig war der mit dem Ergebnis zufrieden, so dass er am 15. März 1751 mit Gambs den Vertrag über die Ausmalung der Klosterbibliothek abschloss. Am 15. Juni begannen die Arbeiten in St. Peter. Zwischenzeitlich hatte er im April die Kammerjungfer des Freiherrn, Veronica Königin, geheiratet, die er wohl während seines Aufenthalts im Schloss kennen gelernt hatte.

Entsprechend den bekannten Verträgen und Signaturen entstanden die beiden hier zu vergleichenden Deckengemälde also 1750 in Ebnet und 1751 in St. Peter, wo Gambs mit „invenit et pinxit", statt wie in Ebnet mit „pinxit" signierte. Der Abt ließ diese Übertreibung wohl durchgehen, da er die „elegantissimae picturae" des Malers aufs höchste schätzte, und zudem der Kenner wußte, wer der eigentliche Inventor des Bibliothekprogramms war. Beim Götterhimmel des Ebneter Saales jedoch war klar, dass dies keine neue Invention, sondern die modifizierte Variante einer damals sicher berühmten Vorlage war, des Deckenbildes im gegen den Hofgarten gelegenen Gesellschaftssaal der Sommerresidenz des Eichstätter Bischofs. Die mythologischen Feinheiten dieser Veränderung waren sicher nicht den Kenntnissen von Gambs entsprungen, der in der Ausbildung beim Kemptener Franz

Benedikt Hermann „von der dort geübten Kopistentätigkeit" profitierte und dabei „Kompositions- und Malweisen holländischer und italienischer Barockmeister kennen" lernte.[22] Eine personale Verbindung sollte bedacht werden: Der Würzburger Fürstbischof von Schönborn war, wohl durch Vermittlung seines Bruders, des Eichstätter Dompropsts Marquardt W. v. Schönborn, von den Fresken Holzers so angetan, dass diesem die Ausmalung des Kaisersaales und des Treppenhauses der Residenz in Aussicht gestellt war. Sein Nachfolger von Greiffenclau konnte dafür dann zwar Tiepolo gewinnen, aber es ist sehr wahrscheinlich, dass seine Ebneter Verwandschaft ebenso wie etwas später für das Treppenhaus auch für den Gartensaal die Ideen aus Würzburg/Eichstätt mitgebracht hatte. Um 1930 war im Freiburger Kunsthandel ein „stilistisch dem Entwurf zum Eichstätter Fresko außerordentlich" nahestendes Ölgemälde aufgetaucht[23], vielleicht eine späte Spur der Bilder, die Baronin von Sickingen aus Würzburg mitgebracht hatte.

Ein anderer Erklärungszugang zu der Verbindung zwischen Eichstätt und Ebnet, auf die Frau Krummer-Schroth aus Ebneter Sicht aufmerksam machte, liegt in der Person Gambs´, der vielleicht Vorlagen in den Breisgau mitgebracht hatte. Die dafür wahrscheinlichste Erklärung ist folgende: Noch im selben Jahr, 1737, in dem das Eichstätter Fresko entstand, arbeiteten Holzer und Franz Georg Herrmann in Münsterschwarzach eng zusammen. Dabei lernte Herrmann sicher nicht nur Eichstätt kennen, sondern sah und/oder erhielt auch eine Vorlage dieses Bildes. Holzer hatte bisweilen mehrere Entwürfe angefertigt. Als es 1738 zum Streit zwischen den beiden kam, hatte Herrmanns Frau die Skizze für die Münsterschwarzacher Kuppel „unter dem rock" hinweggetragen. Es ist mit Sicherheit anzunehmen, dass Herrmann, auf welchem Weg auch immer, noch mehr Entwürfe Holzers besaß, die später z.B. von dessen Bruder Franz Ludwig Herrmann als Vorlage für die Kreuzlinger Pfarrkirche genutzt wurden. In der Kemptener Werkstatt Herrmanns aber hatte Gambs gelernt, so dass sein Meister ihm, wie nach ihm seinem in St. Peter tätigen Bruder, womöglich den Eichstätter Entwurf zur Verfügung stellte, als er sich um den Auftrag in Ebnet bewarb.[24]

Da die in Augsburg noch vorhandene Kopie derjenigen im Eichstätter Diözesanmuseum sehr ähnlich ist und diese wiederum als „vielleicht von derselben Hand" mit der verschwundenen Ölskizze aus der Sammlung Süssmayr/Kiener beschrieben ist,[25] wird man annehmen können, dass alle drei erst aus den 1770er Jahren stammen, so dass sie als Bindeglied zwischen Eichstätt und Ebnet ausfallen. Ein Schlüssel könnte jedoch der ebenfalls nicht mehr auffindbare „Originalentwurf zu dem Fresko sein, der nur in geringfügigen, aber charakteristischen Einzelheiten von der Ausführung differiert"[26], wobei die fast identischen Formate aller vier Bilder auch Zweifel zulassen, ob es sich hierbei tatsächlich um eine mindestens 40 Jahre ältere Version handelte. Ausgeschlossen werden kann die Annahme, dass Gambs das von Joh. Ev. Holzer gemalte Fresko durch einem Kupferstich Nilsons kennenlernte, da dieser gerade Eichstätt nicht nachgestochen hat und zudem seine Arbeiten nach Holzer erst anfertigte[27], als das Ebneter Deckenbild bereits fertig war. Eine Verbindung könnten Arbeiten Amigonis sein, der einerseits das Holzersche Malsystem beeinflußte und andererseits mit seiner Herkules-Darstellung in Ottobeuren für Gambs die direkte Vorlage für das Deckenbild eines der Ebneter Eckkabinette lieferte. Seine „Jahreszeiten" für Schleißheim und vor allem das große Deckenbild der Badenburg im Schloßpark von Nymphenburg könnten für den „Kopisten" Gambs zumindest eine wesentliche Anregung gewesen sein.

Da das 1737 entstandene Eichstätter Deckenbild sicher als Vorlage für Ebnet gelten kann, muß dessen Interpretation auch als Grundlage für die Erklärung seiner Neufassung im Sickingischen Sommerschlösschen herangezogen wer-

Herkules auf dem Weg der Tugend, der in den Himmel führt, Deckenbild im Vorraum der Bibliothek der Abtei Ottobeuren (Amigoni).

den. Die früheren, teilweise zu einfachen Deutungen wurden von Peter Grau vergleichend und erstmals durch antike Schriftstellen belegt fortgeführt.[28]

Er geht von einer zeitgenössischen Beschreibung durch den Münchner Bibliothekar von Oefele aus, der als Thema des Eichstätter Bildes „ortus Aurorae et regnum Florae" nennt, und identifiziert die zentrale Frauengestalt als Flora, während die rechts davon schwebende Gestalt Aurora und das geflügelte Wesen darunter Zephyr sein sollen. Im folgenden geht es nicht um eine Auseinandersetzung mit dem Inhalt des Eichstätter Deckenbildes, sondern um die Interpretation des Ebneter Bildes, für das die Gemeinsamkeiten und Unterschiede mit Holzers Fresko einen Forschungspfad aufweisen.

Als Gesamtthema wird man für Ebnet den Frühling feststellen, diesen jedoch nicht wie in Eichstätt durch Flora, sondern in der bestimmenden Gestalt der Aurora personifiziert sehen. Dafür sprechen mehrere Gründe: Erstens wäre eine das Bild bestimmende Beziehung von Helios-Apoll mit Flora in der Kunstgeschichte ungewöhnlich, während die Verbindung des Sonnengottes mit der vor ihm erscheinenden Göttin der Morgenröte seit der Renaissance fast zu den Standardthemen der Ausschmückung von Festsälen gehört. Auch das Nymphenburger Bild von Amigoni zeigt diese Konstellation. So

haben Gambs, bzw. sein Auftraggeber und dessen gelehrter Berater, Abt Steyrer, das Holzerfresko zwar formal übernommen, es aber durch die frühere Amigonidarstellungen (1719/20) uminterpretiert. Für letztere wurde festgestellt, dass es den Morgen und den Frühling darstelle, also die warme Jahreszeit als Voraussetzung für das Verweilen des Fürsten im Gartenschloß.[29] Man wird noch präziser Aurora auch als den Morgen des Jahres ansehen können – die römische Zeitrechnung ließ das Jahr mit dem März beginnen –, so dass es sich um eine Darstellung des Frühjahres handelt, also der Zeit, in der auch die Familie von Sickingen gern in das gegenüber der Stadtwohnung luftigere Gartenschloß hinauszog. Auch Matthäus Günther, der neben Herrmann einen großen Teil des Holzerschen Nachlasses erworben hatte, hat 1761 im „Frühling" der Vier Jahreszeiten des Sünchinger Schlosses, das Eichstätter Bild bis in Einzelheiten (z. B. die Dreiergruppe um Phosphorus) zitiert. Zweitens trägt die zentrale Figur ein gegenüber Eichstätt farblich verändertes Gewand. Statt des dort dominierenden Blaus werden hier gelbrötliche Töne gewählt, was durch den goldschimmernden Gürtel unterstrichen wird. Dies geht in Richtung des krokopeplos (lat. croceus, safrangewandet) Auch die Rose in ihrer Hand gehört seit Homers rhododaktylos Eos zur Göttin der Morgenröte[30] (Abb. S. 150).

Drittens verbirgt sich unter den Gesichtszügen der dominierenden Gestalt das Porträt der Hausherrin, Maria Anna Sophia von Sickingen – nur auf den ersten Blick eine gute Idee, diese mit Flora, der Göttin der Blumen, zu identifizieren. In einem zeitgenössischen Lexikon stand über Flora, die Göttin der Blumen, dass dies eine „lüderliche Weibsperson zu Rom" gewesen sei, die „durch ihre Liebeshändel ein großes Vermögen erworben hatte". Zitiert wird Augustinus, der den Ruhm dieser Göttin ihren „ehrlosen Aufführungen" zuschreibt und eine Reihe weiterer Schriftsteller, die alle der gleichen Meinung zuneigen, dass auch die aus der Erbschaft Floras gestifteten Spiele zu Ausschweifungen führten, so dass z.B. nur der Respekt vor Cato verhinderte, „dass die Frauenspersonen sich öffentlich und zwar, wie gewöhnlich, nackend Preis gaben".[31] Wenngleich die Floradarstellungen zwischen Naturgöttin und Kurtisane oszillierten, so repräsentierte doch dieses Lexikon etwa den Stand der Wissenschaft und es war undenkbar, dass man die Hausherrin im Großen Saal ihres Schlosses unter der Gestalt einer „unzüchtigen Weibsperson" porträtierte. Ganz anders verhält es sich dagegen mit Aurora, die im selben Lexikon als „Vorläuferin des Phöbus" genannt wird, eben so, wie sie sich auf diesem Bild zeigt: „eine prächtige Erscheinung in der Natur"[32], die aus dem Weltmeer hervorsteigt „und mit rosenfarbigen Fingern, von welchen der sanfteste und erquickendeste Thau tröpfelt, die Pforten des Tages" – hier des Jahres – aufschließt. So hält der die Fackel tragende Phosphorus, seit Ripa ein eindeutiges Attribut der Aurora, in der anderen Hand ein Vorhängeschloß[33], in Eichstätt ist sein zweites Attribut dagegen eine Glocke. Er schließt bei Ovid den Zug der Aurora ab.[34] Eine zweite Gestalt in diesem Bereich gießt aus einem Krug Wasser auf den Rücken einer sich der Dunkelheit zuneigenden oder dorthin abstürzenden Gestalt – in der Badenburg wird hier Boreas, der widrige, winterliche Wind vom Gott der Winde in Ketten gelegt. Auch hier mögen die beiden Gestalten zwei Winde, Kinder der Aurora sein: Zephyr, der Regen bringende Westwind, und der Winterwind Boreas, der in die dunkle Unterwelt hinabstürzt. Zwischen dieser Gruppe und Aurora fliehen drei kleine Gestalten, die besiegten Sterne, auch sie Kinder der Aurora, die ihren Platz dem Phoebus überlassen und verstecken sich hinter dem Vorhang der Nacht, ein Element, das Gambs ähnlich von Nymphenburg kannte.[35]

Wenn Gambs das Thema von Eichstätt, Aurora und Flora, im Blick hatte, bleibt die Frage, wo letztere geblieben ist. Für Ebnet wird man sie in der großen stehenden Frau annehmen können, die etwas vom Wissen um die Laszivität der Blumengöttin ahnen lässt. Wenn diese Gestalt für Eichstätt bislang von allen Bearbeitern als Ceres bezeichnet wurde, wird man solches für Ebnet nicht übernehmen können. Nicht nur, dass man eine Flora braucht und hierfür keine andere Figur in Frage kommt, sondern vor allem die Farbigkeit ihres Gewandes verbietet es, sie als Ceres anzusehen, die von Ovid mit weißem Gewand geschildert wird[36] und die Früchte des Sommers bringt. Verstärkt wird die Deutung der Ebneter Flora dadurch, dass diese Person aus ihrer Schürze Rosen austeilt, die durch geflügelte Wesen in Blumenkörben nach oben verbracht werden, von wo sie von Aurora als Morgengabe ausgestreut werden. Die in Eichstätt als Zephyr bezeichnete Gestalt trägt hier weibliche Züge und steht zu keiner der beiden Frauen in einer innigeren Verbindung. Bei Ovid ist dieses Geschehen beschrieben: „Wenn der Tau von den Blättern gefallen ist und die bunten Blätter von den Strahlen der Sonne warm geworden sind, kommen die Horen hierhin, sie haben ihre bunten Kleider geschürzt und sammeln meine Gaben in ihre leichten Körbe. Bald erscheinen auch die Chariten und binden Kränze und Gewinde.."[37] Die Horen wachen zudem bei Hesiod als Eirene (Frieden), Eunomia (Ordnung) und Dike (Gerechtigkeit) über die menschlichen Rechtsordnungen. Auch der fruchtbare Garten und die Quelle frischen Wassers wird als Reich der Flora beschrieben.

Flora selbst ist freilich wiederum nur eine Zwischenstation des frühlinghaften Blumenreigens, da ihr die Rosen und andere Frühlingsblumen von Kybele, der großen Erdmutter, gebracht werden, über deren Identität durch die Mauerkrone keine Unsicherheit besteht. Vermittler sind die geflügelten dienstbaren Wesen, die auch im Sünchinger Frühling mit Blumen die Verbindung zwischen Kybele und Flora herstellen. Bislang nicht überzeugend sind dagegen die unterschiedlichen Bestimmungen von deren, sie in den Arm nehmenden Begleiterin, einer jüngeren Frau. Nimmt man den Weg dieses Paares als Hinweis, so entfernt es sich nicht nur vom Löwenwagen, sondern es kommt auch aus der Richtung der dunklen Unterwelt, so dass man sie als Persephone wird deuten können. Wenn diese aus dem Reich Plutos im Frühjahr auf die Erde zurückkehrt, ist dies der Anlaß, dass die Blüten und Saaten aufgehen. Wenn Persephone hier auf dem Weg zu Flora ist, so illustriert dies den frühlingsbezogenen Charakter der Unterweltgöttin: Flora galt als Reinkarnation der Persephone.[38] Die rechts neben Flora nur schwer erkennbare Gestalt wurde mehrfach als Diana (Herbst) verstanden. Wahrscheinlicher ist es, dass es sich um Minerva handelt, die auch in Botticellis Primavera-Bild als Göttin der wehrhaften Weisheit erscheint. Um 1731/33 hatte Holzer mit Bergmüller an Jahreszeitenblättern (Radierungen) gearbeitet, in denen nach Diodor von Sizilien im Sockel Tabellen mit astrologischen Korrespondenzen eingraviert sind.[39] Beim Frühling finden sich neben den Monaten März, April und Mai nicht nur die entsprechenden Tierkreiszeichen aus der linken Ecke des Ebneter Freskos, sondern auch die Monatsgötter Minerva, Venus und Apoll. Dazu entstand gleichzeitig eine Monats-Götterfolge, in der noch der Juni mit seinem Gott Merkur der Frühlingsgruppe hinzugefügt wurde. So findet man in Ebnet neben den Personifizierungen des Frühlings, Aurora (Frühling im Himmel), Kybele (Erdgöttin des Frühlings) und Persephone (Frühlingsgöttin der Unterwelt), die sich in das Reich der das frühe Jahr dominierenden Blumengöttin (Regnum Florae) inkarnieren, genau die Monatsgötter des erweiterten Bergmüller-Holzerschen Frühjahrs, vorausgesetzt die kaum zu erkennende Person ist Minerva, deren Fest der Künstler und Handwerker Ende März gefeiert wurde. Warum hätte Gambs bei einem Frühlingsbild gerade auf dessen erste Göttin zu verzichten sollen?

Im dunklen Bereich links unten befindet sich eine Gestalt, bei der man an eine Personifizierung der Nacht/Unterwelt wie etwa Pluto denken muss.[40] Unten in der Mitte umarmt sich ein Paar, bei dem der junge Mann durch Heroldstab und Flügelhaube als Hermes/Merkur und seine Geliebte als Venus/Aphrodite zu identifizieren sind. Dieses Liebespaar steht für eine glückliche und fruchtbare Verbindung (Hermaphrodit). Die Szene mit der kleinen Gestalt auf dem Rücken des Löwen erinnert an ein ironisches Göttergespräch bei Lukian, in dem Aphrodite ihren Sohn Eros vor der Unberechenbarkeit der Kybele warnt, und dieser ihr antwortet, dass die Löwen ihn willig auf den Rücken steigen und in die Mähne greifen ließen. Der zweite Löwe scheint sich noch gegen die vom Putto geschwungene Peitsche zu wehren. Der von Merkur deutlich in Richtung der Winde und der dunklen Wolken der Nacht gerichtete Caduceus-Stab erinnert, dass er mit ihm nicht nur die bleichen Seelen aus dem Orcus hervorruft (Persephone), sondern wie im Bild der Primavera von Botticelli die dunklen Wolken mit diesem Stab beseitigt werden.[41] Aphrodite, auch Göttin des Gartens und nochmals in besonderere Weise Göttin des Frühlings, hat dem April (aperire) den Namen gegeben, weil dies die Zeit der Öffnung der Natur und – der Herzen – ist. Zusammen mit Merkur sind sie die Götter, die die rauhen Winde und dunklen Wolken des Winters vertreiben und bei Lukrez, Vergil und Horaz gemeinsam mit Cupido und Zephyr den Frühling markieren.[42] Es fällt auf, dass diese beiden Gestalten, vor allem die Frau, individuelle Züge zeigen und, wie bei Porträts dieser Zeit üblich, den Betrachter anschauen. Erinnert man zudem, dass Gambs eben während der Arbeit an diesem Bild seine spätere Frau kennenlernte, so liegt die Vermutung nahe, dass er hier seine eigene glückliche Liebesbeziehung, also sich selbst und die Kammerjungfer Veronika porträtierte: oben als Gaben spendende Aurora die Herrin des Hauses, unten im Liebesglück ihre Kammerjungfer, die dem Maler, der sich hier als Götterboten darstellte, zur befruchtenden Muse wurde. Da Hermes auch der Begleiter der Persephone aus der Unterwelt war und diese nun ihren weiteren

Weg in das beginnende Jahr zusammen mit Kybele unternimmt, hatte er nach getaner Arbeit Muße zur Rast bei der Geliebten – Gambs konnte mit diesem Hermes mancherlei assoziieren.

Hinter dem Wagen Apolls, der nur mit Mühe die Zügel der Pferde halten kann, erscheinen zwei Figuren mit unbekleideten Oberkörpern, eine ansonsten bei diesem Thema kaum bekannte Begleitung des Sonnengottes. Wiederum nur in der Badenburg tauchen an dieser Stelle zwei bekrönte Figuren auf, die durch ihre Beigaben üblicherweise als Jupiter und Juno bezeichnet werden. In Ebnet sind daraus zwei durch die Haartracht als Frauen ausgewiesene Gestalten geworden, möglicherweise hyperboräische Jungfrauen, von denen die vordere mit der erhobenen Linken Apoll verabschiedet, wenn er ihr im Norden gelegenes Land des Friedens und der Seligkeit nach den Wintermonaten auf seinem Sonnenwagen wieder verläßt.

Man fasst den Inhalt des Bildes am besten unter der Bezeichnung des Frühlings als Morgen des Jahres zusammen. Die Überschrift bilden gleichsam die Tierkreiszeichen von März, April und Mai, von denen der Widder von der an Chronos erinnernden geflügelten Gestalt, die bei Ripa stets als Attributträger der Monatssymbole fungiert[43], im Arm gehalten wird, während die Zwillinge dem Stier einen grünen (Myrten?) Kranz umlegen und so das Frühjahrsmotiv unterstreichen. Von ihnen zieht sich ähnlich wie in der Badenburg die Milchstraße über den bis auf zwei eigentümliche Putten figurenlosen obersten Teil des Himmels. Das Frühlingsgeschehen, das von links nach rechts zu lesen ist, spielt sich darunter auf mehreren Ebenen ab: zunächst die der Götter, von links mit den Wassergöttern und Apoll beginnend zur Göttin des neu beginnenden Tages, dann auf der Ebene der geflügelten Wesen, die unterschiedliche dienende Funktionen wahrnehmen, und schließlich das dunkle, unterirdische und das liebevolle, irdische Leben, aus dem das neue Leben der Blüten sprießt, das wiederum von Engeln der obersten Göttin dargereicht wird, die es ihrerseits in Richtung Erde als Gnadengabe austeilt. Die Idee, dass das Leben, die Früchte und Blumen und wohl auch die Liebe aus der Gunst der Götter den Menschen geschenkt ist, diese es als Opfer den Göttern darbringen und diese ihrerseits es ihnen aus Gnade erneut schenken, gehörte schon bei den Vorläufern der griechischen Mythologie in Mesopotamien zu den ältesten Vorstellungen über das Verhältnis von Göttern und Menschen: Wenn Aurora die Rose in ihrer rechten Hand freigibt, fällt sie – je nach Standpunkt – entweder dem Betrachter im Saal zu Füßen oder in den Schoß Aphrodites, des liebenden Mädchens, zu deren Symbolen eben diese Blume der ewigen Liebe gehört. Der Kreislauf des Geschehens wird in Ebnet nach Nymphenburger Vorbild durch die vier, in Stuckfiguren präsenten Jahreszeiten unterstrichen, die ja selbst von Jupiter eingeführt waren und so die angemessene Lebensweise des Menschen bestimmten.[44]

So weit weg scheint dies von dem kurz danach entstandenen Deckenbild der st. petrischen Bibliothek, dass sich ein einfacher Vergleich verbietet. Doch kannte der Barock noch eine Dimension geistigen Spiels, die vermuten läßt, dass die beiden Bauherren die vom selben Maler fast gleichzeitig verfertigten Bilder nicht nur nach der Fertigstellung miteinander verglichen, sondern schon bei der Erstellung der Konzepte im vergleichenden Gespräch waren. Für eine Bibliothek überraschend ist weniger das Thema als vielmehr dessen Formulierung, das Abt Steyrer in Anlehnung an Bonaventura mehrfach in seinen Schriften überlieferte: „Sie (die Malerei) stellt den Vater des Lichtes dar, und den hl. Geist, wie sie den Verfassern des Alten und Neuen Testamentes, wie auch den hl. Vätern der Kirche ihre Bücher angeben."[45] Nimmt man beide hier verglichenen Fresken in den Blick, so ergibt sich schon dadurch eine Verknüpfung von Vorstellungen, dass in Ebnet die zentrale Figur Aurora, also die Mutter des Lichtes ist[46] (Abb. S. 151 und 155).

Der Bildinhalt ist zu großen Teilen geklärt[47]: In der Mitte des Freskos erscheint die Taube des hlg. Geistes im Zentrum der Sonne, von der die Strahlen der Inspiration Richtung Erde ausgehen, darüber Gott Vater als alter Mann und das Lamm Gottes auf dem bereits geöffneten Buch mit sieben Siegeln, wobei Steyrer selbst die trinitarische Komponente durch die ausdrückliche Nennung nur von Vater und Geist übergeht. Vor der Geisttaube kniet Maria, deren „Magnificat anima mea Dominum" von einem Putto vorgezeigt wird. Getrennt durch einen tiefen Graben findet man im unteren Teil des Geschehens rechts vor der Bundeslade die Vertreter des Alten, links vor einer Kirche, gekrönt mit den Schlüsseln Petri, diejenigen des Neuen Testamentes, die teils zur Quelle der Weisheit schauen, teils schon das Empfangene aufschreiben. Das hier angelegte Programm der Emanation der göttlichen Sapientia, die im Lauf der Zeit durch Gelehrte unterschiedlicher Provenienz und in verschiedensten Wissenschaften aufgenommen wird, läßt sich durch den gesamten Raum bis zu den untersten Bilderreihen verfolgen. Die, wie in Ebnet, in Stuckköpfen, hier über den Türen repräsentierten Jahreszeiten und die in den Emblemen unterhalb der Galerie auch zu entdeckenden vier Elemente verweisen darauf, dass die Gaben des Geistes bestimmungsgemäß in die irdische Welt kommen und erst dort ihren Sinn entfalten. P. Gregor Lechner machte zurecht darauf aufmerksam, dass im Unterschied zu vielen Vorläufern in dieser Bibliothek gegenüber dem Reichtum christlicher Sapientia die antiken Gottheiten der Wissenschaften nicht auftauchen – bis auf Apollo und Pallas Athene, die als Stuckköpfe am Türrahmen erscheinen und den Besucher gleichsam einladen, dieser Spur in einen anderen Raum zu folgen, die Sala terrena von Ebnet. Zugegeben, dieser Verweis ist hypothetisch, doch der formale und inhaltliche Vergleich der beiden Bilder vermittelt dem Gedanken eine dem Barock nahe Plausibilität.

Sieht man von wohl doch äußerlichen Kongruenzen wie dem Löwenmotiv in der Mitte des unteren Bildrandes ab, so zeigen die beiden Fresken zunächst einen durchaus vergleichbaren Aufbau: zuoberst eine himmlische, übergöttliche Sphäre, in die Engel Schriften, Wissen aus einer anderen Welt bringen, auf der zentralen Ebene der Dreifaltige Gott bzw. die antiken Götter, deren Funktion jeweils die Aussendung/Austeilung guter Gaben ist, und dann der irdische Bereich, dessen Personen an der göttlichen Welt teilhaben und in enger Verbindung zu ihr stehen. Das auffallendste Beispiel ist die Konstellation Maria – Kybele, deren wichtigstes Attribut, die Mauerkrone, schon an die Benennung Marias in der Laurentanischen Litanei als Turm Davids erinnert. Ihr tiefstes Geheimnis „ist die Macht, die sie in sich trägt, neues Leben hervorzubringen, die Natur zum Leben zu erwecken, und am Leben zu erhalten", Bilder wie auch das ihrer Verbindung „mit einem auf Berggipfeln thronenden göttlichen Bräutigam"[48], die sie immer wieder in die Nähe Marias rücken lassen, die hier durch ihre emporgehobene Position in die Nähe Gottes gebracht wird, eine Vorstellung, die es von der Antike her umgekehrt zuließ, Gottes Sohn in die Nähe der Menschen zu bringen. Eine ganze Reihe anderer Assoziationen bietet sich an, so z. B. die Anrufung Marias als Morgenstern, was die Verbindung zu Aurora ebenso herstellt wie das Bild der Rose, das in alten Liedern für die Gottesmutter verwendet wurde. Der tiefe Spalt am unteren Rand ist der Ort, wo in Ebnet sich der Zugang zur Unterwelt befindet. Die Ikonographie der orthodoxen Kirche kennt die Darstellung, wie an dieser Stelle im Ostergeheimnis die Seelen ans Licht geführt werden – Ostern als Frühlingsfest, Auferstehung als neues Leben, eine auffallende Koinzidenz der beiden Bildkompositionen.

Über einen solchen formalen und personenbezogenen Vergleich hinaus wird man auf einer abstrakteren Ebene eine Art funktionalen Vergleich anstellen können. In beiden Bildern kann man vom jeweiligen Zentrum her zunächst von einem Austeilen der göttlichen Gaben in den

Lauf der irdischen Welt ausgehen, in Ebnet die Blüten des jungen Jahres, in St. Peter die Ausgießung der göttlichen Weisheit. Dann jedoch zeigt sich, dass beides keine Einbahnstraßen sind, sondern dass die Götter gleichsam auf den irdischen Bereich, auf die Antwort der Menschen angewiesen sind. Erst durch deren Beitrag – Gartenarbeit bzw. Bücherschreiben – werden die göttlichen Gaben zur Leben fördernden Fruchtbarkeit. In St. Peter wird dies vor allem durch Maria personifiziert, deren „Magnificat" ja die zur Erlösung notwendige Antwort auf die Ankündigung ist, dass Gottes Sohn durch sie in die Welt kommen soll. In Ebnet bewirkt das Zusammenwirken von der Maria in vielem ähnlichen Kybele mit Flora, dass am Beginn des Jahres die Erlösung vom nun eingeschlossenen Winter den Aufbruch einer neuen Schöpfung möglich macht, dass nun die Blüten wachsen, die, der Mutter des Lichtes als Opfer dargereicht, den Menschen zu Heil und Freude zurückgegeben werden. Dieser Gleichklang des notwendigen Wechselspiels zwischen dem Wirken der Götter und dem der Menschen wird durch die im Barock häufig als Attributsträger verwendeten Engel zum Ausdruck gebracht: In St. Peter verbinden sie mit den demonstrativ vorgewiesenen Büchern, also den irdischen Produkten göttlicher Weisheit wie in einem Reigen die verschiedenen Ebenen, in Ebnet sind es die Putti, die die Blumen zwischen Erde und Himmel vermitteln. Der Reigen „hat etwas vom lebensbedingenden Rhythmus der Bewegung der Erde um die Sonne"[49]. Auch in St. Peter bildet der Reigen neben der Ausgießung der Weisheit die Grundlage der Bildkomposition.

Als erstes Ergebnis des Vergleichs ist festzuhalten, dass es in beiden Bildern zunächst um die jeweils im Zentrum stehende Austeilung der göttlichen Gaben geht, was auch eine weltliche Macht legitimierende Funktion hat, in Ebnet direkter, weil sich hinter dem Gesicht der die guten Gaben verteilenden Göttin des Lichtes die reale Herrin des Hauses Sickingen verbirgt, in St. Peter etwas subtiler, indem der regierende Abt sich zwar nicht in den Himmel, aber doch (in einem Fresko unterhalb der Galerie) mitten unter die Gelehrten einordnet, die die der Gnade Gottes teilhaftig sind, die die göttliche Sapientia in ihren Werken aufnehmen und tradieren und so dem Auftrag Gottes in besonderer Weise entsprechen. Eben das Gottesgnadentum war ja die durch die Aufklärung zunehmend in Frage gestellte Grundlage auch der weltlichen Herrschaft. Im zweiten Schritt der Interpretation wird somit deutlich, dass die Darstellungen in je eigener Weise im Verhalten der Menschen (Bücher schreiben, Ackerbau treiben) auch das rechte Verhältnis zwischen Gott und den Menschen thematisieren. Und hierbei überschneiden sich nun die Lebenswelten von Kloster und adligem Haus, da zu ersterem ganz selbstverständlich auch die Kultur der Gärten (Abb. S. 157 o), zu letzterem zumindest als Option zunehmend die Pflege der Wissenschaft gehörte.

Damit ist ein Verweis noch auf eine andere Ebene der Beziehung zwischen den beiden Raumprogrammen gegeben. Hinter der Interpretation des Ebneter Götterhimmels als Bild des Frühlings ist nach der Patronatsfunktion dieses Götterensembles zu fragen. Für die Ikonographie der Bibliothek ist dies bekannt: Dem aufgeklärten, gelehrten oder fürstlichen Besucher konnte mittels dieses Programms gezeigt werden, dass entgegen der herrschenden Ideologie die Klöster eben nicht der Hort mittelalterlichen Aberglaubens waren, sondern dass hier eine Stätte modernster Wissenschaften wie Astronomie, Mathematik, Medizin und Pädagogik sei. Die Bibliothek als geistiges (und architektonisches) Zentrum der Abtei zu präsentieren, war ein Teil der Überlebensstrategie, die darauf abzielte, den Säkularisierungsvorboten mit dem Nachweis der eigenen Nützlichkeit zu begegnen. Die Bedeutung, die man der Wissenschaft, der rationalen Vernunft zuwies, unterstrich demnach die Modernität des eigenen Selbstverständnisses. Dies galt jedoch nicht nur für die zunehmend gefährdeten geistlichen Einrichtungen, sondern auch für den Adel, dessen Rechte

Deckenbilder im Abteitreppenhaus St. Peter (Franz Joseph Spiegler 1739): Die Aussendung der Apostel und die vier Erdteile als Adressaten der guten Botschaft

Seite 145: Klosterbibliothek St. Peter mit zwei nach 200jährigem Exil zurückgekehrten Globen, im Bild über der Bücherwand ein Benediktiner als Astronom, ein Ausweis der Öffnung des Klosters für moderne Naturwissenschaften. Die Musika, hier auf der Ballustrade, findet man in Ebnet im nördlichen Eckkabinett

Oben: Deckenbilder in Treppenhaus von Schloss Ebnet (Johann Pfunner 1753): Merkur bringt die gute Botschaft in die vier Erdteile

Unten links: Zwei Jünglinge im Gespräch bei Europa

Unten rechts: Zwei Würdenträger im Gespräch bei Asia

Die vier Erdteile im Abteitreppenhaus St. Peter
Oben links: Europa, oben rechts: Asia, unten links: Amerika, unten rechts: Afrika

Die Erdteile im Treppenhaus von Schloss Ebnet
Oben links: Europa, oben rechts: Asia, unten links: Amerika, unten rechts: Merkur mit Brief

S. 150 oben: Deckenbild im Gartensaal von Schloss Ebnet (Benedikt Gambs 1750): Aurora, die Göttin des Lichtes als Zeichen des neuen Jahres streut ihre guten Gaben aus

Unten links: Selbstporträt Christian Wenzingers als „Winter" im Stuck des Gartensaales.
Unten rechts: Hermes und Aphrodite, vermutlich Selbstporträt des Künstlers und Porträt seiner Frau

Oben: Deckenbild der Bibliothek St. Peter (Benedikt Gambs 1751): Der Dreifaltige Gott, der „Vater der Lichter" gibt den Kirchenvätern sowie den Vertretern des Alten und Neuen Bundes als gute Gabe die göttliche Weisheit

Oben: Herkules geht den „guten Weg" der Tugend zum Himmel, Deckenbild aus dem südlichen Eckkabinett von Schloss Ebnet (Benedikt Gambs 1750/1751)

Unten: Der Mönch soll den guten Weg gehen und – wie Herkules – nicht der „Frau Welt" erliegen, emblematische Darstellung des guten Weges, der Absage an die Verlockungen der Welt, aus dem vormaligen Kapitelsaal in St. Peter (Simon Göser um 1770)

Oben: Künste und Wissenschaften in Schloss Ebnet, darunter die Historia, Deckenbild im nördlichen Eckkabinett (Benedikt Gambs 1750/1751)

Unten: Künste und Wissenschaften in der Klosterbibliothek St. Peter, hier Historia und Medizin, allegorische Figuren nach Modellen von Christian Wenzinger 1752

Oben: Zephyr begleitet Psyche aus der Angst einer Todeshochzeit in ein schönes Land, Deckenbild im Balkonzimmer von Schloss Ebnet (Benedikt Gambs 1750/1751)

Rechts: Der Schutzengel begleitet die Seele aus dem Tod in den Himmel, Fresko in der ehemaligen Krankenkapelle der Abtei St. Peter (Franz Ludwig Herrmann 1753)

S. 155 oben: Das Tagebuch von Ignaz Speckle, eine der wichtigsten Quellen zur Geschichte der Säkularisation

Unten: Benediktiner Gelehrte bei wissenschaftlicher (Astronomie) und pädagogischer Arbeit, eine Darstellung des Selbstverständnisses der Abtei

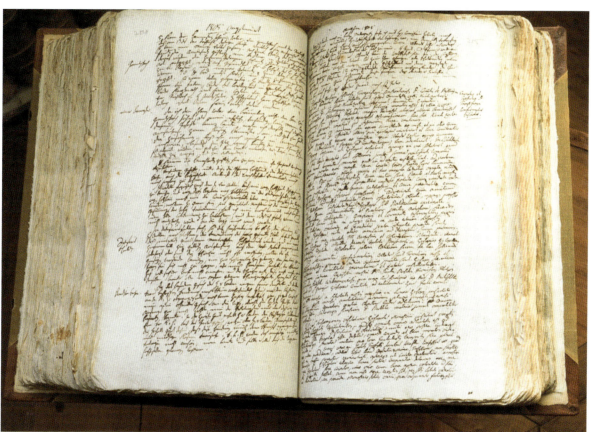

Bertold I.

Rudolf von Rheinfelden

Bertold II.

Agnes von Rheinfelden

Die Stifter und Gründer von St. Peter aus dem Zähringerzyklus des Gästeflügels, 18. Jahrhundert

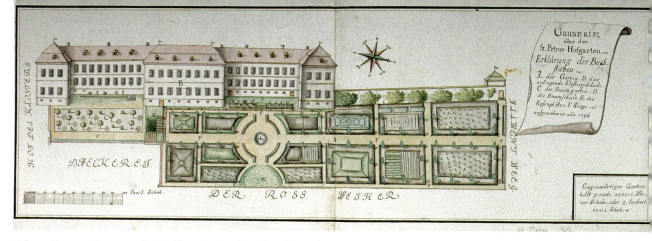

Oben: Gartenanlage vor der Südfassade der Abtei (nach 1760).
Unten: Abt Bürgis kostbarste und programmatische Erwerbung (1736) für die von ihm in Planung befindliche Bibliothek: Thomas le Myésier, Breviculum ex artibus Raimundi Lulli electum, hier Bekehrung und Wallfahrten des Raimundus Lullus

Der Gang vom Treppenhaus zum Fürstensaal mit Bildern der Zähringer Stifterfamile

Der Fürstensaal, Ort der politischen Repräsentation der Abtei

Der Kreuzgang von der Kirche zum Kapitelsaal, Ort der Sammlung des Konvents vor dem Einzug in die Kirche

und Privilegien zwar noch nicht in derselben Weise wie die der Klöster bekämpft wurden, die jedoch ebenfalls zu den Adressaten der Kritik der Aufklärung gehörten.

Wenn man den Ebneter Saal daher hinter seiner Deutung als Raum des Frühlings auch als einen der Förderung von Wissenschaft und Kunst versteht, so sprechen hierfür zunächst die Patronate der ausgewählten Götter. Apollo, der in der Trinität mit Zeus (im Eckkabinett) und Athene (an der Bibliothekstür) fast den Inbegriff aller göttlichen Macht bezeichnet, ist unter anderem der Gott des Rechts, der Musik, der Poesie und der Medizin, also dreier Disziplinen, die sich unter den Ballustradenfiguren in der st. petrischen Bibliothek finden.[50] Aurora wird (z.B. in der Admonter Bibliothek) mit Dialektik, Grammatik und den biblischen Sprachen in Beziehung gesetzt. Sie ist „ein Sinnbild des Erwachens der Bildungsbeflissenheit". In der Emblematik erscheint sie mit dem Lemma „Aurora Musis Amica".[51] Kybele, für die das Attribut der zwei Schlüssel bekannt war, personifiziert etwas von der (nach Ripa[52]) geistlichen Macht (Auctoritas Spiritualis), die in St. Peter dem Schlüssel führenden Petrus übertragen ist. Aphrodite nimmt dem Menschen sein wildes Gebaren und initiiert den Beginn der Kultur.[53] Minerva schützt als Göttin der Weisheit Philosophen, Dichter und Redner; sie schützt die Stadt nach außen und bringt inneren Frieden. Hermes ist ebenso der Botte der Götter, wie Propheten und Evangelisten in St. Peter Künder der göttlichen Botschaft sind. Hermes ist auch der Erfinder der schönen Künste und der Verwalter des medizinischen Urwissens. Wegen seiner Schlauheit galt er als Dolmetsch und Pädagoge. Sein Patronat für die Schulen findet man in der Klosterbibliothek im Bild des die Kinder unterrichtenden Abtes. Werden die verschiedenen Wissensbereiche in St. Peter in den allegorischen Figuren auf der Bibliotheksballustrade personifiziert, erfolgt diese Personifizierung in Ebnet im Deckengemälde des nördlichen Eckkabinett der Ostseite (Abb. S. 153 und 155).

Über die Protektion einzelner Wissensbereiche hinaus verweist das Ensemble der für Ebnet im Gartensaal und im Eckkabinett ausgewählten antiken Gottheiten und Allegorien auf ein Spektrum von Wissenschaften, das andernorts gemeinsam mit christlichen Gelehrten in der Ikonographie von Klosterbibliotheken eine Fülle des Wissens repräsentierte, wie sie eben die Aufklärung anstrebte. Herkules etwa, der in der Bibliothek von Stift Zwettl[54] oder im Bibliotheksvorraum von Ottobeuren als Tugendheld Vorbild für den Weg zur „wahren Weißheit" ist, findet man in Ebnet im südlichen Eckkabinett des Erdgeschosses. Für die „Allegorie auf die Künste und Wissenschaften" in dessen (nördlichem) Pendant gibt es mehrere Vorbilder, u. a. in Kloster Irsee. Dass Sickingen/Gambs gegenüber manchen Vorlagen hier auf Apoll verzichteten, erstaunt nicht, da dieser wichtigste Gott der Wissenschaften und Künste ja im Hauptsaal präsentiert war. Einen erhellenden Vergleich ermöglicht auch die Kaiserstiege im Stift Göttweig (1739), auf deren Deckenbild Apollo, der die Gesichtszüge Kaiser Karl VI. trägt, von Künsten und Wissenschaften umringt wird, unter denen die Architektur das Porträt der im Jahr danach im Amt gefolgten Maria Theresia zeigt. Die Apotheose Karls VI. zu Phoebus-Apoll als dem Ursprung von Wissenschaft und Weisheit, der die „Ignorantia in Form der Dunkelheit" vertreibt, findet ihre freilich bescheidenere Übersetzung im Ebneter Gartensaal: Zwar läßt sich die Vermutung, dass sich unter Apoll Baron von Sickingen verberge, nicht recht nachvollziehen – dies hätte angesichts der bekannten Vorlagen als Hybris gedeutet werden können –, doch ist die Apotheose der Hausherrin als Aurora nicht nur galante „Schmeicheley", sondern eine recht eindeutige ikonographische Aussage, dass sich dieses Adelshaus als Hort der Wissenschaft verstand und daraus ein gutes Stück seines Selbstverständnisses herleitete. Mit Joh. Ev. Holzer hatte man ein ikonographisches Vorbild gewählt, das in besonders subtiler Weise humanistisch-antikisierende Allegorie mit theologisch abstrakten und visionären Themen verband: Das Reigenspiel des Rokoko wird zur kosmischen Bewegung, Wissenschaften und Kunst verleihen in einem fruchtbaren Zusammenhang dem sich verändernden Weltbild Ausdruck.⁵⁵

Die Spurensuche des Ähnlichen in diesen beiden auf den ersten Blick ganz verschiedenen Bildern ließe sich weitertreiben, so etwa wenn sich der in St. Peter thematisierte „göttliche Ursprung und Fortschritt der Wissenschaften" in Ebnet wie in der Bibliothek des Mistelbacher Barnabitenkollegiums „mittels Wasser in einer Muschelschale versinnbildlicht" ist. Was für die Admonter Stiftsbibliothek als „Original-Erklärung" überliefert ist, dass das Bibliotheksprogramm „zusammenfassend auf den neuen Fortschritt der Wissenschaften, ausgehend von ihren mythologisch-antiken Ursprüngen, angezeigt durch Apoll und Aurora, bis hin zur christlich-modernen Wissenschaftslehre" verweist, ist zwischen Ebnet und St. Peter so auf zwei Raumkomplexe verteilt, dass erst in der Zusammenschau ein Bild von der ganzen Fülle des in der Aufklärung angestrebten Wissens zutage tritt: Der Ebneter Apoll verkörpert den Ursprung der natürlichen Erkenntnis, in den Gestalten der st. petrischen Propheten und Evangelisten zeigt sich die geoffenbarte Erkenntnis. Dabei gibt es in jedem einzelnen Gebäude einen diskreten Hinweis auf die je andere Dimension: In St. Peter sind dies die Köpfe von Apoll und Athene, die sich in Ebnet als Minerva findet. Im Deckenbild des nördlichen Ebneter Eckkabinetts findet sich ein Teil der freien Künste, die in anderen Bibliotheken Athene zugeordnet werden. Die Engel über dem Ebneter Götterhimmel deuten das – in beiden Räumen identische – letztliche Herkommen alles Wissens an. „Derartige ‚typologische' Gegenüberstellungen von christlicher-göttlicher und antiker-irdischer Weisheit,.., ist gängige Sprache barocker Klosterbibliotheken, vor allem bei den Benediktinern..."⁵⁶ Die erwähnte emblematische Erklärung der Aurora, „dass die Morgenfrühe, die Kopf und Sinne, Geist und Verstand erfrischt, eine den heiligen Musen wohlgesinnte Göttin ist. So entwickelt sich der Mensch durch Lehre, Übung und Wissenschaft, die von Reichtum und Ehre des Lebens begleitet ist." ist eine aussagekräftige Klammer der beiden ikonographischen Tableaus in Ebnet und St. Peter: Die Morgenröte, die den Verstand erfrischt, wird zur Voraussetzung einer erfolgreichen wissenschaftlichen Arbeit, die wiederum im Sinne von Abt Steyrer – wie seines Vorbildes Thrithemius – Grundlage eines nach Innen gelingenden und nach Außen überzeugend darstellbaren Klosterlebens ist.

Sieht man die gesamte Ikonographie der Ebneter Erdgeschossräume (Gartensaal und Eckkabinette) in einem inneren Zusammenhang und stellt sie derart in Verbindung zu derjenigen der st. petrischen Bibliothek, werden Allusionen und Verweise noch klarer. Beginnen lassen wird man den Komplex mit der Heraklesszene im südlichen Eckkabinett, von der Künstler und Auftraggeber wussten, dass sie in Ottobeuren den Vorraum der Bibliothek schmückte. Das sicher erzieherisch gemeinte Bild fasst zwei Aspekte seines Lebens zusammen, zu Beginn die Entscheidung, den Weg der Tugend zu gehen, am Ende die Aufnahme in den Himmel, wo ihn Athene empfängt und in den Kreis der Götter führt. In Ebnet mag die Szene, in der sich Herakles trotz der Versprechungen „Kein Bett kann dir weichlich genug sein." und des Aussehens der „Liederlichkeit", deren „Reize so viel als möglich durchschimmerten", für den Weg von „Anstand und Adel" entscheidet, ein (Vor-)Bild, auch eine Selbstdarstellung des Schlossherren gewesen sein, der eben so auf dem Weg der „Arbeit und Mühe" sein Glück gemacht hatte, wie es die „Tugend" dem Herakles prohezeit hatte. Als Thema vor einem Raum der Wissenschaften, den der Gartensaal hier nur verschlüsselter als die Bibliothek repräsentiert, steht die „Tugend" für die „geistigen Anstrengungen", durch die allein man „Meister in allem Guten und Großen werden" und ohne die das individuelle wie das staatliche Leben nicht gelingen kann. Den Aspekt der Tugend im engeren Sinn, als Absage an die Verlockungen der Welt, an Putz und Schmeichelei, findet man in St. Peter im ehemaligen Kapitelsaal, also dort wo die Mönche ihre Lebensweise in Bezug auf die Regel überprüften. Hier ist die Frau Welt, „die modisch aufgeputzte Personifikation weltlicher Verlockungen" ans Kreuz geschlagen.[57] Die kleine Allegorie der Tugend tritt auf den Reichsapfel. Das belehrende Motto „contemptus mundi" (Verachtung der Welt) könnte genau so unter der Ebneter Heraklesszene stehen (Abb. S. 152).

Die geschilderten Bezüge zwischen Bibliothek und Gartensaal, die Austeilung guter Gaben durch antike Götter und christlichen Gott, die Korrespondenz der menschlichen Handlungen, woraus dann in beiden Kompositionen der Reigen einer kosmischen Ordnung wird, werden fortgeführt in der allegorischen Konkretisierung der jeweils besonders geförderten Wissenschaften, in St. Peter in den zwölf Ballustradenfiguren, in Ebnet mit seinem Himmel voller Künste und Wissenschaften des nördlichen Eckkabinetts. Man wird noch weiter gehen dürfen: In der st. petrischen Bibliothek geht die göttliche Weisheit über die Kirchenväter weiter zu Mitgliedern des eigenen Ordens, unter die in der untersten, irdischen Dimension auch die Porträts der beiden Bauherren Steyrer und Bürgi eingefügt sind. In Ebnet hingen, ähnlich wie heute, auch im 18. Jahrhundert an den Wänden des Erdgeschosses Bilder lebender und verstorbener Familienangehöriger. Wenn hier sogar die Hausherrin als Glück bringende Aurora interpretiert wurde, werden auch die an den Wänden präsenten Familienmitglieder in die Gesamtkomposition einbezogen werden dürfen. Nochmals gibt es hierzu eine klösterliche Entsprechung. Eines der beiden großen Bilder des Kapitelsaales zeigt die Rückführung des in einem Barockkreuz neu gefassten Kreuzpartikels, der kurz nach der Wahl Steyrers wieder gefunden worden war. Unter den Festteilnehmern steht der Abt, der auf diese Weise jederzeit über den

Die Rückkehr des neu gefassten Kreuzpartikel in die Abtei, auf der rechten Seite Abt Steyrer, Deckenfresko im ehemaligen Kapitelsaal, Simon Göser um 1770

hier versammelten Mönchen präsent war. Das gute Omen seines beginnenden Abbatiats, die Rückkehr der wichtigsten Reliquie, ließ ihn auch ohne persönliche Apotheose wie in Ebnet als einen Vorsteher erscheinen, dessen Herrschaft seinem Haus Glück bringen sollte. Als das Bild entstand, war Steyrer schon mehr als 20 Jahre im Amt. Die Geschichte hatte jedoch nichts von ihrer legitimierenden Geltung verloren.

Eine letzte Gemeinsamkeit der beiden großen Deckenbilder in St. Peter und Ebnet sind die Engel mit einem Buch jeweils in der Mitte der oberen Randpartie.[58] Im Kontext der Aufklärung mag man annehmen, dass dieses Motiv für die Bedeutung des Buches als Ausgang jegli-

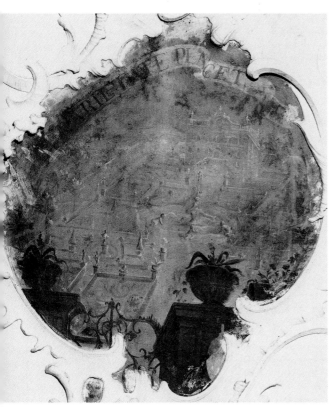

Emblem in der Bibliothek mit Park und Schloss (Ebnet ähnlich, Blick auf den Eingang zum Gartensaal). Das Motto „varietate placet" (es erfreut durch Vielfalt und Verschiedenheit) mag sich auch auf die Valenz des hier angestellten Vergleichs der beiden Gebäudeensembles beziehen.

chen Wissens gelten mag. Es könnte freilich auch ein Verweis auf den Engel mit dem „kleinen Buch" der Apokalypse sein, zumal die Darstellung des Lammes auf dem Buch mit den geöffneten Siegeln diesen Bezug nahe legt.[59] Wenn dieser Engel ruft, klingt es wie ein Löwe, den man wiederum in beiden Bildkompositionen genau unterhalb der Engel am unteren Bildrand findet. Als der Seher sich von dem Engel das kleine Buch geben lässt und es auf dessen Geheiß aufißt, war es im Mund süß, im Magen bitter. Das Wissen, das sich aus ihm ergibt, ist beglückend und schmerzlich. Die selbe Idee ist die Botschaft auch eines der Bibliotheksembleme, auf dem ein Granatapfel für die Süße und die Bitterkeit des hier gesammelten Wissens steht.

Die Ähnlichkeit der Bildersprache in den beiden Raumkomplexen Kloster und Schloss ist, einmal auf diese Spur gekommen, unübersehbar. Hier vor den Toren Freiburgs liegen christlicher und antiker Götterhimmel wenige Kilometer auseinander. Erinnert man sich an die eingangs erwähnte freundschaftliche Verbindung der beiden Auftraggeber, so besteht kein Zweifel, dass sie den Zusammenhang der Programme ihrer in kurzem Abstand vom selben Maler erstellten Bilder disputierten: Während Gambs in Ebnet an der Arbeit war, wurde oben im Schwarzwald der bauliche Teil der Bibliothek fertiggestellt und der Inventor, Abt Steyrer, saß über deren ikonographischer Konzeption. Im Kontext einer bilderfreundlichen Kultur gab dies Gelegenheit, sich über Anliegen und Adressaten dieser Ikonographie auszutauschen. Beide Bauherren hegten nicht nur Sympathie für Wissenschaft und Kunst, sondern sahen in der architektonischen und ikonographischen Entfaltung dieses Anliegens eine Chance, ihre Reputation in der noch traditionellen Ständegesellschaft[60] zu erhöhen, um so ihre gesellschaftliche und letztlich politische Position zu verbessern.

So nähern sich diese zeitlich, räumlich und künstlerisch nahen Bilder über ihre ganz ähnlichen praktischen Interessen auch thematisch an: Der Herr auf Ebnet und der Prälat von St. Peter wollten, jeder in seinem Haus und durch die ihm gemäßen Themen, mit barocker Bildersprache den Nachweis erbringen, dass sie am Fortschritt menschlicher Bildung, an den sich ausweitenden und differenzierenden Erkenntnissen teil hatten und diese förderten.[61] Jahreszeiten und Erdteile, die sich in beiden Gebäuden finden, sind Teil der Schöpfung und so auch Ort der Offenbarung, „zugleich sind sie Inhalt und Gegenstand des nach Erkenntnis strebenden menschlichen Geistes".[62] Dass daraus eine ikonographisch originelle Symbiose entstand, sollte nicht vergessen lassen, dass sich hinter diesem amüsant intellektuell-geistlichem Bilderspiel ein ernstes Anliegen verbarg: in einer den Klöstern wie den kleinen Fürsten wenig gewogenen Umwelt den Nachweis zu erbringen, dass man ja selbst den Fortschritt befördere und deswegen gesellschaftliche Achtung und Unterstützung verdiene.

Neben diesen in beiden Gebäuden quasi offiziellen und damals (im Kloster mit Einschränkungen) Besuchern zugänglichen Gebäudeteilen bergen beide Gebäude eher intime ausgemalte Räume. Im Schloss sind dies das Balkonzimmer (wahrscheinlich Schlafzimmer des Schlossherren) und ein Nebenkabinett des Obergeschosses. Entgegen der Annahme, dass hier das Flora-Zephyrmotiv des Erdgeschosses wieder aufgenommen sei[63], müsste das Paar im Balkonzimmer eher eine der Szenen aus dem Märchen von Amor und Psyche darstellen. Am wahrscheinlichsten ist es diejenige, in der Zephyr die der „Todeshochzeit" ausgelieferte und um ihr Leben fürchtende Psyche über die Abhänge des ragenden Felsens (rechts im Bild) sacht hinabgleiten lässt und sie im Tal im Schoß eines blühenden Rasens niederläßt. Mit diesem Motiv ergibt sich ein ikonographisches Gesamtensemble, da die Göttinnen des Untergeschosses, Aphrodite, Ceres, Persephone ebenfalls zu Apuleius' Märchen von Amor und Psyche gehören. Die Landschaft, in der die Szene spielt, lässt ohne Mühe Assoziationen zum Dreisamtal, also zur realen Landschaft um Schloss Ebnet zu, das damit zum geheimnisvollen Hochzeitsschloss wird. Auch der einsam im Nebenkabinett schlummernde Cupido lässt sich leicht innerhalb des Amor-Psyche-Märchens identifizieren (Abb. S. 154).

Natürlich gibt es zu dieser über zwei Räume thetralisch inszenierten Liebesgeschichte im Kloster kein unmittelbares Pendant. Allein die prächtige Ausmalung von Privatgemächern wäre mit dem benediktinischen Armutsgebot in Konflikt gekommen. Nur in der Prälatur war dies möglich. Dennoch, die Verknüpfung von Tod und Begleitung findet sich im Mythos ebenso wie in der christlichen Tradition. Insofern lässt sich auch bei dieser Thematik für den Vergleich der beiden Orte eine ferne Verbindung zwischen ikonographischen Spiegelungen von antikem Mythos und christlicher Lehre herstellen. In der 1753, zwei Jahre nach dem Ebneter Balkonzimmer, in dem Gambs gestorben war, ausgemalten Krankenkapelle im Konventsflügel findet man tröstende Szenen der Begleitung auch in Todesgefahr, des einander Beistehens in schwierigsten Situationen. Der Zephyr des Ebneter Balkonzimmers wird in St. Peter zum Schutzengel. Wie er dort Psyche aus der Todesangst in ein geheimnisvolles neues Leben führt, begleitet hier der Schutzengel die Seele ins ewige Leben – der Teufel hat ebensowenig eine Chance wie die eifersüchtige Mutter Amors. Es muss ungewiss bleiben, ob die Bauherren Steyrer und Sickingen ihr ikonographisches Spiel soweit getrieben haben. Dass sie über die Bildkonzeptionen ihrer Lieblingsräume, Bibliothek und Gartensaal einschließlich der Eckkabinette, miteinander disputierten, kann angesichts der hier postulierten Bezüge als sicher gelten. Dabei werden sie das Ähnliche in den Räumen von Wissenschaft und Tugend ebenso wie die Differenzen z. B. bei den Treppenhäusern zum Vergleich gereizt haben. Ein Teil ihres Gesprächs konnte mit diesem ikonographischen Vergleich rekonstruiert werden.

ANMERKUNGEN

1. Grundlage für diese Studie: Monika Frehen/Hans-Otto Mühleisen, Antiker Mythos und christliche Lehre: Distanz und Nähe zweier Quellen der barocken Ikonographie an den Beispielen St. Peter im Schwarzwald und Schloß Ebnet bei Freiburg, in: Das MÜNSTER, H. 4/1995, 332 -346.
2. Paul-René Zander, Das Rokokoschloß Ebnet bei Freiburg i. Br., Regensburg 1997.
3. Gregor M. Lechner OSB, Geheimnisvolle Bibliothek, Die Ewige Weisheit als typisches Bildprogramm der Aufklärungszeit, in: Hans-Otto Mühleisen (Hg.), Das Vermächtnis der Abtei, 900 Jahre St. Peter auf dem Schwarzwald, Karlsruhe 2/1994, 127-148, m. w. N.
4. Franz Kern, Philipp J. Steyrer, Abt des Benediktinerklosters St. Peter i. Schw. (1749-1795), in: FDA, 1959, 22; hier auch weitere Belege zum Verhältnis Steyrers zu v. Sickingen.
5. Vgl. Mühleisen, Vermächtnis (wie Anm. 3), Abb. 226, 482.
6. Hierzu Hermann Brommer, Raum und Zeit im Verständnis der Barockzeit, Zum Bildprogramm der Treppenhäuser und des Kleinen Speisesaales in der ehemaligen Abtei St. Peter, in: Mühleisen, Vermächtnis (wie Anm. 3), 107-126.
7. Das Pferd gilt seit der Ikonographie der Frühen Neuzeit (erste Welle der „Entdeckungen") als Hinweis auf die militärische Überlegenheit Europas. Bei Ripa hat Europa eine Krone auf dem Kopf und hält auf der Hand „einen schönen Tempel", ein Zeichen, dass hier der Ort der wahren Religion ist.
8. Sabine Poeschel, Studien zur Ikonographie der Erdteile in der Kunst des 16.–18. Jahrhunderts, Augsburg 1985, 242 ff.
9. Ebenda, 213 ff.
10. Heinfried Wischermann, Der Petrus-Zyklus in der Klosterkirche von St. Peter im Schwarzwald, in: Mühleisen, Vermächtnis (wie Anm. 3), 489–512.
11. Vgl. Brommer, Raum und Zeit im Verständnis der Barockzeit (wie Anm. 6), 107 – 126.
12. Zur Architektur des Stiegenhauses vgl. Hartmann Manfred Schärf, zu Pfunner vgl. Hermann Brommer und zur Deutung der Ikonographie vgl. Heinfried Wischermann, jeweils mit den einschlägigen Beiträgen in: Barockschloß Ebnet bei Freiburg, München/Zürich 1989.
13. Rokokoschloss Ebnet (wie Anm. 2), 24/25.
14. Poeschel, Erdteile (wie Anm. 8).
15. Hermann Ginter, Südwestdeutsche Kirchenmalerei des Barock, Augsburg 1930, 177.
16. Wischermann in: Barockschloß Ebnet (wie Anm.12) , 114/115.
17. Vgl. Poeschel (wie Anm. 8) zum „Missions-Typus", 242 ff.
18. Vgl. die Nachweise bei Poeschel (wie Anm. 8) vor allem in den Abschnitten „Imperialer Typus" und „Repräsentations-Typus", 213 ff. und 234 ff.
19. Über das Erfinden von Bildprogrammen, wozu „das ganze Altertum und die unermeßliche Anzahl historischer und poetischer Beispiele" notwendig ist, um eine „Erfindung aus der Weisheit" hervorgehen zu lassen, und, dass es eben nicht als Mangel an Originaliät verstanden wurde, wenn die „dichterische Erfindung" nicht vom Maler selbst stammt, sondern er im Gegenteil eine Malertugend war, sich beraten zu lassen, siehe Wilhelm Mrazek, Ikonologie der barocken Deckenmalerei, Wien 1953.
20. Karl Josef Rößler, Das Schloß zu Ebnet, Neues zu seiner Baugeschichte, in: Schauinsland, 61 (1934), 92 – 97. .
21. Zur Biographie von Gambs: Hermann Brommer, in: Hans-Otto Mühleisen, St. Peter im Schwarzwald, München/Zürich 1977, 77/78 und Bettina May-Schillok, Benedikt Gambs, ein Allgäuer Maler im Breisgau, in: FDA, 108 (1988), 341–396. Am 31. Juli 1750 wird im Kapitelsprotokoll St. Peter vermerkt, dass die Maurerarbeiten vollendet seien, so dass nun Stuckateure und Maler gefragt seien.
22. Hermann Brommer,, Benedikt Gambs und Johann Pfunner, in: Barockschloß Ebnet (wie Anm. 12), 104.
23. Vgl. Ernst Neustätter, Johann Evangelist Holzer, Diss. Phil. 1933, 56/57.
24. Weitere Überlungen zu den verschiedenen Kopien (mit Abb.) des Eichstätter Freskos in: Frehen/Mühleisen, Mythos (wie Anm. 1), 337/338.
25. Alois Hämmerle, Der Fürstbischöfliche Eichstätter Hofmaler und Augsburger Kunst- und Historienmaler Joh. Ev. Holzer (1709-1740), in: Sammelblatt des Historischen Vereins Eichstätt, XXIII, (1908), 134, Anm. 98; bemerkenswert ist, dass Friedrich Nicolai in seiner Reisebeschreibung Wentzinger einen Schüler von Amigoni nennt.
26. Ernst Neustätter, Johann Evangelist Holzer (1709-1740), Diss. Phil. München 1933, 94, Anm. 67; Neustätter hat dieses „Vorbild" in der „Sammlung Wolter (gest.) München" offenkundig noch gekannt.. Faßt man die älteren Literaturbelege zusammen, so werden insgesamt vier Bilder genannt: 1. die verschollene Vorlage aus der Sammlung Wolter, 2. die Ölskizze im Diözesanmuseum Eichstätt, 3. die Ölskizze im Schaezlerpalais Augsburg, 4. das wiederum verschollene Bild aus der Sammlung Kiener.
27. Vgl. Marianne Schuster (Johann Esaias Nilson, München 1936, 37) setzt die Stiche Nilsons nach Holzers Fresken an Augsburger Gebäuden auf etwa 1765 an. Das Werkverzeichnis gibt keinen Hinweis auf einen Nilson Stich nach dem Eichstätter Fresko.
28. Peter Grau, Antiker Mythos bei Joh. Ev. Holzer, 'Flora und Aurora' in der ehem. Sommerresidenz zu Eichstätt, Eichstätt 1988; auf S. 46/47 findet sich eine vergleichende Übersicht der bisherigen Bildbeschreibungen, auf die sich die entsprechenden Bemerkungen im folgenden beziehen.
29. Hermann Bauer, Bernhard Rupprecht, Corpus der barocken Deckenmalerei in Deutschland, Bd. 3, Teil 2, München 1989, 412.
30. Homer, Odyssee 2. Buch; vgl. Franz Böhmer, Kommentar zu Ovid, Metamorphosen, Buch I-III, Heidelberg 1969, 490/491. Bekannte Darstellungen der Aurora mit Rosen in den Händen z. B. Guido Renis Aurora im Casino Rospigliosi 1612/1614 oder Bouchers Sonnenaufgang 1748.
31. Artikel Flora in Deutsche Encyklopädie, Frankfurt/Main 1779 ff.
32. Zu Aurora/Eos siehe Artikel Eos, in: W.H. Roscher, Ausführliches Lexikon der griechischen und römischen Literatur, Bd. I.1, Sp. 1252-1278.
33. In der fast kanonischen Bildvorlage Ripas streut Aurora ebenfalls mit der rechten Hand Blumen aus.
34. Ovid, Met. II, 112-115: „Siehe erschließt im rötlichen Osten munter Aurora das purpurne Tor ihrer rosenerfüllten Halle. Die Sterne entfliehen, es schließt im Heerzug der lichte Luzifer und verläßt die Wache am Himmel als letzter".
35. Die Flucht der Sterne angesichts des aufgehenden Lichts ist bei Ovid, Vergil, Horaz ein oft variiertes Thema.
36. Ovid, Fasten, IV., 619/620
37. Ovid, Fasten, V. 215 ff.; Bömer, Kommentar zu Die Fasten (wie Anm. 30), 305 weist auf die enge Verbindung von Horen und Lenz hin, was die Gesamtbezeichnung des Bildes als „Frühling" unterstützt.
38. Vgl. die Belege bei Horst Bredekamp, Botticelli Primavera, Frankfurt 1988, 69/70; zur Ikonographie des Frühlings vgl. Barocke Bilder – Eythelkeit, Katalog Stift Göttweig 1993, 69/70.
39. Jürgen Rapp, „J. Holzer fecit sub Directione Domini J.G. Bergmiller", in: Pantheon, 1990, 81-109, hier 92.
40. Dafür spricht auch, dass die Gestalt unbekleidet ist, was nach Ripa für Pluto gilt, um anzudeuten, dass die Seelen in der Unterwelt ohne Besitz ankommen.
41. Vgl. Vergil, Aeneis IV, 245/246 ff.: „illa fretus agit ventos et turbida tranat"

42 Ovid, Fasten, IV, 132; Fasten IV, 95 ff..
43 Ripa läßt die Bilder des Jahres ganz selbstverständlich mit dem März beginnen; vgl. Cesare Ripa, Iconologie, Paris 1644, Teil 2, 24.
44 Vgl. Ada Neschke, Erzählte und erlebte Götter, Zum Funktionswandel des griechischen Mythos in Ovids „Metamorphosen", in: Richard Faber/ Renate Schlesier (Hg.), Die Restauration der Götter, Würzburg 1986, 149.
45 Der „Vater der Lichtes" wird bisw. auch als „Vater der Lichter" zitiert.
46 M.W. hatte Ingeborg Krummer-Schroth als erste (Johann Christian Wentzinger, Freiburg, 1987, S. 36, sowie masch. Mskr., Juni 1982) die zentrale Figur in Ebnet als Aurora bezeichnet. Sie sieht in der rechts neben ihr schwebenden Frauengestalt Flora.
47 Vgl. Gregor Lechner, Geheimnisvolle Bibliothek, (wie Anm. 3), 127–148.
48 Maarten J. Vermaseren, Der Kult der Kybele und des Atis im römischen Germanien, Stuttgart 1979, 10; zur Problematik solcher Vergleiche siehe Jean Seznec, Das Fortleben der antiken Götter. Die mythologische Tradition in Humanismus und in der Kunst der Renaissance, München 1990.
49 Carl Lamb, Johann Evangelist Holzer, Das Genie der Freskomalerei des süddeutschen Rokokos, in: Augusta 955 – 1955, Augsburg 1955, 375.
50 Vgl. die Apollo-Thematik in verschiedenen Arbeiten M. Günthers bei Johannes Zahlten, „Ein Saal von Apollo die Musique zu probieren" im Stuttgarter Neuen Schloß, in: Barock in Baden-Württemberg Bd. 2, Karlsruhe 1981, 107 – 129.
51 In der Subscriptio hierzu: „Wer immer die Musen liebt, der liebt auch, da er wacht, die Aurora und widmet sich den Studien, wenn der Morgen sich rötet. Denn es heißt, dass die Morgenfrühe, die Kopf und Sinne, Geist und Verstand erfrischt, eine den heiligen Musen wohlgesinnte Göttin ist. So entwickelt sich der Mensch durch Lehre, Übung und Wissenschaft, die von Reichtum und Ehre des Lebens begleitet ist." (Arthur Henkel/Albrecht Schöne, Emblemata, Stuttgart 1996, Sp. 1593).
52 Zur zentralen, fast kanonischen Bedeutung Ripas für die Invention von Bildprogrammen vgl. Mrazek, Ikonologie (wie Anm. 19), 65 ff.
53 Ovid, Fasten IV., 107/108, zu Minerva: Fasten, III., 833. .
54 .Zu den folgenden Vergleichen siehe Lechner, Geheimnisvolle Bibliothek, (wie Anm. 48), 128ff. und Bettina May-Schillok, Benedikt Gambs, Ein Allgäuer Maler im Breisgau, in FDA 1988, 370 ff.
55 Vgl. Lamb, Holzer (wie Anm. 49), 389.
56 Lechner, Geheimnisvolle Bibliothek (wie Anm. 3), 128.
57 Carsten-Peter Warncke, Die Seele am Kreuz, in: Mühleisen, Vermächtnis (wie Anm. 3), 93.
58 In Ebnet ist das Buch nicht deutlich zu erkennen, kann jedoch im rechten Arm des oberen Engels vermutet werden. In jedem Fall ist die Positionierung der Engel ähnlich.
59 Offenbarung des Johannes, X.
60 Zur politisch-gesellschaftlichen Schwäche des Herrn auf Ebnet vgl. Michael Benz, Sickingen-Bildnisse, München 1985, 134; zu den politischen Schwierigkeiten Abt Steyrers vgl. Franz Kern, Philipp J. Steyrer (wie Anm. 4), Kap. VI.
61 Als Metastasio dem Fürsten Trautsohn 1755 die Gedanken zur Ausmalung der Decke im großen Saal der kaiserlichen Universität vorschlug, nannte er „die Wissenschaften, die hier gepflogen werden", und „den wohltätigen Einfluß, welcher die erleuchtet und fördert" – präziser läßt sich das Doppelprogramm St. Peter – Ebnet kaum fassen. Sabine Fischer (Das barocke Bibliotheksprogramm der ehemaligen Kartause Marienthron in Gaming, Salzburg 1986) benennt das dortige, ebenfalls durch Jahreszeiten und antike Götter in den 1720 Jahren illustrierte Thema „Künste, Wissenschaften und ihr Ursprung". Eine erste Fassung des Programms mit Divina Sapientia, Kirchenväter, Evangelisten, Künste und Wissenschaften erinnert an St. Peter.
62 Ebenda, 68. Die Nähe der Darstellungen zu den antiken Schriftstellern, insbesondere zu Ovid, belegt die hohen Bildungstand des Inventors dieser ikonographischen Komposition.
63 Rokokoschloss Ebnet (wie Anm. 2), 27.

Zwischen Kunst, Geschichte und Politik
Die Bildnisse gelehrter Benediktiner als äbtliches Regierungsprogramm[1]

Baugeschichte und Ausstattungsprogramm der Klosterbibliothek St. Peter sind weitgehend erforscht.[2] Philipp Jacob Steyrer hatte kurz nach seiner Wahl zum Abt im Dezember 1749 die Arbeiten an der Bibliothek, die während der gesamten Amtszeit seines Vorgängers, Abt Benedikt II. Wülberz, unterbrochen waren, wieder aufgenommen. Bereits im Juli 1750 waren die Gewölbe geschlossen und die Decke für die Arbeiten der Gipser und Maler vorbereitet: „Prima Referendissimi Domini Abb. Philippi Jacobi cura erat, ut insignem Bibliothecam ab D. Ulrico Abb. magnis sumptibus excitatam, perfectione sua coronet; stabant autem soli muri, quibus lacunar initebatur egregium et pretiosum, quod jam perficitur, ut gypsatorum pictorumque manu exornari queat".[3] Dieser Eintrag im Kapitelprotokoll macht das große Interesse und das persönliche Engagement des Abtes für die Bibliothek deutlich. Noch während der laufenden Arbeiten schloss er jeweils die Verträge mit den nachfolgenden Künstlern ab. Bereits am 8. Juli 1750 hatte er mit Johann Georg Gigl den Vertrag über die Gipser- und Stuckierarbeiten abgeschlossen und darin diesen auf den vom Gotteshaus geprüften und genehmigten Plan festgelegt. Im März 1751 wurde dann für die Ausmalung Benedikt Gambs unter Vertrag genommen[4], der bereits im März 1750 im Kloster zu Gast gewesen war. Das Thema für die Deckenbilder, das sicher eine Idee des Abtes war und dem Maler vorgegeben wurde, ist in der „Geschichte der Äbte" festgehalten: „Sie stellet den Vater der Lichter dar, und den Heiligen Geist, wie sie den Verfassern des Alten und Neuen Testamentes, wie auch den hl. Vätern der Kirche ihre Bücher angeben". Im Oktober 1751 hatte Gambs die Bilder an der Decke fertiggestellt. Drei Wochen nach seinem Abschied aus St. Peter starb er, so dass sich der Abt für die noch ausstehende Malerei einen neuen Künstler verpflichten mußte.

Nachdem zwischenzeitlich die Arbeiten in der Bibliothek mit Gipser- und Stuckateurarbeiten, mit Bücherkästen und schließlich den Galeriestatuen zügig vorangetrieben waren, nahm Steyrer am 30. Juli 1752 den Konstanzer Hofmaler Franz Ludwig Herrmann sowohl für die in der Bibliothek noch ausstehende Malerei in 26 Feldern wie auch für eine Abtsgalerie in 55 Bildern, die sich heute im Kreuzgang des Seminars befinden, unter Vertrag. In diesem Vertrag ist für die Bilder in der Bibliothek festgehalten, dass sie nach den vom „dermahlen regierendten H. Prälaten genugsam eröffneten gedanken und übergebener schriftlicher erklärung" verfertigt werden sollten. Der Abt hatte sich also nicht damit begnügt, wie ebenfalls im Vertrag festgehalten ist, von Herrmann Probearbeiten anfertigen zu lassen, um aufgrund dieser ihm die restliche Ausmalung in der Bibliothek zu übertragen, sondern er hat ihm darüber hinaus offensichtlich eine präzise schriftliche Anweisung für den Inhalt und die Gestaltung dieser 26 Bilder gegeben. Für Abt Steyrer war dies offensichtlich ein Auftrag, dem er große Bedeutung zumaß. Vergleicht man die Verträge mit anderen Künstlern, so gewinnt man den Eindruck, dass Steyrer sich in diesem Vertrag mit Herrmann persönlich am stärksten engagierte. Dies legt die Vermutung nahe, dass er mit diesem Bildprogramm eine besondere Absicht verfolgte und nicht, wie Ginter meinte: „mehr als dekorative Funktion im Gesamtaufbau des Raumes kommt den kleinen Lunettenbildern nicht zu, die über Türen und Bücherkästen erscheinen und Gelehrte des Benediktinerordens zeigen wollen").[5] Bereits die Untersuchung der mit den Bildern der Gelehrten abwechselnden Embleme unter der Galerie hatte zutage gebracht, dass es sich bei diesen um ein ausgefallenes und originelles Programm handelt, das der Abt „zum Lobe seiner Lieblingsschöpfung" erfunden hatte.[6] Welchem Ziel aber diente die gleichzeitig mit der Zusammenstellung des emblematischen Programms getroffene Auswahl der Benediktinergelehrten, die sich jeweils im Wechsel mit den Emblemen – ebenfalls in Stuckrahmen, je drei an den Lang- und je einer an den Schmalseiten – an der Unterseite der Empore befinden?

Die Beschreibung der Benediktinergelehrten beginnt mit dem Bild über dem Eingang und geht dann im Uhrzeigersinn vor. Über dem Eingang findet sich das mit dem Bild in der Abtsgalerie übereinstimmende Porträt von Abt Ulrich Bürgi, der den Bau der Bibliothek begonnen hatte, darunter die Unterschrift: „ULRICUS BÜRGI Abbas LIII S. Petri Conditor hujus Bibliothecae scripsit Annales Monasterii nostri plurimaque alia Obiit 17. Jul. An. 1739. aet. 66." Darunter, eingefügt in den Portalrahmen, findet sich das Doppelwappen der Äbte Ulrich Bürgi und Philipp Jacob Steyrer mit der Unterschrift: „Anno MDCCXXXXIX Construit ULRICUS Praesul; tandemque PHILIPPUS Bibliothecam istud finit, et ornat opus. An MDCCLII."

Unter dem zweiten Bild steht die Unterschrift: „V. LUDOVI BLOSIUS, Abbas Laetiensis in Belgio O. S. B. virtutibus, doctrina, scriptisque Polemicis, et asceticis clarissimus. Obiit 1566." Auf dem Bild sieht man L. Blosius an seiner Arbeit „De Viris Illustribus O. S. B.". An der Schmalseite folgt Constantinus Africanus, der über naturwissenschaftlichen Büchern arbeitet, mit einer Inschrift, die in eine, in das Bild gemalte Kartusche eingefügt ist: „CONSTANTINUS AFER. MON. CASSIN. O. S. B. SCRIPTIS DE RE MEDICA, CELER A. 1087."

Auf dem ersten Bild der westlichen Langseite finden wir mit seiner Ordo Politiae den st. petrischen Abt Johannes Joachim Münsinger mit der Unterschrift: „JOA. JOACHI. MÜNSINGERUS a Frundeck, Abbas hujus Monasterii XLII. Nobilitate generis, vitae sanctimonia, et eruditione praestans, edidit An. 1582 Ordinem Politiae et Obiit 1585." Für das Bild, das dem Eingang direkt gegenüberliegt, wurde Trithemius ausgewählt und ihm die Unterschrift beigegeben: „JOA. TRITHEMIUS, Abbas Spanheimensis, inde Herbipolensis O. S. B. Vir omni genae et stupendae eruditionis, Historicorumque sui temporis facie Princeps. Obiit An.1516.aetat.57." Als letzter an dieser Langseite folgt Bernhard von Clairveaux mit der Unterschrift: „S. BERNARDUS Primus Abbas Claravallensis, et Doctor Ecclesiae mellifluus Obiit An. 1153 aetat. 66."

Auf der zweiten Schmalseite ist mit Notenblättern und ebenfalls einer in das Bild eingefügten Inschrift Guido von Arezzo dargestellt: „GUIDO ARETINUS MON. O. S. B. MUSICAE PARENS INVENTOR SCALAE UT. RE. MI. FA. CIRCA ANNUM 1026." Das letzte Bild auf der Langseite neben dem Eingang stellt Walahfrid Strabo dar: „B. WALAFRIDUS STRABO E Monacho S. Galli, Augiae Divitis Abbas, Glossae ordinariae in S. Scripturam Auctor, Obiit An. 849."

Abt Steyrer hatte bei Herrmann 26 Bilder in Auftrag gegeben: diese eben beschriebenen acht Benediktinergelehrten, die acht erwähnten, dazwischenliegenden Embleme und dazu zehn Bilder über den Bücherregalen im oberen Stockwerk der Bibliothek. Diese zehn Bilder, für die keine Unterschrift vorhanden ist, sollen im Rahmen des vorliegenden Beitrages nicht mehr näher untersucht werden.[7] Vier Punkte wird man für diese Gelehrtenreihe festhalten können: 1. Da alle anderen Personen des in Malerei ausgeführten Programms identifizierbar sind, besteht kein Grund, solches nicht auch für diese Gelehrtenreihe anzunehmen. 2. Da das Programm von oben nach unten chronologisch gedacht ist, könnte diese Reihe nach den frühen Kirchenvätern zumindest durch einige Kirchenlehrer des Mittelalters auf den Fortgang der Weisheit hinweisen. 3. Es scheint außer Frage zu

Ludwig Blosius, verm. Johannes Trithemius, aus der Reihe gelehrter Benediktiner in der Bibliothek (Franz-Ludwig Herrmann 1752)

stehen, dass man im Astronomen (Herrmann der Lahme?), eine Wissenschaft verkörperte, die am Ort besonders gepflegt wurden. 4. Es handelt sich insgesamt um eine Gelehrtengalerie, die sich in ähnlicher Form – man denke etwa an die Doctores-Reihe in Wiblingen – in jeder anderen Klosterbibliothek des 18. Jahrhunderts finden könnte.

Ganz anders sieht letzteres jedoch bei den acht Gelehrten des Benediktinerordens unter der Galerie aus. Bei diesen handelt es sich um gezielt ausgewählte Persönlichkeiten, die nicht nur mit Namen bekannt sind, sondern für die auch ihre wichtigsten Werke und Wirkungen auf dem Bild selbst und in der Unterschrift angegeben sind, d. h. aber nichts anderes, als dass auch angegeben ist, warum sie für dieses Programm ausgewählt wurden. Versucht man also, Inhalt und Absicht dieses Programms wieder zu entdecken, wird man eben dort beginnen müssen, wo der Grund für die Auswahl dieser Personen durch Abt Steyrer liegt. Für den über der Tür dargestellten Abt Ulrich Bürgi liegt der Grund seiner Auswahl auf der Hand: Bürgi hatte über ein Jahrzehnt zuvor diesen Bibliotheksbau begonnen und hätte, bedenkt man die Geschichte des Kirchenbaues, diesen Bibliotheksraum, wäre er nicht gestorben, sicher zum Abschluß gebracht. Mit Bürgi verband Steyrer aber noch mehr. Unter diesem Abt war er ins Kloster eingetreten, hatte unter seiner Aufsicht Noviziat und Studienjahre absolviert und war kurz vor dessen Tod zum Priester geweiht worden. Im Nachruf auf Bürgi schrieb Steyrer: „Er war nicht nur sehr gelehrt, sondern auch ein großer Liebhaber der Gelehrten und emsiger Fortpflanzer der Wissenschaften. Daher kaufte er sich nützliche Bücher und hinterließ eine große Anzahl eigener Schriften. Mit einem Wort, er war einer der würdigsten Vorsteher unseres Klosters". Bürgi war Steyrer aber nicht nur ein Vorbild als Bauherr, Wissenschaftler, insbesondere Historiker, Bücherfreund und Mönch, sondern sie hatten auch in vielen Bereichen ganz ähnliche Schwierigkeiten, von der

Auseinandersetzung mit Wien bei der jeweiligen Abtswahl bis hin zu konkreten Verwaltungsproblemen mit den Untertanen. Wenn Steyrer also unter dem Doppelwappen, das durch eine Krone verbunden ist, für Bürgi „construit", für sich aber „finit et ornat opus" festschreiben ließ, so wird man dies nicht nur konkret auf den Bibliotheksbau beziehen dürfen, sondern hier deutet sich eine viel weitergehende Identifizierung, ein Vater-Sohn-Verhältnis, ja der Anspruch auf die Nachfolge eines „der würdigsten Vorsteher unseres Klosters" an. Man versteht die Gestaltung des Eingangs sicher nur dann richtig, wenn man das Bild Bürgis mit dem darunterliegenden Doppelwappen und der jeweiligen Unterschrift als Einheit begreift.

Auf dem zweiten Bild, folgt man der obigen Beschreibung, arbeitet Abt Ludwig Blosius von Liessies an einem Werk „De Viris Illustribus O. S. B.", während in der Unterschrift auf seine „scriptis polemicis et asceticis" hingewiesen wird. Wenn es sich hier möglicherweise eine Vertauschung der Schrifttafel mit Trithemius handelt, wäre Blosius der Namensgeber für das Porträt von Abt Steyrer. Ludwig von Blois (1506-1566) war ein bedeutender aszetischer Schriftsteller und Reformator des benediktinischen Mönchtums.[8] Mit 24 Jahren war er 1530 Abt von Liessies geworden. Obwohl er große Sorge auf das materielle Wohl seiner Abtei legte, war er im Grunde „eine besinnliche, beschauliche Natur", dessen Hauptanliegen die innerklösterliche Reform, die Hinwendung und Hinführung zur Tugend war. Er war ein fruchtbarer, aszetischer und historischer, aber auch ein streitbarer Schriftsteller. Sein Kloster war ein Ort religiösen Lebens. Sicher waren seine Werke, die in zahlreiche Sprachen übersetzt wurden, in Spanien und England zur Ausstattung jedes Mönchs gehörten, auch in St. Peter vorhanden. Überblickt man das Werk und das Wirken von Blosius, so liegt nahe, warum Steyrer ihn auswählte: Wie im 18. Jahrhundert so waren auch im 16. Jahrhundert die Klöster von außen durch die Politik, von innen durch ein Nachlassen des

Abt Ulrich Bürgi, Porträt über dem Eingang der Bibliothek (Franz Ludwig Herrmann 1752)

Abt Philipp Jakob Steyrer, Porträt in der Bibliothek gegenüber dem Eingang (Franz Ludwig Herrmann 1752)

Eifers und der Strenge gefährdet gewesen. Blosius hatte dem erfolgreich einen Wandel von innen entgegengesetzt und hatte dafür auch Konflikte mit seinem eigenen Konvent in Kauf genommen. Wie Steyrer in sehr jungen Jahren zur Abtswürde gekommen und eigentlich mehr der Beschaulichkeit und Wissenschaft zugeneigt, mußte er sich nach innen und außen in harten Kämpfen bewähren. Ein Mann wie Blosius, dessen Werke teilweise benediktinische Pflichtlektüre waren, konnte natürlich als vorbildlicher Gelehrter in ein Bibliotheksprogramm aufgenommen werden. Aber war er nicht noch viel mehr persönliches Vorbild von Steyrer? Konnte Abt Steyrer in den Aufgaben, die die Zeit Abt Blosius 200 Jahre zuvor gestellt hatte, und in der Art, wie dieser ihre Lösung angegangen war, in den Neigungen und Widerständen nicht sich selbst wiederfinden?

Im Bild an der südlichen Schmalseite sitzt Constantinus Africanus offensichtlich über botanischen Büchern. Dieser Constantinus aus Karthago hatte fast 40 Jahre lang den ganzen Orient bereist, ehe er zum Christentum übertrat und schließlich Mönch auf dem Monte Cassino wurde, wo er 1087 starb.[9] Constantinus galt als frühester Vermittler der griechisch-arabischen Naturwissenschaft und Medizin, aus deren Bereich er zahlreiche Schriften übersetzte. Bereits zu Lebzeiten der Zauberei verdächtigt, schwanken im Lauf der Jahrhunderte die Urteile über ihn zwischen dem „tollen Mönch" und Plagiator einerseits und dem „Lehrmeister des Abendlandes" andererseits, dessen Kompendium „Ars Medicinae" bis ins 15. Jahrhundert Lehrstoff an den Hochschulen war. Constantinus' herausragende Eigenschaft war wohl sein Drang zum Wissen, der ihn einerseits seinen Landsleuten verdächtig gemacht hatte, ihn aber andererseits der europäischen Medizin entscheidende Impulse geben ließ. Als Arzt lehrte Constantinus seine Schüler, „die Kranken nicht lediglich um des Geldes willen zu behandeln und die Reichen nicht den Armen vorzuziehen". Überblickt man Leben und Werk von Constantinus, so liegen die Gründe für seine Aufnahme in die st. petrische Bibliothek nahe: Auch er hatte in einer schweren Zeit und unter Inkaufnahme persönlicher Nachteile Anfänge gesetzt und Impulse gegeben. Er hatte den Blick über Europa hinaus geöffnet und gleichzeitig seine wissenschaftliche und praktische Arbeit in den Dienst der Menschen gestellt. Abgesehen davon, dass St. Peter gerade die Naturwissenschaften und darunter auch die Medizin gepflegt hatte, konnte Constantinus Vorbild sowohl als Wissenschaftler wie aber auch als Arzt sein. Letzteres führt zur Rolle Constantinus' als persönlichem Vorbild von Abt Steyrer: der Abt soll nach der Regula Arzt im tieferen Sinne sein. In seiner Sorge für Kranke und Schwache soll seine Milde, Weisheit und Menschlichkeit zum Ausdruck kommen; in der Aufgabe des Arztes – und zwar gerade so wie Constantinus sie interpretierte und vertrat – findet sich das Spiegelbild eines guten Abtes.

Auf dem ersten Bild der Langseite zum Innenhof sitzt der st. petrische Abt Johannes Joachim Mynsinger von Frundeck über seiner Ordo Politiae, die er 1582 für die Herrschaft von St. Peter herausgegeben hatte. Abgesehen von Ulrich Bürgi und kleinen Porträts von anderen Äbten des 18. Jahrhunderts, ist Mynsinger der einzige Abt aus der 650jährigen Klostergeschichte, der außerhalb der Abtsgalerie im 18. Jahrhundert im Kloster durch ein eigenes Bild herausgestellt wurde. Hierzu steht in bemerkenswertem Gegensatz, dass im Unterschied zu fast allen Äbten seit dem 15. Jahrhundert von Mynsinger weder in der Abtsgalerie noch in den Klostergeschichten Geburtsort und -jahr festgehalten sind. Überall wird jedoch, wie auch in der Unterschrift zu dem Bild in der Bibliothek, auf sein vornehmes Geschlecht hin-

Constantinus Africanus, der Arzt als Vorbild des guten Abtes, aus der Reihe der gelehrten Benediktiner in der Bibliothek (Franz Ludwig Herrmann 1752)

gewiesen. Mynsinger war 1555 als Subdiakon ins Kloster gekomen, nachdem er als Regularkanoniker vom Heiligen Grabe die evangelisch gewordene Propstei Denkendorf in Württemberg verlassen hatte. Bereits 1561 wurde er Pflegverwalter in den württembergischen Besitzungen des Klosters, eine Aufgabe, die man meist besonders tüchtigen Mönchen übertrug, von denen eine ganze Reihe später zur Abtswürde gelangten. Dann war er Prior der Abtei, ehe er von 1580 bis 1585 Abt von St. Peter wurde. Die herausragende Leistung seiner Amtszeit war der Erlaß der neuen Policzeyordnung von 1582[10], die den alten Dingrodel des 15. Jahrhunderts ablöste und praktisch bis zur Auflösung des Klosters geltendes Recht blieb. Eine solche Policeyordnung war neben ihrer Funktion als konkrete Exekutivvorschrift zugleich ein Stück Staatsphilosophie. Die Reduzierung auf eine „Policeyordnung" darf also nicht darüber hinwegtäuschen, dass es in ihr grundsätzlich um die gute innere Ordnung des Gemeinwesens geht. Selbstverständlich waren die 55 Artikel der Policeyordnung Mynsingers auch Ausdruck konkreter und aktueller Probleme des Abtes mit seinen Untertanen und Leibeigenen, mit der Gerichtsbarkeit und dem Wirtschaftsleben. Infolge der Policeyordnung war denn auch im 16. Jahrhundert ein heftiger Rechtsstreit über den Heuzehnten entbrannt, den das Kloster schließlich gewann, wohingegen ihm eben noch 1582 die Vogtei über das Ibental in einem Urteil der Regierung von Ensisheim abgesprochen worden war, „bis es besser bewiesen wird", dass diese Vogtei rechtmäßig sei.[11] Solche Probleme mögen der Grund gewesen sein, dass Mynsinger intensiv die alten Gesetze gesammelt hatte und mit seiner Policeyordnung den Rechten der Grundherrschaft eine der Zeit entsprechende juristische Grundlage gegeben hatte.

Für Abt Steyrer war sein Vorgänger Mynsinger, der etwa 200 Jahre zuvor das Kloster geleitet hatte, nicht nur eine geschichtliche Figur, sondern wiederum mußte er sich ganz in dessen Nachfolge fühlen. Wie Mynsinger hatte Steyrer zum selben Zweck wie jener, nämlich zur Sicherung der klösterlichen Rechte, eine bedeutende Gesetzessammlung angelegt. In dieser spielte die Polizeiordnung von 1582 nicht nur eine wichtige historische Rolle, sondern, wie Steyrer in der Vorbemerkung zu ihr schreibt, „wird diese Policeyordnung bis zum heutigen Tag beim jährlichen Gerichtstag anstelle des alten Rotulus vorgelesen" – sie war also geltendes Recht und definierte nach wie vor die rechtliche Position des Abtes. Als Abt Steyrer die Auswahl der Benediktinergelehrten für die Bibliothek traf, war er etwa zwei Jahre im Amt. Überblickt man Annalen und Kapitelsprotokoll dieser zwei ersten Jahre seiner Regierungszeit, so erscheinen sie fast als eine unablässige Folge rechtlicher Probleme, in denen sich der Abt auf alte Rechte berufen mußte und konnte: angefangen von wirtschaftlichen Fragen, z. B. über das Kaufs- und Verkaufsrecht von Vieh und Getreide der Untertanen, über Baugenehmigungen und Verwaltungsprobleme mit St. Ulrich und Sölden – Sölden war 1581 zur Zeit Abt Mynsingers unter die Administration St. Peters gekommen – bis hin zu Problemen der Abtswahl, bei der man sich aus alten Rechten und Briefen wie bei der Policeyordnung von 1582 auf ein Eigenrecht unter österreichischem Schutz berief. Ein weiterer Gesichtspunkt mag für Steyrer bestimmend gewesen sein, Mynsinger in diese Reihe der Benediktinergelehrten aufzunehmen. Die Polizeiwissenschaft erlebte im 18. Jahrhundert nochmals eine späte Blüte, wenngleich „die großen Werke seltener werden". Vor allem nahm sie innerhalb der sich jetzt bildenden Universitätskameralistik eine zentrale Stellung ein, wobei mit vielen anderen Universitäten Wien 1752 einen kameralistischen Lehrstuhl erhalten hatten[12], genau also zu dem Zeitpunkt, als Steyrer in der Bibliothek Abt Mynsinger mit dessen Ordo Politiae darstellen ließ, immerhin den (fast namensgleichen) Bruder des Mitbegründers der kameralistischen Jurisprudenz.

In der Mitte der Langseite gegenüber dem Eingang ist Abt Johannes Trithemius mit einer Schrift „Collyrium Haereticorum" dargestellt. Trithemius, 1462–1516, war Abt in Sponheim und später in Würzburg. Seine Hauptanliegen waren die Hebung der monastischen Disziplin und der wissenschaftlichen Bildung. Er hatte seine Bibliothek mit zahlreichen Drucken und Handschriften ausgestattet und selbst mehrere aszetische und historische Schriften verfaßt. Dieses Idealbild eines Abtes erhält freilich Brüche durch seine zeitweise Verdächtigung als Hexenmeister und seine Indizierung wegen naturwissenschaftlicher Schriften. Trithemius war in einer Umbruchzeit ein eher pessimistischer Reformer, der seine historische Arbeit weniger als Geschichtsschreibung denn als Arbeit zum Bestand der Tradition, als Warnung und Belehrung auffaßte. Trithemius nannte schonungslos – wie später auch Steyrer – die Mißstände innerhalb der Klöster seiner Zeit; er verwies auf den Stolz der Äbte, die Verkommenheit der Mönche und lobte andererseits Reformvorhaben wie das von Bursfeld. Trithemius war sicher ein bedeutender und zukunftsweisender Gelehrter, aber er war eben noch mehr. Sein ständiges Mahnen zur Umkehr in einer Zeit monastischen Niedergangs ließ ihn zu einem Vorbild für die zweite Hälfte des 18. Jahrhunderts werden, für die Steyrer, sicher sehr weitsichtig, die Forderung nach Rückkehr zu den Grundlagen monastischen Geistes für den einzig angemessenen und hilfreichen Weg hielt. In der Alternative, unter welchem Namen Steyrer sich porträtieren lassen wollte, mag dennoch Blosius attraktiver gewesen sein.

Als letzter der Gelehrten auf der Längsseite folgt ein weiterer Mahner und einer der größten Reformer des Benediktinerordens, Bernhard von Clairvaux, in der Reihe der einzige, der nicht den Schwarzen Mönchen angehört, sondern in seiner Auseinandersetzung vor allem mit den Cluniazensern eben diese Benediktiner in Frage stellte. Bernhard von Clairvaux, 1090 geboren und 1112 in das Reformkloster Citeaux eingetreten, war Berater von Päpsten und Fürsten und predigte (u.a. in Freiburg) den Kreuzzug. Trotz aller politischen und kirchenpolitischen Tätigkeit blieb er zutiefst Mönch, was ihn zu der Selbstschilderung als der „Chimäre des Jahrhunderts" trieb. Hier kommt eine ähnliche innere Spaltung zwischen eigentlich erwünschtem Rückzug aus der Welt und gleichzeitig den Forderungen der Welt nach Aktivität wie bei Blosius zum Ausdruck. Es ist wohl kaum ein Zufall, dass Steyrer gerade über diese zwei Gelehrten selbst gearbeitet hat.[13] Hingewiesen sei auch auf die geistige Liberalität Bernhards, die ihn in seine Bibliothek trotz aller Strenge und kämpferischen Bewußtseins eben nicht nur Bücher seiner Richtung aufnehmen ließ. Vielleicht aber war ein anderer Aspekt noch entscheidender für seine Aufnahme in diese Gelehrtengalerie. Am 23. April 1752 vermerkte das Kapitelsprotokoll des Klosters eine heftige Klage von Abt Steyrer über die mangelnde Zucht im Kloster. Das muß etwa die Zeit gewesen sein, als er den ikonographischen Plan zur Fertigstellung der Bibliothek entwarf. Ist es da erstaunlich, dass er auf Bernhard von Clairvaux kam, der ja gerade die Armut, die Zucht, die Herauslösung des Mönchs aus der Welt zu seiner zentralen Forderung gemacht hatte, die er selbst auch vorlebte. Dass er damit den Widerspruch anderer Benediktiner hervorrief, ist bekannt.

Auf der Schmalseite gegenüber von Constantinus Africanus findet sich ein weiterer mittelalterlicher Mönch, der eine grundlegende Reform initiiert hatte. Guido von Arezzo, etwa 990-1050, war Musiktheoretiker[14], vor allem aber Praktiker, der durch die Solmisation den Musikunterricht reformiert und in der Musikerziehung eine Abkehr von der theoretischen Spekulation und eine Dienstbarmachung der Musiktheorie für die Gesangspraxis initiiert hatte.

Seine Lebensgeschichte ist nicht genau bekannt. Ziemlich sicher soll es wegen seiner Gelehrsamkeit und gegen seine neuen Methoden des Gesangsunterrichts Widerstand in seinem Kloster Pomposa gegeben haben. Er verließ das Kloster, war Musikmeister am Dom von Arezzo, reiste durch Europa und soll später Abt in Fontavellana gewesen sein. Wie großer Wertschätzung er sich gerade im 18. Jahrhundert erfreute, ist daran zu sehen, dass Abt Martin Gerbert seine Werke in den Scriptores de musica II, St. Blasien 1784 (unvollständig) edierte. Steyrer hat Guido von Arezzo wohl ebenfalls nicht nur als Gelehrten ausgewählt, sondern weil jener die Musik, insbesondere den Gesang, bereichert hatte, die er für einen wichtigen Teil monastischen Lebens hielt.

Die Reihe der Gelehrten beschließt wieder auf der Langseite der große Abt der Reichenau Walahfrid Strabo (804–849). Walahfrid, Hofmeister Karls des Großen, Historiker, Naturwissenschaftler, Dichter und Erzieher, führte, nachdem ihn der Konvent nicht gerne als Abt akzeptiert hatte, die Reichenau in ihrer glanzvollsten Zeit und markierte zugleich deren Ende. Gegen seinen Willen wurde er in die große Politik verstrickt, während seine Neigungen mehr der Beschaulichkeit und dem Schönen galten. Walahfrid litt angeblich „am Widerspruch zwischen Sinnenfreude und Seelenfriede, am Unverständnis der mönchischen Oberen für sein weiches Naturell, an der Einsamkeit in der kalten Fremde, an den Wirrnissen der karolingischen Politik. An alledem ist vieles richtig, nur stimmt das Gesamtbild nicht: Walahfrid Strabo war nicht zuerst Dichter oder Gärtner, sondern mit Leib und Seele Mönch".[15] Walahfrids Leben und Werk ist eine Antwort aus mönchischem Geist auf die karolingische Krise der Benediktinerklöster. Waren die traditionellen Pfeiler Stabilität und Gehorsam ins Wanken geraten, so stellte er dem den freiwilligen Zusammenschluss Gleichgesinnter entgegen. Walahfrid verfaßte für diese Gegend zu Beginn seiner Visio Wettini die erste Klostergeschichte, ohne dies freilich als Geschichtsschreibung zu verstehen, sondern sie sollte wie seine Heiligen-Viten der Bewahrung der Tradition und so der Belehrung dienen. Wie seine Dichtung predigte auch sein liturgisches Hauptwerk „die gleiche Gesinnung: der Gottesdienst der Mönche verklammerte Urzeit mit Gegenwart". Für Steyrer aber mag an Walahfrid vielleicht am wichtigsten gewesen sein, dass dieser in einer Zeit der Verweltlichung der Benediktiner in einer ganz spezifischen Weise zur Reform beigetragen hat: Gegen das Mittel eines asketischen Rigorismus verteidigte er Bildung, Erziehung, Wissenschaft, Kunst, ja auch den gebildeten und freundschaftlichen Umgang untereinander als Möglichkeit, den mönchischen Zusammenhalt zu festigen.

Nach diesem Rundgang durch die Galerie der gelehrten Benediktiner werden die Konturen des mit ihnen gemeinten Programms deutlicher. Das ihnen Gemeinsame ist, dass sie alle Gelehrte und Mönche waren, die zu einem großen Teil selbst Bibliotheken gepflegt und ausgestattet hatten. Das dürfte beim Vorschlag der Namen durch den Abt im Konvent das entscheidende Argument gewesen sein. Eben dadurch fügen sie sich auch in die Gesamtikonographie der Bibliothek ein und bilden bei der Ausbreitung der Weisheit durch die Zeit und hier durch den Raum einen sinnvollen Abschluss: In diesen Mönchen haben die Wissenschaft und die Weisheit, die sich vom Dreifaltigen Gott über die Kirchenväter und Kirchenlehrer ausgebreitet haben, hervorragende Interpreten in jeweils aktueller Situation gefunden. Darüber hinaus aber hat dieser Umgang durch die Galerie Zusätzliches ans Licht gebracht. Alle diese Mönche, abgesehen von Constantinus Africanus, in dem sich jedoch als Arzt die Aufgabe des Abtes in besonderer Weise widerspiegelte, waren hervorragende Äbte. Dafür bestand an sich kein Grund, da sich unter Benediktinern ebenso andere herausragende Wissenschaftler hätten finden lassen. Den hier ausgewählten Äbten kommt aber eine gemeinsame Eigenheit zu: sie haben ihre Wissenschaft als eine praktische, im Dienste des Menschen und speziell im Dienste des von ihnen geleiteten Klosters verstanden und sie in dieser Weise auch konkret angewandt. Alle diese Äbte lebten in Umbruchzeiten, in denen die Klöster von innen und von außen in je spezifischer Weise gefährdet waren. Und alle diese Äbte versuchten auf ihre Weise gleichermaßen aus traditionellem monastischem Geist, aber jeweils der historischen Situation angemessen, mit neuen Impulsen Anregungen zur Reform und zur Lebendigerhaltung des Ordens zu geben. Genau dafür benutzten sie jeweils ihre Wissenschaft, innerhalb deren sie teilweise zu den so modernen Vertretern gehörten, dass sie sowohl innerhalb ihres Klosters wie von außen auf verschiedenste Weise angefeindet wurden. So waren sie zwar alle vorbildliche Äbte, jedoch keine einfachen, unumstrittenen Persönlichkeiten, sondern streitbare Neuerer, die in Auseinandersetzungen mit dem Konvent, mit dem Mönchtum insgesamt, aber auch mit Untertanen und politisch Mächtigen ihre Tradition und ihre Rechte zu wahren suchten. Dabei, auch das war auffallend, entsprach diese politische und kämpferische Aktivität den meisten der hier dargestellten Persönlichkeiten nur wenig. Im Gegenteil, sie neigten eher zur Beschaulichkeit und Innerlichkeit und empfanden die Tätigkeit nach außen oft als Last, was sie freilich nicht hinderte, sich für diese Aufgabe ganz einzusetzen.

Als Abt Philipp Jakob Steyrer den Plan für diese Gelehrtengalerie entwarf, war er etwa zwei Jahre im Amt. Der durch den Tod von Gambs notwendige Künstlerwechsel gab ihm die Gelegenheit, sein ikonographisches Programm wenigstens teilweise neu zu gestalten. Er hatte zu diesem Zeitpunkt bereits die verschiedensten Schwierigkeiten mit dem Kaiserhaus, dem Markgrafen, seinen Untertanen, aber auch mit seinem Konvent und anderen Klöstern durchgestanden. Er sah seine Zeit gegenüber dem Beginn seines Prälatenamtes in einem anderen Licht. Er suchte Vorbilder für die Bewältigung seiner schweren Aufgabe, und dies in einer echt benediktinischen Weise: in der Geschichte seines eigenen Ordens. Dabei stand ihm zunächst natürlich sein zweiter Vorgänger, Ulrich Bürgi, vor Augen, der mit ähnlichen Problemen, wie sie sich ihm selbst aufdrängten, recht gut umgegangen war. Er mußte dann auf Abt Mynsinger kommen, der – ganz wie er selbst – in Konflikten mit Kaiser, Markgraf und Untertanen den Weg der Rechtssicherheit gesucht hatte, wobei Steyrer selbst nie einen Prozeß angefangen hat. Und er kam schließlich auf eine Reihe von Äbten, die alle aus der Breite der Wissenschaft heraus – bemerkenswert ist, eine wie große Rolle dabei immer die Naturwissenschaft spielte -, indem sie die Tradition zu wahren suchten, zu den Reformern des Ordens wurden. Dass dies für fast alle auch mit inneren Kämpfen verbunden war, ist sicher nicht zufällig. Steyrer hat sich mit all diesen Personen früher oder später intensiv beschäftigt und auseinander gesetzt: für Ulrich Bürgi liegt dies auf der Hand, über Bernhard von Clairvaux, Ludwig Blosius und Trithemius hat er selbst gearbeitet und publiziert, Mynsingers Polixeyordnung hat er eigenhändig in seinem Corpus Juris festgehalten und kommentiert, über Guido von Arezzo hat, wie erwähnt, Martin Gerbert publiziert, mit dem er in intensivem wissenschaftlichem Kontakt stand, und über Constantinus Africanus war damals in einer umfangreichen Geschichte des Monte Cassino, die in St. Peter vorhanden war, neuerlich publiziert worden.[16]

In der Synopse spricht vieles dafür, dass sich in dieser Galerie der gelehrten Benediktiner die Sorgen von Abt Steyrer bezüglich seines Klosters und der Entwicklung des Mönchtums widerspiegeln. Die ausgewählten Personen sind eine Antwort, die über die Interpretation der Zeit hinaus Ansätze und Wege zur Lösung der Probleme aufweist. Steyrer konnte sich wohl in je verschiedener Weise mit den von ihm ausgewählten Personen, die ja alle über vergleichbare wissenschaftliche Themen wie er selbst gearbeitet hatten, identifizieren. Er kannte zudem die Bedeutung von „Reihen", die wie bei den Habsburgern zum jeweils herrschenden Kaiser hinführen sollten, hatte er doch fast gleichzeitig die Abtsgalerie in Auftrag gegeben, die ebenfalls mit ihm selbst endete. So reihte er sich auch in die Galerie seiner Vorbilder in der Bibliothek ein: das Bild des Trithemius/Blosius gegenüber dem Eingang zeigt die Gesichtszüge Steyrers. Die Unterschrift zu diesem Steyer-Porträt findet sich gegenüber unter dem Wappen über dem Eingang: „Tandemque Philippus Bibliothecam istud finit et ornat opus AN. MDCCLII".Das Gesamtprogramm war aber nicht nur allgemeine Mahnung für das Kloster und seine Zeit, sondern es war in den Gestalten gelehrter Äbte zugleich das in Personen gefaßte Regierungsprogramm von Abt Philipp Jacob Steyrer, ein Versprechen, das er auf vielfältige Weise in seiner langen Amtszeit einzulösen vermochte.

ANMERKUNGEN

1 Erstfassung in FDA 1980 (FS. Wolfgang Müller), 334 – 350.
2 Zusammenfassend Gregor M Lechner OSB, Geheimnisvolle Bibliothek, Die Ewige Weisheit als typisches Bildprogramm der Aufklärungszeit, in: Hans-Otto Mühleisen (Hg.), Das Vermächtnis der Abtei, Karlsruhe 2/1994, 127 – 148.
3 Kapitelsprotokoll (HS St. Peter), Bd. II, 26, vom 31. Juli 1750.
4 Vgl. Varia Memoranda 1724-1756, Bl. 227 ff. und ebenda, Bl. 232 f. (GLA, Karlsruhe)
5 Vgl. Hermann Ginter, Kloster St. Peter im Schwarzwald, Karlsruhe 1949, 116.
6 Heinfried Wischermann, Die Embleme der Klosterbibliothek von St. Peter, in: Hans-Otto Mühleisen (Hg.), St. Peter im Schwarzwald, München/Zürich 1977, 113 – 123.
7 Vgl. dazu die Vorschläge von Renate Schumacher-Wolfgarten, Ikonographie der Bibliothek des Klosters St. Peter im Schwarzwald, in: Barock in Baden-Württemberg, Karlsruhe 1981, Bd. 2, 73 – 96; Schumacher-Wolfgarten macht hier auch darauf aufmerksam, dass die Bildunterschriften Thrithemius/Blosius möglicherweise vertauscht wurden.
8 Zu L. Blosius siehe Stephanus Hilpisch, Geschichte des benediktinischen Mönchtums, Freiburg 1929, 318-322.
9 Zu Constantinus siehe Friedrich Überweg, Grundriß der Geschichte der Philosophie. Teil II, Tübingen 12/1951, 230/131 und Rud. in: Studien und Mitteilungen zur Geschichte des Benediktinerordens, NF 16, 1929, 1-44.
10 Corpus Juris II, 298-426, in: GLA 65/557 (publiziert von Franz Kern, FDA, 80, 1960. 195-227).
11 Vgl. Chronik des Stiftes St. Peter (GLA 65/538-541), hierzu im Jahre 1582 Abt Mynsinger, 38; vgl.auch den Auszug im GLA 67/1281, 219.
12 Zu diesem Komplex: Hans Maier, Die ältere deutsche Staats- und Verwaltungslehre (Polizeiwissenschaft). Neuwied/Berlin 1966.
13 Favus Mellis sive sententiae mellifluae ex omnibus operibus Ven. Ludovici Blosii collectae in quatuor libros. Ulmae et Francof. 1742; Fasciculus melliflurarum precum ex omnibus operibus asceticis Lud. Blosii O. S. B. Ulmae 1751; Medulla operum omnium S. Bernardi Abbatis Frib. 1779.
14 J. Smits van Waesberghe, De musico paedagogico et theoretico Guidone Aretino eiusque vita ac moribus. Firenze. 1953.
15 Arno Borst, Mönche am Bodensee 610-1525. Sigmaringen 1978, 48 – 66.
16 Erasmus Gattula, Historia Abbatiae Cassinensis per saeculorum seriem distributa. Venetiis 1733, zu Constantinus Pars I, 186-187. Vielleich war Steyrer auf Constantinus Africanus doch mehr zufällig gekommen: In dem Werk „De viris illustribus" von Trithemius, Köln 1575, das Steyrer sicher benutzt hatte, finden sich Guido von Arezzo und Constantinus Africanus direkt nebeneinander behandelt

Im Vorfeld der Säkularisation
Der politisch-ideologische Streit um die Klöster[1]

I. Die Situation der Klöster im deutschen Südwesten nach 1770

Die Vorzeichen der Säkularisation, die man seit dem Ende des 17. Jahrhunderts ausmachen kann, verstärkten sich im letzten Drittel des 18. Jahrhunderts dramatisch. Bis über die Mitte des 18. Jahrhunderts hinaus findet man im süddeutschen Raum, Vorderösterreich, Bayern, Baden und Württemberg eine rege Bautätigkeit, die auch Ausdruck klösterlichen Selbstbewusstseins war. Doch in zeitlicher Überschneidung damit beginnt bereits die Aufhebung der beschaulichen Orden durch die Reformen Josephs II. Während der Fürstabt in St. Blasien den aufwendigsten Bau in der Geschichte des Klosters vorbereitete, wurden in Freiburg schon die Klöster der Clarissinnen und Kartäuser aufgehoben. War es Abt Gerbert bewusst, dass sein französischer Architekt d' Ixnard revolutionäre Ideen für den Neubau mitbrachte, die wenig später auch in der Politik gestaltbildend wirken sollten?[2] Es wäre eine den vielfach verwobenen Entwicklungen des realen Geschehens und der Ideen unangemessene Vereinfachung, wenn man die Klosteraufhebungen des deutschen Südwestens, die punktuell seit 1770 und generell seit 1803 verfügt wurden, trotz der wechselnden politischen Verantwortlichkeit nicht im Zusammenhang sehen würde. Dieser besteht auf der einen Seite in der Absicht der politisch Mächtigen, die Klöster in ihren Rechten so weit zu beschneiden, dass eine Weiterexistenz letztlich nicht möglich war[3], auf der anderen Seite aber sind die durch Schriften und Handlungen immer wieder zutage tretenden Ängste in den Klöstern ein deutliches Zeichen für ihre durchgängig empfundene Bedrohung in der Zeit von etwa 1770 bis 1806. Nicht vergessen waren die in manchem ähnlichen Bedrohungen durch Reformen und weltliche Gewalt im 16. Jahrhundert.[4] Dass die Ängste nicht grundlos waren, zeigen die Ergebnisse dieser Jahre: Die anderen Träger des alten Herrschaftssystems – Adel, Bischöfe, Städte – konnten, wenn schon nicht alle Rechte und Privilegien, so doch ihre Existenz und im wesentlichen auch deren materielle Grundlagen über den geschichtlichen Einschnitt der Französischen Revolution hinweg erhalten, zum Teil sogar aufbessern – den „Wert" einer Vergrößerung des Territoriums wird man schwerlich gegen die Umwandlung in eine konstitutionelle Monarchie abwägen können. Von der klösterlichen Welt dagegen, also einer der einflußreichsten politischen, geistigen und kulturellen Institutionen der vorrevolutionären Zeit war nach 1806 im deutschen Südwesten so gut wie nichts mehr zu finden. Der Abbruch der Klöster, sofern sie nicht in Schulen, Anstalten, Gefängnisse und anderes umgewandelt wurden, und ihre Verwendung als Baumaterial für Bürgerhäuser sind ähnlich symbolträchtig wie die nur durch Frondienst der Bauern ermöglichten Prachtbauten geistlicher Herrschaften des 18. Jahrhunderts.

Diese (kirchen-)historischen Prozesse im letzten Viertel des 18. Jahrhunderts sind in der vorliegenden Studie Gegenstand einer vornehmlich politikwissenschaftlichen Fragestellung: Im Zuge des Wandels von ständestaatlichen zu konstitutionellen politischen Systemen werden die Klöster als wichtiger Träger der alten Herrschaft zunächst mehr und mehr entmachtet und dann beseitigt: Was waren die Gründe und – davon oft abweichend – die Argumente für die Aufhebung der Klöster? Wie wehrten sich die Klöster gegen die Bedrohungen, die sich seit langem angekündigt hatten? Schließlich, warum waren die Angriffe gegen sie erfolgreich und ihre Verteidigung zum Scheitern verurteilt? Die Geschichtsschreibung hat den inneren Zusammenhang der politischen und ideenmäßigen Entwicklung zwischen 1770 und 1806 in Bezug auf die Klöster des deutschen Südwestens bislang kaum thematisiert. Die Schwergewichte in der Forschung liegen meist entweder bei den Folgen des Josephinismus, weniger beim Schicksal der Klöster in der Zeit der Revolutionskriege; ein wieder stärkeres Interesse gilt der Säkularisation seit 1803.[5] Die Anfang des 19. Jahrhunderts verschwundenen Klöster waren kein Thema, für das sich die Geschichtsschreibung der Revolutionszeit interessiert hätte. Möglicherweise haben sie selbst zu dieser verkürzten, sie weitgehend ignorierenden Sichtweise beigetragen, indem sie sich aus der erwähnten Angst heraus blind an die Kräfte des alten Systems, das erzkatholische Haus Habsburg und die Landesfürsten klammerten, die Ideen der Aufklärung und besonders die Revolution verteufelten und so nicht nur politisch auf der Verliererseite standen, sondern auch zu den überholten geistig-politischen Kräften gehörten, für die sich später allenfalls eine apologetisch klagende Geschichtsschreibung interessierte. Dementgegen bietet der hier thematisierte, mit politischer Theorie geführte Kampf um die Existenz der Klöster durchaus die Chance, besondere Facetten der Revolutionszeit zu erfassen, zum einen weil die Auseinandersetzung der Ideen hier in einem exemplarisch zugespitzten Contra- und Prodialog sichtbar wird, zum anderen weil das Zuendegehen einer Epoche existentiell konkret wird.

Im folgenden soll zunächst die Lage der Klöster im anstehenden Zeitraum skizziert werden. Sie ist Gegenstand derjenigen Überlegungen, die den Klöstern Schädlichkeit unterstellten, ihre Überflüssigkeit herausstellten und deshalb zur Auflösung rieten. Sie ist aber auch die Basis für die (Selbst-)Verteidigung der Klöster, die sich vor allem als Kritik an den Zeitläuften äußerte.[6] Das Schwergewicht bezüglich der Klöster wird bei den Benediktinern liegen, da sie in der hier im Vordergrund stehenden südwestdeutschen Region[7] bis zur Säkularisation als geistlich-weltliche Herrschaften die schon zahlenmäßig dominierende Rolle unter den Orden spielten.

Wenn im folgenden von „den Klöstern" die Rede ist, handelt es sich um Einrichtungen, die hinsichtlich z. B. der Größe des Konvents, des Grundbesitzes, der politischen Bedeutung, der rechtlichen Möglichkeiten, des wissenschaftlichen Standards, der ökonomischen Basis, aber auch der geistigen Regsamkeit stark voneinander abwichen. Insbesondere sind Unterschiede bei Tätigkeiten im sozialpolitischen und im Bildungsbereich festzustellen, was sich jeweils in den Verteidigungsstrategien der einzelnen Klöster niederschlug. Es handelt sich also nicht um eine homogene Gruppe von Institutionen, die, in sich einig, zur Sicherung ihrer Existenz eine gemeinsame Konzeption entworfen und durchzusetzen versucht hätte. Dennoch scheint es gerechtfertigt, von „den Klöstern" zu sprechen, da sie nicht nur eine gemeinsame ideologische Grundlage hatten, sondern vor allem, weil sie in diesem durch Bedrohung, Verteidigung und letztlich Untergang gekennzeichneten Prozeß gemeinsam, allenfalls in der ersten Phase differenziert, attackiert wurden.

Die Situation der Klöster in den hier betrachteten etwa 35 Jahren ist von einer zunehmenden und immer tiefer gehenden Unsicherheit gekennzeichnet. Auf der einen Seite verfügen sie noch über die politischen, rechtlichen und ökonomischen Möglichkeiten, durch die ihre Existenz, z. B. als Landesherrschaft oder Träger von Bildungseinrichtungen seit Jahrhunderten bestimmt war. Auf der anderen Seite hatten aber die theresianisch-josephinischen Reformen festgeschrieben, dass alle geistlichen Institute aufgehoben würden, „so sie keine Jugend erziehen, keine Schulen halten und nicht die Kranken

Aus dem Totenbuch der Abtei, unten der Eintrag der in St. Peter beigesetzten letzten katholischen Vertreterin des Hauses Baden, Elisabeth Augusta, einer der Versuche, den Gefahren der Säkularisation durch demonstrative Nähe zum Fürstenhaus zu begegnen

IANUARIUS.

Anñus obitûs

Dies VII.

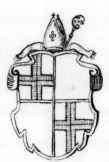

a **Ermañus II. Nobilis de** Fridingen, Episcopus Constantiēs. Benefactor. De beneficijs ejus in specie nihil constat. Ulricus Abbas in Reti docum. pag. 126. P. V. cap. 4. ait, hunc et alios Episcopos Constant. Fundatoribus adnumerari, quia vel Monasterium S. Petri SS. Indulgentijs locupletârunt; vel illi incorporata loca Catholicô ritu dedicarunt; vel (ut alibi dicit) quia decimas aut Parochias Monasterio univerunt. Ut adeò numerum Benefactorum Spiritualium in S. Petro jure meritissimo adaugeant.

b Oswaldus nostri Conventûs Monachus et Prior. Obiit año 1593. Legitur in antiquo Necrol. Günthersthale.

1593.

1789.

c **Elisabetha Augusta**, Marchionissa Bada-Badensis, hujusq, lineæ catholicæ a fundatoribus nostris descendentis ultimus surculus. Benefactrix. Nata erat Rastadii 26 Martii año 1726. Provecta jam ætate nupserat Comiti de Althan, nuptiis tamen usq, ad obitum clam habitis. Monasterio nostro an. 1777. obtulit partem ex ossibus S. Bernardi Conf. Marchionis Badens. depromptam ex osse Brachii, quod in Ecclesia aulica Rastadii colitur, cumque sacra hæc Particula 24 Julii ejusdem anni publicæ venerationi solemniter exponeretur, ipsamet Monasterium nostrum invisit, majorum quoq, suorum ducum Zæringens. monumenta veneratura. Obiit friburgi die 7. Jan. 1789. atq, ut vivens petiisse dicitur, die 9. ejusdem mensis decenti pompa funebri in medio Chori Ecclesiæ warten". Dies war der politisch-gesetzliche Rahmen dieser Jahre, innerhalb dessen die Klöster meinten, durch eine ihm entsprechende Selbstdarstellung ihre Existenz sichern zu können. Deswegen zielten die Schriften der Verteidiger vor allem auf den Nachweis der eigenen Nützlichkeit. Was sie nicht ahnen konnten, weiß man im historischen Rückblick: „Das Ziel Frankreichs war die Annexion des ganzen linken Rheinufers; zur Entschädigung der dadurch um Herrschaftsgebiete gebrachten Fürsten wurde mehr und mehr der Gedanke ventiliert, kirchlichen Besitz zu säkularisieren und als Ausgleich anzubieten. Dass dies zu einer völligen Zerstörung der Reichskirche, einem Ende allen bischöflichen Besitzes und aller Hoheitsrechte des Episkopats, aber auch der totalen Säkularisation der Klöster führen würde, war zunächst nicht zu erkennen."[8]

An drei typischen Aspekten ihres Daseins wird im folgenden die Lage der Klöster charakterisiert: Erstens der Bildungsbereich, der, zwar

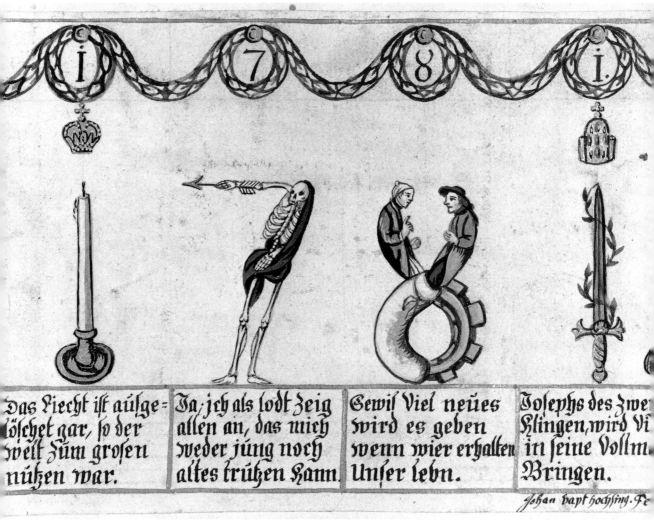

Neujahrstafel aus St. Peter (J. B. Hochsing 1781), unter der Kaiserkrone der Hinweis, dass Joseph II „viel in seine Vollmacht" bringen wird

nicht unangefochten, zumindest in der Zeit der josephinischen Reformen als wichtiger Nachweis der Nützlichkeit galt, zweitens die weltliche Herrschaft, die der am heftigsten bekämpfte Teil der überkommenen Lebensform war, und drittens das eigentlich monastische Leben, das zwar mehr ideologisches als politisches Ärgernis war, sich aber als Beweis dafür, dass Klöster zum allgemeinen Nutzen nichts beitrugen, am ehesten eignete. Andere Bereiche, wie die karitative oder künstlerische Wirksamkeit, die in der hier behandelten Auseinandersetzung eine geringere Rolle spielten, werden nur gestreift.

Im Bildungswesen hatten die Klöster von alters her auf allen Stufen Aufgaben übernommen, die sie auch im 18. Jahrhundert unter zeitgemäßeren Formen fortführten. Den Grundstein zur Bildung legten die von ihnen teilweise unterhaltenen und beaufsichtigten Volksschulen, für die eigene pädagogische Konzepte entworfen wurden. Selbst der Aufklärer und harsche Kritiker des Katholizismus Friedrich Nicolai hielt z.B. die Schulordnung von Neresheim für besser als die „herzlich schlechten" Volksschulen Württembergs im allgemeinen. Gerade seit die Volksbildung unter Joseph II. ein herausragendes Ziel Wiener Politik geworden war, sorgten oft die Klostervorsteher selbst für die Einstellung entsprechend ausgebildeter Lehrer und durch Geld- oder kurze Gefängnisstrafen für einen regelmäßigen Schulbesuch.[9] Dies wurde freilich von den Untertanen ebenso als Ausübung ungeliebter Herrschaft angesehen wie der geforderte Anteil an den Schulkosten, zu denen die Klöster selbst jedoch einen großen Teil beisteuerten. Der Unterhalt eigener Lateinschulen und die personelle Unterstützung städtischer Gymnasien waren wichtige Beiträge zum höheren Schulwesen.

Zu den Universitäten bestanden Verbindungen durch die Tätigkeit einzelner Religiosen als Professoren[10], in Freiburg z.B. auch dadurch, dass Abt Michael Fritz von St. Märgen von Staats wegen als Direktor der Theologischen Fakultät eingesetzt wurde, wobei ihm die Aufsicht über das Prüfungswesen und „die Durchführung der staatlichen Bücherzensur theologischer Werke" oblag – eine zunächst widersinnige Einrichtung, da die Klöster als Hort der Tradition doch wenig geeignet schienen, die von Wien gewünschte aufklärerische Theologie zu fördern. Doch so einfach verliefen die Frontlinien nicht zwischen tumber Mönchsfrömmigkeit und freiheitlichem Deliberieren an den Universitäten. Dem Staat bot eine solche Konstruktion die Chance, Misstrauen und Animositäten zwischen Klöstern und Universitäten im Sinne des „divide et impera" zu nutzen: Konnte der Klostermann in zentrale Funktionen der Universität eingreifen, bekam diese ein Monopol auf wichtige Phasen der theologischen Ausbildung des Klosternachwuchses. Gerade gegen diesen Eingriff in althergebrachte Rechte der Bildung wehrten sich die Klöster vehement, da sie, in manchen Fällen zu Recht, annahmen, dass der jahrelange Stadtaufenthalt die jungen Konventualen der klösterlichen Strenge entfremden und eine offenere Bildung das herkömmliche Mönchslebens fragwürdiger machen würde[11] – eine Konsequenz, die von den Verantwortlichen für diese Maßnahme wenn nicht bezweckt, so doch bewusst in Kauf genommen wurde.

Schließlich leisteten die Klöster mit ihren eigenen Bibliotheken, Kabinetten und Sammlungen einen wichtigen Beitrag zum wissenschaftlichen Leben. Wenn einige dieser Büchersammlungen in den Klöstern auch mehr Dekoration blieben[12] und ihre Pflege in der Regel von einzelnen besonders daran Interessierten abhing, so waren sie doch vielerorts ein prägendes Element im Leben der Klöster. Man knüpfte an die Ideen Trithemius' an, der einen guten Bücherbestand als Grundlage klösterlichen Lebens und dessen Disziplin gesehen hatte und sorgte sowohl beim eigenen Nachwuchs wie in der Bevölkerung der Region für eine zunehmende Bildung, wenngleich es auch damals Stimmen gab, die ein Studium dem religiösen Leben für eher abträglich hielten. Man sammelte jedoch nicht nur Bücher – in einigen Klöstern betrug der Bestand Ende des 18. Jahrhunderts über 20 000 Bände -, sondern beteiligte sich selbst an der wissenschaftlichen Diskussion.[13]

Insgesamt zeigen die Klöster als Einrichtungen der Bildung und Wissenschaft ein facettenreiches Spektrum mit Glanzpunkten u. a. bei den (orientalischen) Sprachen, den historischen Disziplinen, den musischen Fächern und den Staatswissenschaften, vereinzelt auch in Naturwissenschaften wie Geographie und Mathematik. Sie waren vielerorts bereit, Gedanken der Aufklärung in Studium und Unterricht aufzugreifen.[14] Dieser Teil ihrer Existenz war also durchaus im Einklang mit dem Zeitgeist, der vernünftige Erklärungen für die Weltphänomene suchte. Die Grenzen dieser Übereinstimmung waren jedoch immer dann erreicht, wenn die Kritik der Aufklärung auch die Religion und die Kirche auf den Prüfstand der Vernunft und damit die Basis der alten Herrschaft in Frage stellte. Bei der Analyse von Kritik und Verteidigung der Klöster wird daher zu beachten sein, dass beide Seiten nicht nur zu einem großen Teil mit ähnlichen Instrumenten argumentierten, sondern dass sie in vielen Denkweisen und inhaltlichen Aspekten übereinstimmten, bis sie eben an der Frage, welcher Raum der Kritik im Bereich von Theologie und Kirche zugänglich sein müsse, unversöhnlich in Konflikt kamen. Das Bild dieser Auseinandersetzung ist schon von den Parteien selbst verzerrt worden, indem sie diese weitreichenden Gemeinsamkeiten des Denkens ausblendeten und statt dessen im radikalen Schwarzweißbild blieben: Für die Klöster war die Aufklärung, die sie meist bruchlos mit den Gedanken der Französischen Revolution in eins setzten, die durch Freiheitsphantasien erreichte Zerstörung der göttlichen und menschlichen Ordnung. Für die Aufklärer waren die Klöster der Hort dumpf brütenden Gehorsams, von dem aus das Denken und die Untertanen gleichermaßen unterdrückt wurden. Eine mögliche und sicher notwendige weiterführende Auseinandersetzung wurde so durch pauschal diffamierende Angriffe und eine bisweilen ängstlich-bissige Verteidigung verhindert. Die Säkularisation als Schlussstrich dieses Prozesses bedeutete mit der Aufhebung zahlreicher Klosterschulen und 18 katholischer Universitäten auch das Ende eines ganzen Spektrums katholischer Bildungseinrichtungen und den Abbruch vieler Studien. Im Schrifttum wird bisweilen hier der Beginn der oft genannten geistig- wissenschaftlichen Inferiorität der Katholiken in Deutschland gesehen.[15]

Ein zweiter wichtiger Teil klösterlicher Existenz war die Ausübung politischer Herrschaft. Die Rechtsstellung der einzelnen Klöster hing von ihrer Geschichte und der jeweiligen Wirtschaftslage ab. Das Bemühen der meisten Klöster zielte darauf, die Autonomie in manchen Fällen bis zur Reichsunmittelbarkeit auszuweiten, während umgekehrt dem Erzhaus und den Fürsten daran gelegen war, Vogteirechte auszudehnen oder zumindest extensiv auszulegen. Exemplarisch läßt sich dieser Konflikt an vielen Abtswahlen des 18. Jahrhunderts ablesen, da die anlässlich der Wahl des Vorstehers von politischer Seite immer geltend gemachten Eingriffs-, Bestätigungs- und Einsetzungsrechte für die Klöster zur Probe wurden, welcher Freiraum ihnen real noch geblieben war. Die Kluft zwischen traditionellem Rechtsbestand und machtpolitischer Realität ließ sich nur noch taktisch überspielen. Für die Verteidigungsstrategie wurde es eher zu einer Belastung, dass man die wirkliche Diskrepanz ausblendete und sich des ungeachtet auf altes Recht berief.

Insbesondere die Mitglieder des Prälatenstandes[16] verbrachten einen großen Teil ihrer Zeit mit politischen Geschäften, bei denen es neben Repräsentationsaufgaben in dieser kritischen Zeit meist um die Wahrung von Klosterrechten ging. Viel Zeit erforderte auch die Verwaltung der Herrschaft, die Durchsetzung von Rechten gegenüber den Untertanen, deren Abgaben und Leistungen einen wesentlichen Teil der ökonomischen Basis der Klöster bildeten. Als die Revolutionskriege das rechte Rheinufer erreichten, kam die Auseinandersetzung mit den Besatzungstruppen hinzu, deren Last allerdings kaum schwerer als die der kaiserlichen Truppen empfunden wurde. Gerichtsfälle, die Besorgung der Ländereien (Waldwirtschaft, Viehhaltung, Äcker und Weinbau) unter verschiedenen Rechtsverhältnissen, sowie der Betrieb von Wirtschaftsunternehmen (Glashütten, Brauereien, Fabriken u.a.m.) waren weitere zeitaufwendige Folgen der „weltlichen Existenz" der Klöster. Der politische Eingriff in diese Temporalia war ein in sich logischer und nicht aufhaltbarer Prozeß : „ Die Idee des modernen souveränen Staates ließ sich mit der Existenz von Kirchen und Klöstern, die im Laufe ihrer Geschichte den Charakter staatsartiger Herrschaftsgebilde angenommen hatten, nicht mehr vereinbaren. Klöster, die politische Herrschaft ausüben und überdies ihren Mitgliedern inhumane Verpflichtungen auferlegen, widersprachen den `Fundamentalzwecken des vernunftgemäß organisierten Staates'."[17]

In allen genannten politischen, ökonomischen und rechtlichen Bereichen lassen sich Eingriffe von seiten des Staates feststellen, die nicht mehr damit begründet werden konnten, dass die Klöster zu nützlicher Tätigkeit angehalten werden sollten, sondern die auf eine Bereicherung der politisch Mächtigeren zu Lasten der Klöster und auf deren Zurückdrängung bis hin zur Aufhebung abzielten.[18] Dies sahen oder wollten die Klöster lange nicht sehen, so dass sie ihre Bemühungen, der wirklichen Bedrohung nicht entsprechend, darauf richteten, ihre Nützlichkeit nachzuweisen, „um die Regierung in Wien zu überzeugen, dass eine Säkularisation der Klöster in den Vorlanden für den Staat und die Bevölkerung von größtem Schaden sei." Man argumentierte, dass sich die Säkularisation nicht lohne, weil die Einkünfte aus ausländischem Besitz im Falle der Aufhebung auch Wien nicht zugute kämen.

Bernhard von Baden, Statue (von Matthias Faller) entstanden im Kontext der Bemühungen der Abtei um gute Beziehungen zum Haus Baden

Die von den vorderösterreichischen Klöstern erhobenen Abgaben dienten zuerst der Finanzierung der Religionsfonds. Vor die Wahl gestellt, staatlicher Administration unterstellt zu werden oder „freiwillige" Abgaben zu leisten, zogen die Stifte letzteres vor. Vielleicht schon im Hinblick auf eine spätere Inbesitznahme der Klöster wurde von der Regierung verfügt, dass das Geld hierzu nicht durch Verkauf von Ländereien, sondern aus den laufenden Einnahmen entnommen werden müsse.[19] Mit den Revolutionskriegen nahmen die Abgaben der Klöster zu, die nur zum Teil aus der Reichskasse wieder erstattet wurden. Die Beschneidung des finanziellen Spielraums ging einher mit den Beschränkungen der politisch-rechtlichen Möglichkeiten. Neben dem erwähnten Streit um die Eingriffsrechte bei den Wahlen der Vorsteher gehörte hierzu die Frage der Gerichtsbarkeit über geistliche und weltliche Untertanen. Die Möglichkeit staatlicher Gerichte, Verfahren über Religiosen an sich zu ziehen, wenn diese an sie appellierten, wurde von den Klöstern als besonders klosterschädliche Erscheinung der politischen Entwicklung angesehen. Auch die Abhängigkeiten in der Besetzung von Pfarrstellen empfand man, unabhängig davon, ob dies lohnende Pfründen oder Zuschußbetriebe waren, als Beschränkung der traditionellen Souveränität, da die Pfarrer neben seelsorgerlichen immer auch administrative Aufgaben hatten. Die Trennung dieser beiden Aufgaben war ein weiterer Eingriff in die Verfügungsrechte des Klosters. Wie im Bildungsbereich war die Haltung der Klöster auch gegen die Einengung ihrer „weltlichen Existenz" davon bestimmt, dass man hinnahm, was nicht zu vermeiden war, bisweilen Kompromisse einging, um Schlimmeres zu verhüten, ohne jedoch den Gesamtprozess aufhalten zu können.

Gegenüber diesen zwei Bereichen ihrer Existenz als politische Herrschaft und als Bildungseinrichtung, trat zumindest in der Selbstdarstellung dieser Zeit das ursprüngliche Anliegen der Klostergemeinschaften, ein Leben unter den Gelübden von Armut, Ehelosigkeit und Gehorsam zu führen, in den Hintergrund. Dies ist nicht verwunderlich, da eben die Gelübde wesentlicher Ansatzpunkt der Kritik an der Existenzweise der Klöster waren. Dennoch ging gerade das traditionelle Klosterleben meist bis zur Säkularisation den geregelten Gang, wenngleich es in den Orden selbst einflußreiche Stimmen gab, die diese Lebensform nicht mehr für zeitgemäß hielten. Die alten Gewohnheiten, die intern nur vorsichtig reformiert wurden, wurden auch als mentales Bollwerk gegen die anstürmenden Kräfte der Veränderung gesehen. So finden sich in Klöstern der Benediktiner neue Ansätze, das Chorgebet und die Exerzitien zu sichern, und die in Abtstagebüchern erwähnten Dispensen von Eß- und Trinkvorschriften sind ein Hinweis darauf, dass diese Ausdrucksformen klösterlicher Zucht noch beachtet wurden. In diesen Teil klösterlichen Lebens, der von den Aufklärern heftig attackiert wurde, konnten die staatlichen Restriktionsmaßnahmen weniger direkt eingreifen, obwohl z.B. die Requirierung der Gebäude als Lazarett in den Revolutionskriegen das Klosterleben massiv beeinträchtigte. Ohne Zweifel blieben jedoch die zahlreichen mehr auf Äußerlichkeiten gerichteten staatlichen Verordnungen zur „Verbesserung der klösterlichen Zucht" auch für das innere Leben nicht ohne Folgen. Die gegen die Klöster verbreitete Stimmung wirkte sich negativ aus, indem z.B. die erleichterten Möglichkeiten, Klöster wieder zu verlassen, die Einhaltung traditioneller Regeln erschwerte. Besonders Disziplin und Gehorsam, für fundamental gehaltene Strukturen des Mönchtums, waren den Kritikern ein gravierender Stein des Anstoßes.[20]

II. Die Angriffe auf die Klöster

In einem gleichsam dialektischen Vorgehen soll diese bislang eher positive Darstellung der klösterlichen Welt mit den wichtigsten Vorwürfen ihrer Kritiker konfrontiert werden. Statt auf die schwer überschaubare Flut der polemischen Schriften des 18. Jahrhunderts gegen die Klöster zurückzugreifen[21], wird hier eine Schilderung und Deutung deren Existenz durch den süddeutschen Liberalismus des frühen 19. Jahrhunderts herangezogen. Das Bild der Angriffe, das mit dem Klosterartikel von G. Fr. Kolb in dem von Rotteck und Welker herausgegebenen Staatslexikon nachgezeichnet wird, entstand zwar erst nach der Aufhebung der Klöster und handelt daher aus der Rückschau von Wissen, Erfahrungen und Erinnerungen an die Klöster am Ende des 18. Jahrhunderts.[22] Geht man jedoch davon aus, dass spätes 18. und frühes 19. Jahrhundert von in sich konsequenten Ideen des politischen Denkens und Handelns geleitet wurden[23], so ist diese Rückschau auf die untergegangenen Klöster als teilweise rechtfertigendes Kondensat der Ideen zu sehen, die auf die Auflösung der Klöster direkt oder indirekt hingewirkt hatten. Der im folgenden referierte Artikel deckt sich demnach regional, inhaltlich und in der polemischen Schärfe mit den Streitschriften des 18. Jahrhunderts. Seine Argumente sind jedoch vollständiger und systematischer aufgearbeitet. Da nach dem Sturz Napoleons Tendenzen aufkamen, wiederum Klöster zuzulassen, war die hier vorgetragene Position zum Zeitpunkt ihres Erscheinens auch von aktueller Bedeutung.

Trotz der versprochenen Unbefangenheit und des Verweises zu Beginn, dass es auch Leute gebe, die „dieser Institution unschätzbare Verdienste während der Vergangenheit beimessen", liegt das Gesamtergebnis des Artikels vorab fest, dass nämlich „ein Wiederherstellen des Mönchtums als durchaus schadenbringend, darum verwerflich" anzusehen sei. Der Artikel ist in drei Kapitel gegliedert: einen Überblick über die Geschichte des Mönchswesens, „die Prüfung der angeblichen Verdienste" und „die Würdigung der Nachteile des Klosterwesens". Schon der historische Teil fasst einerseits die immer wiederkehrenden Anklagen gegen die Klöster, Unbildung, Fanatismus, Verführung der Jugend zum Nachteil des Staates zusammen und sucht andererseits zu belegen, dass ihre Mitgliedschaftsbedingungen auch in der Geschichte durch die weltliche Macht reguliert und durch innere Bedingungen relativiert wurden: Die lebenslängliche Dauer der Gelübde war weder üblich noch durch Sanktionen durchsetzbar; die Heirat von Religiosen war kirchenrechtlich gültig, und die Gelübde der Armut und des Gehorsams waren allenfalls zeitbedingte Erscheinungen. Besonders die Benediktinerklöster hätten das Bildungswesen monopolisiert, ohne die „allgemein herrschende Roheit und Unwissenheit" zu beseitigen. Sie häuften enorme Reichtümer an, während die Bettelorden zu „Hauptsitze(n) jeglicher Beschränktheit und des allergrößten Aberglaubens" wurden. Unter diesen Vorzeichen waren nach den früheren Schlägen der Reformation aus der Sicht Kolbs die Reformen des „dem Geist der Zeit" kühn voranschreitenden Kaisers Joseph, die Aufhebung der Klöster in der Französischen Revolution 1790 und deren Nachahmung in anderen Ländern nach 1803 angemessene Maßnahmen.

Im zweiten Kapitel werden die falschen Meinungen über die Verdienste der Klöster „um die Boden- und noch mehr um die Geisteskultur" zurückgewiesen. Nicht nur, dass ihr Beitrag zur Urbarmachung ein Schwindel sei, weil sie fast überall in schon kultiviertes Land kamen, sondern ihre Anwesenheit habe die Kultur des Bodens sogar „weit zurückgeworfen", wie „wohl jedem vernünftigen Beobachter klar" sei: „Die Kultur des Bodens erheischt freie Menschen und freies Eigentum dieser Menschen. Wer immer ausschließlich zum Nutzen der anderen arbeiten muß, wird in der Regel stets wenig und schlecht arbeiten. Der einzelne Mönch selbst aber war nicht einmal Eigentümer, abgesehen davon, dass er bei seinem Dünkel, seinem Stande nach weit erhaben zu sein über die anderen Leute, es gewiss mit seltenen Ausnahmen verschmähte, gleich einem gemeinen Bauer zu arbeiten." Aus der Sicht einer politischen Philosophie, die auf die Vernunft des

Menschen, auf seine Freiheit und auf individuelles Eigentum setzte, mußten Klöster notwendigerweise zu ärgerlichen Anachronismen werden, die sogar zur Verödung der Länder beitrugen, indem die Bewohner ohne Bindung an Eigentum und in Tagelöhnerabhängigkeit in Krisenzeiten ihre Dörfer und die Gegend eher verließen als Bauern mit eigenen Gütern. Auch bei der Pflege von Wissenschaft und Bildung vermag Kolb keine Leistung zu erkennen. Je mehr man nach Frömmigkeit strebte, „um so weniger kümmerte man sich auch nur um die Anfangsgründe wissenschaftlicher Bildung". Mit einer kuriosen Rechnung, was gewesen wäre, wenn in jedem Kloster jedes Jahr auch nur ein Buch abgeschrieben worden wäre, bekräftigt er, dass wissenschaftliche Leistungen einzelner Mönche nicht infolge, sondern eher trotz des Ordensstandes möglich wurden.

Konnte der Autor nach dieser Prüfung also kein Verdienst der Klöster finden, das für ihr Fortbestehen sprach, so wurde er bei der Würdigung ihrer Fehler eher fündig. Das Verderbliche des Klosterwesens wird in bezug auf die Religiosen selbst und auf die Gesamtheit des Staates differenziert. Durch die historischen Überlegungen schon relativiert, werden die Gelübde zu den wichtigsten Belegen für das Schädliche des Mönchswesens.[24] Während das Zölibat von Kolb „nur" als naturwidrig interpretiert wird, ziehen die Besitzlosigkeit und der blinde Gehorsam den Religiosen zum Tier herab. Das Menschenbild der Aufklärung[25] mußte vor allem Gehorsam als entwürdigend ansehen, weil er sämtliche Gelübde einer die Vernunft beschränkenden Deutung und Anwendung unterwirft: „Es ist dann die Folgsamkeit der Bestie, die ‚hündische Treue', nicht die Überzeugung, auf Erkenntnis der inneren Zweckmäßigkeit ruhende, welche einem mit Vernunft begabten Wesen allein ansteht; es ist mindestens der Gehorsam des Sklaven, der einen eigenen Willen nicht haben darf; ja das Verhältnis erscheint sogar ärger, weil der Sklave wenigstens auf die Hoffnung, früh oder spät vielleicht doch aus seinen Ketten erlöst zu werden, nie zu verzichten braucht, wie der Mönch und die Nonne es tun müssen." Der Mensch trenne sich so in naturwidriger Weise vom Menschen und der bürgerlichen Gesellschaft. Verführung, auch Widerwillen vor der Welt, Gewalt und Furcht seien die Mechanismen, die Ablegung und Einhaltung der Gelübde ermöglichten. Unterstützt würden sie durch die, nur auf das Kloster vorbereitende Erziehung der noch nicht zur Verstandesreife gelangten Novizen.

Verfehle schon das Individuum seinen ganzen Lebenszweck, so stehe auch das Institut „Kloster" zu einem vernunftmäßig organisierten Staat im Widerspruch. Eigentum und Familie sind Grundstützen des Staates, denen die Religiosen zuwider leben. So kann der Staat in sich keine ihm entgegenstehenden Strukturen dulden oder sogar schützen: „Endlich das dritte Gelübde betreffend, so hat der Staat für sich selbst nicht das Recht, einen blinden Gehorsam zu verlangen; er kann aber noch weit weniger dulden, dass eine Corporation in seinem Innern bestehe, welche diesen für sich in Anspruch nimmt und deren desfallsigen Prätentionen er selbst vorkommenden Falles Nachdruck verschaffen soll." Die Klöster häufen „Vermögen in toter Hand" an und verleiten sowohl intern wie bei der Bevölkerung zum Nichtstun: „Allenthalben, wo das Mönchswesen in seinem Glanze, finden wir die Masse des Volkes geitig und körperlich tief gesunken, träg und unwissend, arbeitsscheu und abergläubisch, dumm, schmutzig, bettelarm und elend." Da all diese Übel von den Grundlagen der Klöster, den drei ewigen Gelübden herrühren, sind diese nicht in einigen Erscheinungen reformierbar, sondern der Staat hat das Recht und die Pflicht, diese gemeinschädlichen Institute, die eine naturwidrige Grundlage haben und seinen Fundamentalzwecken entgegenstehen, aufzuheben. Die Klostergüter als dann herrenloses Gut sollen der Bildung, der Wohltätigkeit und der Pfarrseelsorge zugeführt werden. Sie können auch dazu verwendet werden, „nicht nur um dem Nationalwohlstande an sich aufzuhelfen und desto entschiedenere Anhänger für eine von außen bedrohte neue Ordnung der Staatseinrichtungen zu bekommen (wie in der Französischen Revolution), sondern ganz besonders auch darum, damit eine Wiederherstellung des veralteten und gestürzten Zustandes der Dinge desto unmöglicher werde."

Eliminiert man aus dieser Darstellung der Klöster die allzu polemischen, verzerrenden und nur vom Zweck bedingten Aussagen, so bleibt ein in sich zusammenhängend stimmiges Gedankengebäude, das die ideologische Grundlage der die Klöster bedrohenden Entwicklung zwischen 1770 und 1806 war. Einem der Selbstbestimmung und der Vernunft verpflichteten Menschenbild waren Einrichtungen zuwider, die offenkundig die freie Entfaltung des Menschen hinsichtlich Eigentum und Familie unterdrückten. Die Gelübde ihrerseits als Ausdruck des freien Willens zu akzeptieren, war in dieser geschlossenen Ideologie nicht möglich, so dass man sie nur als Erfolg von Manipulation erklären wollte: Die auf „blindem Gehorsam" beruhenden Klöster hatten, strukturell bedingt und notwendig, ihren Insassen die Entdeckung der auf Vernunft basierenden Eigenverantwortung verwehrt, so dass konsequent nur die Aufhebung dieser Bastionen der alten Unterdrückung blieb. So unversöhnlich stießen aus der Sicht der Klostergegner (als übergreifendem Begriff für die Kontinuität von den Aufklärern des 18. zu den Liberalen des 19. Jahrhunderts) die Prinzipien der Vernunft und des unverantwortlichen Aberglaubens aufeinander, dass die neuen freiheitlichen Prinzipien, insbesondere das Toleranzgebot auf diese immer noch gefährlichen Fossilien der alten Ordnung nicht angewendet werden durften. Mit gutem Grund beklagten daher die sich verteidigenden Mönche den „Freiheitsschwindel", der ihnen gerade das Recht auf Eigentum und freie Meinung abspreche. Aus der Sicht des „neuen Denkens" war es auch folgerichtig, dass der auf ihm gründende Staat keine strukturfremden Elemente dulden konnte, die noch alte Legitimation bewahren und so zum Ausgangspunkt von Bedrohungen für die neue Gesellschaft werden konnten. Die Inkonsequenz einer auf Vernichtung zielenden Intoleranz innerhalb eines Denkens, das den Staat und die Gesellschaft gerade auf Toleranz begründen wollte, wird kaum an einer anderen Stelle dieser Zeit so deutlich wie in der Bedrohung und Beschneidung des Klosterwesens. Manchem war dies bewusst, und so schob man in einer Variante dieser Inkonsequenz die Verantwortung hierfür auf solche Verhältnisse (z. B. „große Finanzverlegenheiten"), „die sich gebieterisch gelten machten und zur Abweichung von derjenigen Regel nötigen, die wir sonst, als der Billigkeit am angemessensten aufstellen möchten."

Wenn Aufbau und Inhalt der Argumentation sowie die Hierarchie der Anklagen unter den Angreifern auch differierten, so werden in diesem Artikel des Staatslexikons doch die zentralen Angriffspunkte gegen die Klöster offenkundig: Insbesondere waren dies weltliche Herrschaft und Pracht, die mit der Vernunft nicht in Einklang stehenden Glaubensinhalte und -praktiken sowie Kirchengesetze, die auf den Anspruch der Infallibilität zurückgriffen. Zu Recht wurde aus der Rückschau festgestellt, dass diese Kritik unabhängig davon, welchen Teilaspekt sie im einzelnen herausgriff, immer Kernbereiche, letztlich das Wesen des Mönchtums in Frage stellte.[26] Andere inner- wie außerkirchliche polemische Schriften gegen die Klöster bieten gegenüber den hier näher vorgestellten nur Varianten, die oft durch persönliche Erfahrungen und Umstände bedingt sind. Eine Fundgrube hierfür sind die Schriften der Hofprediger am Hofe Herzog Karls von Württemberg, die, aus unterschiedlichen Orden kommend und fast alle mit Unterstützung Karls säkularisiert, als Weltgeistliche aufklärerische Theorie und Praxis besonders in Liturgie und Unterricht zu verbinden suchten. Die erfolgreiche, wenn auch nur kurze Unterdrückung dieser Haltung durch Karls Nachfolger Ludwig Eugen – aus Hofpredigern wurden unter seiner Regentschaft Hofkapläne – galt dann der konservativen Reaktion als lobenswertes Beispiel, wie der Staat mit der Bedrohung der Kirche durch ihre internen Kritiker umzugehen habe. Das war freilich nur gegenüber den Geistlichen möglich, die noch kontrollier- und damit z.B. versetzbar waren. Nicht mehr anzuwenden war dieses Verfahren gegenüber „geistlichen Klubisten", die den geistlichen Stand verlassen hatten und zu einem großen Teil im Frankreich der Revolution ihre Ideen zu realisieren suchten.

III. Die Verteidigung am Beispiel Philipp Jakob Steyrer

Die Gründe, weshalb sich die Kritik der Aufklärung „weniger gegen den Säkular- als den Regularklerus, d.h. gegen die Klöster, richtete", sind sicher darin zu suchen, dass diese Einrichtungen dem Zeitgeist in ihrer Binnenstruktur, ihrem Erscheinungsbild und in den Außenwirkungen so eklatant entgegenstanden. Dabei griff man sie um so leichter und begehrlicher an, als sie zwar Landbesitz und andere weltliche Herrschaftsrechte, jedoch keine politisch-militärische Macht hatten, diese zu sichern und durchzusetzen. Wenn sich in den Klöstern „die Hauptgegner der Aufklärung" finden lassen, so nicht, weil dort der finsterste Hort der Reaktion gewesen wäre, sondern weil sie als besonders gefährdete Einrichtungen in Ermangelung realpolitischer Kräfte allein in der Berufung auf alte Rechte und in der Bekämpfung der sie radikal in Frage stellenden Ideen eine Überlebenschance sahen. Die literarische und die politische Verteidigung zeigen jeweils auf ihre Weise das Bewusstsein der Mönche von einer ihre Existenz bedrohenden Krise, auch wenn mancher der Bedrohten dies in der vordergründigen Reaktion nicht wahrhaben wollte. In der Rückschau sieht man, dass die nun formulierte politische Theorie über die bestehende Ordnung, die vor allem die eigene Existenz rechtfertigte und den Appell an das Empfinden der Fürsten für überkommenes Recht einschloss, Ausdruck der Sorge und Maßnahme zur Verteidigung war. Dabei muß innerhalb der Verteidigungsstrategien ebenso differenziert werden[27] wie im Spektrum der Angreifer. Wenn in Neresheim 1787 eine Wahlkapitulation die Freiheit und Qualität der schulischen und wissenschaftlichen Lehre sichern sollte, war dies im Kontext der Bedrohungen ebenso als offensive Verteidigung zu sehen, wie es andernorts einer ängstlichen Defension entsprach, den Mönchen das Universitätsstudium zu verbieten und ihnen den Zugang zu aufklärerischen Schriften zu erschweren, möglichst aber schon deren Druck oder Verkauf zu unterbinden. Immer wieder zeigt sich, dass sich die Religiosen den vereinten Angriffen von Politik und Denken unterlegen fühlten und sie zu Recht fürchteten, dass ihre eigenen Argumente zur Gegenwehr nicht ausreichten. Bezeichnend hierfür sind die in Tagebüchern und Korrespondenzen verbreiteten Klagen über die schlimmen Zeiten, in denen es außer von Gott keine Hilfe gebe. Ein Grund hierfür ist sicher, dass die Mönche auf ein Feld des freien Deliberierens und Argumentierens gezwungen wurden, das sie nicht gewohnt waren und das sich gerade für ihre dogmatischen Positionen schlecht eignete.

Im folgenden werden Verteidigungsschriften des st. petrischen Abtes Ph. J. Steyrer vorgestellt, in denen sich mit unterschiedlichen Anteilen theologische, philosophische und politische Überlegungen verzahnen. Freilich wird so nur ein spezifischer Ausschnitt der Kritik an der Aufklärung erfaßt, für den der Hintergrund die existentielle Bedrohung der eigenen Lebenswelt war. Steyrer gehörte zu denjenigen Religiosen, die im deutschen Südwesten am frühesten und entschiedensten gegen die Bedrohung von Kirche und Kloster publizierten.[28] Hatte er auch mit anderen Schriften den Schutz des Klosters im Sinn, insbesondere mit seinem „corpus juris sancti petrini", in dem er Stiftung, Sicherung und

Umfang der Klosterrechte festschrieb, aber auch mit der Lebensbeschreibung Bernhards von Baden, die darauf gerichtet war, sich das Haus Baden geneigt zu machen, so griff er in den 70er und 80er Jahren mit einer ganzen Reihe von Publikationen thematisch direkt in den Abwehrkampf ein.[29] Dabei gehört in unseren Zusammenhang zunächst seine anonym erschienene Schrift zur Verteidigung der Unauflöslichkeit der Ordensgelübde gegen den früheren, unter Pseudonym schreibenden Tennenbacher Zisterzienser Protasius Hoffmann.[30] Der Versuch, die Rechtfertigung des Protasius für seinen Austritt aus dem Kloster zu widerlegen, erfolgte von Steyrer in dem Bewusstsein, dass dieses Thema, wie oben gezeigt wurde, an die Grundfesten des Mönchtums rührte. Steyrer weist den Verdacht zurück, dass die Gelübde aus Herrschsucht eingeführt worden seien und spricht den Fürsten das Recht ab, diese auf Wunsch ihrer klösterlichen Untertanen lösen zu können.

Damit ist die heikle Frage angesprochen, dass die Klöster dem Staat keine Durchgriffsrechte auf ihre innere Ordnung zubilligen wollten, während das gängige Staatsverständnis solche privilegierenden Ungleichheiten nicht mehr tolerieren und auch dem durch Gelübde gebundenen Religiosen Teilhabe an bürgerlichen Freiheiten geben wollte. Genau dies hatte Steyrer im Blick, wenn er sich gegen den Vorwurf vom „bürgerlichen Tod" der Religiosen wehrte und deren Nutzen für den Staat durch Seelsorge und Bildung herausstellte, ihnen zugleich allerdings nur die bürgerlichen Freiheiten zubilligte, „die ihrem geistlichen Stand angemessen sind". Bereits in dieser Schrift werden die theoretischen und praktischen Schwächen der Verteidigungsstrategie offenkundig: Angesichts des Zeitgeistes war ein mit der „Reife der Vernunft" begründetes Profeßalter überzeugender als eines, das sich allein auf die kirchliche Tradition berufen konnte. Und wenn ein Landesfürst einen Mönch als Hofprediger berief, so legten es die politischen Machtverhältnisse unter Absehung des alten Rechts auf Selbstbestimmung nahe, ihn gehen zu lassen. Schließlich war auch der Hinweis auf die gängige Dispenspraxis als Beispiel für die klosterinterne Relativierung der Gelübde vom Abt nur schwer dadurch zu entkräften, dass die Gegenstände, von denen dispensiert werde, „keineswegs das Hauptwesen der Regel" ausmachten.

Gleich mehrere Streitschriften verfaßte Abt Steyrer in den Jahren 1783–1786, um die Aussagen der hauptsächlich von Freiburger Professoren getragenen Zeitschrift „Der Freymüthige" zurückzuweisen.[31] Deutlich werden Themen und Anlage der Verteidigung von den Kritikern vorgegeben: Wie diese das Schädliche, so belegt der Mönch den Wert seiner Lebensweise zunächst aus der Geschichte und hier zuvörderst mit den Auswirkungen in Seelsorge und Bildung.[32] Ebenfalls aus der Vergangenheit unterstreicht er, dass die Stiftung der Klöster, die deren materielle Voraussetzungen einschlossen, keine „Mönchserfindungen" waren, sondern auf Entscheidungen der weltlichen Herren zum eigenen und zum allgemeinen Wohl beruhten. Mit letzterem nimmt er schon im historischen Teil ein zentrales Postulat des neuen Staatsverständnisses auf und sucht es, im eigenen Sinne zu nutzen. Insofern weist er als „leeres Geschwätz" zurück, dass sich die Mönche „durchgehends als Feinde der weltlichen Macht erzeigen", ein Vorwurf, der dadurch erhärtet wurde, dass sich die „Häupter der Ordensleute", denen sie Gehorsam zu leisten hätten, im Ausland befänden. Während der „Freymüthige" die negative Haltung der Klöster zum Staat mit einem Zitat Gregors VII. belegt, dass aus ihrer Sicht „die weltliche Macht sey auf Anstiften des Teufels errichtet worden, dass sie keine Staatsbürger seyen und keine Vaterlandsliebe besäßen"[33], erhärtet Steyrer ihren Nutzen immer wieder mit dem Beitrag zur Bildung und die Staatstreue mit dem Pauluswort, dass es keine Gewalt als die von Gott gebe. Kann Steyrer für den wissenschaftlichen Wert der Klöster gute Beispiele benennen[34], so wird für ihn die Schwierigkeit deutlich größer, die als Aberglauben gebrandmarkte religiöse Praxis zu verteidigen. Hier bleibt ihm wie im zweiten Band, in dem er vor allem die Ohrenbeichte verteidigt, fast nur die Berufung auf die alte Tradition der Kirche, deren Lehre so freilich mit einem Zirkelschluß bekräftigt wird: Wenn er die Unfehlbarkeit der Kirche damit stützt, dass, falls sie es nicht wäre, „so wäre man auch nicht schuldig alles zu glauben, was sie uns zu glauben vorstellt", das heißt aus der Folgerung die Existenz begründet, setzt er dem „Freymüthigen" wenig Überzeugendes entgegen. Fast schlagkräftiger ist da sein Gegenvorwurf des Indifferentismus an die Freymüthigen: „Sie glauben nur, was sie wollen."[35]

Mit der dritten Schrift dieser Reihe hat Steyrer Anteil an der letzten Phase der Auseinandersetzung zwischen der älteren und der modernen Naturrechtslehre.[36] Er postuliert eine Vernunft, die, wie die Offenbarung von Gott kommend, dieser nicht entgegenstehen kann, sondern als wesentliches Merkmal des Menschen gerade diejenige Kraft des Verstandes ist, die ihn die Gebote Gottes verstehen läßt. Dies entsprach dem Gesetz der Natur, das die Menschen beachteten, bis die Vernunft vom Laster erfaßt wurde und deshalb eine neue Offenbarung des Naturgesetzes in den Mosaischen Gesetzen und im Erscheinen Christi notwendig geworden sei.[37] So ist Steyrer der Verfechter einer im Einklang mit der Offenbarung stehenden Vernunft, deren anthropologische Voraussetzung die Fallibilität, aber auch die zur Besserung führende Erkenntnisfähigkeit ist. Für den Menschen auftretende Widersprüche zwischen Ratio und Offenbarung sind für ihn ein Zeichen, dass das Evangelium die Fassungskraft der Vernunft übersteigt, was eben die Notwendigkeit der vorschreibenden Auslegung durch eine unfehlbare Kirche erweist. Rechtgläubigkeit und richtige Vernunft werden zu Synonymen für eine Geisteshaltung, die ohne weitere eigene Prüfung diese „unbetrügliche Auslegung" der Schrift von der Katholischen Kirche „als unfehlbare Wahrheiten erkennen und annehmen" läßt. Angesichts einer solchen, in sich konsequent kompromißunfähigen Ideologie, die sicher dadurch gestützt wurde, dass sich deren Träger existentiell bedroht sahen, war ein Dialog mit den Gegnern über zentrale philosophische Fragen kaum möglich. Wenn Steyrer gerade die Inhalte der christlichen Botschaft, die die Vernunft übersteigen und nur mit dem Glauben zu fassen sind, als Grund für die Notwendigkeit einer verbindlich auslegenden Instanz nennt und die Verständlichkeit der Glaubensformeln damit beweist, dass sie in der Heiligen Schrift stehen, bleibt er so innerhalb der sich auf Einsicht in Transzendenz berufenden Legitimationsmustern, dass er die hiermit für widerlegt geglaubten Anhänger einer nur durch Vernunft zu begründenden Religion wie Rousseau kaum beeindrucken konnte. Umgekehrt sahen letztere, die im Verständnis von Vernunft naturgemäß offener sein konnten, „alle überlieferten Ordnungen als dumpfe Beschränkungen der ursprünglichen Freiheit und Gleichheit des Menschen: Sie zurückzuholen, notfalls mit Gewalt, erhoben sich die Freiheitsbewegungen und Revolutionen des 18. Jahrhunderts..."[38]

Da die Veröffentlichung polemischer Schriften Steyrers wohl krankheitshalber vor 1789 endet, ist eine publizistische Reaktion auf die Französische Revolution selbst bei ihm nicht mehr festzustellen. In Briefen aus dieser Zeit kommt vor allem die Sorge vor Ausverkauf und Aufhebung der Klöster durch Österreich zum Ausdruck.[39] Auch aus anderer Korrespondenz gewinnt man den Eindruck, dass die Ereignisse von 1789 in den Klöstern des deutschen Südwestens zunächst mehr wie ein fernes, schlimmes Grollen wahrgenommen wurden, deren geistigen Hintergrund man zwar in der Aufklärung identifizierte und bekämpfte, die reale Bedrohung ging in dieser Zeit jedoch von Habsburg aus. Auch als sich im Laufe des Jahres 1789 die Gerüchte über die Französische Revolution verdichteten, war die reale Sorge der Klöster noch unverändert auf eine nächste Hofordnung über Aufhebung und Verkauf der Klostergüter gerichet.[40] So nimmt es nicht wunder, dass die klösterlichen Äußerungen auch im Spätjahr 1789 die Französische Revolution nicht als unmittelbare Gefahr nannten[41], sondern ihre Verteidigung den Duktus der erwähnten Schriften Steyrers beibehielten. Erst als mit den Flüchtlingen und so auch durch deren Brille gefärbt mehr Informationen aus Frankreich kamen, vor allem aber als mit dem Näherrücken des Krieges eine Übertragung der revolutionären Verhältnisse möglich schien, wird die Französische Revolution in den Verteidigungsschriften aus den südwestdeutschen Klöstern zum Menetekel. Beim Tod Steyrers war sein Kloster als Lazarett besetzt.

IV. Die Unterlegenheit der Klöster

Dennoch, es gäbe ein falsches Bild der Klöster im deutschen Südwesten in der Zeit der Französischen Revolution, sähe man sie nur in permanenter Existenznot. Örtlich verschieden, gab es in den hier behandelten 35 Jahren immer wieder Zeiten normalen monastischen Lebens mit traditioneller Disziplin, wissenschaftlicher, pädagogischer, karitativer und administrativ-politischer Tätigkeit. Dennoch standen die Klöster insgesamt unter dem Druck der sie kritisierenden, anfeindenden und bedrohenden Ideen und Handlungen.

Der Streit, ob die Vorwürfe der Aufklärer zutrafen, dauerte bis ins 20. Jahrhundert fort. Man wird für beide Seiten Argumente finden.[42] Dabei ist der wirkliche Zustand der Klöster, der je nach Interesse sehr verschieden dargestellt wurde, für unseren Zusammenhang vergleichsweise unerheblich, da es bei der Auseinandersetzung nicht um Teil- oder Symptomkorrekturen, sondern letztlich um den Willen zur Beseitigung der Klöster ging. Manchem mag die schlechte Verfassung einiger Klöster willkommener Vorwand gewesen sein, die Aufhebung zu forcieren. Nur ein kleiner und wenig wirksamer Teil der Kritiker hatte demnach die Reform der Klöster als ernstgemeintes Ziel, während umgekehrt auch nur einzelne Religiosen im Wandel der Stifte eine effektive Überlebenschance sahen[43] – eher nutzten sie den äußeren Druck, um innere Veränderungen als notwendig zu begründen.

Für unsere Fragestellung wichtiger ist die Zusammensetzung der gegnerischen Ideen und Personen, da dies aus der Rückschau differenziertere Aussagen über Inhalt und Struktur, Erfolg und Scheitern der Verteidigung ermöglicht. Wenngleich es sehr viel ältere Säkularisationsvorstellungen gab – verständlicherweise waren reichbegüterte, aber wehrlose Einrichtungen immer eine Versuchung zum Raub, begannen schon Ende des 17. Jahrhunderts die Anfeindungen der Klöster mit den Denkmustern, die schließlich in die Säkularisation mündeten. Dabei erhielt dieser Prozeß durch die Auflösung des Jesuitenordens und der beschaulichen Klöster nach 1770 eine andere Qualität, da nun nicht mehr die Aufhebung einzelner Institute wie der Reichenau, wofür es immer Gründe gegeben haben mag, sondern die ganzer Gruppierungen für rechtens erachtet wurde. Den in der ersten Phase der Aufhebungen Davongekommenen war nun bewusst, dass eine relativ beliebige Erweiterung der Auflösungsgründe ausreiche, um auch ihr Dasein zu beenden.[44]

Dies mußte für sie schon deswegen beklemmend sein, weil die Argumente, die seit Jahrzehnten für eine Beseitigung der Klöster vorgebracht wurden, auf die nach 1770 noch bestehenden zum Teil besonders zutrafen. Vor allem waren ja die größeren Abteien Träger politischer und wirtschaftlicher Macht und insofern in den Augen der Kritiker ein machtpolitisch stärkerer Hort mittelalterlichen Aberglaubens und überholter religiöser Praxis als z.B. die Bettelorden. Zugleich machte sie genau dies zu besonders begehrenswerten Objekten der Säkularisationswünsche. Ihre innere Ordnung widersprach, unabhängig davon, inwieweit sie mit alten Mönchsidealen in der Praxis noch übereinstimmte, allein durch ihre Strukturmerkmale etwa des Gehorsams oder der frühen und ewigen Profess dem neuen Menschenbild, das in dem ihm entsprechenden Staat keine Teilbereiche dulden mochte, die durch Vernunft nicht überprüf- und korrigierbar waren. So widersprach das Mönchtum dem neuen Verständnis menschlicher Natur. Es stand nach Auffassung seiner Kritiker der Wissenschaft und freien Erziehung im Wege. Die machtentfaltende Lebensweise der Prälaten war ihnen ein öffentliches Zeichen für inneren Müßiggang und Ausbeutung nach außen. Ein Zusammenhang von innerer Krise des Mönchtums sowie seiner Verachtung und radikalen Anfeindung von außen mit der Schwäche des Widerstands gegen die aufgezwungene Säkularisation ist plausibel.[45] Es erklärt, weshalb die mit der Aufklärung gehenden Mönche die Klöster nicht mehr für regenerierbar hielten und sie daher, indem sie sie verließen, zusätzlich schwächten. Es erklärt damit freilich nicht, weshalb sich die Klöster in einem längerfristigen Prozeß in diese ausweglose Lage hatten drängen lassen. Noch schwieriger als dieses Mosaik der zumindest teilweise berechtigten Klagen machte die Verteidigung jedoch das diffuse Bild der Ankläger. Wie bei den Ideen verbanden sich auch hier inner- und außerkirchliche Kritiker zu einer für die Klöster letztlich vernichtenden Koalition. So fanden sich Gegner unter im Kloster verbliebenen[46] und unter ausgetretenen Mitbrüdern, beim weltlichen Klerus[47], vielfach in der Funktion von Universitätsprofessoren, dann bei den politischen Ratgebern der Fürsten und schließlich unter diesen selbst, die aus verschiedenen Motiven mit dem neuen Geist sympathisierten und sei es nur, um sich dem traditionellen Eherecht zu entziehen. Aber auch Schriftsteller und Intellektuelle verschiedenster Provenienz und Interessen[48] waren in dieser wenig kalkulierbaren und daher oft mehr punktuell als systematisch zu bekämpfenden Front zu finden.

Dass sich die Verteidigung Anfang des 19. Jahrhunderts letztendlich als vergeblich erwies, mag in der Synergie so unterschiedlicher Kontrahenten eine wichtige Ursache haben. Die Klöster kämpften gegen die Ideen der Aufklärer, die doch nur den Boden bereitet hatten, während sie bis zuletzt ihre Stütze in den Fürsten sahen und sich selbst diesen als solche anboten, obwohl man an den Höfen seit längerem darauf spekulierte, mittels der oft zu hoch eingeschätzten Klostergüter die Finanzen zu sanieren. Die Klöster kämpften noch 1790, als seien sie wie unter Joseph II. von einer primär religionspolitischen Maßnahme bedroht, während doch gleichzeitig ihre Aufhebung unter machtpolitischen Vorzeichen beschlossen wurde. Statt dass die verschiedenen kirchlichen Institutionen in dieser Situation mit einer auf Solidarität beruhenden Macht reagierten, traten jetzt unter dem äußeren Druck z. B. die Animositäten zwischen Bischöfen und Klöstern zutage. Neben wenigem gemeinsamem Vorgehen in überkommenen Organisationen suchte jede Abtei „ihren" Fürsten gerade gegen sich verbindlich zu machen, um so wenigstens die eigene Existenz zu retten.[49] Es mußte ein aussichtsloser Kampf sein, das revolutionäre Frankreich als drohendes Menetekel erscheinen zu lassen und gleichzeitig die eigenen Landesherren als Garanten der Sicherheit herauszustellen, wenn Frankreich gar nicht mehr an einem Export seiner neuen Verhältnisse interessiert war, während die deutschen Fürsten vom französischen Umgang mit Klöstern gelernt hatten und diesen mit französischer Hilfe nachzuahmen suchten.

Dass man von seiten der Klöster das revolutionäre Frankreich zum Hauptgegner machte, war angesichts der Revolution und der bestehenden Machtverhältnisse verständlich, verbesserte aber die Überlebenschancen keineswegs, wenn die kleinen Landesherren eben in dieser Zeit zur Ausweitung ihrer Territorien auf geistliche Güter um die Gunst Frankreichs buhlten. So stilisierte man Frankreich, dessen Bild gerade in den südwestdeutschen Klöstern vor allem von Emigranten[50] geprägt wurde – vielleicht auch dadurch, dass eine große Zahl ehemaliger

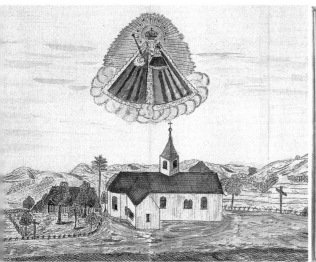

Wallfahrtskirche Lindenberg um 1500

Der trauernde Abt Steyrer vor den Ruinen der auf Befehl Joseph II. abgerissenen Lindenbergkirche

Religiosen in Frankreich ihr Heil suchte, zu einem Reich des Bösen, obwohl die reale Gefährdung des Fortbestands nicht einmal während der Zeit der französischen Besetzung von dort ausging. Die Gefahr näherte sich von seiten der eigenen Landesherren, die man zumindest nach außen noch immer als die Garanten der eigenen Sicherheit in Pflicht zu nehmen suchte. Die oben erwähnten Brief- und Tagebuchstellen sind freilich ein Hinweis, dass man dieser Klasse der früheren „Guttäter" auch nicht mehr wirklich traute, der Appell an diese so eher zu einem Symptom für den Mangel an effektiven Machtmitteln zum eigenen Schutz wurde.

Aus der Rückschau ist leicht zu urteilen, dass die Verteidiger der Klöster nicht zuletzt deswegen erfolglos blieben, weil sie sich die falschen Gegner, die falsche Taktik und teilweise die falschen Themen ausgesucht hatten. Aber auch dann, wenn sie sich in politischer Solidarität gegen die eigentliche Bedrohung gewandt hätten, wären sie wohl kaum zu retten gewesen. Die Säkularisation war Anfang des 19. Jahrhunderts ein durch die Ideen der Aufklärung seit langem vorbereitetes, nun erreichbar gewordenes Ziel[51] eines politischen Prozesses, in dem die Französische Revolution nur ein, wenngleich nicht unerheblicher Faktor war.[52] Die Klöster aber hatten dieser machtpolitischen Entscheidung weder mit eigenen Mitteln noch mit der Berufung auf alte Rechte viel entgegenzusetzen. Ihre alten Sanktionsmittel hatten an Wirkung verloren, und ihre früheren Verbündeten und Beschützer waren nun selbst zum Träger und Vollstrecker der Säkularisation geworden.

ANMERKUNGEN

1 Umfangreichere Erstfassung: „Der politisch-literarische Kampf um die südwestdeutschen Klöster in der Zeit der Französischen Revolution", in: Hans-Otto Mühleisen, Die Französische Revolution und der deutsche Südwesten, München/Zürich 1989, 203–263.

2 Vgl. Rudolf Reinhardt, Die Beziehungen von Hochstift und Diözese Konstanz zu Habsburg-Österreich in der Neuzeit, Wiesbaden 1966, bes. die Einschätzung der Eingriffe in das Innere der Kirche, 299 ff; zum Thema Klassizismus und Revolution vgl. Michael Stürmer, Scherben des Glücks, Berlin 1987.

3 Dies liegt in der Konsequenz einer Staatstheorie, wie sie Ernst Rudolf Huber, Deutsche Verfassungsgeschichte seit 1789, Bd. 1, Reform und Restauration, Stuttgart et al., 2/1967 (1/1957) formulierte: „Mit dem Anspruch auf nationale Einheit und Freiheit nahm die bürgerliche Bewegung der europäischen Völker den Kampf auf gegen die altständische Gesellschaftsordnung und die in ihr geltende Vorherrschaft der privilegierten Gruppen des Adels und des hohen Klerus, gegen die Fesselung der freien Entfaltung des Geistes durch kirchliche und staatliche Bindungen und gegen das Obrigkeitssystem des absoluten Wohlfahrts- und Machtstaates, der das Bürgertum von der politischen Mitbestimmung ausschloß...In Deutschland aber bedurfte es des Bruchs mit der übernationalen Reichstradition, mit der gefestigten Eigenstaatlichkeit der größeren Territorien und mit der eingewurzelten Eigenständigkeit der unübersehbaren Vielzahl der kleineren geistlichen und weltlichen Herrschaften, wenn ein moderner Nationalstaat entstehen sollte."

4 Vgl. hierzu Germania Benedictina Bd. V, Die Benediktinerklöster in Baden- Württemberg, bearb. v. Franz Quarthal, Ottobeuren 1975, 66.

5 Vgl. Begleitband zur Landesausstellung Baden-Württemberg 2003, Alte Klöster-Neue Herren; vgl auch. Reinhardt, Beziehungen (wie Anm. 2), 227 und Peter Wende, Die geistlichen Staaten und ihre Auflösung im Urteil der zeitgenössischen Publizistik, Hist. Studien, H. 396, 1966; speziell zu Klöstern im späteren Baden: Hermann Schmid, Die Säkularisation der Klöster in Baden 1802-1811, in: Freiburger Diözesanarchiv (FDA), 1978, 171–352, mit Literaturhinweisen 171–173, Anm. 1 u. 3 und 191, Anm. 47 zum Begriff: Arno Baruzzi, Zum Begriff und Problem „Säkularisierung"„, in: Anton Rauscher (Hrsg.), Säkularisierung und Säkularisation vor 1800, München et al., 1976, 121–134.

6 Konstantin Maier, Auswirkungen der Aufklärung in den schwäbischen Klöstern, in: Zeitschrift für Kirchengeschichte, 1975, 329–355, hat in einer materialreichen Studie „die Kritik in schwäbischen Klöstern an der Zeit zwischen Aufklärung und Französischer Revolution", 332–342, unterteilt in Kritik an Plänen zur Reform der Kirche („Gallikanismus"), an den Reformen durch die Landesherren (Eingriffe in die Temporalia) und an der Aufklärung.

7 Der Begriff des deutschen Südwestens wird hier analog zu Karl S. Bader (Der deutsche Südwesten in seiner territorialstaatlichen Entwicklung, Sigmaringen 1978, 1 / 1950, 12/ 13) auf den alemannisch-schwäbischen Siedlungsraum vom Oberrheinland zum inneren Schwaben angewandt. Wenn dieser Raum geographisch, politisch und wohl auch in der Mentalität seiner Bewohner große Differenzen aufweist (vgl. Friedrich Maurer/Hans-Walter Klewitz, Oberrheiner, Schwaben, Südalemannen 1942, Arbeiten vom Oberrhein Bd. 2, und Klaus Koziol, Badener und Württemberger, Stuttgart 1987), so rechtfertigt neben der Einheit des Siedlungsraumes die Ähnlichkeit des Schicksals in der hier untersuchten Zeit diese Abgrenzung.

8 Wolfgang Müller, Die Klöster St. Märgen und Allerheiligen (Freiburg), in: FDA 1969, 103; eine Gegenüberstellung der „Verlusts-Masse der erblichen Reichsstände" und der geistlichen Entschädigungsgüter bei Rudolfine Freiin von Oer, Die Säkularisation 1803, Göttingen 1970, 19-21; eine Aufstellung der 1803 säkularisierten süd-westdeutschen „Mannsklöster" in Germania Benedictina (wie Anm. 4), Bd. V, 103.

9 Vgl. Wolfgang Müller, Martin Gerbert, Abt, Landesherr, Wissenschaftler, in: Heinrich Heidegger/Hugo Ott (Hg.), St. Blasien, München- Zürich 1983, 130.

10 Siehe z.B. Kurt Schmidt, Thaddäus Rinderle, Mönch und Mathematiker, St. Ottilien 1981, bes. 81 – 112; dass die Rolle von Mönchen an Universitäten konfliktträchtig sein konnte, zeigt ein heftiger Streit Rinderles mit Karl von Rotteck über die Besetzung eines Lehrstuhls für Logik, Metaphysik und Praktische Philosophie, der über fünf Jahre mit üblichen fakultätsinternen Bissigkeiten und Intrigen ausgetragen wurde und der zumindest einen Grund in den tiefgreifenden weltanschaulichen Differenzen von Hochschullehrern von so unterschiedlicher Provenienz und Geisteshaltung hatte (vgl. ebenda 122-127, und Hermann Kopf, Karl von Rotteck – Zwischen Revolution und Restauration, Freiburg 1980).

11 1788 beklagte der Abt von Wiblingen (Brief an Martin Gerbert vom 18. Febr. 1780, in Briefe und Akten des Fürstabtes Martin 11. Gerbert von St. Blasien 1764- 1793, hrsg. von der Kommission für geschichtliche Landeskunde in Baden-Württemberg, bearb. von Wolfgang Müller, 11. Bd., Wissenschaftliche Korrespondenz 1782- 1793, Karlsruhe 1962, 128/129), dass der „Nachwuchs wegen bisher eingestellter Aufnahmsfreiheit, dann auswärtiger Bildung in Seminario nur gar zu sehr erschwert wird".

12 Zu dieser Einschätzung Heribert Hummel, Zum kirchlichen Anteil an der Auflösung von Klosterbibliotheken im Zeitalter der Säkularisation, in August Heuser (Hg.), „.... und muß nun rauben lassen...", Zur Auflösung schwäbischer Klosterbibliotheken, Rottenburg/Stuttgart 1988, hier 44/45.

13 Vgl. Hans-Otto Mühleisen, Das Birnauer Thesenblatt, in: Bernd M. Kremer, Barockjuwel am Bodensee, 250 Jahre Wallfahrtskirche Birnau, Lindenberg 2000, 114 – 132.

14 Vgl. hierzu z.B. die Vorschläge Martin Gerberts für eine Studienreform im gesicherten öffentlichen Bereich, die mit Wiener Vorstellungen in Einklang stehen sollten (Alfons Deissler, Martin Gerbert als Theologe, in: Heidegger/Ott, St. Blasien <wie Anm. 9>, 144).

15 Vgl. von Oer, Zur Beurteilung der Säkularisation von 1803, in Festschrift für Hermann Heimpel, Göttingen 1971, 511-522.

16 Vgl. hierzu die Charakterisierung der Prälaten als volkstümlich aufgrund ihres Herkommens bei Hermann Tüchle, Von der Reformation zur Säkularisation, Stuttgart 1981, 232-236.

17 Germania Benedictina (wie Anm. 4), Bd. V, 102/103.

18 Vgl. Fritz Geier, Die Durchführung der kirchlichen Reformen Josephs II. im vorderösterreichischen Breisgau, Stuttgart 1905, 146/147. Im Protokoll der außerordentlichen Reichsdeputation von 1803 war es dann ausdrücklich formuliert, dass die Güter den Landesherren auch „zur Erleichterung ihrer Finanzen überlassen werden" (vgl. Hermann Schmid, Von der Sozialpflichtigkeit säkularisierter Kunstgegenstände, in: FDA, 1986, 262, Anm. 35).

19 So in einem Schreiben der vorderösterreichischen Regierung an Gerbert am 31. Juli 1788 (Martin Gerbert, Briefe und Akten, Bd. 1, Politische Korrespondenz 1782- 1793, Karlsruhe 1957, 135).

20 Die beste Zusammenfassung der Gründe gegen eine Auflösung der Klöster bei Eberhard Weis, Die Säkularisation der bayerischen Klöster, München 1983, 26-31.

21 Eine gute Übersicht zu den Vorwürfen bei Bonifaz Wöhrmüller, Literarische Sturmzeichen der Säkularisation, in: Studien und Mitteilungen zur Geschichte des Benediktinerordens, 1927, 12-42.

22 Staatslexikon, Bd. VIII, 1847, (1/1840), 240–264.

23 Hierzu Diethelm Klippel, Naturrecht als politische Theorie. Zur politischen Bedeutung des deutschen Naturrechts im 18. und 19. Jahrhundert, in: Hans Erich Bödeker/Ulrich Herrmann (Hg.), Auf-

klärung als Politisierung – Politisierung als Aufklärung, Hamburg 1987, 267 – 293; zur Frage von Kontinuität über die Zeitenwende 1789/1806 hinweg auch Michael Stolleis, Reichspublizistik – Politik – Naturrecht im 17. und 18. Jahrhundert, in: ders. (Hg.), Staatsdenker im 17. und 18. Jahrhundert, Frankfurt 1977, 7-28.

24 Hierzu zum Vergleich das abwägende Urteil des kirchlichen Aufklärers Carl Schwarzel in einer Profeß- und Primizpredigt: „Über das Klosterleben und den Priesterstand gegen die heutigen Philosophen und Irrmeinungen"„ Bregenz 1804.

25 Vgl. Günther Müller, Die Wende vom Barock zur Aufklärung, in: Literaturwissenschaftliches Jahrbuch der Görresgesellschaft Bd. 8, 1936, 58-73 (mit einigen „zeitgemäßen" rassischen Erläuterungen).

26 Wöhrmüller, Literarische Sturmzeichen (wie Anm. 21), Kap II, 32 ff..

27 Tüchle (Von der Reformation wie Anm. 16), 284 nennt drei verschiedene Reaktionen der Klöster: 1. Einigeln und weitgehende Absage an die offenkundig schädliche Wissenschaft, 2. beißende Kritik gegen die Neuerer, 3. Anpassung durch Übernahme positiver Elemente aus der neuen Bewegung.

28 Zur Biographie siehe Franz Kern, Philipp Jakob Steyrer, 1749–1795 Abt des Benediktinerklosters St. Peter im Schwarzwald, in: FDA 1959.

29 Kern (Steyrer <wie Anm. 28>, 156- 163) nennt hierzu zwölf Titel, die z.T. jedoch nur indirekt zu belegen sind.

30 Eines aufrichtigen Katholiken Anmerkungen über des H. Priamus Sfontano menschenfreundliche Gedanken von der Unauflöslichkeit der Ordens-Gelübde, Straßburg 1771.

31 Vgl. hierzu den Brief Steyrers an Gerbert vom 18. Juni 1874, in dem er den Entschluß mitteilt, gegen die „gottlosesten Schriften der Freymüthigen" tätig zu werden, in: Briefe und Akten Martin Gerberts (wie Anm. 19), 1, 86/87.

32 Nöthige Anmerkungen über das neunte Stück einer Monatsschrift, Der Freymüthige genannt, von einer Gesellschaft zu Freyburg in Breisgau 1785, 14–17; zur Bekräftigung werden auch evangelische Zeugen genannt (ebd. 57758).

33 Ebenda, 137.

34 Steyrer gehörte zu denen, die am entschiedensten für das Studium des Nachwuchses im eigenen Kloster kämpften und über die Professoren der Freiburger Universität sagte, dass sie „kaum etwas Nützliches" veröffentlichten (vgl. Kern, Steyrer <wie Anm. 28>, 138/139, Anm. 141).

35 Der Vorwurf des Indifferentismus gehörte zu den zentralen Argumenten der Gegenaufklärer, vgl. z.B. Ildefons Stegmann, Anselm Desing. Abt von Ensdorf 1699–1772. Ein Beitrag zur Geschichte der Aufklärung in Bayern, München 1929, 298/299.

36 Vgl. Hans Maier, Die Grundrechte des Menschen im modernen Staat, Osnabrück 2/1974, Kap. 1.

37 Nöthige Anmerkungen über des vierten Bandes erstes Stück einer periodischen Schrift, der Freymüthige genannt, von einer Gesellschaft in Freyburg im Breisgau 1786, 11–14.

38 Maier, Grundrechte (wie Anm. 36), 17.

39 Vgl. Briefe Steyrers an Gerbert vom 22. Oktober 1788 und Gerberts an Steyrer vom 23. Oktober 1788, in: Briefe und Akten (wie Anm. 19), 1, 136, in letzterem (134): „eine Compagnie, unter welchen auch ein paar Juden, (habe) dem Kaiser 30 Millionen angetragen ... für alle Klöster der Monarchie."

40 Brief Steyrers an Gerbert vom 27. Juni 1789, Briefe und Akten (wie Anm. 19), 143/144; hier der etwas hilflose Hinweis, dass Überlegungen über Maßnahmen „zur Abwendung des allen vorderösterreichischen Gotteshäusern bevorstehenden Umsturzes" notwendig seien.

41 Zu den Kenntnissen, die man über die Französische Revolution diesseits des Rheins hatte vgl. die Berichte bei Konstantin Schäfer, Am Rande der großen Revolution 1789–1792, in: Alemannisches Jahrbuch 1962/63, Lahr 1964, 310-386. Die Reaktionen im Badischen glichen „mehr einer etwas aus der Fasson geratenen übermütigen Volksbelustigung als den Wehen einer Revolution". Ein anderes Bild von der Bedrohlichkeit der Bauernaufstände 1789 zeichnet Karl Obser, Baden und die revolutionäre Bewegung auf dem rechten Rheinufer im Jahre 1789, in: ZGO, 1889, 212-247.

42 Eine beispielhafte Studie zu dieser Frage liegt für die Stadt Metz vor: Gerard Michaux, Les abbayes benedictines de Metz a la veille de la Revolution, in: Annales de l'est, 1979, 257-270.

43 Ein frühes Beispiel ist Abt Desing, der 1747- 1748 meinte, dass man drohende Schließungen dadurch verhindern könne, dass man sich ruhig verhalte und keinen Grund für Klagen böte (Stegmann, Desing <wie Anm. 35>, 328).

44 Eine Ahnung davon hatte Steyrer 1784 geäußert: „es werde bei uns gehen wie vor zeiten in Engelland" wo man mit Aufhebung der Mendicanten Klöster den Anfang und mit den Abteien das Ende gemacht hat." Brief Steyrers an Gerbert vom 18. Juni 1784", in : Briefe und Akten (wie Anm. 19), I, 86.

45 So Maier, Auswirkungen (wie Anm. 6), 355.

46 Besonders deutlich wird das Auftreten neuen Gedankengutes in einzelnen Klöstern oder in ganzen Provinzen oft erst bei der Einleitung eindämmender Gegenmaßnahmen; vgl. Beispiele bei Robert Schmitt, Simon Joseph (Gabriel) Schmitt (1766- 1855), Mönch der Aufklärungszeit, Koblenz 1966, 52.

47 Dieses Verhältnis zum Weltklerus führte zu polemisch-vergleichenden Publikationen wie z.B. die „Lichtvolle Gedanken eines redlich denkenden Freundes der ächten Aufklärung, Frankfurt/ Leipzig, 1788", Teil III: „Über Stifts- und Ordensgeistliche in einer Parallele". Das Ergebnis dieser Schrift ist, dass die Orden in bezug auf Bildung, Chorgebet und bei allen anderen Vergleichen besser dastehen als der Weltklerus (115 – 119); Hinweise auf die Spannungen im Protestantismus bei Friedrich Wilhelm Graf, Die deutschen Protestanten und die Revolution der Katholiken, Mskr., Augsburg, 1989.

48 Vgl. z.B. zur Rolle der Freimaurer den Brief von Abt Frobenius an Gerbert vom 3. Feb. 1785 (Akten und Briefe <wie Anm. 19>, 1, 95).

49 So ausdrücklich Roman Abt von Wiblingen an Gerbert am 18. Febr. 1788, (Akten und Briefe <wie Anm. 19>, 128/ 129): die Prälaten „wollen nur, ohne Rücksicht auf andere verbundene Gotteshäuser, die doch in gleicher Lage sind, das ihrige sicher halten." In diesem Schreiben wird auch deutlich, dass nicht einmal eine effektive Information unter den Klöstern möglich war.

50 Man schätzt, dass sich im vorderösterreichischen Breisgau und in Baden mehrere 10 000 Emigranten aufhielten. Ein aufschlußreiches Dokument zur Situation geflohener Kleriker in Süddeutschland sind die von Paulus Albert Weissenberger (in: Archives de l'église d'Alsace, 1978, 345–358) publizierten Tagebuchnotizen P. Karl Nacks, aus denen u. a. die Angst vor den Folgen bei Aufnahme von Emigranten, aber auch deren Rivalität untereinander und ihr vielfacher Wunsch nach Rückkehr in die Heimat sichtbar werden. Konkret wird ein solcher Vorgang bei Ablehnung eines Emigranten 1793 in St. Peter (Kapitelsprotokoll, 439): „Verum cum non litteris testimonialibus studiorum suorum nec alio syngrapho instructus adparuisset, a Capitulo rejicitur."

51 Vgl. Irmingard Böhm, Literarische Wegbereiter der Säkularisation, in: Studien und Mitteilungen zur Geschichte des Benediktinerordens, Bd. 94, 1983, 518-537.

52 Diese Deutung deckt sich mit der Interpretation der allgemeinen politischen Unruhen im deutschen Südwesten von Klaus Gerteis, Vorrevolutionäres Konfliktpotential in west- und südwestdeutschen Städten, in: Helmut Berding, Soziale Unruhen in Deutschland während der Französischen Revolution, Geschichte und Gesellschaft Sonderheft 12, Göttingen 1988, 74: „Im Gesamtpanorama der Konflikte waren die Unruhen in der Revolutionszeit nur Episode. Sie basierten weitestgehend auf vorrevolutionärem Konfliktpotential."

„Man will Geld und keine Klöster"
Die Säkularisation der Benediktinerabtei St. Peter auf dem Schwarzwald[1]

I. Das Kloster St. Peter als Teil des regionalen politischen Prozesses der Säkularisation zwischen 1796 und 1806

Am 26. November 1806 schreibt Ignaz Speckle, der letzte Abt von St. Peter, voll Bitterkeit und beinahe wie unter Schocksymptomen in seinem Tagebuch: „Halb betäubt, war mir Herz und Kopf voll und leer. Im Geschäft vergaß ich mich, vergaß, was vorging, und Gott leitete... Aber nach alledem ist nun doch nach 713 Jahren die Stiftung der Bertholde von Zähringen aufgelöset; aufgelöset bei Wiederherstellung des Titels der Hge von Zähringen durch den noch einzig übrigen Sprossen der Zähringer, Karl Friedrich, Markgraf von Baden, durch den Begründer des neuen zähringischen Hauses. Aufgelöset nach ausgestandenen Drangsalen eines mehr als zehnjährigen Krieges; nach dem harten Kampf mit den Maltesern, nach endlich erkämpfter guter Aussicht unter Ferdinand von Österreich... Aufgelöset ohne Aussicht, ohne Hoffnung einer künftigen gänzlichen Wiederherstellung; wird nur noch etwas zum Andenken gerettet."[2] Unter dem Eindruck der „ganzen Katastrophe", der endgültigen Aufhebung seiner Abtei schlägt der geschichtsbewusste Abt hier den Bogen von deren Gründung am Ausgang des 11. Jh.[3] zu den Ereignissen, die am Ende des Alten Reiches die Klöster – ideologisch durch die Aufklärung vorbereitet – aus materiellen Gründen zur politischen Verfügungsmasse werden ließen. Auch die Klöster, die wie St. Peter ökonomisch lebensfähig waren und hoffnungsvolle Zöglinge hatten, „auch wenn die Disziplin freilich nicht mehr die alte" war, hatten keine Chance, sich diesen politischen Prozessen zu entziehen. Das Wiener Angebot, so wie St. Blasien auch St. Peter in Österreich an einem neuen Ort und wohl auch mit neuem Namen fortbestehen zu lassen, bot dem Schwarzwälder Speckle und seinem Konvent keine akzeptable Perspektive. Zumindest bis zum Wiener Kongress gehörte Speckle zu denjenigen, die auf eine Rückkehr des Breisgaus an Österreich, für ihn natürlich verbunden mit einer Restitution seiner Abtei, hofften.

Immer wenn historische Vorgänge zu so eindeutigen Ergebnissen führen, liest sich die Geschichte aus der Sicht der Gewinner anders als aus der der Verlierer.[4] Das Tagebuch von Ignaz Speckle[5] ist für die Säkularisation auch durch die emotionale Färbung seiner Darstellung ein einmaliges Dokument, um Hoffnung und Verzweiflung im Kontext des Untergangs zumindest der Klöster zu begreifen, die um ihr Überleben gekämpft hatten. Dass andere, wie z. B. das benachbarte St. Märgen, die Aufhebung „munter und zufrieden" annehmen konnten, macht die Notwendigkeit der Differenzierung nochmals unter den Verlierern deutlich. Vergleichbares gilt für die Seite der Gewinner, auf der als Erster das neue badische Großherzogtum mit der Arrondierung seines Territoriums – und gleichzeitig der Auffüllung seines Budgets durch Klostergut – in den Blick kommt. Bedenkt man jedoch den dafür zu zahlenden Preis, das Wissen, dass man nichts aus eigener Kraft geschafft hatte, die Herabstufung zum Vasallen Napoleons und, durch die Mitgliedschaft im Rheinbund, die Mitverantwortung für das Ende des Alten Reiches, schließlich – gegen den Widerstand seiner Mutter und bestehende Heiratspläne mit Bayern – die Verheiratung von Erbprinz Karl Ludwig mit Stephanie de Beauharnais, deren Nichtstandesgemäßheit durch die Adoption durch Napoleon kaum kaschiert wurde, so wurden hier Weichen in Richtung neuer politischer Ordnungen gestellt, denen letztlich auch die Herrschaft des badischen Fürstenhauses zum Opfer fiel.

Ähnlich differenziert wird man die Situation auch des anderen großen Gewinners, Frankreich, sehen müssen. Zwar erreichte es nach Austerlitz mit dem Preßburger Frieden eine räumliche Distanzierung Österreichs vom Rhein. Es konnte nach den Erfahrungen der vorangegangenen 15 Jahre jedoch kein Zweifel sein, dass für Baden die Zugehörigkeit zu dem cordon sanitaire eher einer momentanen Macht- und Interessenlage entsprach, als dass es eine seiner Tradition und wohl auch langfristigen Perspektiven gemäße Konstellation gewesen wäre. Schließlich mussten und konnten sich auch die anderen an dem großen Länderschacher des frühen 19. Jh. im deutschen Süden beteiligten Staaten, Österreich, Württemberg und Bayern, mit Kompromissen zufrieden geben. Bestand doch für sie, wenn sich das Kriegsglück wieder wenden würde, die Hoffnung auf spätere erneute Korrekturen. Nur die Institutionen, deren Existenz aufgehoben wurde, hatten keine Chance mehr, sich an zukünftigen Machtspielen zu beteiligen. Insofern trifft Speckle die Situation genau, wenn er schreibt, dass dies eine Auflösung „ohne Hoffnung einer künftigen gänzlichen Wiederherstellung" sei.

Im Folgenden wird die ereignisgeschichtliche Darstellung der Vorgänge, die zur Säkularisation St. Peters führten, mit dem Schwerpunkt auf Baden mit deren Wahrnehmung durch die Betroffenen konfrontiert, wie sie Abt Speckle in seinem Tagebuch dokumentiert.[6] Unberücksichtigt bleibt dabei, dass sich unter den Klöstern in Vorderösterreich schon bald nach dem Amtsantritt Maria Theresias und verstärkt in der Zeit Joseph II. ein Gefühl der existenziellen Bedrohung breit gemacht hatte, das durch die verschiedenen Verbote von Orden oder die Aufhebung einzelner Klöster immer wieder neue Nahrung erhielt. Was man sich jedoch unter dem erzkatholischen Haus Österreich nicht hatte vorstellen können, war die Aufhebung aller Klöster. So reagierte man im Verlauf des 18. Jh. eher in der Weise, dass man die Bedeutung des jeweils eigenen Hauses im Sinne der von Wien signalisierten, den Ideen der Aufklärung entsprechenden Kriterien heraus stellte.[7] Erst mit den Erfahrungen der Französischen Revolution und der Gefahr, dass deren Umgang mit den Klöstern im Zuge der Kriegsereignisse auch rechtsrheinisch zur Anwendung kommen könne, stellte sich eine veränderte Bedrohungslage dar, die gemeinsame Gegenstrategien angezeigt erscheinen ließen. Die späteren Klagen Speckles über die unsolidarischen Äbte von St. Märgen und Schuttern sind Ausdruck dieser Zusammenhänge.

Waren die Klosteraufhebungen in Österreich im Lauf des 18. Jh. mehr Ausdruck eines neuen Verständnisses von Staat und Religion gewesen, wurden sie mit den Revolutionskriegen Funktion der internationalen Beziehungen und bald selbstverständlicher Teil materieller Manövriermasse. Als Baden bald nach dem Basler preußisch-französischen Separatfrieden und dem kurz danach wieder ausbrechenden Krieg seine Interessen gegenüber Frankreich durch eigene Verhandlungen zu sichern suchte, war die Säkularisation „aller in Baden gelegenen Stiftungen und Klöster, die mit Jurisdiktion ausgestattet seien," die Hauptforderung gegenüber Frankreich als Entschädigung für den Verlust der linksrheinischen Gebiete.[8] Auch die Sondervereinbarungen anderer Länder wie Württemberg und Bayern mit Frankreich und der Friede von Campo Formio 1797 ließen die Forderung Frankreichs nach Säkularisation der Klöster zu einem immer selbstverständlicheren Weg der Entschädigung werden. Mit der Zusage des Kaisers in den geheimen Artikeln des Vertrags, sich für die Abtretung der linksrheinischen Gebiete an Frankreich einsetzen zu wollen, akzeptierte auch dieser das Entschädigungsverfahren durch Säkularisation und stellte damit, wie durch den Basler Separatfrieden begonnen, die Weichen weiter in Richtung Ende des Alten Reiches.

Erst recht wurde durch die Erklärung der französischen Gesandtschaft auf dem Rastatter

Die Klosterlandschaft im deutschen Südwesten vor der Säkularisation

Kongress über die Entschädigung der linksrheinischen Verluste durch geistliche Güter und Herrschaften im Reichsgebiet die diesbezügliche Habgier der Fürsten befördert, „das Signal zur Plünderung gegeben". Zwar blieb der Kongress selbst erfolglos, aber die Säkularisation war als staatliches Handeln nun so etabliert, dass es bei zukünftigen Verhandlungen bis hin zum Reichsdeputationshauptschluss von 1802 als legitimes Substitutionsprinzip nicht mehr ernstlich in Frage gestellt wurde. Im Frieden von Lunéville 1801 wurde die Abtretung des linken Rheinufers an Frankreich und die Entschädigung der betroffenen weltlichen Fürsten durch das Reich, also durch die dort befindlichen geistlichen und tlw. städtischen Güter vereinbart. Noch ehe und während die Reichsdeputation in Regensburg an der Erstellung eines Entschädigungsplanes arbeitete, hatten sich vorab einzelne Staaten, darunter Baden, von Frankreich bereits Entschädigungen zusichern lassen und die entsprechenden Territorien besetzt, die ihre Verluste oft um ein Vielfaches überstiegen. Die diesbezüglichen Intentionen Bayerns, Badens und Württembergs deckten sich mit dem Interesse Frankreichs, durch die Stärkung der Mittelstaaten eine dritte, von ihm abhängige Kraft in Deutschland zu schaffen. Unterstützung gab es dabei vom russischen Zaren, der den mit ihm verwandten süddeutschen Dynastien auf diese Weise eine gute Ausstattung zukommen lassen konnte.

Mit der Erhebung des vierten Entschädigungsplanes zum Hauptschluss am 25. Februar und dessen Ratifikation durch den Kaiser am 28. April 1803 war die Auflösung der meisten geistlichen Herrschaften und fast aller Klöster durch ein Reichsgrundgesetz besiegelt. Aus völkerrechtlichen Friedensverhandlungen war somit deutsches Staatsrecht entstanden, das wesentliche Grundlagen des Alten Reiches beseitigte. Dass St. Peter wie auch St. Blasien, St. Märgen, Schuttern und Tennenbach und eine Reihe anderer Klöster zu diesem Zeitpunkt nicht aufgelöst wurden, hatte seinen Grund allein darin, dass der vorderösterreichische Breisgau – noch – nicht an Baden gefallen war. Als dies drei Jahre später durch die Rheinbundakte erfolgte, leitete der Großherzog sein Recht auf die dann rasch durchgeführte Klosteraufhebung trotz der Problematik der Gewährleistung konfessionellen Besitzstandes mit dem Stichtag 25. Februar 1803 aus § 35 des RDHS her, der den Landesherren das Recht zur Aufhebung aller Klöster gab und ihnen deren Vermögen zur freien und vollen Disposition stellte.[9]

Wie erwähnt war der Separatfrieden von 1796 der Ausgangspunkt einer badischen Säkularisationspolitik, die sich einerseits den allgemeinen Trend zur Einziehung kirchlichen Eigentums und andererseits die internationalen Beziehungen als Mittel einer staatlichen Politik zu Nutze machte, deren Ziel die Vergrößerung und Arrondierung des badischen Staatsgebietes war. Zehn Jahre später gehörte Baden zu den Mittelstaaten, die, wenn auch von Napoleons Gnaden, nicht zuletzt aufgrund der Verfügung über vormals kirchliche Güter für über 100 Jahre die Politik im süddeutschen Raum bestimmen sollten. Die Grundlinien der Säkularisationspolitik Karl Friedrichs, an denen sich in den folgenden Jahren nichts geändert hat, finden sich in den Instruktionen für die Friedensverhandlungen an Frhr. von Reitzenstein vom Juli 1796: „Gebietsarrondierungen durch Annexion geistlicher Territorien, Vereinheitlichung des Staates durch Ausschaltung klösterlicher Privilegien und Jurisdiktionsbezirke, Bereicherung des landesherrlichen Ärars durch Güter, Rechte und Gefälle stiftischer Klöster, Schonung der Schulklöster, die weiter im Sinne nützlicher und billiger Staatsanstalten tätig zu sein hatten."[10] Im geheimen Teil des Sonderfriedens erhielt der Markgraf die Zusicherung Frankreichs auf Unterstützung dieser Forderungen.

Auf dem Rastatter Kongress suchte Baden seit 1797 sein Interesse an der Ausweitung und Festigung seines Staatsgebildes mit Hilfe Frankreichs, als dessen „Handlanger"[11] es bald galt, durch Wegnahme geistlicher Güter zu realisieren, während ihm die Übernahme von Gebieten weltlicher Herren zu konfliktträchtig erschien. Demgegenüber hatten die geistlichen Herren angesichts ihrer machtpolitischen Situation auf diesem „Jahrmarkt", wie ein österreichischer Minister den Kongress bezeichnete, keine Chance auf Respektierung ihres Bestands. Was sich im 18. Jh. bereits gezeigt hatte, dass diese Gruppe angesichts der Bedrohung ihrer alten Rechte zu egoistischen Reaktionsweisen neigte, verschärfte sich angesichts der existenziellen Infragestellung nochmals: „Als aber alles dieses nichts verfangen wollte, fielen sie unter sich selbst voneinander ab; die Bischöfe fanden sich geneigt, gleichwohl die Güter der Klöster preiszugeben;.."[12]

Noch war der vorderösterreichische Breisgau samt seinen Klöstern nicht an Baden gegeben worden. Zwar gehörte er im Frieden von Campo Formio bereits zur Entschädigungsmasse, wurde zunächst jedoch nicht für Baden, sondern für den Herzog Hercules von Modena als Ausgleich für den Verlust italienischer Besitzungen verwendet. Da ihm die Einkünfte des Breisgaus jedoch zu gering erschienen, trat er die Herrschaft nicht an und erwog sogar, „den Breisgau an den Markgrafen von Baden für 6 Mill. fl zu verkaufen".[13] Für die ständische Ordnung im Breisgau, also auch für die Position der

Klöster änderte sich damit faktisch nichts. Komplizierter wurde die Lage für den Breisgau, als die Reichsdeputation in Regensburg im Herbst 1802 die Klöster im Breisgau dem Malteser-Orden als Entschädigung für seine linksrheinischen Verluste zusprach. Als der Ordensmeister Frhr. von Baldenstein zu Heitersheim im November 1802 die provisorische Besitznahme der Klöster verfügte, wies am gleichen Tag die vorderösterreichische Regierung die Klostervorsteher an, sich den Maltesern zu widersetzen und sich allenfalls französischem Militär zu beugen, falls dieses vom Ritterorden eingesetzt werden sollte. Die im Dezember 1802 zwischen Frankreich und Österreich abgeschlossene Konvention besagte, dass der Herzog von Modena den Breisgau als unteilbares Ganzes zuzüglich der Ortenau erhalten sollte. Erst auf massiven Druck von Kaiser Franz erklärte sich der Herzog nun zur Annahme des Breisgaus als Entschädigung bereit. Sein Schwiegersohn, Erzherzog Ferdinand, ließ im Februar 1803 an den Klöstern ein Patent über die Zugehörigkeit zur modenesischen Landeshoheit anschlagen, ohne dass dies einen Eingriff in deren Rechte bedeutete. Als die Malteser in Paris um Hilfe zur Durchsetzung ihrer Ansprüche nachsuchten, verwies man sie nach Wien, was insofern wenig aussichtsreich war, als der Erzherzog selbst im Herbst 1803 die Erbfolge des Herzogs von Modena antrat, so dass der Breisgau jetzt wieder habsburgisch war. Bis 1806 blieb die Rechtsfrage, die sog. Malteser-Frage ungeklärt, faktisch änderte sich durch die machtpolitischen Gegebenheiten für die Klöster bis zu diesem Zeitpunkt jedoch nichts, so dass sie die Säkularisation zunächst nur als Ereignis in den anderen Ländern kennen lernten. Für Österreich war der Besitz der Vorlande – ohne Rücksicht auf die Gefühle seiner Untertanen – offenkundig zunehmend mehr eine politisch-taktische Frage als eine der traditionellen Rechte und Verbindungen. 1804 gabe es in Wien Überlegungen, den Breisgau und die Ortenau wie als Puffer an Baden abzugeben, sofern Modena in Italien entschädigt werden könne.[14]

Was ihnen bevorstehen würde, wenn der vorderösterreichische Breisgau an Baden fiele, konnten sie an dessen Umgang mit den Klöstern auf seinem Territorium erahnen. Hatte Baden während des Rastatter Kongresses nicht unbedingt zu den Befürwortern einer Totalsäkularisation gehört, sondern eine solche nur, falls notwendig, befürwortet, hatte es mit dem RDHS die rechtliche Handhabe für eine umfassende, also ohne durch Zweckbindung beschränkte Disposition über das Ordensvermögen erhalten. Während die sieben Reichsstädte, die mit dem RDHS an Baden fielen, keinen großen materiellen Nutzen brachten, versprachen die angefallenen Teile der Hochstifte Speyer, Straßburg und Basel, das Bistum Konstanz und die acht Abteien (Salem, Petershausen, Gengenbach, Ettenheimmünster, Allerheiligen, Schwarzach, Frauenalb, Lichtental) Einkünfte von insgesamt etwa 675 000 fl. Dem standen zunächst Ausgaben für Pensionen in Höhe von 250 000 fl. entgegen, die sich jedoch auf natürliche Weise bald reduzieren würden. Wenn man etwa denselben Betrag zur Erreichung so günstiger „Entschädigungen" (die neuen Landesteile übertrafen die linksrheinischen Gebietsverluste um das 7,5 fache) zunächst nochmals als Bestechungsgelder hatte investieren müssen, so amortisierte sich diese Summe bereits mit den Einkünften im ersten Jahr.

Nach einer provisorischen Besitznahme der neuen Landesteile Ende 1802, führte im Frühjahr 1803 die staatliche Neuorganisation des Gesamtlandes Baden schnell zum Ende der alten Klöster. Unter den 13 Organisationsedikten regelte das IV. OE[15] Aufhebung und Fortbestand der Ordenshäuser, wobei die faktische Entwicklung letztlich mit wenigen Ausnahmen in kurzer Zeit zur Aufhebung der Klöster führte. Dieses blieb die rechtliche Grundlage der gesamten badischen Säkularisationspolitik, also auch für die St. Peter und die anderen jetzt nochmals davongekommenen Abteien betreffenden Vorgänge in den Jahren 1805/1806. Wenn in diesem OE der Abtei Lichtental und dem Collegiatstift Baden das, wenn auch eingeschränkte Fortbestehen unter ausdrücklichem Verweis auf ihre Funktion als Grablege des badischen Hauses zugesichert wurde, versteht man zunächst die Hoffnung und 1806 die umso größere Bitterkeit in St. Peter, das sich ja zurecht als das zähringisch-badische Stammkloster verstand, dass dieser Erhaltungsgrund nicht auch für die älteste badische Grablege gelten sollte. Insgesamt muss das IV. OE, das eingangs erklärt, dass den Klöstern ihre Jurisdiktion sowie die Verwaltung ihrer Güter, Patronatsrechte und Gefälle (Steuereinnahmen) abgenommen sei, den selbstbewussten Prälaten eine tiefe Demütigung gewesen sein. Das Recht auf Armenfürsorge wurde ihnen ebenso genommen wie der Freiraum der Kirche (Kirchenasysl) und ihre Festtagsornate waren aus badischer Sicht nur noch Zeichen ihres prunkhaften Auftretens. Die wenigen Institute, die aus Nützlichkeitserwägungen erhalten bleiben sollten, standen ab jetzt unter dem Vorbehalt des permanenten Nachweises ihrer Existenzberechtigung unter dem Vorzeichen des neuen, von der Aufklärung und protestantischem Denken geprägten Staatskirchenverständnisses. Für Lichtental und Gengenbach galt, dass sie, gutes Betragen und Gemeinnützigkeit vorausgesetzt, erst wenn sich die Zahl ihrer Konventualen auf zwölf reduziert hätte, beim Landesherrn wieder um die Genehmigung zur Aufnahme von Novizen einkommen könnten. Die verbleibenden Kommunitäten wurden der Aufsicht der staatlichen Kirchen-Kommission unterstellt, mit der Abwicklung der Klöster jeweils einzelne Beamte mit einer gesonderten Kommission beauftragt.

Im III. Koalitionskrieg (1805/1806) waren die drei süddeutschen Staaten nach anfänglichem Zögern unter Zusicherung weiterer Gebietszuteilungen von Beginn an auf französischer Seite in die Kriegsereignisse einbezogen. Seit 1804 war es zwischen dem badischen Fürstenhaus und Napoleon beschlossene Sache, dass bei nächster Gelegenheit der gesamte Breisgau an Baden fallen sollte.[16] Im Grunde war seit diesem Zeitpunkt auch das Schicksal der Abtei St. Peter entschieden. Nach dem Sieg Napoleons in der Dreikaiserschlacht bei Austerlitz am 2. Dezember 1805 setzten sich in Wien trotz der harten französischen Konditionen die Befürworter eines Friedensvertrags durch: In dem am 26. Dezember in Preßburg unterzeichneten Frieden musste Habsburg alle Gebiete westlich des Arlbergs an die süddeutschen Staaten abgeben.[17] Zudem hatte es der Verleihung der Königswürde an Bayern und Württemberg zuzustimmen. Baden musste sich mit dem Titel eines Großherzogs, ergänzt um den Zusatz königliche Hoheit, begnügen. Die konvenabelste Erklärung hierfür ist, dass Reitzenstein angesichts der geringen Größe des Staates die Königswürde für Baden hintertrieben habe.[18] Bereits in den Tagen zuvor hatte Frankreich mit den einzelnen Staaten vertragliche Abmachungen über die Verteilung der österreichischen Beute getroffen. Dies war ebenso Teil der Vorbereitung einer neuen Staatenkonstellation wie die ehelichen Verbindungen der Familie Napoleons mit den Fürstenhäusern in Bayern und Baden. Dass sich die Gründung des Rheinbundes als neuem französischem Verteidigungsbündnis, das das Alte Reich auch staatsrechtlich beendete, dann bis zum Juli 1806 hinzog, hing nicht nur mit den französischen Vorstellungen über das Ausmaß der Abhängigkeit seiner Mitglieder von Frankreich, sondern auch mit den Streitigkeiten der Staaten untereinander über die neuen Grenzen zusammen, was nicht zuletzt die Abtei St. Peter nochmals belastete.[19]

Baden erhielt zu den durch den RDHS zugesprochenen Gebieten hinzu jetzt den gesamten Breisgau, die Ortenau und die Stadt Konstanz. Wenn auch nicht alle Träume von einem noch größeren Baden in Erfüllung gingen – Württemberg und Bayern waren geschickter gewesen[20] -, so wurde doch das lange verfolgte Ziel eines durchgehenden Staatsgebietes vom Main bis an den Bodensee erreicht.[21] Ganz im Sinne einer zehn Jahre zurück liegenden Äußerung Karl Friedrichs hatte man die vorderösterreichischen

Gebiete erst übernommen, als sie gänzlich der Verfügung Frankreichs unterstellt waren.[22] In Frankreich hatte es seit Mitte der 90er Jahre Pläne gegeben, die rechtsrheinischen vorderösterreichischen Gebiete an Baden zu übertragen. Als den Politiker mit der größten Verantwortung für die Neugestaltung des Badischen Staates, der über den gesamten hier betrachteten Zeitraum dessen Ausdehnung um den Preis weitgehender Abhängigkeit von Napoleon betrieben hatte, wird man Frhr. Sigismund von Reitzenstein bezeichnen müssen.[23] Erst seine Intervention bei Talleyrand nach Abschluss des Vertrags mit Baden am 12. Dezember 1805 eröffnete ihm die Aussicht, dass nun auch die letzten im Breisgau noch bestehenden Stifte dem badischen Staat zur Ausbeutung zur Verfügung standen. Das Wort von den bigotten und unwissenden Prälaten zeigt seine Einschätzung der alten Abteien, die ihm als Erster Stand ein Hemmschuh der Umsetzung seiner Staatsauffassung und daher allein unter materiellen Gesichtspunkten von Interesse waren: „eine solche dem öffentlichen Wohle feindselige Verfassung zuerst aufheben". Mit dem Preßburger Frieden am 26. Dezember musste auch Österreich den Anfall des Breisgaus an Baden anerkennen.[24]

Schwierigkeiten entstanden mit Württemberg wegen des Grenzverlaufs im Südschwarzwald.[25] Der Vertrag mit Württemberg, später Teil des Preßburger Vertrags, sprach diesem einen Teil des Breisgaus bis hin zum Mohlbach zu, ein Gewässerlauf, den es mit dieser Bezeichnung auf aktuellen Karten jedoch nicht gab. Württemberg interpretierte den Namen als Möhlin, was ihm fast den ganzen Breisgau eingebracht hätte. Nachdem sich Baden bei der Besitznahme 1803 zunächst zurück gehalten hatte, wollte es angesichts der drohenden Probleme nun das Terrain nicht wieder den Württembergern überlassen. Nachdem auf Antrag Reitzensteins gleich Anfang Januar 1806 eine Besitznahmekommission mit militärischer Unterstützung auf den Weg geschickt worden war, musste man diese jedoch bei Emmendingen wieder anhalten, da ein Schreiben Napoleons die Inbesitznahme des Landes durch einen französischen Kommissär geregelt haben wollte. Dieser sollte zuvor die noch ausstehenden Kriegskontributionen aus den vorderösterreichischen Landen einziehen. Da die noch im Land stehenden französischen Truppen der Anweisung Napoleons Nachdruck verliehen und das von ihm abhängige Baden die Inbesitznahme unterbrach, nutzten die Württemberger die Situation aus und besetzten ihrerseits große Teile des Breisgaus.

Baden blieb nur, die Besitznahmekommission umzubenennen und sie mit der Nomenklatur „zur Wahrung der badischen Interessen"[26] nach Freiburg zu schicken. Ihr gehörten an Frhr. von Drais-Sauerbronn (als erster Kommissar), Hofratsdirektor Stoesser sowie der geh. Referendar Maler und Hofratsassessor Oehlenheinz. In der Instruktion an die Kommission vom 4. Januar war neben der Auflösung der Stände die Aufhebung der Klöster bereits klar definiert. Die erste Amtshandlung von Drais nach seiner Ankunft in Freiburg war, dass er am 16. Januar den Klöstern in einer schon im Ton diskriminierenden Kundmachung jeglichen Verkauf von Dingen verbot, der „nicht durch die ordentliche Verwaltung bedingt sei".[27] Rückwirkend wurden alle Veräußerungen seit dem 1. Januar für ungültig erklärt – man wollte verhindern, dass die Kommunitäten auf diese Weise Vermögenswerte wenigstens in Geldform retteten. Aufgrund der Erfahrungen von 1803 schickte man gleichzeitig den Karlsruher Galleriedirektor Becker zur Erstellung von Kunstwerkverzeichnissen durch alle Klöster.

Realisiert konnten die Maßnahmen zunächst jedoch nicht werden, da, wie erwähnt, Württemberg die Zeit genutzt und seinerseits nicht nur die ihm zugesprochenen Enklaven, sondern auch die Abteien St. Blasien, St. Peter und St. Märgen in Besitz genommen hatte. In der direkten Konfrontation mit Württemberg war Drais bei der jeweiligen Inbesitznahme unterlegen, so dass erst das Eingreifen Frankreichs durch

Ernennung eines Bevollmächtigten bei der Grenzabsteckung im Breisgau die Situation für Baden verbesserte. Am 18. Februar begann der württembergische Rückzug aus den umstrittenen Gebieten, so dass nun der Weg frei war für die badische Inbesitznahme. Bis zuletzt hatte Württemberg jedoch gehofft, wenigstens die Abteien St. Peter und St. Märgen behalten zu können. Für die Zeitgenossen überraschend lehnten die französischen Offiziere nach der für Baden günstigen Grenzziehung die ihnen offerierten Geschenke ab. Am 15. April wurde der Breisgau durch General Monard offiziell an Baden übergeben.

Die Frage der Klosteraufhebung war freilich zuvor schon entschieden. Bei der Besprechung Reitzensteins am 20. Dezember in Wien hatte Talleyrand ihm auf entsprechende Fragen erklärt, dass die Verleihung der Souveränität gerade den Sinn gehabt habe, „den Staaten die Möglichkeit der Aufhebung der Landstände zu geben". Reitzenstein selbst hatte die Überzeugung, dass die Aufhebung der „verotteten" Breisgauer Landstände notwendig sei: „Hier würde man im Prälatenstand den bösen Geist eines bigotten, ohnwissenden, herrschsüchtigen und eigennützigen Clerisei zu bekämpfen haben". Da man auch bei der Bevölkerung keine Unruhe im Falle der Aufhebung der Landstände erwartete, konnte Drais am 30. Januar, also noch vor der offiziellen Übernahme Badens die Klöster für aufgehoben, „dadurch die bisherige Verfassung beseitigt, das Recht der Landesrepräsentation und der ordentlichen Versammlung als corpus erloschen" erklären.[28] Er berief sich bei dieser, bei den Betroffenen „mit niederschlagendem Schmerz" aufgenommenen Erklärung ausdrücklich sowohl auf die badische Souveränität wie auf die Garantie Napoleons.[29] Um das große Interesse Badens an der Säkularisation richtig verstehen zu können, ist deren doppelter Effekt zu beachten: Mit der Aufhebung der einzelnen Klöster und des damit verbundenen materiellen Gewinnes wurden zugleich Institutionen beseitigt, die Träger uralter Verfassungsorgane waren. Denn, war der erste Stand nicht mehr existent, ließ sich dies so deuten, dass damit die gesamte Standesorganisation hinfällig war. Damit war, ohne dass ein weiterer Eingriff in bestehendes Verfassungsrecht notwendig geworden wäre, der Weg für eine neue, zentral gesteuerte Staatskonstruktion freigemacht.

Die Proteste der Stände und Interventionen der Prälaten in Karlsruhe, Wien und Paris gegen die doppelte Aufhebung, der Klöster und der Verfassung, mussten angesichts des erklärten Staatswillens wirkungslos bleiben. Auch der Versuch des Johanniterordens, sein auf § 26 RDHS[30] beruhendes Recht an den Breisgauer Klöstern geltend zu machen, scheiterte trotz bayrischer Unterstützung und französischer Einwilligung an den realen Machtverhältnissen: „Am 18. März verfügte Napoleon, dass die Breisgauer Klöster und Stifter bei Baden bleiben sollten" und mit der Errichtung des Rheinbundes erhielt Baden dann auch Heitersheim.[31] Die Verwirrung in den ersten Wochen des Jahres 1806 konnte kaum größer sein: Während die badische Kommission gegen württembergische Inbesitznahmen zunächst wenig ausrichten konnte, ließ sie mit österreichischer Hilfe die von den Maltesern angeschlagenen Eigentumspatente wieder abnehmen, da die Bayern nicht militärisch gegen das verbündete Baden vorgehen wollten.

Nachdem die staatsrechtlichen Fragen seit März geklärt waren, begann die badische Kommission in den Klöstern mit der Bestandsaufnahme der verschiedenen Vermögenswerte. Am 10. Oktober verfügte Drais, dass St. Blasien und St. Peter nicht als völlig aufgehoben gelten, sondern als Kommunität fortbestehen sollten. Der Vorschlag, dass St. Peter als Filiale St. Blasiens fortbestehen sollte, macht das Unverständnis gegenüber der Klosterwelt und die Unernsthaftigkeit der Vorschläge zum modifizierten Fortbestehen der beiden Abteien deutlich. Angesichts der späteren Unterstellung unter Ortspfarrer und Landdekan zeigt sich, dass ein wirklicher Wille zum Erhalt auch nur einzelner Klöster nie vorhanden war. St. Blasien wählte 1807 den von Österreich offerierten Weg, in die

Habsburger Stammlande zu übersiedeln. Zuvor hatten in Freiburg am 15. April die feierliche Übergabe des Breisgaus an Baden und am 30. Juni die Huldigung an Großherzog Karl Friedrich stattgefunden, der angesichts der Rückkehr in Zähringisches Stammland nun wieder diesen – von alters her „leeren" – Herzogstitel führte. Dass die württembergische Kommission neben einigen anderen den Ämtern St. Peter und St. Märgen die Teilnahme an der Huldigung verbot, blieb eine folgenlose Marginalie des Kampfes um die beiden Abteien. Nachdem in St. Peter und in seinen Filialen im Mai/Juni mehrfach die Vermögenswerte erhoben worden waren, erklärte die Klosterkommission am 20. November 1806 die Auflösung und setzte das Ende der Klosterökonomie auf den Weihnachtstag fest. Mit dem Ende des Jahres erlosch das klösterliche Leben, nach außen am sichtbarsten mit der Einstellung des gemeinsamen Chorgebets. Abt Speckle und einige seiner Mitbrüder blieben noch bis 1813, als die Gebäude zum österreichischen Militärlazarett werden sollten, in dem Kloster, das ihnen nicht mehr gehörte.

Die Säkularisation als regionaler politischer Prozess, den die Abtei St. Peter beobachtete, fürchtete und von dem sie selbst ein Teil war, endete mit der Aufhebung der Abtei Ende 1806. Abgesehen von den Erfahrungen, die man mit den Eingriffen unter Joseph II. gemacht hatte, wird man den Säkularisationsprozess im engeren Sinn mit dem badisch-französischen Sonderfrieden 1796 beginnen lassen, als diesbezügliche Ideen und Wünsche von badischer Seite geäußert wurden. Mit dem Frieden von Campo Formio 1797 wurde durch die Übergabe des Breisgaus an den Herzog von Modena zum ersten Mal klar, dass auch die bis dahin in Vorderösterreich sich einigermaßen sicher fühlenden Klöster Verfügungsmasse waren. Mit dem Rastatter Kongress und dem Frieden von Lunéville rückte das protestantische Baden bedrohlich näher, ohne dass man sich von Österreich noch wirklichen Schutz versprechen durfte.[32] Der RDHS, der generell als das entscheidende Säkularisationsdokument gilt, führte für St. Peter und die noch verbliebenen Klöster zu der kuriosen Situation, dass dessen Regelung nach § 26, die Übergabe des Breisgaus an die Heitersheimer Malteser, nie wirklich vollzogen wurde. Stattdessen blieb der Breisgau modenesisch und wurde mit dem Erbanfall an den Erzherzog wieder habsburgisch. Da auch dieser sein Land nie betrat, es vielmehr nur als Geldquelle zu nutzen suchte, ist der öfters für den Breisgau zwischen 1797 und 1805 verwendete Begriff vom herrenlosen Land durchaus zutreffend. Die reale Macht lag neben der österreichischen Verwaltung und den fortbestehenden Ständen samt ihrem Konsess im wesentlichen bei der nie aufgehörten französischen Militärbesatzung. So viel Freiheiten dies den Klöster auch lassen mochte, sah man doch zumindest seit 1803 das die Existenz der Klöster vernichtende Handeln Badens und wusste zugleich um dessen Absicht, sich auch den ehemals vorderösterreichischen Breisgau einzuverleiben. 1805 kam mit Württemberg ein weiterer Landesherr ins Spiel, der seinen Rechtsanspruch auf die Klöster, abgesehen von einigen Räubereien, jedoch ebensowenig wie die Malteser wirklich durchsetzen konnte. Letztlich erhielt außerhalb aller rechtlichen Regeln, allenfalls abgesichert durch eine günstige Auslegung des Preßburger Friedens, die neue Mittelmacht Baden den Zuschlag, den sie bis zum Ende der Napoleonischen Ära mit der Vasallen ähnlichen Abhängigkeit von Frankreich erkauft hatte. Für die Klöster war damit sicher, dass sie mit ihrer Existenz für die zerrütteten badischen Finanzen bezahlen mussten.

II. Der Säkularisationsprozess zwischen 1796 und 1806 aus der Sicht der Abtei St. Peter

Fügen wir in die geschichtliche Folie der zehn Jahre des Säkularisationsprozesses von 1796 bis 1806 die Wahrnehmung der Ereignisse aus der Sicht der betroffenen Abtei ein[33], so werden aus

Internationaler Politik, Friedensverhandlungen und Staatsraison schnell alte Rechte und letztlich Existenz bedrohende Vorgänge. Als Ausgangslage ist der Überlebenswille der Abtei, zumindest soweit es ihren Abt und den größeren Teil des Konvents betrifft, klar und legt damit auch deren Parteinahme für Österreich als einzigem Sicherheitsgaranten fest. Insofern wurde das bischöflich befohlene Te Deum angesichts des österreichischen Waffenglücks am Neujahrstag 1796 gerne gehalten und mit einem zusätzlichen Abendtrunk bestätigt. Die Hauptbelastung der Abtei in den ersten Monaten 1796 war das hier eingelagerte Spital, dessen Abzug der Abt schließlich mit üblichen Mitteln der Bestechung (z. B. Erwerb einer übertuerten Kutsche) erreichte. Auch sein Bemühen um den württembergischen und badischen Hof, dem er ein Kreditangebot macht, während er sich gleichzeitig auch den Kreditwünschen Wiens nicht entziehen mag, zielen auf ein ihm günstiges Klima an den Höfen. Während sich die ersten Gerüchte über eine neue französische Invasion verbreiten, nimmt er selbst wie seit Jahrhunderten ganz selbstverständlich Huldigung und Eid seiner Untertanen entgegen und hält über sie Gericht.[34] Das Näherkommen der Franzosen führt in St. Peter zu ersten durchreisenden Flüchtlingen sowohl aus Familien der Freiburger Beamtenschaft wie aus benachbarten Klöstern. Speckle, der selbst nur einige Kostbarkeiten in Sicherheit bringen lässt, schreibt: Die meisten Herren wollten fliehen. Auch in Freiburg gehört er zu den Landständen, die ausharren und die politische Ordnung, soweit es geht, auch beim Einrücken der Franzosen aufrecht erhalten wollen. Er spottet über die einfältige Art, in der die Affären der Landstände verhandelt werden als Beratschlagung der Abderiden.

Die französische Besetzung des Breisgaus im Sommer 1796 führt zu starken Plünderungen in den st. petrischen Filialen Sölden und St. Ulrich. Die in der Abtei selbst erstmals erfolgte Requirierung von Kunstschätzen war nicht zuletzt durch die Trinkgewohnheiten des „Commissaire der recherche", dem Mainzer Professor und Klubisten Metternich nicht allzu gefährlich. Vor dem Kloster stand derzeit ein Freiheitsbaum. Die mehrmonatige französische Besetzung des Breisgaus führte ebenso wie die sich anschließenden mehrmaligen Durchzüge kaiserlicher Truppen zu einer starken Ausblutung der st. petrischen Ökonomie. Der Gesamtschaden wurde im nachhinein auf etwa 500 000 fl. geschätzt. Trotz dieser Belastungen und dem Wissen über die Vorgänge in Frankreich gewinnt man aus Speckles Tagebuch jedoch nicht den Eindruck, dass die materielle Ausbeutung die Institution Kloster als solche gefährden sollte: „Wenn es nicht Absicht der Franzosen selbst ist, die Geistlichkeit und den Adel zu ruinieren, so wird es ihnen zur Absicht gemacht."[35] Eine dazu verschiedene Stimmungslage entnimmt man manchen Einträgen über den Markgrafen von Baden, der ja zunächst auch zu den Gegnern der Franzosen gehörte. Ihm wird eine zweideutige Gesinnung attestiert und sein Versuch, bei Barthélmi u. a. wg. seiner protestantischen Konfession günstigere Bedingungen zu erhalten, lässt Speckle sagen: „So zeichnet sich der unselige Trennungsgeist der Protestanten und ihr Katholikenhaß auch in gemeinsamen Elende noch aus."[36] Am Tag vor dem Abschluss des französisch-badischen Separatfriedens zählte Speckle den Mkgr. von Baden zu denjenigen, die das allgemeine Elend benützen, im Trüben fischen wollen und jede Gelegenheit zu Unternehmungen in ihrem Sinne benutzen. Dazu gehörte im August der Arrest auf die Einnahmen der Klosterländereien auf markgräflichem Gebiet, der Speckle den Ruin der Stifte vorher sagen ließ.

Als Speckle im März 1797 einer der Scrutatoren zur Wahl des neuen Abtes von St. Märgen ist, spürt man seinen Zorn, dass dort ohne politisches Gespür für die grundsätzliche Bedrohung Eingriffe in die rechtlichen Fundamente klaglos hingenommen wurden. Als Speckle hört, dass im Kapitel beschlossen worden sei, „alles zu tun, was die Regierung verlangt hatte, .. schob ich meine Schriften in den Sack und schwieg". Am Einzelfall werden die völlig unterschiedlichen Einstellungen gegenüber den jeweils politisch Mächtigen evident. Dies sollte eine besondere Erschwernis im Kampf gegen die Säkularisation werden. Speckle weiß, dass sich „von allen Seiten der Plan zum Untergang der Klöster (zeigt). Und doch sind diese in der Tat für ihre Erhaltung lange nicht so tätig als sie sollten und auch könnten".[37] Auch bei ihnen sei der Freiheitssinn eingedrungen, während doch nur die Erhaltung der Disziplin ihnen wahrhaft helfen könne.

Als große Bestürzung bezeichnet Speckle die Reaktion in Stadt und Land auf das Anfang November durchgedrungene Gerücht, dass der Breisgau in – dem lang ersehnten – Frieden (Campo Formio) an den Herzog von Modena abgetreten sei. Wenngleich die Unsicherheit über die Trennung von Wien groß ist, beruhigen sich wenigstens „die Männer von Einsicht" damit, dass dies eine österreichische Linie sei, so dass die Landesverfassung erhalten bleibe. Als sich dann zudem die Gerüchte verdichten, dass Baden sich in einem Separatfrieden mit Frankreich die österreichischen Stifte in seinen Landen habe übertragen lassen, beschließt der Prälatenstand einen Vertreter zum Rastatter Kongress zu schicken. Etwa gleichzeitig verbreitet sich ein Gerücht, dass Österreich trotz freundlicher Schreiben nicht unbedingt am Breisgau festhalten wolle. Der politisch sensible Prälat von St. Peter interpretiert im Dezember 1797 die Situation seines Standes – als Fragen formuliert – mit großer Präzision: „Wird die Verfassung bleiben? Werden die Besitzungen der Dominien und Körperschaften im Ausland erhalten werden? – und die Klöster – wird man nicht glauben, diese seien der Ball, mit dem man spielen kann wie man will? Wird nicht falsche Politik und Ökonomie durch diese die Schulden bezahlen wollen? ...jeder glaubt, es würde ihm nun so viel besser sein, wenn Klöster nicht mehr sind." Ende 1797 rückt das Bild einer Säkularisation immer näher. Am Neujahrstag 1798 schreibt er: „Dem gemeinen Gerüchte nach existieren am Ende dieses Jahres keine Klöster mehr. Der Macht können wir nicht widerstehen." Unabhängig davon, wieviel Wahrscheinlichkeit man dem beimisst, wovon überall gesprochen wird, für Speckle ist die Auswirkung schon des Gerüchtes, wenn es in die Klostermauern dringt, beklagenswert: „Die Gutgesinnten werden niedergeschlagen, die Bösartigen stolz und unbiegsam, trotzend etc.", Disziplin und Ordnung leiden.

Das Jahr 1798 geht ohne schwerere Eingriffe in die klösterliche Welt vorbei, das Wissen, dass sie, wie jetzt in der Schweiz, jederzeit möglich sind, bleibt bestehen. Zweimal macht er dem Mkgr. eine devote Aufwartung, ohne viel Hoffnung für sein Stift daraus zu gewinnen. Die Rastatter Säkularisationspläne sind bekannt. Wenn Religion auch ohne irdisches Vermögen bestehen kann, so Speckle, so bliebe doch das Recht auf Eigentum: „Man predigt Menschenrechte und tretet sie mit Füßen." Die Jahre 1799 und 1800 sind Kriegsjahre, die den Klöstern in Form von Geld- und Sachleistungen ständig neue Lasten auferlegen, ohne dass dies jedoch an ihre Substanz gerührt hätte. Die Säkularisationsgefahr ging nicht vom Krieg, sondern von den in Friedensschlüssen vereinbarten Wiedergutmachungen aus. Vom 4. November bis 23 Dezember 1800 wird Speckle wegen nicht bezahlter Kontributionen zusammen mit anderen Vertretern des Breisgaus als Geisel in Straßburg festgehalten, wo er – symptomatisch für Änderungen des politischen Klimas in Frankreich – erstmals seit zwölf Jahren ein Pontifikalamt halten kann.

Ende Februar 1801 werden die Ergebnisse von Lunéville, darunter die Bestätigung der Abtretung des Breisgaus an den Herzog von Modena, bekannt. An der alltäglichen politischen Realität, in der die Franzosen das Sagen haben, ändert sich wiederum nichts. Der Fürstabt von St. Blasien berichtet, dass man in Wien gegenüber dem Breisgau gut gestimmt sei, während hier die Franzosen das Land „nicht nach dem Friedens- sondern nach dem strengsten Kriegssystem in Besitz halten". Eine staatsrechtlich verworrene Situation ergibt sich dadurch, dass die Franzosen bereit sind abzuziehen, sofern der Herzog von Modena den Breisgau übernimmt. Aus Wien kommen Signale, dass diesem die Satisfaktion auch deswegen zu gering sei, weil die Landstände eine freie Verfügung behinderten. Speckle interpretiert dies als Vorbereitung, der Verfassung zu entsagen: „So weit brachte es die Freiheitswut, dass man unschuldige Provinzen das bisgen Freiheit, die sie noch durch unendliche Opfer erhielten, durch politische Kniffe oder durch Gewalt entreißen und sie zu Sklaven machen will."[38] Anfang Dezember 1801 verbreitet sich in Freiburg die Nachricht, dass der Herzog von Modena, nachdem die Ortenau und anderes dazu gegeben worden seien, den Breisgau angenommen und zugleich seinem Schwiegersohn EHg. Ferdinand überlassen habe. Es ist zum Gesamtverständnis des Säkularisationsprozesses ein wichtiger Aspekt, dass die – politisch sensibleren – Klöster früh merkten, dass bei aller Belastung durch die feindlichen Franzosen die existenzielle Bedrohung von der eigenen Seite, gar von den traditionellen eigenen Landesherren ausging. Das ganze Ausmaß an Verbitterung bei den Betroffenen erklärt sich auch daraus, dass sie über Jahre denjenigen noch schmeicheln mussten, von denen sie wussten, dass sie ihr Ende vorbereiteten.

Im Juni 1802 kamen zunächst Signale aus Regensburg, dass der Weiterbestand der Klöster gesichert sei. Am 30 August wurde Speckle dann jedoch darüber informiert, dass seine Abtei neben vier anderen den Maltesern zugedacht sei. Die übrigen Prälaturen wären zur Aufhebung bestimmt. Angesichts solcher Drohungen wird in St. Peter eine tägliche Messe pro necessitates befohlen. Die Stimmung im Breisgau ist auch bei den anderen Ständen gegen die Überlassung der Stifte an die Malteser, wohl schon deswegen, weil damit ihre politische Rolle im Rahmen der Gesamtverfassung in Frage gestellt würde. Es beginnt ein allgemeines politisches Taktieren, wobei Speckle in dieser finsteren Stunde davon spricht, dass „wir am Punkte der Vernichtung stehen, verlassen vom Hofe, ohne Schutz und Herren". Aufgrund immer neuer widersprüchlicher Gerüchte bestimmen Rat- und Hilflosigkeit die Atmosphäre in den Vorlanden: Es gibt „der Ratgeber so viele, dass sie äußerst lästig werden. Tausend Vorschläge werden einem gemacht von Redlichen und Unredlichen."

In der Abtei beginnen im Hinblick auf die erwartete Übernahme durch die Malteser erste Vorsichtsmaßnahmen: Jeder Kapitulare erhält einen coram pleno capitulo ausgezahlten größeren Geldbetrag, Bett- und Weißzeug sowie das Recht, Bücher in sein Zimmer zu nehmen. Zudem beginnen Überlegungen, was zu verkaufen sei. Die Nachricht aus Regensburg, dass der Hg. von Modena Widerspruch gegen die Malteserentscheidung getroffen habe, lässt wieder Hoffnung aufkommen. In Freiburg findet man die Regensburger Verhandlungen focussiert wieder: Die österreichische Regierung warnt die Malteser vor einer Inbesitznahme der fünf Klöster, während sich das Großpriorat, trotz einiger Bedenken des Fürsten, auf die Zusicherungen Frankreichs und Russlands beruft und am 16. Oktober gegenüber St. Peter ein Veräußerungsverbot ausspricht. Drei Tage später erreicht die Abtei der definitive, aber widersprüchliche Entschädigungsplan, dass der Breisgau an Modena[39], die fünf Klöster aber an die Malteser kommen sollen. Speckle sieht das Ende kommen, macht aber dennoch seine Aufwartung in Heitersheim, um den Erhalt seines Instituts zu versuchen. Von Wien kommt das Angebot, die Abtei in die österreichischen Staaten übersiedeln zu lassen. Als man hört, dass St. Blasien seine Bibliothek an die Universität Freiburg abgegeben habe, beschließt das Kapitel, die Auflösung vor Augen, am 2. November die beiden hier angefertigten Globen (Abb. S. 145) der Universität gegen Revers zu überlassen, dass sie zurück gegeben würden, wenn „wir wieder einen Körper bilden sollten". Schon am Nachmittag wird

„die große Zierde der Bibliothek" weggetragen: „So fängts an, dass alles, was unsere Väter und wir zusammengetragen haben, zerstreuet, und eine Anstalt zerstört wird, welche über 700 Jahre gedauert".[40]

Die Unsicherheit, an wen die Abtei fallen würde, bleibt bis dorthin bestehen, dass auch Baden, Kurböhmen und die Toskana ins Spiel kommen. Für das Klosterleben bringt dies Lähmung und Misstrauen, wann die Konventualen die durch den RDHS gegebene Möglichkeit zum Austritt nutzen würden. Wie in den übrigen Klöstern taucht auch in St. Peter Ende November ein Malteser Kommissar mit der Absicht der Inbesitznahme auf. Da die österreichische Regierung die Stifte angewiesen hatte, sich dagegen zu wehren und sich allenfalls militärischer (französischer) Macht zu beugen, protestiert der Konvent gegen den Anschlag eines Besitzplakates. Der ausdrücklich als höflich bezeichnete Kommissar gibt sich mit der Erklärung zufrieden, dass die Pflichten gegen den Landesfürsten fortbestünden und man sich aufgrund der Weisung von hoher Stelle daher gegen die Eingriffe verwahren müsse. Die Umsetzung der Regensburger Säkularisationsentscheidungen, von denen Speckle klar sieht, wie sehr sie ganz Deutschland und vor allem seine eigene Welt verändern würden, wird in konkreto oft zu einer Frage des persönlichen Stils, ohne dass dadurch das grundsätzlich Bedrohliche verloren ging.

Aus der Rückschau muss ein anderes Ereignis an Weihnachten 1802 für die Abtei wie ein Menetekel erscheinen. Hfr. Walz schreibt im Auftrag des Mkgr., dass dieser sich an einen ihm bei seinem Besuch 1773 gezeigten Rotel (Abb. S. 9) erinnere, der die gemeinsame Abstammung der Badener und Zähringer betreffe.[41] Auf Wunsch von Minister Edelmann und GehR Braun sollte der Rotel „wenigstens zur Einsicht und Abschrift mitgeteilt werden". Der Abt, im Wissen um den möglichen Anfall an Baden und die Bedeutung der Gewogenheit des Mkgr., schreibt zurück, dass es „meine Absicht wäre gewesen, im Falle jene Gerüchte sich erwahret hätten, mich mit jenen Dokumenten Serenissimo zu Füßen zu legen." Er stünde auch jetzt schon zu Diensten, bäte aber, dass die Einsichtnahme in St. Peter erfolgte. Wenige Jahre später requirierte die badische Kommission schlicht, was ihr für Hofarchiv und -bibliothek wichtig erschien. Die Komplexität des Säkularisationsprozesses wird an einem solchen Exempel sichtbar: War er im Stil noch Teil der höfischen Welt und im Verfahren noch typischer Machtschacher traditioneller Adelsherrschaft, so führten seine Ergebnisse zumindest über einen längeren Zeitraum zur Auflösung eben nicht nur der Klöster, sondern auch genau dieser Fürstenwelt selbst.

Wiederum aus der Rückschau versteht man die späteren bitteren Reaktionen Speckles, wenn er Anfang des Jahres 1803 in dem erneut ins Gespräch gekommenen Übergang des Breisgaus an Baden angesichts des Interesses von dessen Fürstenhaus an st. petrischen Archivalien einen Hoffnungsschimmer sieht. Kurz danach holt ihn die politische Realität ein, als Hfr. Walz – ohne rechtliche Grundlage – auf Befehl des Mkgr. in St. Peter diejenigen Urkunden abholt, „welche die Abstammung des badischen Hauses von zähringischen Herzögen betreffen". Drei Wochen später teilt der Mkgr. dem Abt mit, dass er die Urkunden in seinem Hausarchiv verwahre und das Stift auf Verlangen Einsicht nehmen könne. „Doch war in diesem Schreiben nichts von Rückgabe gesagt." Die erzwungene Auslieferung des Rotulus, zusätzlich des Liber Vitae von Abt Gremmelspach[42] und weiterer Handschriften, die Grundlagen der eigenen, Identität und Sicherheit gewährenden Historiographie gewesen sind, war von hoher symbolischer Bedeutung. In diesen Tagen wurde auf der Prälatenkonferenz beschlossen, dass „kein Kloster sich in privaten Unterhandlungen mit den Maltesern einlassen möchte, sondern dass durchaus kollegialisch zu handeln wäre". Doch selbst bei diesem eher schüchternen Versuch, zu solidarischem Handeln zu kommen, stellt sich schnell heraus, dass dazu nur St. Blasien, St. Peter und Tennenbach bereit waren, während die übrigen nach wie vor ihre Haut auf eigenen Wegen zu retten trachteten. So hatte St. Märgen sein Geld schon aufgeteilt und in mit Namen der Konventualen versehenen Beuteln beim Freiburger Kaufmann Kapferer deponiert. Dies könnte mit ein Grund gewesen sein, dass es sich einer großzügig geplanten Bestechungsaktion der Prälaten, mit der in Regensburg verschiedene Minister in Sinne der Klöster beeinflusst werden sollten, nicht anschließen wollte.

In den ersten Wochen des Jahres 1803 kommen fast täglich widersprüchliche Nachrichten über die Zukunft des Breisgaus in Freiburg an. Selbst am Tage der Machtübernahme durch den EHg von Modena schreibt Speckle: „Das Schicksal der Klöster ist noch immer ein Rätsel." Klar ist, dass die Entscheidung nicht in Regensburg, sondern in Paris fällt. Am 2. März wird der Breisgau von Österreich an das Herzogtum Modena übertragen, ohne dass deswegen die Malteser nunmehr von ihren Bemühungen um die Klöster Abstand genommen hätten und die Franzosen gleich abgezogen wären. Speckle ist sich bewusst, dass zwischenzeitlich alle Klöster in Deutschland außer denjenigen im vorderösterreichischen Breisgau aufgehoben sind. „Die Vorgänge geben wenig Hoffnung." Im Juni weist der EHg die Ansprüche der Malteser definitiv zurück: Er habe durch mehrere Verträge „das Land ohne Ausnahme empfangen und in Besitz genommen". Damit ist für die nächsten zwei Jahre eine vergleichsweise ruhige politische Situation vorgegeben. Heftiger Streit entsteht jedoch zwischen dem „gebieterischen" Landespräsidenten von Greifeneck und Syndikus Engelberger, der die Rechte der Landstände zunehmend gefährdet sieht[43] Die Prälaten halten sich dabei eher zurück, um sich beim Vertreter von EHg Ferdinand, der inzwischen die Nachfolge des verstorbenen Hg von Modena angetreten hat, keine Ungelegenheiten zu machen. Der realpolitischen Lage entsprechend muss Engelberger weichen, was gleichzeitig zu einer gewissen Neuordnung der Landstände führt. Umgekehrt attestiert Speckle von Greifeneck, dass er das Instrument der Vorsehung zur Rettung der Klöster gewesen sei, da er über die ganze Zeit hinweg die Ansprüche der Malteser mit „entschlossener Standhaftigkeit" abgewehrt habe. Spürbarer werden in dieser Zeit die Eingriffe der Konstanzer Kurie unter Generalvikar von Wessenberg, die, wie Speckle meint, sich die Schwäche der Klöster zu Nutze macht.

Es ist müßig zu spekulieren, ob ohne einen erneuten Krieg die Abteien im Breisgau fortbestanden hätten. Jedenfalls hatte sich die Lage bis Mitte 1805 so stabilisiert, dass Speckle die Bücher in die Bibliothek zurück bringen ließ. Da beunruhigten Anfang September neue Kriegsaussichten zwischen Frankreich und Österreich den Breisgau. In den kommenden Wochen überschlagen sich die Meldungen über die Erfolge der Franzosen, bis diese am 26. Oktober auch Freiburg wieder besetzen. Die Klöster werden wieder mit Einlagerungen und Abgaben belastet. Der erste Schritt wirklicher Säkularisation trifft St. Peter am 3. Dezember 1805 mit der Inbesitznahme seiner Gefälle im Württembergischen durch die dortige Landesherrschaft. Speckle weiß, dass er dies weder mit rechtlichen Vorstellungen noch mit Bitten rückgängig machen wird. In den folgenden Tagen nimmt auch Kurbaden die st. petrischen Gefälle auf seinem Territorium in Beschlag. Am 7. Dezember kommt die Meldung, Kurbaden werde Besitz vom ganzen Breisgau nehmen. Nun fürchtet man „den Frieden fast mehr als den Krieg, weil man glaubt, dass... Breisgau ganz an Kurbaden übergehen dürfte". Am Tag vor Heiligabend schlägt ein kurbadischer Kommissär am Gut in Zähringen als erstem st. petrischem Eigentum auf österreichischem Gebiet das badische Wappen an – eine Rechtsgrundlage gab es dafür noch nicht. Die Regierung ordnet an, dieses und die Besitznahme-Wappen in Tennenbach und Schuttern wieder abzunehmen. Mit einer großen Geldforderung der Franzosen, initiiert jedoch von Herrn von Baden, konfrontiert, schreibt Speckle an Sylvester 1805, dass er seit zehn Jahren keine schlimmeren Tage gese-

Die Signalglocke des Klosters, seit 1806 nurmehr Erinnerung

hen habe, als die letzten dieses Jahres. Gott ist bekannt, „ob das künftige Jahr retten oder den Untergang vollenden werde"..

Die umstrittene Entscheidung des Preßburger Friedens, welche Teile des Breisgaus badisch und welche württembergisch werden sollten, führte in St. Peter dazu, dass, während man noch überlegte, wie man sich verhalten solle, wenn die badische Kommission erscheine, am 12. Januar 1806 die württembergische Kommission die Abtei in Besitz nahm. Auf die Frage des Abtes, ob dies nur die Landeshoheit oder auch das Eigentum betreffe, war die Antwort: „Von allem nach dem Patent." Am 14. Januar beugt sich der Abt der realen Macht und legt trotz vieler vorgetragener Einwände das Handgelübde auf den König von Württemberg ab. Als erstes verlangt der Kommsissar einen Kassensturz, danach summarische Konsigantionen des gesamten beweglichen Besitzes: Säkularisation diente zuvorderst materiellen Interessen. Die kirchlichen und Policey-Rechte blieben beim Kloster. Während der Abt von der Inbesitznahme noch wie betäubt ist, treffen aus Freiburg Meldungen ein, dass nun auch die badische Kommission angekommen sei und dass die Klöster doch an die Malteser kämen. Konkret stellte sich der Streit zwischen einem König, einem Kurfürsten und einem „geistlich-sein-sollenden Orden" so dar, dass am 23. Januar morgens ein Kommmissar der erzherzoglichen Regierung mit der Anweisung nach St. Peter kommt, dass man sich Inbesitznahmeversuchen durch die Malteser zu widersetzen habe – die dann bereits während des Mittagessens vor der Klosterpforte stehen und ihre Patente vorweisen. Nachdem der Abt, unbeeindruckt von der Drohung mit bayerischen Truppen, sich weigerte, die Patente entgegen zu nehmen, ließen sie beim Abzug zwei Exemplare in der Kuchelmeisterei liegen.[44] Zu aller Konfusion hinzu beharrt der französische General vor jeglicher Inbesitznahme auf Bezahlung der Kontributionen. Während noch drei Besitznahmekommissionen unterwegs sind und die Patente je nach Lage angebracht und wieder abgenommen werden, wird am 30. Januar durch den badischen Kommsissar Drais in Freiburg – wie man in der Rückschau weiß – das definitive Ende der noch bestehenden Klöster bekannt gegeben: „Der Erste Stand habe durch Aufhebung der Klöster aufgehöret, ...So waren mit zween Worten Institute, die seit Jahrhunderten bestanden, geblühet, geachtet waren, zernichtet."[45] Widerstand der Klöster ist nicht möglich, zumal St. Peter und St. Blasien noch württembergisch sind. Von anderer Seite macht sich niemand für sie stark, die selbsternannten „Verteidiger der vaterländischen Freiheiten ...kriechen itzt als ersten in die neuen Fesseln".

Der Rest der st. petrischen Säkularisationsgeschichte ist verfahrensmäßige Abwicklung. Zunächst blieb die Verwirrung erhalten, da der Abt in St. Peter unter württembergischem Eid stand und die Besetzung fortdauert, während er als Mitglied des Ersten Standes in Freiburg auf badische Anweisungen zu hören hatte. Immer noch meldeten auch die Malteser mit bayrischer Rückendeckung ihre Ansprüche an, obwohl Heitersheim bereits von Baden übernommen worden war. Die Schwäche der prälatenständischen Position wurde dadurch befördert, dass Schuttern, St. Trudpert und St. Märgen der Aufhebung gerne entgegen sahen und der Ritterstand ebenso wie die Freiburger Räte sich bei den badischen Kommissaren einzuschmeicheln suchten. Am 11. Februar kommt ein Schreiben von EHg Ferdinand, in dem dieser schweren Herzens der Abgabe des Breisgaus zustimmt – für St. Peter wieder eine Hoffnung weniger. Nach Abzug der württembergischen und Durchzug französischer Truppen erklärt Kommissar Stösser am 22. Februar in St. Peter die Abtei im Auftrag des badischen Kurfürsten für aufgelöst. „Nachher sigillierte der Herr Commissarius die Archive und die Bibliothek, ließ den Katalog und das Repertorium über das Archiv übergeben,.., um selbe nach Karlsruhe abführen zu lassen."[46] Die Beamten werden ihres Eides gegen Württemberg entbunden und auf Baden verpflichtet. Dem Abt werden damit die Jurisdiktion und alle herrschaftlichen Rechte abgenommen. Ihm bleibt vorläufig die Administration in badischem Namen, St. Peter als politische Herrschaft besteht nicht mehr. Angesichts des guten Zustandes und der zähringischen Tradition der Abtei will sich Stösser im Sinne eines Erhalts des Stiftes beim Kurfürsten äußern. Ein Regierungspraktikant führt „wie ein rüstiger junger Held" danach tagelang eine detaillierte und schikanöse Bestandsaufnahme der Aktiv- und Passivposten durch. Der Abt muss dem „unerfahrenen Männchen" die Barschaft vorzählen.

Man spürt die Schadenfreude des Abtes, als der französische General die badischen Beschlagnahmungen kurzzeitig wieder einstellen und tlw. rückgängig machen lässt. Nochmals kommt Anfang März Hoffnung auf, da sich zwei französische Generale in Paris für den Erhalt von St. Peter und St. Blasien einsetzen wollen. Für Speckle ist es wie ein Wunder, „dass nun unser Heil aus Frankreich komme". Nach mehreren

Die Gedenktafel Abt Speckles für seine fern der Heimat verstorbenen Mitbrüder auf dem Alten Friedhof in Freiburg

Anläufen unternimmt Speckle im März gemeinsam mit dem st. blasianischen Fürstabt eine Reise an den badischen Hof, um Zusicherungen für den Bestand der Klöster zu erhalten. Erreicht haben sie einen gnädigen Empfang, bei dem der Kurfürst seine Zufriedenheit äußert, dass die zähringischen Stammlande an deren Abkömmlinge zurück gekommen seien. Dennoch bereut Speckle die Reise nicht. „Fürs erste haben wir eine heilige Pflicht erfüllt, für unsere Fortdauer alles zu tun, was nützlich sein könne."

Zur Landesübergabe am 15. April, deren Verordnung Speckle spöttisch kommentiert, „alles durcheinander", halten die Prälaten von Schuttern und St Märgen , „von denen bekannt ist, dass sie die Auflösung der Stifte wünschen", im Freiburger Münster den Festgottesdienst. In St Peter ist der Abt „gehindert", aus diesem

Anlass das Te Deum zu halten. Hier zeigt sich die Säkularisation in den nächsten Monaten vornehmlich als Verwaltungsvorgang. Verkäufe vom Anfang des Jahres müssen rückgängig gemacht werden. „Man sieht uns bereits als nicht mehr existierend an."[47] Die Unterstellung unter und die Behandlung durch die Beamten, die das Recht zur Öffnung und Entnahme aus Archiv und Bibliothek sowie zur Kontrolle aller ökonomischen Belange haben, ist „mißtrauisch, heimtückisch, schleichend und erniedrigend". Ebenso belastend ist „der marternde Zustand der Ungewißheit" über die eigene Zukunft. Gegenüber der Ende Mai auftauchenden Vorstellung, St. Peter könne als Dependance von St. Blasien fortbestehen, zöge man selbst die Aufhebung vor. Gleichzeitig trifft der Abt in Kenntnis der andernorts bereits durchgeführten Aufhebung Vorbereitungen zum Vorteil der Mitbrüder, indem er jedem einen Koffer anfertigen lässt und ihm zunächst Wäsche als Eigentum zuspricht. Für deren anstehende Einzelbefragung über ihre Zukunftsvorstellungen versucht der Abt eine einheitliche Sprachregelung zu erreichen: Das Kloster solle fortbestehen und, falls dies nicht möglich sei, müssten die Konventualen ein entsprechendes Einkommen erhalten. Die Huldigung an Baden an 30. Juni, an der die Prälaten schon nicht mehr als eigener Stand teilnehmen, ist der staatsrechtlich letzte Schritt des Übergangs an eine neue politische Ordnung, in der sich die geistlichen Stifte nicht mehr auf ihre alten Rechte berufen können. Die Freiburger Gesellschaft beeilte sich, wie auch später immer wieder zu beobachten, ihre Devotion gegenüber dem neuen Heren zum Ausdruck zu bringen.[48]

Während in St. Peter die Inventarisierungsmaßnahmen weiter gingen, war in Freiburg der kurf. Geh. Referendar von Maler angekommen, der aufgrund eines Beschlusses vom 10. Juni die eigentliche Aufhebung der Klöster vornehmen sollte. Eine Vorstufe hierzu war die Begutachtung der Kunstsachen, die jedoch bis auf die dem Klassizismus zuneigende – freilich nicht wegnehmbare – Malerei im Fürstensaal bei dem Karlsruher Galeriedirektor wenig Anklang fanden. Die Bibliotheksarchitektur fand er „ohne Geschmack". Am 28. und 29. August nahm Maler in St. Märgen die Säkularisation in der Weise vor, dass er die Abtei für aufgelöst erklärte, den Konventualen jedoch frei stellte, hier zu bleiben oder weg zu ziehen. Die als Privatsachen deklarierten Möbel und sonstige Habseligkeiten durften sie behalten. Ab 1. Oktober sollten sie ausschließlich von den Pensionen leben, deren Höhe fest zu setzen sich jedoch der GHg. vorbehalten hatte. Bei der Bestimmung des inidividuellen Eigentums orientierte sich Maler an dem, was die Konventualen als solches bezeichneten. Als Speckle am 12. Oktober statt des nach Freiburg gezogenen Prälaten zum St. Märgener Translatiosfest das Hochamt hält, mutmaßt er, dass dies „wahrscheinlich auch das letztemal in Pontificalibus sei" – Säkularisation bedeutete mit der Aufhebung der Institution auch den Verlust der an ein Amt gebundenen Würde. Am 28. Oktober eröffnet ihm Maler in Freiburg, dass auch für St. Peter und St. Blasien, da sie sich nicht vereinigen wollten, der Beschluss zur Aufhebung gefallen sei. Auch in den folgenden Wochen wird kolportiert, dass St. Peter wg. seiner Hartnäckigkeit gegenüber einem modifizierten Fortbestehen an seinem Ende selbst schuld sei.[49] Beim Kloster wäre an der Grabstätte der großherzoglichen Stammeltern „ein anständiger Gottesdienst einzurichten", die Patres würden, sofern sie nicht angestellt werden könnten, eine Pension erhalten.

Am 20. November lässt Speckle Kommissar Maler vierspännig in Freiburg abholen. Nach einigen Erklärungen guten Willens gegenüber den Vorstellungen Speckles über das weitere Schicksal der Abtei wird dem versammelten Kapitel „die höchste Entschließung von gänzlicher Aufhebung des Stiftes vorgetragen".[50] Tags darauf regeln Maler und Speckle nach den Wünschen der Konventualen deren Verteilung und legen ihre Besoldung fest: etwa ein Viertel bleibt teils in Funktionen, teils als Pensionäre in St.

Peter – der Abt hätte sich mehr gewünscht, aber Säkularisation bedeutete auch Befreiung vom Gelübde der Stabilitas Loci. Das Gehalt eines Pfarrers wird 700 fl, das eines Vikars 300 fl betragen, der größte Teil davon wird in Naturalien berechnet. Als Maler sich am 25. November die Bibliothek öffnen lässt, bedient er sich ebenso wie im Archiv ganz selbstverständlich an Manuskripten und Büchern. Dennoch bescheinigt ihm Speckle, dass er sich trotz des entsetzlichen Ereignisses noch durch Humanität und Mitgefühl ausgezeichnet habe. So spricht ihm bei der Abreise nach einer Woche Auflösungsarbeit der versammelte Konvent nochmals seinen Dank aus, „Herr Maler war selbst gerührt". Danach freilich notiert der Abt in seinem Tagebuch die eingangs zitierten bitteren Worte.

Der Dezember bringt die Umsetzung des Säkularisationsbeschlusses: Novizen und Fratres werden umgekleidet und entlassen, die Patres gehen auf ihre Pfarreien oder ziehen sich auch gegen den Willen des Abtes ins Private zurück: Für eine Benediktinerabtei bedeutete Säkularisation auch Auflösung des Gehorsams und, während beim Eintritt eines Novizen sorgfältig geprüft wurde, ob er in den Konvent passe, blieb nun eine kleine Gruppe übrig, die offensichtlich nicht zusammen harmonierte und in der jeder nach und nach nur noch nach seinen eigenen Interessen agierte. Die Paramente müssen verteilt, die liturgischen Geräte zum Materialwert abgegeben werden. Die im Bibliothekskatalog rot angestrichenen Bücher werden für den Abtransport nach Karlsruhe gepackt. Almosen geben wird verboten. Tischlesung und Chorgebet sind reduziert, letzteres wird zum Jahresende angesichts des Unwillens der noch verbliebenen sechs Priester – später waren nur noch vier genehmigt – eingestellt. Der Abt betet an Neujahr 1807 die Metten still und allein auf dem oberen Chor.

In den Monaten danach werden die Folgen der Säkularisation augenfällig. In St. Peter gibt

Etwa 30 Jahre nachdem Abt Speckle die Abtei verlassen hatte, wurden die Gebäude Priesterseminar der Erzdiözese Freiburg, hier ein Ausflug der Alumnats (frühes 20. Jahrhundert)

es einen „sogenannten Bürgermeister", der für früher unentgeltliche Dienste nun Lohn fordert, für den der Abt wenigstens eine Quittung verlangt. Nachdem die Mönche durch eine geh. Ratsverordnung (publ. 22. Mai 1807) von ihren Gelübden entbunden sind, beginnen die noch verbliebenen ihren auch ökonomischen selbstständigen Lebensraum einzurichten. Im April beschließen die verbliebenen Konventualen, dass nur noch ein Teil eine gemeinsame Küche hat, wozu jeder aus seiner Pension beisteuert: Aus dem Konvent ist eine Wohngemeinschaft geworden, innerhalb deren der Egoismus freilich blüht: „Jeder greift zu, wo er kann, Geistliche und Auswärtige".[51] Außerhalb vertauschen sie mit ausdrücklicher Billigung des Konstanzer Ordinariats ihr Ordenskleid gegen ein „neues Röckchen", vor dem Abt lassen sie sich damit nicht sehen. Anfang April erfolgt trotz Zusagen aus Karlsruhe für den Erhalt einer Pfarrbibliothek die zweite Plünderung der Bibliothek durch die Universität Freiburg nach deren Wünschen.[52] Der Abtransport der 30 Kisten Bücher nach Karlsruhe gibt Speckle Anlass, auf Motive und Folgen der „ungerechten Räubereien", der Konzentration der Bücher auf Karlsruhe und Freiburg hinzuweisen: „Die Landgeistlichen sollen nun künftig Idioten sein."[53]

Unter den st. petrischen Bedingungen, dass der Abt zunächst hier wohnen bleibt, gleichzeitig aber einem seiner Konventualen als Pfarrer nun eine führende Rolle zukommt, waren Konflikte unvermeidlich. Kritisch beobachtet Speckle die Einführung deutschsprachiger Gottesdienste und merkt eigens an, dass er einen Festtagsgottesdienst auf Ansuchen des Pfarrers hält. Entsetzt beschreibt er, wie dieser die Klausur für Frauen öffnet, er war nicht einmal mehr gegenüber den früheren Mitbrüdern Herr im eigenen Haus. Mitte 1807 zerbricht die Tischgemeinschaft endgültig. Die Konflikte zwischen den ehemaligen Konventualen, deren Grund er in der immer wieder genannten Habsucht sieht, und deren zwischenzeitliche Anstellung an verschiedenen Orten lässt ihn das Wiener Angebot einer Umsiedlung nach Österreich nicht weiter verfolgen. Kaum zwei oder drei, später meint er wohl keiner, wären mitgekommen – auch ob er selbst angesichts seiner Hoffnung, die Abtei am alten Ort wieder einrichten zu können[54], diese Lösung wollte, muss bezweifelt werden.

Die Realität der Auflösung der Abtei, die sich über Jahre hinzog, hatte viele Facetten. Der frühere Bibliothekar und jetzige Ortspfarrer lässt die Bibliothek zum Lagerraum für Äpfel, Hanf und anderes werden. Immer wieder werden Sachen aus St. Peter abgefordert, Paramente, liturgisches Gerät, die Chororgel, Kutschen und Pferde oder ein Teppich, den ein Adliger bei einem früheren Besuch gesehen hatte. Speckle vermutet, dass die Kurie hinter manchen Forderungen ehemaliger Konventualen stecke, wenn diese Dinge wie z. B. Glocken aus der Klosterkirche abfordern. In Freiburg muss Speckle sein Quartier im Peterhof aufgeben und kauft sich stattdessen ein Haus mit einer Kapelle, die einer seiner Vorgänger geweiht hatte. Trotz allem aber hielt der Abt dort, wo es möglich war, klösterliche Rituale oder wenigstens die Erinnerung an sie am Leben. Persönlich vereinsamte er, sprach oft über Wochen kaum mit jemandem und statt der früheren Wahrnehmung vieler Geschäfte ging er nun in den Gärten Freiburgs spazieren. Als im Dezember 1813 in den st. petrischen Abteigebäuden erneut ein Lazarett einrichtet wird und dafür die Geistlichen ihre Zimmer räumen müssen, geht Speckle am 4. Adventsonntag endgültig nach Freiburg: „Nachmittag um 4 Uhr verließ ich St. Peter mit der Empfindung, dass ich wohl schwerlich mehr dahin werde zurückkommen können. Ich wollte noch die Kirche besuchen und fand keinen Schlüssel. Ich fuhr also weg, ohne von jemandem Abschied zu nehmen."[55]

Die Synopse und Interpretation der hier vorgetragenen Fakten läßt gerade am Beispiel St. Peters deutlich werden, dass Säkularisation nicht ein punktuelles Ereignis, für die meisten Klöster verbunden mit dem RDHS, sondern ein längerfristiger politischer Prozess war. Für St.

Peter und die anderen Abteien im vorderösterreichischen Breisgau wird man ihn mit dem preußisch-französischen Abkommen von Basel 1795, sicher aber mit dem badisch-französischen Sonderfrieden von 1796 beginnen[56] und mit den verschiedenen Schritten der Aufhebung in der Folge des Preßburger Friedens im Laufe der Jahre 1806/1807 enden lassen können. Zu einem angemessenen Verständnis des Gesamtvorgangs wie des Fallbeispiels St. Peter ist die Verknüpfung verschiedener politischer Dimensionen Voraussetzung. Eine Aussage Speckles, dass man den Frieden mehr fürchte als den Krieg, erklärt sich aus dem Umstand, dass Säkularisation als Erteilung von Indemnität (Entschädigung) nur als Folge von Krieg legitimiert werden konnte. Anders gesagt, Staaten wie Baden oder Bayern und Württemberg[57] brauchten, zumindest benutzten sie die Krisen der internationalen Politik, um eigenstaatliche Ziele, Abrundung des Territoriums und Auffüllung des Ärars, auf Kosten der Institute zu erreichen, die machtpolitisch nichts entgegen zu setzen hatten. Hier kommt eine weitere politikwissenschaftliche Dimension, politische Philosophie, ins Spiel. Dem gebildeten st. petrische Abt war der ideologische Hintergrund des Prozesses immer präsent. Die Ideen der Illuminaten, die zum Freiheitsgeist ebenso im Dritten Stand wie bei den eigenen Untertanen führte, ließ auch die Klöster selbst nicht unberührt. Aus seiner Sicht führten sie zum Nachlassen der Disziplin und machten die Klöster so umso leichter zur Beute der politisch Mächtigen, die sich auf den Zeitgeist beriefen.

Auch der Säkularisationsvorgang im engeren Sinne hatte, wie gerade das Beispiel St. Peter zeigt, mehrere Dimension. Mit der politischen Neuordnung bedeutete er zunächst das Ende der politischen Herrschaft St. Peter mit dem Verlust aller juristischen und ökonomischen Fundamente. Er bedeutete Enteignung von Mobilien und Immobilien und verbunden damit die Auslieferung bzgl. der materiellen Lebensgrundlagen an die Willkür der Fürsten und ihrer Beamten. Im geistlichen Bereich wurde mit der Säkularisation die selbstgewählte Lebensweise einer autonomen Kommunität durch eine Form der Selbstbestimmung substituiert, die für einen Teil der Betroffenen ebenso kränkend war wie die politischen Demütigungen. Ein ehemaliger Abt, der sein eigener Herr und der über viele andere gewesen war, hatte nun eine ganze Reihe neuer Herren über sich: den Landesfürsten und dessen Beamten bis hin zum Bürgermeister, den Bischof und dessen klosterunfreundlichen Generalvikar Wessenberg, schließlich sogar den Ortspfarrer, einen ehemaligen Mitbruder, der auf dubiose Weise zum Weltgeistlichen geworden war.

Die Gründung St. Peters in der Zeit des mittleren Investiturstreites war eine politische Entscheidung in doppelter Absicht gewesen, langfristige Pflege der fürstlichen Grablege als Teil der Stabilisierung einer mittelalterlichen Herrschaft und Übertragung konkreter Sicherungsaufgaben an einem strategisch wichtigen Punkt. Beide Aufgaben hatten sich seit langem erledigt.[58] Für die Erinnerung an die Vorfahren genügte dem Haus Baden die Grablege in der näher gelegene Abtei Lichtental. Für die neue Territorialpolitik waren die alten Abteien ein Hemmschuh, säkularisiert jedoch eine willkommene Abrundung. Die Melange von Zeitgeist und Machtpolitik ließ keine Skrupel darüber aufkommen, ob nicht auch auf diese Institute Ideen eines modernen Verständnisses der Menschenrechte wie das Recht auf Eigentum anwendbar sein sollten. In den Klöstern sah man den Untergang lange voraus. Zwar klammerte man sich bei jedem Vorgang an die Hoffnung, dass er eine Wende zum Guten bringe, wusste aber gleichzeitig, dass in den neuen staatlichen und internationalen Ordnungen und Ordnungsvorstellungen für sie kein Platz mehr sei. Dass diese existentielle Krise letztlich zu einer neuen, unabhängigeren und in anderer Weise machtvollen Kirchenpolitik führen würde, konnten sie nicht wissen und hätte sie zudem wohl kaum getröstet. Ihr Schicksal war der Untergang.

Anmerkungen

1 Erstfassung in zwei Teilen im Katalog zur Großen Landesausstellung Baden-Württemberg 2003: „Alte Klöster-Neue Herren".
2 Das Tagebuch von Ignaz Speckle, Abt von St. Peter im Schwarzwald, Teil I. und II, bearb. von Ursmar Engelmann, Stuttgart 1966, hier Teil II, 198.
3 Hans-Otto Mühleisen, Hugo Ott, Thomas Zotz (Hg.), Das Kloster St. Peter auf dem Schwarzwald. Studien zu seiner Geschichte von der Gründung im 11. Jh bis zur frühen Neuzeit. Waldkirch 2001.
4 Zum vorliegenden Thema vergleiche man etwa die entsprechenden Abschnitte über die Übel der Säkularisation bei Hermann Lauer, Geschichte der katholischen Kirche im Großherzogtum Baden. Freiburg 1908, mit Franz Schnabel, Sigismund von Reitzenstein, Heidelberg 1927, wo die Säkularisation eine staatspolitische Meisterleistung wird.
5 Vgl. Stephan Braun, Memoiren des letzten Abtes von St. Peter. Freiburg 1870. Hermann Schmid, Die Säkularisation der Klöster in Baden 1802-1811, 1. Teil, in: Frbg. Diöz. Arch. 98 (1978), 173-352, Anm. 405, 312, sagt leider ohne Nachweis, dass Speckles Tagebucheintragungen „in manchen Einzelheiten nicht mit den Akten übereinstimmen". (2. Teil in Frbg. Diöz. Arch. 99 (1979), 173–375).
6 In wesentlichen Teilen zusammengefasst bei Klaus Weber, St. Peter im Wandel der Zeit. Freiburg 1992, 158–167.
7 Eine Übersicht bei Schmid, Säkularisation (wie Anm. 5), Teil I, 179–185.
8 Wolfgang Windelband, Der Anfall des Breisgaus an Baden. Tübingen 1908, 5.
9 Einen Überblick über die von Baden zu den verschiedenen Zeitpunkten säkularisierten geistlichen Institutionen gibt Karl Stiefel, Baden 1648-1952. Karlsruhe 1977, Bd. 1, 2. Teil, Der Reichsdeputationshauptschluß von 1803,..
10 Schmid, Säkularisation, 1. Teil (wie Anm. 5), 187.
11 vgl. Windelband, Anfall (wie Anm. 8), 18.
12 So der preußische Gesandtschaftssekretär beim Kongreß, K. H. Ritter von Lang, Memoiren Bd. 1. Braunschweig 1842, 334, zit. nach Schmid, Säkularisation, 1. Teil (wie Anm. 5), 189.
13 Peter P. Albert, Der Übergang Freiburgs und des Breisgaus an Baden 1806, in: ZGGF 1906, 161–188, 164.
14 Windelband, Anfall (wie Anm. 8), 58.
15 Abgedruckt bei Schmid, Säkularisation 2. Teil (wie Anm. 5), 330-340.
16 Alfred Graf von Kageneck, Das Ende der vorderösterreichischen Herrschaft im Breisgau, Freiburg 1981, 140.
17 Der Erzherzog wurde von seiner Depossedierung erst unterrichtet, nachdem sie vom Kaiser bereits in eigenem Namen vorgenommen worden war. Vgl. ebenda, 143/144.
18 Reitzenstein (wie Anm. 4), 80, zitiert den Spott über die Königsambitionen Karl Friedrichs: dieses „Königreich mit zwei Flügeln,.. dessen Hauptstadt nur eine einzige, aus Hütten gebildete Straße hat.. und mit all diesem der traurige Ehrgeiz nach einem Titel, der uns dem Gespött von ganz Europa aussetzen wird."
19 Vgl. Theodor Bitterauf, Die Gründung des Rheinbundes und der Untergang des alten Reiches. München 1905.
20 Vgl. Windelband, Anfall (wie Anm. 8), 68-71.
21 Vgl. Schnabel, Reitzenstein (wie Anm. 4), 68/69.
22 Windelband, Anfall (wie Anm. 8), 6.
23 Schnabel, Reitzenstein (wie Anm. 4), 113/114.
24 Einen Zusammenstellung der erworbenen Gebiete bei Albert, Übergang (wie Anm. 13), 169.
25 Vgl.Politische Correspondenz Karl Friedrichs von Baden 1783–1806, Bd. 5, Bearb. von K. Obser, Heidelberg 1901, 448–452
26 Windelband, Anfall (wie Anm. 8), 78.
27 Die Kundmachung ist abgedruckt bei Schmid, Säkularisation 1. Teil (wie Anm. 5), 276/277.
28 Windelband, Anfall (wie Anm. 8), 91–94.
29 Albert, Übergang (wie Anm. 13), 174/175.
30 Abgedruckt bei Schmid, Säkularisation 2. Teil (wie Anm. 5), 346.
31 Ebenda, 97.
32 Zum vergeblichen Bemühen, die Abtretung des Breisgaus zu verhindern und von Wien eindeutige Schutzzusagen zu erhalten vgl. Franz Quarthal/Georg Wieland, Die Behördenorganisation Vorderösterreichs von 1753 bis 1805. Bühl 1977, 141.

33 Wichtigste Quelle hierfür ist das Tagebuch von Ignaz Speckle (Abb. S. 155 o). Ergänzt wird es um das für dieses Thema bislang nicht ausgewertete Kapitelprotokoll (HS 18, Erzb. Priestersem. St. Peter).
34 Vgl. die Szene in St. Ulrich am 30. Mai 1796, Tagebuch I. (wie Anm. 2), 35/36.
35 Ebenda, 75.
36 Speckle, Tagebuch Teil I., (wie Anm. 2), 57.
37 Ebenda, 178, hier auch eine schonungslose Charakteristik der anderen bedrohten Klöster und ihrer Vorsteher.
38 Ebenda, 415.
39 Franz Quarthal, Vorderösterreich, in: Handbuch der baden-württembergischen Geschichte, 1. Teil 2, Stuttgart 2000, 771.
40 Ebenda, 478. Auf Bitte von Erzbischof Oskar Saier beschloss die Universität Freiburg unter dem Rektorat von Wolfgang Jäger 1997, die beiden Globen als Dauerleihgabe in die Klosterbibliothek St. Peter zurück zu geben.
41 Ebenda, 491. Der Mkgr. hatten den Abt bereits bei einer Aufwartung einige Monate zuvor auf den Rotulus St. Petrinus (heute in der Bad. Landesbibliothek) angesprochen.
42 Speckle, Tagebuch Teil II., 5. Zur Bedeutung des Rotulus und der Schriften von Gremmelspach vgl. die Beiträge von Jutta Krimm-Beumann und Dieter Mertens in: Mühleisen/Ott/Zotz, St. Peter (wie Anm. 3).
43 Eindrucksvoll noch von Zeitzeugen dokumentiert bei Josef Bader, Die ehemaligen breisgauischen Stände, Freiburg 1846, 204-206.
44 Zu diesem für die Abtei ebenso bedrohlichem wie heute kurios erscheinenden Vorgang siehe Speckle, Tagebuch Teil II. (wie Anm. 2), 133.
45 Ebenda, 136. Vgl. auch von Kageneck, Das Ende (wie Anm. 16), 153.
46 Ebenda, 143. Wohl nicht zufällig endet das st. petrische Kapitelprotokoll mit dem Januar 1806. Offenkundig hat man seit dem Eingriff in das Archiv keine Dokumente mehr in einer Form anfertigen lassen, in der sie bei Beschlagnahme Informationen über Klosterinterna hätten geben können. Für die von Speckle in seinem Tagebuch erwähnten Kapitelsitzungen zur Zeit der Aufhebung fehlen die Protokolle und insofern eine der ansonsten zuverlässigsten Quellen.
47 Ebenda, 155.
48 Hierzu die Dokumentation von Franz Peter Nick, Der Regenten=Wechsel im Breisgau, Freiburg 1806.
49 Offensichtlich gab es am badischen Hof nicht nur unterschiedliche Ansichten über den Weg der Klosteraufhebungen, sondern auch das Bemühen, dem eigenen Ansehen nicht zu sehr zu schaden, indem der Eindruck vermiden werden sollte, dass dies nur aus Geldgier geschehe. Hierzu die Forderung von Drais, „auch die fetten Abteien wie die Bettelklöster zu gleicher Zeit aufzulösen, um der Regierung den früher gehörten Vorwurf zu ersparen, sie habe sich bei der Säkularisation lediglich von der Spekulation auf die Renten leiten lassen". (Geschichte der badischen Verwaltungsorganisation und Verfassung in den Jahren 1802-1818, Hg. Bad. Hist. Komm., Bd. I., Der Aufbau des Staates im Zusammenhang der allgemeinen Politik, bearb. von Willy Andreas, Leipzig 1913, 147.
50 Ebenda, 194.
51 Ebenda, 227.
52 Hierzu Albert Raffelt (Hg.), Unfreiwillige Förderung, Abt Philipp Jakob Steyrer und die Universitätsbibliothek Freiburg. Freiburg 1995.
53 Vgl. Speckle, Tagebuch II (wie Anm. 2), 222.
54 Diese Hoffnung bgleitete Speckle weit über die Säkularisation hinaus. Vgl. Julius Mayer, Geschichte der Benediktinerabtei St. Peter auf dem Schwarzwald, Freiburg 1893, 231.
55 Ebenda, 443.
56 Hierzu: Quarthal, Vorderösterreich (wie Anm. 39), 767.
57 Zu Bayern vgl. Dietmar Stutzer, Die Säkularisation 1803, Der Sturm auf Bayerns Kirchen und Klöster, 3. erw. Rosenheim 1990, m. w. Lit., zu Württemberg immer noch unverzichtbar: Matthias Erzberger, Die Säkularisation in Württemberg von 1802 bis 1810, Stuttgart 1902, Nachdr. Aalen 1974.
58 Generell zum Funktionsverlust der Klöster vgl. Im Vorfeld der Säkularisation, Briefe aus bayerischen Klöstern 1794-1803, bearb. und eingel. von Winfried Müller, Köln/Wien 1989, 2/3.

Geschichte als Aufgabe
Rückerwerb und Rekonstruktion

Mit dem Reichsdeputationshauptschluss vor 200 Jahren war das Ende der seit dem Mittelalter bestehenden süddeutschen Klosterwelt besiegelt. Abt Speckle sprach an Sylvester 1802 in seinem Tagebuch von dem „traurigen Los, das uns mit allen Klöstern Deutschlands bevorsteht". Die seiner Abtei noch verbleibenden drei Jahre standen unter der ständig präsenten Drohung der Aufhebung. Anfang 1807 notiert er zum Jahr 1806: „Schrecklich fing es an, zerstörend fuhr es fort, zerstörte bis zum letzten Tag in ganz Deutschland und auch bei uns. Am letzten Tag noch kam der Befehl von der Klosterkommission, das Beste und meiste aus unserer Bibliothek nach Karlsruhe abzugeben." Als ihm wenige Wochen zuvor der Säkularisationsbeschluss eröffnet worden war, hatte er geschrieben, dass alles ohne Hoffnung aufgelöst sei und „nur noch etwas zum Andenken gerettet wird". Er sollte recht behalten. Sein Kloster konnte er nicht mehr restituieren. 1815 stiftete er auf dem Friedhof von St. Peter ein Kreuz, auf dem er vom vertriebenen Abt und Kapitel sprach. Auf dem Freiburger Friedhof ließ er später für seine fern der Heimat verstorbenen Brüder eine Gedenkplatte mit einem Bild seiner Abteikirche und einer trauernden Ecclesia erstellen (Abb. S. 215).

Speckle sollte jedoch auch mit einer anderen Vision, von ihm damals verzweifelt geschrieben, recht behalten. Vieles von dem, was in seiner Abtei geschaffen wurde, ermöglicht bis

Die Seminar- und Pfarrkirche vor der Renovierung 1961 – 1967

Die Kanzel an der ursprünglichen Stelle vor der Renovierung 1961 – 1967

heute ein „Andenken" an die kulturelle Leistung einer über Jahrhunderte das gesellschaftliche Leben der Region mitbestimmenden Einrichtung. Dies ist in einem ersten Schritt der Blick auf Vergangenes, auf Objekte, die vor 200 Jahren und mehr ihre Bedeutung hatten. Darin liegt die Chance zu einem zweiten Schritt. Gerade das 18. Jahrhundert war die Zeit, in der – vergleichbar der Zeit um 1500 – in vielen Bereichen Fortschritte erfolgten, die für die moderne Gesellschaft zur unabdingbaren Voraussetzung wurden. Dies reicht von neuen Technologien – Beispiel Elektrizität – über die systematischere Erforschung der Welt bis zu neuen Wissenschaften und neuen Denkweisen in alten Wissenssystemen wie Philosophie und Theologie. Wenn die Annahme stimmt, dass eine Abtei wie St. Peter in diese kulturell-gesellschaftlichen Veränderungen unmittelbar involviert war, sich mit ihnen auseinander setzen und sind in weiten Teilen gegen sie wehren musste, so werden die dort zu findenden, zunächst historischen Objekte auch zu Quellen, um manche politisch-gesellschaftlichen Strukturen und Umbrüche der Gegenwart besser zu verstehen.

Wenn sich eine zentrale Dimension zur Erklärung der st. petrischen Bilderwelt des 18. Jahrhunderts unter dem damaligen Motto „Lernen aus der Geschichte" erschließt, mag dies ein Hinweis auf einen auch heute möglichen Zugang zu deren Verständnis sein. Kirche und Kloster waren im Lauf der vergangenen zwei Jahrhunderte mehrfach umgestaltet und zeittypisch erneuert worden. Seit den 60er Jahren des 20. Jahrhunderts ist der ursprüngliche Zustand weitgehend wiederhergestellt. Anlässlich der 900-Jahrfeier St. Peters, in der 1993 an die Übertragung des Klosters von Weilheim a. d. Teck auf den Schwarzwald erinnert wurde, war es dann möglich geworden, erstmals seit fast 200 Jahren einen großen Teil auch der nach auswärts verbrachten Kunstwerke unter dem Thema „das Vermächtnis der Abtei" in einer Ausstellung zu zeigen. In der Rückschau wird klar, dass diese Präsentation auch dem in St. Peter gehüteten Erbe eine breite Aufmerksamkeit erbracht hat. So wurde es möglich, einige für die Geschichte des Hauses besonders aussagekräftige Objekte aus vormals st. petrischem Besitz in den Jahren danach zurück zu erwerben.

Den Auftakt machte ein Kartentisch, der zur ursprünglichen Ausstattung der Bibliothek gehörte. Durch einen Hinweis aufmerksam geworden, dass er an anderer Stelle eher als Ablage diente, wurde es möglich, ihn an seine frühere Stelle, mitten in der Bibliothek, zurück zu führen. Größe und Form des Kartentisches erinnern daran, dass Geographie und Astronomie in St. Peter intensiv betriebene Disziplinen waren, wovon die 17 Großfolianten mit über 800 Karten, heute in der Universitätsbibliothek Freiburg, zeugen. Schon seine Dimensionen und sein Platz machen deutlich, dass, anders als etwa in Italien, diese - nicht heizbare und nicht mit Bänken versehene – Bibliothek kein Arbeitsraum, sondern eher ein Schauraum war. Im Zuge der jüngsten Rekonstruktionen wurden die kostbaren eichenen Schnitzereien, die sicher aus der Werkstatt von Matthias Faller stammen, komplettiert. Der Kartentisch – an seinem ursprünglichen Ort und erläutert im Kontext eines noch erhaltenen Atlas der Klosterzeit – wird für die Besucher zu einem anschaulichen Stück Wissenschaftsgeschichte (Abb. S. 227).

Eine zweite, insbesondere für die politische Nutzung der Geschichte im 18. Jahrhundert eindrückliche Rückerwerbung sind die 14 Zähringerbildnisse aus badischem Besitz.[1] Als Mitte der 90er Jahre das Haus Baden in einer spektakulären Auktion auf dem Neuen Schloss Baden-Baden zahlreiche Kunstgegenstände versteigerte, kam dabei kaum ins öffentliche Bewusstsein, dass vieles davon säkularisierter Klosterbesitz war. Auch St. Peter, 1806 durch das Haus Baden aufgehoben, hatte damals die kostbarsten Schätze, Gemälde und Bücher, nach Karlsruhe abgeben müssen. 30 Jahre nach der Säkularisation hatte der Großherzog im Zuge einer stärkeren Pflege der dynastischen Tradition dann noch diesen Zyklus von 14 Zähringerbildern abholen lassen. Zum ersten Mal war der Zyklus in St. Peter wieder anlässlich der Ausstellung 1993 zu sehen. Danach zunächst als Leihgabe hier verblieben, war bereits seine Aufnahme in den Katalog der

Die Abgabe der Glocken während des II. Weltkriegs (1942), mit Regens Baumeister

Der ehemalige Kapitelsaal (erste Hälfte 20. Jahrhundert)

markgräflichen Auktion in Baden-Baden eingeleitet. Eine Versteigerung hätte vermutlich zu seiner Aufsplitterung geführt, da die auf den Bildern erwähnten und gezeigten, von den Zähringer gegründeten Städte sich kaum die Chance hätten entgehen lassen, sich „ihren" Zähringer" zu ersteigern. Zum Glück gelang es mit großem Aufwand, die Bilderreihe, die in diesem Kontext einer notwendigen umfassenden Restaurierung unterzogen wurde, vollständig für St. Peter zurück zu erwerben. Heute ist sie – wieder an ihrem alten Ort – ein eindrucksvolles Dokument für das historische Wissen des 18. Jahrhunderts und den praktischen Umgang damit.

Das hohe Niveau der in St. Peter beheimateten Naturwissenschaften wurde in besonderer Weise wieder anschaulich durch zwei Ende 1997 als Dauerleihgabe der Universität Freiburg zurückgekehrte Globen.[2] 1802 hatte einer ihrer Erbauer, der berühmte Uhrenpater Thaddäus Rinderle, sie im Vorfeld der Säkularisation an die Universität Freiburg überführt, wo sie der Senat als „Depositum" entgegen genommen hatte. Der Konvent hatte am 2. November beschlossen „der Universität zu Freiburg unsere zween schönen Globen, den großen Tubum Newtoniorum, den Quadranten und das Naturalienkabinett gegen Revers, es uns wieder zu restituieren, wenn wir wieder einen Körper bilden sollten, überlassen wolle." Am 4. November „macht P. Thaddä Anstalten, die Erd- und Himmelskugel mit gedachten Instrumenten zu exportieren. ...Abends um halb 5 Uhr werden sie weggetragen."³ 1784 hatte er sie – je etwa ein Meter im Durchmesser – in Kooperation mit seinem Mitbruder P. Landelin Biecheler sowie dem Maler Simon Göser in einer wissenschaftlichen, technischen und künstlerischen Qualität hergestellt, dass Gutachter anlässlich der Rückverbringung in situ ihr Erstaunen ausdrückten, dass diese als Klosterarbeiten entstanden seien. Während der Himmelsglobus gut erhalten ist, weist der Erdglobus mit den verschiedenen auf ihm eingezeichneten Reiserouten durch seine langjährige Verwendung als Unterrichtsmaterial Gebrauchsspuren auf. Die Globen waren bis in

Grabstein für Thaddäus Rinderle auf dem Alten Friedhof in Freiburg. Der Globus als Bekrönung erinnert an sein Hauptwerk für St. Peter. Die Inschrift „Rinderle Professor" ist ein Indiz, dass die Klosterwelt zu Ende war.

die 30er Jahre des 20. Jahrhunderts als Anschauungsmaterial im geographischen Institut der Universität gestanden und verwendet worden. Danach kamen sie in die städtischen Sammlungen und verblieben neben einem weiteren, ursprünglich aus Salem stammenden, später auch St. Peter gehörenden Globenpaar in der Barockabteilung des Augustiner Museums. Über den Verbleib der übrigen technischen Geräte aus St. Peter ist nur bekannt, dass es noch nach dem II. Weltkrieg beachtliche Reste in den naturwissenschaftlichen Sammlungen gegeben hat.

Mehrfache Untersuchungen der Globen und Expertenbefragungen haben nach der Rückführung an ihren ursprünglichen Aufstellungsort ergeben, dass angesichts von deren ausgefallener Technik eine Restaurierung nicht angezeigt war. Stattdessen empfahlen die Spezialisten als optimale Konservierung einen weitgehenden Schutz gegen UV-Strahlen und eine Abdämmung der Helligkeit. Daraufhin wurden zunächst für mehrere Jahre die Fenster der Bibliothek mit Rouleaus verschlossen, was jedoch den Gesamteindruck des Raumes stark beeinträchtigte. Ende 2001 entstand die Idee, die vor etwa 30 Jahren in der Bibliothek angebrachten weißen Industriefenster durch die Rekonstruktion von Barockfenstern zu ersetzen, die, mit einem Spezialglas versehen, über 90% der UV-Strahlen herausfiltern würden. Da die Fenster auf der Ostseite der Bibliothek kurz nach deren Fertigstellung durch detailgetreu illusionistisch aufgemalte Fenster ersetzt worden waren, gab es für die Rekonstruktion eine authentische Vorlage. Die Finanzierung dieser Maßnahme, die neben dem Schutz der Globen der Bibliothek insgesamt ihren strahlenden Gesamteindruck als „schönstem Rokokoraum des Breisgaus" zurück gab, wurde durch Sponsoren ermöglicht, die unten dokumentiert sind. Die Problematik der Lux-Reduktion wurde durch Vitrinen über den Globen gelöst, deren Finanzierung durch Spenden anlässlich der st. petrischen Hochzeitsfeier des Freiburger Universitätsrektors, der schon der Rückführung der Globen zugestimmt hatte, gesichert. Die beiden Globen sind somit an ihrem alten Ort nicht nur viel bewunderter Ausweis der klösterlichen Wissenschaftstradition, sondern sie genießen heute einen konservatorischen Schutz wie wohl kaum in den vergangenen zwei Jahrhunderten. Sie gehören in St. Peter zu den Exponaten, die Geschichte – hier Wissenschaftsgeschichte – in besonderer Weise anschaulich machen und so zu deren Verständnis beitragen.

Der jüngst mögliche Rückerwerb einer enzyklopädischen Akademieschrift des 18. Jahrhunderts aus Fürstenbergischem Besitz läßt ebenfalls deutlich werden, dass die Klosterbibliothek von St. Peter nicht nur von hohem kunsthistorischen, sondern als vormals wissenschaftlich-kulturelles Zentrum auch von wissenschaftsgeschichtlichem Interesse ist. Kurz nach der Fertigstellung der Bibliothek hatte der Basler Buchhändler Himile die Diskrepanz zwischen dem zunächst bescheidenen Buchbestand und der Pracht des Rokokoraums festgehalten: Die Bibliothek schmücke wohl die Bücher, diese aber nicht die Bibliothek. Abt Steyrer entfaltete in den folgenden 30 Jahren eine intensive und erfolgreiche Erwerbungspolitik, die den Buchbestand - bei aller Unsicherheit der Zahlen – etwa vervierfache. Als gesichert gilt, dass er in den ersten fünf Jahren seines Abbatiats jährlich etwa 500 bis 800 Bände, danach etwa 200 bis 250 Bände erwarb.[4] Dabei ist besonders bemerkenswert, dass seine Erwerbungen die Breite der wissenschaftlichen Disziplinen, also auch die Naturwissenschaften, u.a. mit Physik, Mathematik und Medizin umfassten. Da sich bei der Säkularisation sowohl die badische Hofbibliothek mit etwa 40% Naturwissenschaften unter den dorthin abzugebenden Titeln als auch die Freiburger Universitätsbibliothek hierfür besonders interessierten, zudem Themen aus dem Bereich der Naturwissenschaften als notwendig für den Verbleib in einer Pfarrbibliothek nicht begrün-

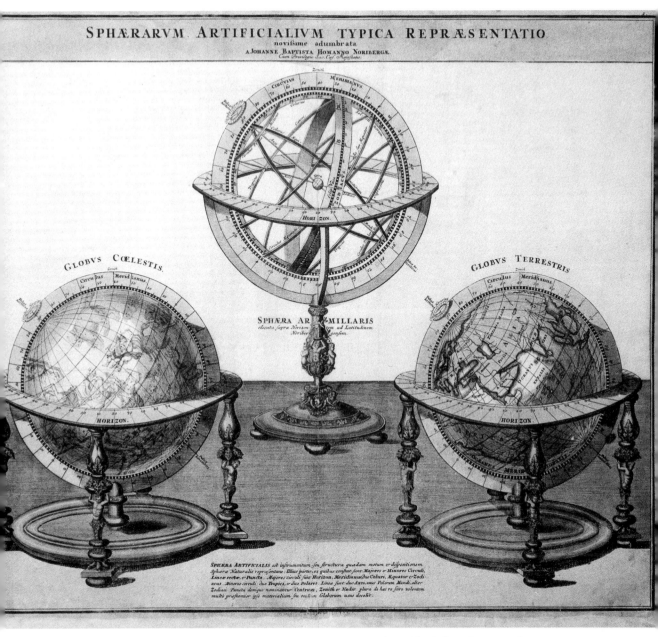

Himmels- und Erdglobus sowie eine Sphära Armillaris, wie sie 1802 aus der Bibliothek entfernt wurden (aus einem noch in St. Peter befindlichen Kartenwerk)

det werden konnten, blieb auf diesem Wissenschaftsfeld aus klösterlichen Beständen in St. Peter kaum etwas erhalten.

Insofern bot sich eine besondere Chance, auch diesen Teil der st. petrischen Wissenschaftsgeschichte am Ort wieder dokumentieren zu können, als im Herbst 1999 im Auktionskatalog „Aus einer süddeutschen Fürstenbibliothek" unter drei Titeln mit st. petrischen Besitzvermerken ein Werk mit naturwissenschaftlichen Schwerpunkten auftauchte. Bei den beiden anderen Werken handelte es sich

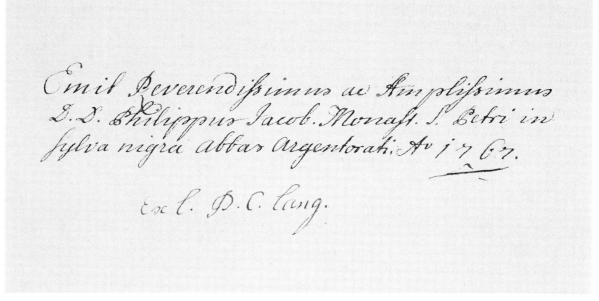

Kaufvermerk Abt Steyrers in einer im Jahr 1999 für St. Peter zurück erworbenen enzyklopädischen Akademieschrift

zum einen um die tabellarische Chronologie des Humanisten Sichard (1529), in der auch der als Astronom in St. Peter dargestellte Hermann der Lahme verarbeitet ist, zum andern um die Geschichte der frühen Habsburger Kaiser von G. de. Roo, die wohl als Geschenk des Wohltäters P. Karlmann Hanselmann von Breisach nach St. Peter gelangt war. Die prächtige, handkolorierte Ausstattung dieses Bandes ließ ihn zu diesem Zeitpunkt außerhalb der finanziellen Möglichkeiten zur Rückerwerbung liegen.

Gelungen ist dagegen die Rückführung eines Kompendiums enzyklopädischen Wissens, des zwischen 1766 und 1790 erschienenen Organs der damals in Mannheim neu begründeten kurpfälzischen Akademie: Historia et Commentationes Academiae electoralis scientiarum et elegantiorum literarum Theodoro-Palatinae. Von den insgesamt sieben in zehn Büchern erschienenen Bänden hat Steyrer sechs erworben, in den ersten vier findet man seinen Kaufvermerk. Der letzte Halbband, erschienen 1794, kurz vor dem Tod des Abtes, fehlt. Angesichts der von Abt Steyrer selbst betriebenen oder initiierten historischen und juristischen Arbeiten, boten die Bände Sachwissen und methodologisches Rüstzeug, auch wenn nur wenige Beiträge den Vorderösterreichischen Breisgau direkt tangieren. Freilich führten manche Abhandlungen unter Verwendung u.a. st. blasianischer Literatur zu den Habsburgern, einmal findet man auch einen der Zähringer als Zeugen einer kaiserlichen Bestätigung, oder zur Einbeziehung von Anschauungsmaterial vom Oberrhein, z. B. aus dem Straßburger Münster. Auch die Untersuchung über einen Markuskodex dürfte Steyrer angesichts anderer bibelexegetischer Ankäufe besonders interessiert haben. Die Umsetzung des st. petrischen Bibliotheksbildprogramms in konkrete Erwerbungspolitik und angewandte Wissenschaft wird mit dieser enzyklopädischen Akademieschrift erst recht anschaulich, nimmt man die Beiträge „Physica" hinzu. Darin gibt es mehrere Berichte, die sich teilweise mit st. petrischen Forschungs-, wenigstens mit bibliothekarischen Sammelschwerpunkten decken. Auch ganz praktische Fragen wie Probleme von

Überschwemmungen durch Flüsse werden erörtert. Etwa gleichzeitig beschäftigte sich der st. petrische Benediktiner P. Thaddäus Rinderle mit der Eindämmung des Rheins.

Bleibt die Frage, wie die drei auf der Auktion 1999 angebotenen Werke aus st. petrischem in Fürstenberger Besitz gelangt waren. Sicher handelte es sich nicht um normales Säkularisationsgut, das von St. Peter entweder an den badischen Hof oder als zweite Wahl an die Universitätsbibliothek Freiburg verbracht wurde. Beide Institutionen hatten keinen Anlass, etwas nach Donaueschingen abzugeben. Immer wieder wurde auch beschrieben, dass nach der Klosteraufhebung Teile der Bibliothek, an denen Karlsruhe und Freiburg kein Interesse hatten, im Kloster verblieben und dann durch Diebstähle verschwunden seien. Dazu werden die drei Werke angesichts ihres Wertes ebensowenig gehört haben, wie ihr Inhalt ein Verbleiben in der Pfarrbibliothek gerechtfertigt hätte. Bleibt eine letzte Möglichkeit: Abt Ignaz Speckle hatte angesichts der drohenden Säkularisation und gleichzeitig in der Hoffnung, später das Kloster wiederbeleben zu können, den Mitgliedern des Konvents Bücher – als Privatbesitz deklariert – zur Aufbewahrung gegeben. Ein Indiz, dass die Akademiepublikation dazu gehörte, ist eine Eintragung in Bd. I: Ex l P.C. Lang. P. Karlmann Lang, 1795 einer der Abtskandidaten, Professor der Philosophie, war nach der Klosteraufhebung zur Ordnung der Universitätsbibliothek Heidelberg berufen worden. Die ihm zugesprochenen Bücher mögen in St. Peter verblieben und später von P. Basil Meggle, der bis 1817 dort lebte, bei seinem Weggang mitgenommen worden sein. Dafür sprechen dessen zeithistorische Interessen, die sich in seinen Gedichten niederschlugen. P. Meggle zog sich später in die Abtei Rheinau zurück, möglicherweise unter Mitnahme dieser drei Werke und wohl auch von Handschriften, von denen man seit längerem annimmt, dass sie über die Schweiz nach Donaueschingen gelangt seien.

Für den Weg von Rheinau nach Donaueschingen gibt es mehrere Möglichkeiten. Bekannt ist, dass Rheinau zum Haus Fürstenberg gutnachbarliche Beziehungen pflegte. Es wäre daher denkbar, dass Rheinau die drei Werke, die alle, auch die Akademieschrift in ihren historischen Teilen, einen süddeutschen regionalhistorischen Bezug haben - dies gilt auch für Handschriften, die aus St. Peter nach Donaueschingen gelangt sind - nach dem Tod von P. Meggle und angesichts der nun auch dieser Abtei drohenden Aufhebung nach Donaueschingen abgegeben hat. Die Möglichkeit einer weniger freundlichen Übernahme hätte bei der „Vergantung" der Bücher im Zuge der Auflösung der Abtei Rheinau bestanden, bei der Fürstenberg eine „ambivalente Rolle" gespielt hat. Schließlich bestanden enge Beziehungen zwischen Freiherr von Laßberg und dem Begründer der Antiquarischen Gesellschaft in Zürich, Ferdinand Keller. Könnten die st. petrischen Bände Bestandteil der „unterirdischen Bibliothek des Rheinklosters", wie Viktor von Scheffel sie nannte, gewesen sein und dann von Keller über Laßberg nach Donaueschingen gekommen sein? Dass Laßberg Keller bemühte, um landesgeschichtliche Dokumente zu erhalten, ist in Briefen von 1846 belegt. Auf jeden Fall „mißtraute der gewissenhafte Stiftsarchivar dem leidenschaftlichen Sammler trotz der ausgezeichneten beiderseitigen Beziehungen zwischen Donaueschingen und Rheinau". Wenn Keller später das Gerücht verbreitete, die Rheinauer Mönche hätten Handschriften verschwinden lassen, sollte dies vielleicht vergessen machen, dass er selbst seit 1837 die Wegnahme der dortigen Bücher betrieben, zudem die wissenschaftliche Gastfreundschaft der Benediktiner offensichtlich ungeniert ausgenutzt hatte. „Ferdinand Keller liebte nicht die Mönche, sondern lediglich ihre Handschriften." Wie dem auch sei, die Versteigerung der Fürstenbergschen Bibliothek bot die Gelegenheit, ein spektakuläres Werk der Wissenschaftsgeschichte des 18. Jahrhunderts aus dem süddeutschen

Raum wieder für den Ort zurück zu gewinnen, an dem es zu seiner Entstehungszeit ein Ausweis für das Interesse und die Offenheit eines Klosters gegenüber modernem, geistes- wie naturwissenschaftlichem Wissen war.

Zwei eigenartige Pergamentstücke, sicher ursprünglicher Klosterbesitz, kamen ebenfalls in diesen Jahren als Schenkung in die Bibliothek zurück. Beim einen handelt es wohl um ein Stück aus der Kabbala, beim anderen um eine astrologische Berechnungsgrundlage. Beide Handschriften legen Spuren zu klösterlichen Wissensbereichen, die ansonsten längst verschüttet sind.

Die Zusammenschau der Umstände und Möglichkeiten der Rückerwerbungen und Rekonstruktionen der letzten zehn Jahre, die auf großes öffentliches Interesse stießen, läßt nicht zuletzt eine Bereitschaft der Bürger deutlich werden, derartige Aufgaben zu unterstützen. Dies legt den Schluss nahe, dass das Interesse der Öffentlichkeit an geschichtlichen Fragen auch von dem Wissen getragen wird, dass das Verstehen der Vergangenheit eine kostbare Investition in die Zukunft ist.

ANMERKUNGEN

1 Bearbeitet von: Volkhard Huth, Appellatives Stiftergedenken, oder: Selbstverteidigung mit künstlerischen Mitteln, in Hans-Otto Mühleisen (Hg.), Das Vermächtnis der Abtei, Karlsruhe 2/1994, 223 - 267.
2 Vgl. Wilfried Krings, Geographica in Sylva Nigra, ‚Erdkundliches Wissen im klösterlichen Raum unter besonderer Berücksichtigung der Benediktinerabtei St. Peter im Schwarzwald, in: Hans-Otto Mühleisen (Hg.), Philipp J. Steyrer, Freiburg 1996, 103 – 108.
3 Tagebuch von Ignaz Speckle, ed. Ursmar Engelmann, Stuttgart 1966, Bd. I, 477/478.
4 Vgl. Albert Raffelt (Hg.), Unfreiwillige Förderung. Abt Philipp Jakob Steyrer und die Universitätsbibliothek Freiburg, Freiburg 1995.

Die Rekonstruktion barocker Fenster in der Klosterbibliothek St. Peter auf dem Schwarzwald wurde in den Jahren 2002/2003 durch folgende Sponsoren ermöglicht:

Autohaus Gehlert GmbH & Co KG
Badenova
Badische Staatsbrauerei Rothaus
Badischer Verlag
Bankhaus Mayer
Daimler Chrysler Services AG
Walter Dönig
Europapark Rust
Emil Färber
Dr. Falk Pharma
August Faller KG
Gemeinde St. Peter
Franz-Xaver, Edith und Alexandra Grünwald
Verlag Herder
Weingut Franz Keller
Kompri-Med Sanitätshaus
Joseph Pölzelbauer Design
Rotary Club Freiburg
Dr. Dieter Russmann
Friedhelm Schillinger
Prof. Dr. Peter Schlechtriem
Dr. Wolfgang Schmid
Malerwerkstätten Heinrich Schmid
Volksbank Freiburg
Autoverleih Jakobi – Horst Zick